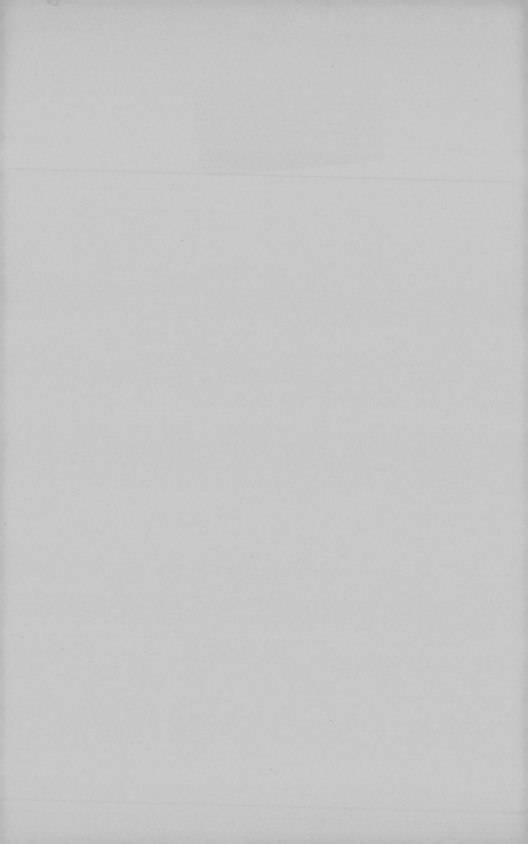

학문의
고고학

한국 전통 지식의 굴절과
근대 학문의 기원

글쓴이 이행훈 李幸勳, Lee, Haeng-Hoon

성균관대학교 한국철학과를 졸업하고, 동대학원에서 「최한기의 운화론적 세계관과 근대성에 관한 연구」로 박사학위를 받았다. 현재 한림대학교 한림과학원 HK교수로 재직하고 있다. 주요 관심 분야는 조선후기 실학, 근대전환기 지식체계의 변동, 한국 근대 철학의 형성 과정 등이다. 저서로는 『한국의 근현대, 개념으로 읽다』(공저), 『개념의 번역과 창조』(공저), 『동서양 역사 속의 소통과 화해』(공저), 『한국철학사』(공저), 『한국실학사상사』(공저) 등이 있다.

학문의 고고학 한국 전통 지식의 굴절과 근대 학문의 기원

초판1쇄발행 2016년 12월 30일
초판2쇄발행 2017년 9월 30일
글쓴이 이행훈 **펴낸이** 박성모 **펴낸곳** 소명출판 **출판등록** 제13-522호
주소 서울시 서초구 서초중앙로6길 15, 1층
전화 02-585-7840 **팩스** 02-585-7848 **전자우편** somyungbooks@daum.net **홈페이지** www.somyong.co.kr

값 28,000원 ⓒ 이행훈, 2016
ISBN 979-11-5905-117-3 93150

이 책은 2007년 정부(교육과학기술부)의 재원으로 한국연구재단의 지원을 받아 수행된 연구임
(NRF-2007-361-AM0001).

학문의 고고학

한국 전통 지식의 굴절과 근대 학문의 기원

ARCHEOLOGY OF MODERN KOREAN LEARNING:
REFRACTION OF TRADITIONAL KNOWLEDGE AND THE ORIGIN OF MODERN STUDY IN KOREA

| 이행훈 |

소명출판

한국 근대는 전통의 급속한 해체, 일제강점, 해방과 분단, 산업화와 민주화를 숨 가쁘게 경험했다. 미증유의 세계사적 격변 속에서 전통 지식체계 또한 재편되었다. 근대 학문 형성의 기원을 쫓다 보면 19세기 말부터 20세기 초까지 지속한 일련의 논쟁을 접하게 된다. 동도서기, 신구학 논쟁, 조선학 운동의 흥기는 근대 세계 안에서 조선의 정체성을 재조명하는 일이었다. 19세기 말까지 미약하게나마 시도되었던 주체적인 신학문 수용 노력은, 20세기 초 급변하는 동아시아 국제정세에 휩쓸려 방향을 잃고 흔들릴 수밖에 없었다. 과거와 현재의 격절은 역사를 돌아보는 중요한 이유이다. 20세기를 전후해 동아시아에 확산된 우승열패의 강박은 세기를 넘어 지속되고 있고, 진보의 신화는 획일화된 가치를 좇는 편향적 학습과 배타적 경쟁으로 재현되고 있다. 한국 근대 지식체계의 형성 과정은 우리 인문학에 깃들인 신화적 해석을 해체하고 새로운 인문학의 모색을 요청한다. 이 책에서는 오늘날 인문 지식체계의 핵심을 이루는 학문, 철학, 도덕, 종교 개념의 기원을 살펴보고자 했다.

한국 근대 학문의 뿌리가 움튼 토대에는 새로운 가치관과 세계관을 반영했던 개념들의 성층이 있다. 서구 근대의 전파라는 관점에서는 '번역된 근대'이지만, 수용 주체의 관점에서는 '번역 없는 근대'라는 말이

어울릴 수도 있겠다. 얼핏 보기에 이런 모순되는 수식은 근대를 추동한 주요 개념들이 한자어로 쓰였기 때문이다. 전통과 근대의 요소가 동일한 한자 개념어에 뒤섞이면서 의미의 충돌이 일어났다. 전통 요소가 강했던 개념은 일상에서 사라졌고 근대를 선도했던 개념들은 현재 일상 언어가 되었지만 여전히 다양한 의미가 뒤엉켜 있는 경우도 적지 않다. 개념의 의미 충돌과 단절은 한국 근대 지식체계의 변용과 그로부터 비롯된 전통과 근대의 길항을 조망하는 하나의 실마리가 된다. 개념사 또는 역사적 의미론 연구는 이런 면에서 한국 근대 지식체계의 불연속한 층위들을 탐색하는 데에 유용한 도구이다.

개념사를 한국철학 연구의 유의미한 방법으로 생각하게 될 때의 떨림은 지금도 잊히지 않는다. 그러나 막상 그간의 연구를 돌아보니 학계에 울림은 고사하고 두려움만 앞선다. 무언가를 배우고 알아간다는 건 어찌 보면 두려운 일이다. 개념에 대한 탐색은 현실의 질서를 합리화하는 것이 아니라, 현재에 함몰되어 황폐하고 불모화된 의식에 새로운 상상력을 불어넣는 것이어야 한다. 모든 공부가 그렇겠지만 특히 인문학은 할수록 깊이를 가늠할 수 없는 심연에 놀라게 된다. '지금', '여기', 그리고 '우리'를 주제로 했던 유학儒學의 가르침은 나의 공부가 그 길 위에 있는지를 되묻게 한다. 19세기 천지의 개벽을 조선에 알렸던 최한기에 끌려 박사논문을 쓴 것도 그런 연유에서였다. 어렵고 힘든 길을 이만큼이나마 내딛게 된 것은 최영진 선생님의 지도와 편달이 아니었으면 불가능했을 것이다. 20대 철없던 시절부터 부족한 제자를 언제나 산처럼 지켜봐주셨던 선생님께서 내년이면 정년을 맞이하신다. 스승의 은혜에 보답할 길은 아득한데 청어람의 패기는 간 데 없으니 가는 세월만 야속할 따름이다.

나고 자란 서울 변두리를 떠나 춘천살이를 시작한지도 8년이 훌쩍 지났다. 새벽차를 타고 자정께 귀가하던 생활을 접고 이곳 한림과학원에 적을 두게 된 건 큰 행운이자 모험이었다. 새로운 연구 분야로 이끌어 주신 한림과학원의 김용구 원장님의 학문적 열정은 산수傘壽의 연세를 의심케 한다. 문자 그대로 학여불급學如不及하고 토론을 즐기시는 박근갑 선생님은 정년 후 더욱 청춘이시다. 이 분들의 관심과 성원이 없었다면 이 책은 세상에 나오지 못했을 것이다. 연구실에 앉아 있으면 시간이 어떻게 지나가는지 잊고 지낼 때가 많다. 봉의산 자락에 앉은 교정이 빛을 달리할 때마다 계절이 바뀌는가 싶다. 이날이때 자식 걱정으로 세월을 보내신 부모님의 은혜는 갚을 길이 없다. 그저 두 분이 건강하고 행복하게 오래 사셨으면 하는 바람이다. 끝으로 편집과 출판을 맡아주신 소명출판 관계자 여러분께 감사의 말씀을 전한다.

2016년 8월
봄내 우거에서 적다

차례

1. 주체와 타자

지난 시절 유행했던 지구화, 세계화라는 말을 되새겨 보면 마치 세계가 일정한 연결망으로 상호 소통하고 있는 듯한 감을 준다. 일상의 생활 세계에서부터 인종과 국가를 넘어 전 세계를 네트워크화 하는 초연결망 시대에 '소통'을 재론해야 하는 이유는 무엇인가. 소통은 국가 간, 문명 간의 거대 구조에서만이 아니라 일상의 미세한 영역에서 항상 제기되는 문제이다. 역사의 진보에도 불구하고 전근대적 불평등을 대신한 자본과 권력의 불균형 또한 심화하고 있다. 신자유주의의 등장과 가속화된 자본의 세계화, 그 그늘에서 고통 받고 신음하는 우리와 같은 타자가 존재하는 한 그 내용과 방향에 대해 숙고해야 한다. 이윤 창출을 목적으로 하는 자본의 유통 이전에 타자에 대한 이해와 존중을 우선으로 하는 소통이 필요하다. '주체'와 '타자'는 고정된 실체가 아니라 끊임없이 유동한다. 타자는 동일성의 원리로 환원되지 않는 또 하나의 주체이다. 탈근대를 외치는 지금에도 주체와 타자는 공존하는 가운데 잠재된 균열의 틈을 비집고 여전히 충돌하고 있다. 더군다나 우리 사회는 근대의 잔재인 식민성의 탈피와 분단 극복 등 지극히 난해한 소통의 과제를 안고 있다.

19, 20세기 동아시아는 총포를 앞세운 서구 문명의 충격으로 이전에는 경험해보지 못한 새로운 세계 질서에 편입하였다. 급격한 사회·정치적 변동을 야기한 이질적 타자에 대한 이해는 동시에 주체에 대한 새로운 자각을 요청하였다. 주체와 타자는 동전의 양면과 같다. 이 세계는 서로 다른 주체들의 집합이다. 타자는 주체의 시각에 따라 표상된다. 타자를 있는 그대로 이해한다는 것은 본질에서 불가능한 일인지도 모른다. 거울에 비친 형상이 내 자신이 아니듯 타자에 대한 이해도 프리즘을 통해 굴절된다. 주체는 항상 타자를 통해서 자신을 확인하려고 하는데, 만약 스스로 만들어낸 위계에서 자신이 낮은 위치에 있다고 판단되면 상층으로 올라가기 위해 고심한다. 그러나 자신을 중심으로 한 타자의 서열화는 소통을 굴절시키는 일그러진 자기 욕망의 재현일 뿐이다.

　　현재는 늘 과거를 등에 지고 미래를 향한다. 압도적인 서구에 의해 격발된 동아시아의 근대 이행은 수많은 왜곡을 낳았다. 우리는 근대 시기 동양과 서양, 주체와 타자의 비대칭적 이해를 경험했다. 보편과 진보의 신화, 국가·민족 담론은 타자에 대한 이해와 소통을 왜곡·굴절시켰다. 이제 역사적으로 실체화된 이미지를 전복하여 근대를 비판적으로 성찰하고 공존과 상생의 관계망을 정초해야 할 때이다.

2. 타자의 내재화

이문화의 수용은 주체의 욕망에 따라 선택적으로 이루어지기도 하지만 왕왕 전쟁과 같은 극단적 충돌 과정에서 발생하기도 한다. 주체의 선택이든 타자에 의한 강제든 간에 새로운 문화와의 접속은 충돌과 연쇄를 거쳐 주체와 타자 모두에게 영향을 주게 마련이다. 때때로 '타자의 내재화'는 단순한 문화의 전이를 넘어서 제3의 문화를 형성하는 기제가 되곤 한다.

순수하고 단일한 문화라는 이데올로기에서 벗어나 보면 모든 문화는 종횡으로 뒤섞여 있음을 쉽게 확인할 수 있다. 외래 종교인 유·불·도 삼교가 수용되어 한국 유교, 한국 불교, 한국 도교로 변용·토착화한 것은 한국 사상사의 특색이며 결코 부끄러운 일이 아니다. 가령 여말 선초 수용된 성리학은 조선 창업의 철학적 기반이었고, 조선 중기 퇴·율을 거쳐 '사단칠정론四端七情論', '인심도심론人心道心論', '인물성동이론人物性同異論'으로 심화하여 조선성리학 또는 한국유교의 특질을 이루었으며 일본에까지 전파되었다. 조선의 주자 성리학에 대한 재해석과 철학적 논변은 그 자체로 중요한 문화적 자산이다.

조선이 동아시아 국제질서의 이론 기반인 '화이론華夷論'과 '중화주의中華主義'를 내재화한 것도 문화전이의 대표적 사례라 할 수 있다.

역사적으로 '중화' 관념은 중국이 세계의 중심이라는 천하관, 하·은·주 삼대의 문명을 지칭하는 개념, 이적을 상대화한 화이론 등으로 표상되었다. 『오주연문장전산고五洲衍文長箋散稿』에 따르면 화이론의 관점에서 볼 때 동이東夷인 우리나라를 '예의방禮義邦'이나 '소중화小中華'라고 부른 기원은 당대唐代까지 소급되며,[1] '기자 동래箕子 東來'와 『논어論語』의

'욕거구이欲居九夷' 고사는 조선이 본래 중화에 버금가는 문명국임을 강조할 때 흔히 언급되었다. 그런데 17세기 중반 여진족 후금後金이 중원의 패자가 되자 동아시아 국제질서에 일대 변환이 일어난다. 그 가운데 하나가 '중화' 관념의 역전이逆轉移 현상인데, 특히 주자 성리학에 기반을 둔 조선 지식인들에게 두드러진다. 이들은 중화의 도道가 이적夷狄에 의해 끊겼으니 도가 온전히 유지되고 있는 조선이야말로 '중화'라는 인식하에 중화 문명의 담지자로 자처한다.

송시열은 춘추대의에 입각하여 대명의리와 복수설치를 주장한 대표적 인물로서 고려의 풍속을 바꾸어 삼대의 도를 회복한 조선이 소중화라고 강변했다.

송시열宋時烈, 1607~1689은 대명의리를 고수하며 북벌을 통한 복수설치를 주장한 대표적 인물이다. 그는 조선이 비록 지리적으로는 중화의 변방이지만 예부터 예의의 나라로 천하에 알려져 '소중화'라 불렸으며, 역대 선왕들이 중국을 사대하였는데, 목전의 안일만 생각하여 오랑캐를 받들 수는 없다고 강변하였다.[2] 그의 화이론은 공자의 춘추대의春秋大義와 존주론尊周論 · 존왕론尊王論을 모범으로 한 것이다.[3] 순舜은 동이東夷 사람이요 문왕文王은 서이西夷 사람이며

---

1 『五洲衍文長箋散稿』第20輯, 經史篇 6, 論史「東方舊號故事辨證說」: "高麗恭讓王時, 朴礎疏云, 唐以爲君子之國, 宋以爲文物禮樂之邦, 題本國使臣下馬所, 曰小中華故, 故後以爲禮義邦小中華云."

2 『宋子大全』卷213,「三學士傳」: "我國雖僻在海隅, 素以禮義聞於天下, 天下稱之以小中華. 而列聖相承, 世修藩職, 事大一心, 恪且勤矣. 今以奉虜偷安, 縱得晷刻之淹, 其於祖宗何, 天下後世何."

주자의 고장인 칠민七閩 땅은 과거 남이南夷였으나 주자 이후 중화로 존중받게 되었으니 중화는 오직 문화적 변화에 달려있다고 강변한다.[4] 이러한 언명은 문화적 화이론의 전형이라고 할 수 있다.

최익현崔益鉉, 1833~1906도 오랑캐라도 중국에 동화되면 중국으로 간주한 것이 『춘추春秋』의 뜻이고, 더구나 우리나라는 기자箕子가 나라를 세워 오랑캐의 잘못된 풍습을 고쳤기에 소중화가 되었으며, 명이 멸망한 이후에는 천하에 중국의 문물을 찾을 수 있는 곳은 우리나라 밖에는 없으니 주周나라 예禮가 노魯나라에 있는 격이라고 하였다.[5] 이들이 중화를 내재화한 방식은 지역이나 인종(혈통)의 위계를 극복하면서 '예'와 '도덕'을 강조하여 문화적 중화주의를 표방하는 것이었다.

한편 연행을 통해 청의 문물을 직접 체험한 조선 후기 북학파는 청의 문화가 이적에서 중화의 수준으로 상승하였다고 판단한다. 강희・건륭시대1662~1795에 최고조에 이른 청나라의 문물제도는 중화를 자처한 조선 지식인들에게 커다란 충격이었고, 북학을 주장하는 계기가 되었다. 이들은 청을 야만으로 이적시하던 인식을 수정하여 이용・후생에 필요한 문물의 도입을 적극적으로 주장하였다. 박제가朴齊家, 1750~1805가 청을 '중화'로 새롭게 발견하였다면, 홍대용洪大容, 1731~1783은 상대성의 관점에서 주체와 타자를 파악하여 '화華'와 '이夷'의 구분 자체를 해체한다. 기실 이적도 중화의 문화를 수용하면 '화'로 변할 수 있다는 문화적 화이론은 청나라 건국의 타당성을 옹호하고 중화문화를 수용하

---

3 『宋子大全』卷18, 「請追上徽號於太廟疏」: "自生民以來, 未有聖於夫子. 夫子之功未有大於春秋, 而春秋之義, 未有大於尊王也."
4 『宋子大全』附錄, 「雜錄」: "中原人 指我東爲東夷 號名雖不雅 亦在作興之如何耳 孟子曰 舜東夷之人也 文王西夷之人也 苟爲聖人賢人 則我東不患不爲鄒魯矣 昔七閩實南夷九藏 而自朱子崛起於此地之後 中華禮樂文物之地 或反遜焉 土地之昔夷而今夏 惟在變化而已."
5 『勉菴集』卷24, 「華東史合編跋」.

시야를 우주로 확대해보면 중화와 이적을 가르는 중국 중심의 화이론도 무의미해진다고 본 홍대용.

는 데 적합한 이론이었다. 홍대용은 「연기燕記」에서, 조선이 청과 같은 문자를 쓰지만 사용하는 언어는 동이東夷를 면하지 못했다고 스스로를 낮췄으나, 이러한 문화적 차이를 적극적으로 포용한 쪽은 오히려 청조였다.[6]

홍대용은 '지구설'과 '우주무한설'을 통해 중화의 지역성을 탈피하였고, '역외춘추域外春秋'를 주장하여 문화상대론적 역사인식을 제기하였으며, 김원행金元行, 1702~1772의 인물성동론을 확장하여 '이천시물以天視物'의 관점에서 '인물균人物均'론을 주창하였다. 이는 중화의 지역성과 종족성을 해체하는 것이며, 나아가 문화적 화이론을 토대로 한 주체와 타자의 이해방식도 초월하여 우주론적 시각으로 사유 지평을 확대한 것이다. 그에게서 현상적·물리적 차이는 더는 차별화의 기제로 작동하지 않으며, 각 개체는 스스로 주체가 될 수 있으므로 '화'와 '이'의 관념은 무의미해진다.[7] 사회·정치는 물론 일상의 도덕·윤리까지 주자 성리학으로 체계화된 조선의 학문 경

---

6 『湛軒書』外集 卷7, 「燕記」, 孫蓉洲: "蓉洲曰, 中庸云書同文, 信不誣矣. 余曰, 弊邦慕尙中國, 衣冠文物, 彷彿華制, 自古中國或見稱以小中華, 惟言語尙不免夷風爲可愧. 蓉洲曰, 久仰貴邦人物俊雅, 風俗醇厚, 不減中華, 至于土音, 又何害焉. 且以中國言之, 東西南北, 語亦不類, 而朝廷取士用人, 亦幷不以此而別."

7 『湛軒書』內集 卷3, 「又答直齋書」: "我東之爲夷, 地界然矣, 亦何必諱哉. 素夷狄行乎夷狄, 爲聖爲賢, 固大有事在, 吾何慊乎. 我東之慕效中國, 忘其爲夷也久矣. 雖然, 比中國而方之, 其分自在也. 惟其沾沾自喜, 局於小知者, 驟聞此等語, 類多怫然包羞, 不欲以甘心焉, 則乃東俗之偏也."

향에서 홍대용의 사상은 자유로이 피력되기 어려웠다. 그의 우주론적 시각과 상대주의적 인식은 '역외춘추'와 '이천시물' 등 철학적 · 원리적 설명이나 『의산문답醫山問答』의 실옹實翁과 허자虛者의 내러티브narrative처럼 우회적인 길을 걸을 수밖에 없었다. 한편 19세기 서구 문물 수용에 적극적이었던 최한기崔漢綺, 1803~1877는 기의 운동과 변화運化로 인간 · 사회 · 자연을 통일체적으로 구상함으로써 지리적 · 인종적 · 문화적인 중심과 주변의 구획을 벗어나 주체와 타자의 만남을 상상할 수 있었다.[8] 하지만 북학파의 이용후생론이나 담헌의 인물균론, 혜강의 운화론적 사유는 '지나간 미래'였으며, 현실에서 구체화하지 못했다.

요컨대 이적인 청에 대해 주체의 자존감을 회복하고 문화적 우월의식을 견지하는 '조선중화의식'과 청조를 다시 중화의 계승자로 인정하는 북학파의 현실 인식은 모두 문화적 화이론의 한 갈래로 볼 수 있다.

19세기 들어 강력한 타자로 등장한 일본과 서구의 통상과 개화 압력에 조선은 여전히 화이론을 고수했다. 이들을 야만과 금수로 위계화하고 척사의 대상으로 삼았으나, 동아시아 중화질서는 해체되고 근대 세계질서에 점차 편입되어 갔다.

이항로李恒老, 1792~1868는 문화적 화이론을 견지하면서 '존중화尊中華', '양이적攘夷狄'의 기준을 '예禮'와 '의義'에서 마련한다. 화이론의 포용적 측면에서 보면 이적도 '예'와 '의'를 갖춘다면 중화가 될 수 있는 가능성을 내포하지만, 배타적 측면에서 보면 '예'와 '의'를 갖추지 않은 이적은 도덕질서의 하위로 위계화 되며 배제의 대상이 된다. 이러한 타자는 인류의 단계가 아니라 야만과 금수의 단계로 표상된다. 일본과의 강

---

8   이행훈, 「崔漢綺의 氣化的 문명관」, 『韓國思想史學』 제22집, 2004 참조.

화에 대해 5가지 문제를 들어 상소한[9] 최익현崔益鉉, 1833~1906에게 일본은
양이洋夷와 동일한 이적倭洋一體이었다. 그는 갑오개혁을 변란으로 규정하
면서, '소중화'를 혁파하여 오랑캐인 일본을 따라 '소일본小日本'으로 전
락하는 것이고, 개혁의 내용에 있어서도 굳이 서구의 전례를 모방하여
황제를 칭한다한들 그 명령이 금문禁門(궁궐) 밖으로 나가지도 못하는 현
실에서 이러한 경장·변통은 명실이 일치하지 않는 것이라고 강력 비판
한다.[10] 그러나 이들이 이상으로 삼았던 도덕적 세계는 곧 힘이 주도하
는 세계의 격류에 휩싸이고, 압도적인 서구 문명에 의해 포섭된다.

3. 포획된 전통

근대화를 선행한 서구 제국들의 팽창욕은 중화주의의 해체를 가속
화하였다. 동아시아를 근대 세계 체제 안으로 끌어들였고, 서구를 보편
으로 하는 역사와 서구를 문명의 정점으로 하는 사회진화론은 동아시
아 화이론의 문명위계를 전복시켰다. 보편과 진보라는 신화 속에서 동
아시아의 지역적·문화적 특성은 야만을 배태한 부정적 계기로 취급되
었고, 천하의 중심이요 문명의 담지자였던 이들은 진보가 덜 된 반개半
開 내지 야만으로 전락하게 되었다. 문명과 야만의 야누스적 얼굴을 한
서구의 위압에 동아시아는 무기력했다. 비판과 저항도 잠시 '자신의 이
름도 들어있지 않은 신화' 속으로 빠져들면서 주체는 부정의 대상이 되

---

9   『勉菴集』卷3, 「持斧伏闕斥和議疏」.
10   『勉菴集』卷4, 「辭宮內府特進官疏」.

고 문명을 가장한 타자에 포획되었다. '중화'를 관념적으로 내재화하였던 문명의 담지자 조선의 뒤늦은 개화 시도는 이렇게 일본과 서구에 포섭되고 만다.

이질적 타자와의 충돌은 타자에 대한 재인식은 물론 주체에 대한 각성을 촉구했다. 문명한 타자를 모방하는 게 당장의 긴박한 과제였고, 모방은 기성의 언어, 문자로 표상된 사유체계와 문화적 자장 안에서 이루어 졌다. 개념 소통의 관점에서 보면 동아시아의 근대화 과정은 수용 주체의 조건에 따라 시기와 방식에 편차가 있었으나 서구의 상징형식과 상징질서들을 전유하는 과정이었다.

전근대시기 동아시아 문명의 중심에서 멀었던 일본이 오히려 누구보다 빠르게 근대화를 진행했다. 일본이 문명의 중심을 일찍이 중국에서 서구로 옮길 수 있었던 것은 동아시아 중화주의 세계체계에서 조선보다 상대적으로 변방이었기 때문이다. 조선이 여전히 공·맹과 주자를 잇는 도학적 세계관을 고수하고 있을 때, 야마자키 안사이山崎闇齋, 1619~1682는 당시의 청조 중국을 '중화'로 부르는 데 반대하고, 주체의 처지에서 보면 '아我'가 '중中'이 되고 타자는 '이夷'가 된다고 인식하였다. 그는 제자들에게 "당唐(중국)이 일본을 복종시키려고 요순문무堯舜文武가 대장이 되어서 군대를 동원해 올지라도 돌 불화살로 쳐부수는 것이 대의大義이다. 예의덕화禮義德化로 따르게 할지라도 신하가 되지 않는 것이 옳다. 이것이 춘추의 도이고 천하의 도이다"라고 일갈했다.[11]

사실 '중심'과 '주변'이라는 구분도 기준을 무엇으로 하느냐에 따라 늘 유동적이며 상대적일 수밖에 없다. 문화의 혼종이라는 측면에서 보

---

11 尾藤正英, 『日本封建思想史硏究』, 1987, 41~52쪽; 유근호, 『조선조 대외사상의 흐름 -중화적 세계관의 형성과 붕괴』, 성신여대 출판부, 2004, 427쪽.

일본의 대표적인 근대 계몽사상가 후쿠자와 유키치는 1895년 3월 16일 『시사신보』에 일본의 문명개화를 위해서는 청이나 조선과 관계를 끊어야 한다는 탈아론을 발표했다.

면 주변보다 중심이 오히려 혼종적이라고 할 수 있다. 역대로 각국의 수도나 항구의 대도시들은 통상과 교류의 중심 역할을 수행하여 다양한 문화가 혼종·소통하는 전초로서 기능하였으며, 문화적 번영을 누렸다. 변방으로서 조선은 '중심'의 문화를 중심보다 오히려 오래 유지했지만, 일본은 상대적으로 정치·문화적 고리가 약했기 때문에 사유에 더 많은 자율성을 확보할 수 있었다. 일본 개화기의 대표적 계몽사상가인 후쿠자와 유키치福澤諭吉는 『문명론의 개략』에서 "지존의 관념과 지강의 관념이 서로 상대화하여 그 사이에 여지가 생겨 다소라도 사상의 움직임이 가능해지고 이성이 작용할 수 있는 단서를 열 수 있게 된 점은 일본의 요행이라고 말하지 않을 수 없다"라고 한 바 있다.[12] 그는 세계 각국이 경쟁·각축하는 상황에서 일본의 '자주'와 '독립'을 위해서는 서구 문물의 수용뿐만 아니라 '민지民智'의 고양을 최우선의 과제로 보았다. '문명개화'도 상대적인 것으로 인식하였는데, 문명·반개·야만은 경계가 불명확하고, 상대적인 명칭일 뿐이며 고정되지 않아서 매 순간 변화한다고 봄으로써 '중화'의 자리를 쉽게 서구 문명으로 대체하는 길을 열었다. 그러나 문명에 편리한 것이라면 정체政體는 군주제이건 공화제이건 상관없이 그 내실만을 취하면 되고 독재나 폭정

---

12 福澤諭吉, 정명환 역, 『文明論의 槪略』, 광일문화사, 1989, 32쪽.

도 문명 진보에 도움이 될 수 있다[13]는 극단적 사고는 훗날 국가주의적 근대화와 제국주의적 팽창의 빌미가 되었다.

조선이 타자를 대한 방식은 크게 위정척사론과 개화론으로 나뉘고, 개화파는 다시 동도서기론과 문명개화론으로 구분할 수 있다. 동도서기론은 유교적 도덕·윤리를 토대로 주체의 문화적 정체성을 유지한 채, 서구의 과학기술만 수용하여 외면의 개화를 추구하는 것으로 정신과 물질을 이원화하는 도기분리적道器分離的 사고이다. 문명개화론은 전통의 체용론적 관점보다는 서구의 목적론적 역사관과 사회진화론을 내재화하여 문명의 진보를 보편적 당위의 과제로 상정하고 정신과 물질을 아우르는 사회·문화 전반의 서구화를 도모하는 것이다. 위정척사론은 화이론의 전통을 이어 새롭게 등장한 서구를 이적보다 못한 금수로 판단하여 배척하는 노선이 주류를 이루었다.

예를 들면, 김윤식金允植, 1835~1922과 신기선申箕善, 1851~1909은 유교개혁을 통해 개화를 모색하면서 현실정치에 깊이 관여했고 장지연張志淵, 1864~1920은 언론활동을 통해 개화운동을 전개하였다. 유학의 전통에서 서양철학을 수용한 이정직李定稷, 1841~1910은 「배근학설培根學說」, 「강씨철학설대략姜氏哲學說大略」에서 칸트의 '자유' 개념을 '본연지성本然之性'에 비유하였으며, 이인재李寅梓, 1870~1929는 태서泰西의 흥성 원인을 서양 철학에서 찾았다. 이기李沂, 1848~1909는 실학의 전통을 이어 학술의 요체를 시세의 부합여부로 보고 신학新學을 시무時務로 파악하였다. 이건창李建昌, 1852~1898은 양명학의 입장에서 부강은 '임금의 일심一心의 실實'에 달려 있다는 '실심부강론實心富強論'을 제시하였다. 유학을 넘어 서양철학으로 선

---

13 위의 책, 48~52쪽.

회한 이상룡李相龍, 1858~1928은 『합군집설合群輯說』을 저술하여, 정치적 주권은 치자가 아닌 공민에게 있다고 하였다. 유인식柳寅植, 1865~1928은 성리학이 전날의 학술이라면 자연과학은 오늘의 학설이고, 아관법복이 전날의 예속이라면 양제삭발은 오늘의 예속이라고 하면서 유림의 자기 성찰과 책임의식을 강조했다.[14] 민영익을 전권대사로 한 보빙사의 일원으로 미국에 유학한 유길준兪吉濬, 1856~1914은 1895년 『서유견문西遊見聞』을 출간하였다. 이 책에 언급된 사회, 정치, 경제, 문화 관련 개념어들은 19세기 말 20세기 초 한·중·일을 비롯한 동아시아에서 공통으로 사용된 어휘로서 서구 개념의 번역과 수용을 살펴보는 데 유용하다. 그는 문명개화를 인류역사의 진보로 파악하여 '개화의 등급'을 미개-반개-개화의 3단계로 구분하는 한편, 자주적·주체적 여부에 따라 '실상개화'와 '허명개화'로 구별하고, 전자는 '개화의 주인', 후자는 '개화의 죄인'으로 규정하였다.

1895년 2월 고종은 국가의 보존과 중흥을 위해 신교육의 필요성을 강조한 「교육조서敎育詔書」를 발표하였고, 같은 해 8월 학부에서는 최초의 국어교과서이자 개화입문서의 성격을 띤 『국민소학독본』을 발간하여 국가주도의 교육도 그 첫발을 내디뎠다. 그러나 인문주의적 교육의 실용주의적 전환과 근대적 지식체계의 구축은 일본 제국주의와 전 지구적 자본주의 체계에 포섭되어 가는 길이기도 했다.

1905년을 전후하여 근대적 국가 수립이 점점 어려워지자 지식인들은 국가 대신 민족을 호명하기 시작했다. 민족은 국가 정체를 초월하여 공동체 구성원을 단합하는 기제였다. 특히 국가의 물적 토대에 우선하

---

14 이숙인, 「개화기(1894~1910) 유학자들의 활동과 시대인식」, 『동양철학연구』 37, 2007, 29~38쪽 참조.

는 민족의 정신이 강조되었다. 예컨대 '국백國魄'은 상실해도 '국혼國魂'을 보전하면 '국권國權'을 회복할 수 있다는 박은식朴殷植,1859~1925의 주장이나[15] 『대한매일신보』의 「정신으로 된 국가」(1909.4.29)라는 논설처럼 물질적 기반을 초월한 형이상학적 실체를 꿈꾸면서 민족이 하나의 구심점으로 등장한다.

일제 강점기 조선의 지식인들은 민족 고유문화의 수립과 전통의 재창조를 통해 자기 동일성을 확보하고자 하였으니, '조선학운동'의 흥기가 대표적이다. 문제는 식민지시기의 조선학이 '조선적인 것'에 대한 욕망을 제도적 틀 안에 묶어두고 제국과 식민지 사이의 적대성을 순화하는 역할을 했다는 점이다. 조선학운동은 민족주의와 식민주의, 민족적 동일성의 욕망과 식민제국의 욕망이 일종의 공모 관계에 있었음을 확인시켜 준다. 왜냐하면 식민제국 일본이 자신의 정체성을 확립하기 위해 만들어낸 타자의 표상 체계로서의 조선학 개념이 조선 연구자들에게 자연스럽게 받아들여졌고 이는 조선학 개념의 기원에 내포된 제국주의의 시선이 일정 정도 조선 연구자들에게 내면화되었다는 것을 뜻하기 때문이다. 따라서 식민제국 일본에 대한 대타성 위에서만 성립할 수 있는 '조선적인 것'에 대한 욕망은 근원적으로 자기 모순적인 성격을 내포할 수밖에 없었다.[16]

1920년대에 들어 진행된 일제의 문화 정책은 다카하시 도오루高橋亨 같은 어용 관학자들을 동원해 조선사를 왜곡하고 '고착성'과 '종속성·사대성'을 도출하여 독자적인 조선 사상의 부재를 이념화하는 것이었

---

15 朴殷植, 「韓國痛史」, 『朴殷植全集』上, 376쪽.
16 김병구, 「고전부흥의 기획과 '조선적인 것'의 형성」, 『'조선적인 것'의 형성과 근대문화담론』, 소명출판, 2007, 23~25쪽 참조.

다. 조선의 후진성과 타율성을 왜곡·유포하는 일련의 식민 정책 와중에 지식인 일부는 본인의 의도와 무관하게 제국의 논리에 부역하는 일도 발생하였다. 식민지 권력이 근대 지식을 지배의 주요한 지적 자원으로 사용하게 됨으로써 민족주의자들의 근대화 기획과 부딪힐 수밖에 없었기 때문이다. 근대 지식의 주체적 수용을 강조하던 민족주의자들로서는 전통적인 '동도東道'를 극복하는 문제와 함께 근대를 표방한 식민 지배에 대해서도 저항해야 했다. 하지만 이 두 과제를 동시에 해결해줄 지식체계의 구축은 난망했다. 각종 제도적 차원의 주도권을 장악한 식민지 권력에 대항하여 지식 생산의 주도권을 피식민지 민족주의자들이 행사하는 것은 거의 불가능했기 때문이다. 그 결과 전통적 '동도'를 고수할 수도 없고, 근대적인 지식체계의 무조건적 수용만을 강조하기도 어려운 딜레마에 빠지는 경우가 많았다.[17] 문명개화는 만병통치약처럼 제시되었지만, 문명에 중독된 주체는 문명 자체에 대한 비판적 사유를 할 수 없었다. 그들의 유일한 무기인 문명개화가 그들의 민족 공동체를 파괴하는 덫이 될 수도 있다는 자각이야말로 당시의 문필가들이 처한 딜레마였다.[18]

---

17 박명규, 「지식 운동의 근대성과 식민성―1920~30년대를 중심으로」, 『지식 변동의 사회사』, 문학과지성사, 2003, 120쪽.
18 앙드레 슈미드, 정여울 역, 『제국 그 사이의 한국 1895~1919』, 휴머니스트, 2007, 23쪽.

4. 길항하는 주체들

한국의 근대화 과정은 제국과 식민의 지배와 저항의 논리를 확대 재생산하면서 자기 동일성을 강화하였다. 서양이 제국주의 지배 전략의 일환으로 동양을 날조했듯이 동양 역시 서양을 다양한 방식으로 오해하고 오독해왔다. 즉, 서양이 제국주의적 목적을 위해 동양을 타자화했다면 동양도 자신의 정치적 목적에 부합되게 서양을 타자로 설정하고 있다는 것이다.[19] 그 결과 동양과 서양의 대타성이 본질인 마냥 인식되기에 이르렀다. 타자에 대한 이미지는 표상일 뿐이며, 각 주체는 유동적인 표상들의 관계망을 통해 타자와 연결된다. 주체와 타자의 관계는 항상 서로 다른 표상들 간의 접합점이며 이러한 접합은 상호변화를 가능하게 하는 역동성을 지닌다. 관건은 주체와 타자 모두 이러한 역동성을 대립이 아닌 창조와 상생의 동력으로 전환하는 것이다.

우리의 근대에 관한 연구는 근대주의나 근대화론에 경도되어, '내재적 발전론'이나 '자본주의 맹아론'처럼 서구 근대를 기준으로 한 또 하나의 근대 찾기에 급급하거나, 문화적 순수성과 단일성을 강조하는 민족주의 사관을 강화하는 경향이 한 시기를 풍미했던 것이 사실이다. 역사 연구와 서술의 중립성·객관성에 대한 회의는, 역사적 사료는 진리가 아니라 권력의지에 의해 구성된 담론일 뿐이며, 이제 역사가는 '왜 우리는 지금과 같은 방식으로 과거를 개념화하는가' 또 '그것이 어떻게, 왜 기억되는가'를 밝히는 것에 관심을 집중하고 있다.[20] 전 세계적으로 국민국가 형성기에 '전통의 창조'와 '기억의 정치', '정체성의 제조'가

---

19 샤오메이 천, 정진배·김정아 역, 『옥시덴탈리즘』, 강, 2001.
20 에릭 홉스봄 외, 박지향·장문석 역, 『만들어진 전통』, 휴머니스트, 2004 역자 서문 참조.

1896년 4월 7일 한국 최초로 순한글로 발행한 『독립신문』은 문명개화와 국민의 각성을 촉구하며 근대적인 공론장을 형성하는데 일익을 담당했다.

집중적으로 발생하였다는 점은 이러한 논의를 밑받침 한다. 특히 인쇄 자본주의와 근대 매체의 발달은 비동시적인 사실과 비균질적인 가치들을 평면화된 지면을 통해 동시적이고 균질적인 것으로 재배치하였다. 특수한 서구 문명을 보편화하고 각각의 개체가 경쟁을 통해 문명의 단계로 진보해야 한다는 시대적 사명을 주입하는 데 근대 이행기 신문들의 영향력은 지대했다. 『독립신문』(「논설」, 1897.2.13)은 전통을 폐기의 대상으로 보고 서구 학문과 문물의 수용을 통한 개화를 주장하였고, 『황성신문』(「논설」, 1898.9.23)은 전통적인 문명관에 입각하여 학술과 정치, 기계와 물품 등의 개화를 주장하였으며, 『한성주보』(「사의」(私議), 1886.8.23)는 공법과 조약이 이익에 따라 폐기되는 냉혹한 현실에서 자강의 필요성을 요구하는 등 필진의 입지는 다르지만, 문명개화를 절박한 과제로 인식하여 촉구한다는 점에서는 공통된다. 따라서 여러 신문 지상에서, 새롭게 등장한 다종의 개념을 공유했다고 해서 꼭 그 용어가 동등한 의미로 사용된 것은 아니라는 점에 유의해야 한다. 신문들은 교육적인 차원에서 신조어들을 설명하면서 매우 일반적인 용어들조차 민족주의적 문맥에 짜 맞추려 했고, 종종 어떤 용어의 어감을 새롭고 특수한 방향으로 몰고 가는 일도 있었다. 사실 식민주의자들과 민족주의자들 사이에 있었던 갈등 일부는 이렇게 공유하는 어휘의 의미를 둘러싸고 일어났다. 서로 다른 정치적 목적을 이루기 위한 수단으로 용어들을 정의하려 했기 때문이다. 민족주의와 식민주의 사이의 갈등은 종종 용어의 정의에 관한 것이었다.[21] 소통의 관점에서 보면 '민족'과 '식민' 담론은 근대화 과정에서 파생된 자기 동일화의 쌍생아인 것이다. 제국과 식민의 지배와 저항의 논리 속에서 '민족' 담론이 역사와 전통의 이름으로 확산한 사실이 이를 방증한다. '민족'이란 '2차적 개념'으로서 항상 가변적이며, '상상의 공동체'에 불과하다는 논의는 이제 학계의 상식이 되었다.

유구한 전통으로 여겨졌던 것들이 한국 근대의 비교적 짧은 역사적 경험 속에서 생겨났다는 사실에 그다지 놀라지 않게 되었지만, 창조된 것이든 실재했던 것이든 당대인들에게 하나의 '전통'으로서 수용되는 방식과 구조(상황)에 대해서는 진지한 성찰이 필요하다. 전통은 단순히 과거 역사의 유물이 아니라 당대인들에게 수용될 때 이미 하나의 이데올로기로서 기능하기 때문이다. 에드워드 쉴즈Shils, Edward, 1910~1995는 전통이 받아들여질 때 그것은 너무나도 자명한 것이고 자기네의 그 어

---

21 앙드레 슈미드, 정여울 역, 『제국 그 사이의 한국 1895~1919』, 휴머니스트, 2007, 277쪽.

떤 행동이나 신념처럼 중요한 것으로써 현재에 존재하는 과거이며 그 어떤 새 발명품과 마찬가지로 현재의 큰 부분이 된다고 했다. 사람들은 과거에 그것들이 존재했다는 믿음 때문이 아니라, 그 자체가 지닌 과거의 자질에 애착을 가짐으로써 응당 그럴 수밖에 없는 당위성 때문에 받아들인다는 것이다.[22]

중국 중심의 질서가 해체된 자리에 일본과 서구 제국이 등장하면서 과거 동아시아 국가들이 공유해온 문화적 상징과 관습은 부정과 폐기의 대상이 되었으나 한편으로는 민족의 이름 앞에 호출되는 모순적인 상황이 발생하였다. 새롭게 창조되고 집단에게 기억되어야 할 당위로서 제시된 역사적 전통과 지식이 당대인들에게 수용되거나 거부되었던 또는 다르게 사유되었던 지점에 관한 탐구가 그래서 필요하다. 아울러 '민족주의'와 '식민주의'의 동일성에 관한 연구가 근대성 담론의 스펙트럼을 확대하는 것임이 틀림없지만 동시에 담론의 구조상 주체와 타자라는 이분법을 재생산하는데 기여한다는 의구심 또한 지울 수가 없다. 이렇게 대타성에 시선을 빼앗긴 사이 경쟁과 시장의 원리에 바탕을 둔 자본주의가 근대화 과정에서 드러낸 문제점을 간과해서도 안 될 것이다.

제국과 식민지의 관계는 주체와 타자의 길항보다 오히려 지배와 종속의 관점이 더 적합한 것일 수도 있다. 하지만 제국과 식민지만큼 주체와 타자의 길항을 잘 보여주는 예도 없다. 근대 세계 체제는 민족주의와 국가주의를 동력으로 자기 동일화를 강화하고 타자를 배제하며 폭력까지도 정당화하면서 자신을 확대해 나갔다. 식민지 주체는 대항

---

22 에드워드 쉴즈, 김병서·신현순 역, 『전통—변하는 것과 변하지 않는 것』, 민음사, 1992, 24~26쪽 참조.

담론을 생산하며 식민의 상황을 극복하기 위해 가능한 모든 수단을 동원할 수밖에 없었다. 종종 제국의 지배 담론을 재전유하여 대항담론을 생산하였고 이는 다시 제국과 마찬가지로 자기 동일화의 기제로 기능하였다. 개인의 자율성이라는 근대적 가치보다는 민족의 독립이라는 명제 아래 때로는 전통을 호출하고 개인을 동원한 식민지 시기 민족주의적 역사 서술이나 신문, 잡지, 소설 등의 내러티브에서 이를 쉽게 발견할 수 있다.

그러므로 근대 세계 체제의 형성과 더불어 진행된 전근대적 사회 시스템의 해체와 재구성의 상관성에 주목할 필요가 있다. 상이한 문화, 국가, 민족으로 표상된 주체와 타자의 길항이 각 개체의 근대적 재편과정에서 비롯되었기 때문이다. 신분 질서의 해체 등 전근대적 예속에서 벗어나 평등한 국민을 성원으로 하는 근대 국가나 혈통적·문화적으로 순수하고 단일한 민족이라는 구성물의 자기 동일화 이면에는 국가와 민족의 호출에 동원되어 조금의 주저도 없이 생명을 불사르는 '죽음의 정치'가 웅크리고 있었고, 근대적 국민 국가와 민족은 이를 기념하는 의례와 장치를 전통으로 발명하였다.

국가주의와 민족주의는 세계를 경쟁과 각축의 상황으로 내몰았고 그 상흔은 현재까지도 여전히 남아 있다. 선분화된 근대 국가와 신념화된 민족 관념은 주체와 타자의 길항을 본질화한다. 현재에도 우리를 옭아매는 국가와 민족 이데올로기의 수혜자와 희생자는 누구인지에 대한 성찰과 지배 권력의 중심성에 저항하여 비판적 논의를 활성화해야 하는 이유이다.

5. 보편과 진보의 신화

인간의 사고는 언어를 수반하고, 언어에 의해 완성된다. 언어는 사물을 지칭하고 의미를 규정하는 역할을 한다. 인식의 과정은 대체로 감각기관으로 받아들인 대상의 정보를 종합하고 추상화하여 각 대상에서 유추된 공통적인 사항을 보편으로 삼는다. 노자老子『도덕경道德經』첫머리에도 "도가도비상도道可道非常道, 명가명비상명名可名非常名"이라는 구절이 있는데, 보편이 과연 실재하는가는 철학의 오랜 논쟁거리였고, 서양 철학에서는 실재론과 유명론으로 대립한 바 있다. 개념이란 이렇게 지칭되고 규정된 다양한 어휘들로부터 공통적인 것을 유추한 일종의 관념이라고 할 수 있다. 동일한 대상일지라도 인식 주체만큼이나 그 관념 또한 다를 수밖에 없는데, 이렇게 상이한 개인의 주관이 경험을 통해 보편성을 획득하게 되면 객관으로 인정된다. 이런 관점에서 소통이란 인식 주체가 지닌 관념 간의 소통이고, 언어를 통한 담화 과정과 텍스트를 통한 소통 과정에서 오해와 오독이 발생하는 것은 자연스러운 일이기도 하다.

동일 집단 내에서 통용되는 개념이라 할지라도 다른 문화권에서는 생소한 것일 수 있다. 인류의 역사와 문화는 상이한 관념과 개념이 상충하고 습합하는 지난한 문화·국가간 소통의 과정을 거쳐 형성되었다. 근대 세계 체제의 형성 과정에서 야기된 주체들 간의 충돌의 기저에는 개념의 충돌이 자리하고 있다. 우리의 근대를 이해하기 위해 개념의 소통에 관심을 가져야 하며, 다양한 문화와 다원화된 가치가 공존하는 현재 세계에서는 더욱 개념의 상호 소통이 인문학의 핵심 과제일 수밖에 없다.

소통의 방해자 또는 불소통의 현실적 조건을 해소하는 것이 소통의 첫걸음이다. 개념 소통의 외적 조건 또는 상황을 비판적으로 성찰하는 것은 소통의 가능성을 모색하는 하나의 방법이 될 수 있다. 문화권 사이에는 차이가 존재하는데, 차이가 객관적 실재의 양상이라면 차별은 인간의 관념이 배태한 산물에 불과하다. 그런데 근대 세계체제는 이러한 차이를 문명과 야만으로 차별화했다. 자연적·물리적 조건에서 비롯된 차이를 절대적인 지위로 구조화하면서 차별이 발생하고 폭력이 수반되었다. 근대의 이면에 자리한 협소한 동일화의 논리를 다시 이성의 힘으로 깨뜨려야 한다. 결국 차이를 넘어선 조화와 공존은 서로 다름에 대한 차별 없는 인식과 차이의 위계화·절대화에 대한 비판과 지양을 출발점으로 삼아야 한다.

근대 세계 체제의 형성은 서구 근대라는 동일집단 내의 보편(이면서 특수)을 전 지구적으로 확장하는 것이었다. 서구 근대는 종교개혁, 산업혁명, 자본주의, 부르주아 시민사회 건설을 통해 근대적 국가체제를 정비함으로써 상대적으로 낙후된 타자에게 문명의 전도사로 얼굴을 드러내었다. 문명화 담론에는 '역사의 진보'라는 내러티브가 강하게 작동하였고, '우승열패', '적자생존'에서 모티프를 따온 사회진화론이 이를 이론적으로 뒷받침하였다. 진화와 진보의 단선에 자신을 우월한 단계에 배치한 이들은, 타자를 합리성 / 비합리성, 자유주의 / 전제주의, 산업 / 농업, 진보 / 정체, 이성 / 광기, 문명 / 야만의 이항 대립적 범주에서 항상 후자에 놓았다. 서구는 이렇게 자신에 반하는 대립물을 규정함으로써 정체성을 확보하고 자기 동일화를 강화하였으며, 보편과 진보의 신화는 전 세계를 종횡하면서 서구중심주의를 추동하는 양 날개가 되었다.

노르베르트 엘리아스Norbert Elias, 1897~1990가 말한 것처럼 본래 중세 유럽인들, 특히 프랑스 귀족들이 자신들을 하층 계급과 구분하기 위해 사용한 문명 개념은 19, 20세기 전 세계로 확산되었다. 그에 따르면 '문명'은 지난 2, 3세기 동안의 서구 사회가 그 이전에 존재했던 사회들, 그리고 좀 더 원시적이라고 일컬어지는 동시대의 다른 사회들보다 더 우월하다고 느끼는 모든 것들을 포괄하는 개념이다. 서구 사회는 이 개념을 사용함으로써 자신들의 고유한 특성이 무엇인지. 그리고 자신들이 자랑스럽게 여기는 것이 무엇인지를 규정하려고 애를 쓴다. 즉 자기들이 지닌 기술의 수준, 자기들이 지닌 관습의 속성, 나아가 자기들이 이룩한 과학적 지식과 세계관 그리고 그 밖의 많은 것들과 관련한 발전을 설명하고자 하는 것이다.[23]

제1차 세계대전으로 파괴된 유럽을 둘러 본 양계초는 『구유심영록歐游心影錄』(1920)에서 "자연의 파괴보다 인간의 파괴가 더 처참하고, 야만인의 파괴보다 문명인의 파괴가 더욱더 처참하다"고 술회한 바 있다. '이성의 승리'라는 서구의 비합리적 신념에 의해 지속한 문명화와 역사의 진보는 기실 피로 얼룩진 '광기의 역사'였다. "계몽으로서의 이성이 신화로서의 광기로 전락한 것이다. 더 정확히 말하면, 계몽으로서의 이성이 실은 신화로서의 광기였노라고 자신의 정체를 고백한 것이다."[24] 단선론적으로 선분화된 진화론으로는 지리상 오지hinterland로 분류되는 지역에서 자신만의 문화와 소규모 공동체를 유지했던 다양한 소사회를 설명할 수 없다. 이러한 소사회를 인류의 극히 낡은 형태가 온존된 표본이나 '역사 없는history-less' 사회로 간주하여 때때로 이들의 소멸을 거리

---

23 노르베르트 엘리아스, 『문명화과정』 I, 한길사, 1999, 106쪽.
24 임지현, 『민족주의는 반역이다―신화와 허무의 민족주의 담론을 넘어서』, 소나무, 1999, 324쪽.

낌 없이 자행한 것도 사실이다.[25] 문명과 진보의 신화는 은폐되거나 외양을 바꾼 채로 오늘의 세계에서 여전히 위력을 행사하고 있다. 우리 사회에도 서구중심주의·근대주의가 여전히 남아 있다. 자신의 문화·역사적 맥락을 외면하고서 자신을 반추할 수 없음은 물론이고, 타자와 상호 보완적인 관계를 형성하기 어렵다.

6. 국민 국가와 상상의 공동체

15세기 이탈리아의 도시국가를 가리키는 '스타토stato'란 말은 마키아벨리Niccolò Machiavelli, 1469~1527가 『군주론Il principe』(1532)에서 사용한 이후로 일반화되었다. 국가 개념을 체계적으로 제시한 홉스Thomas Hobbes, 1588~1679는 국가를 '리바이어던leviathan'(1651)으로 묘사하였는데, 자연 상태에서 인간은 만인에 대해 투쟁하므로 국가를 만들어 '자연권'을 제한하고 국가에 권리를 양도하여 복종한다고 보았다. 루소Jean-Jacques Rousseau, 1712~1778는 『사회계약론Du Contrat social, ou pricipies droit politique』(1762)에서 자연 상태에서 자유롭고 평등한 인간이 계약을 통해서 사회 또는 국가를 형성하며, 이때 인간의 자유와 평등은 최고의 의사인 일반의사 속에서 구현된다고 주장하였다. 루소 사후 10년 만에 프랑스혁명 과정에서 근대 영토 국가 수준의 정치 주체로서 시민계급을 지칭하는 '국민'이 탄생했고, 이로써 근대 국가는 곧 국민 국가로서 그 성격이 규정되

25　테사 모리스-스즈키, 임성모 역, 『아이누와 식민주의 변경에서 바라 본 근대』, 산처럼, 2002, 31쪽 참조.

기에 이르렀다.

동아시아의 근대 국민국가 체제는 19세기 중반 이후 서구 제국주의의 전 지구적 확장과 함께 수용된 서구식 국가 개념에서 비롯되었다. 국가 개념은 주체와 타자가 길항하는 상황에 힘입어 공동체 구성원들을 유기적으로 결합하는 전략적 이데올로기로 기능하였다. 파시즘이나 애국주의, 민족주의가 국가 담론과 함께 양산된 것도 이에 기인한다. 식민 / 반식민 / 제국의 서로 다른 경로를 밟은 한·중·일 삼국의 국가 개념 수용에는 차이가 있으나 모두 국민국가 건설을 지향했다.

근대 네이션 개념에 대해서는 인종적 공동체의 영속성을 강조하는 원초론Primordialism과 근대화의 부산물로 본 도구론Instrumentalism적 관점이 있다. 근래에는 도구론이 주목받고 있는데, 겔너Ernest Gellner, 1925~1995는 정치적·민족적·문화적 단위가 일치해야 한다고 주장하는 내셔널리즘이 '네이션'을 발명했다고 한다. 엔더슨Benedict Anderson, 1936~2015은 '네이션'을 '상상의 공동체'로 파악했다. 그는 특히 인쇄자본주의의 발전으로 '비동시적인 것의 동시성'을 확보함으로써 '상상의 공동체'를 형성할 수 있게 되었음을 강조한다. 한편 '네이션'의 역사적 토대로서 문화와 역사를 공유하는 '에스니ethnie'에 주목한 앤서니 스미스Anthony Smith, 1939~2016는 원초론과 도구론 모두 비판한다. 대부분의 종족은 문화적 동질성과 순수한 본질을 소유하지 않으며, 여러 다양한 결속 가운데 하나로서 사회적 관계에 예속되고 상황에 따라 변화한다는 것과 민족의 기원은 몇몇 서유럽 국가에서 15, 16세기로 거슬러 올라가며, 지방적·문화적·사회적 맥락을 과소평가한다는 것이다.[26]

---

26 송규진·김명구·박상수·표세만, 『동아시아 근대 '네이션' 개념의 수용과 변용─한·중·일 3국의 비교연구』, 고구려연구재단, 2005, 16~19쪽 참조.

근대 국민 국가는 '동일화로서의 역사' 인식을 위해 역사서는 물론이고 소설, 신문, 교과서 등에서 민족에 대한 집단적인 기억을 재생산하였다. 이러한 작업은 동시에 '문명'과 '진보'라는 세계사의 내러티브에 민족을 편입하는 것이기도 했다. 특히 식민지 지식인들은 근대 국가 체제 수립이 어렵게 되자 민족 서사를 강화하는 길을 택했다. 식민지시기 '민족' 서사는 합리적인 연구라기보다는 현실의 모순을 타개하기 위해 주체의 강인한 실천을 촉구하는 기제였다. 민족주의는 단일과 순수의 이미지를 생산하여 자기 동일화를 진행하면서 제국주의에 맞섰다.

그러나 그토록 열망했던 문명개화의 종착은 제국에 의한 규율이었다. 교육주권을 장악한 식민제국의 통제로 일본어가 국어의 자리를 차지하였으며 일본식 성명 강요와 천황숭배 등 일상의 영역에까지 제국의 규율이 체제화되었다. 근대적 지식체계에 접근하기 위해서는 일본어를 습득해야 했고, 근대적 교육을 받은 지식인들은 일본을 통해 문명의 중개자가 되었다. 낙후된 조국을 계몽해야 한다는 사명감으로 충만한 근대적 지식인들은 식민성과 근대성의 교착으로 혼란에 빠질 수밖에 없었다. 문명과 진보의 신화가 개인의 자유와 근대 국가의 수립, 사회·역사의 발전을 담보해주지 못하는 상황에서 제국과 식민 사이의 경계인적 지식인들의 딜레마는 깊어만 갔다. 식민지 현실에서 개인의 자유는 사치와 방종으로, 탈식민을 요원하게 하는 범죄로 취급되었다. 개인보다 민족 전체의 활로 모색이 절박한 상황에서 자유주의는 폄하되고 민족주의가 압도적인 흐름이 되었다. 자신의 정체성을 민족에 투사한 것은 개인의 각성에서 비롯된 것이라기보다는 동원된 집단적 주체성에 불과했다. 이처럼 식민지 지식인의 계몽적 사고는 현실과 매개되면서 원본을 변용했다. 이 시기 '자각'과 '개조'가 유행어가 된 것도 지식인 계층의 사회적 책임의식의 여과다.

유길준의 『노동야학독본』(1908) 삽화, 독립자강을 위해서는 교육과 실업을 진작하여 실력을 양성해야 함을 강조했다.

예컨대 유길준이 문명개화의 현실적 모델로 삼았던 것은 메이지 일본이었다. 군국주의 일본에서 군대는 '선량한 황민'을 육성하는 가장 핵심적인 '국민 만들기' 기관이었으며, '국가와 천황'을 위한 '순사殉死'는 교과서와 신문 등을 통해 전파된 어용 이데올로기의 진수였다. 이를 모델로 유길준은 한국인들에게 '국가와 주군'에 대한 일본식 '희생정신'을 각인하는 것을 '계몽'이자 '문명'으로 여겼다(『노동야학독본』「제42과 용기」). 그런 측면에서 '실력 양성론자'들이 태평양 전쟁 때 "조선인이여 입대하라!"며 광분했던 것은 결코 단순한 '영달을 위한 훼절'로만 설명할 수 없다. 그들에게 근대적인 국가의 폭력은 신성한 일이었다.[27]

7. 자본주의와 욕망

제국의 욕망을 품은 근대 국가는 타자를 식민화하면서 소통을 왜곡·굴절시켰는데, 식민지 확장 경쟁의 밑바닥에는 근대 자본주의 원리

27 박노자, 『우리가 몰랐던 동아시아』, 한겨레출판, 2007, 211~212쪽 참조.

가 작동하고 있었다. 시장과 경쟁의 원리에 기초한 자본주의는 또 하나의 보편이었으며 결코 동일 선상에 배치될 수 없는 진보의 신화를 재생산함으로써 스스로를 확대해 나갔다. 부르주아 시민사회와 근대 국민 국가의 형성, 경쟁하는 민족에 내재한 근대화 욕망은 자본주의와 근원적 친연성을 갖는다. 월러스틴Immanuel Wallerstein, 1930~은 자본주의가 근대를 관통한 세계체제 world system로서 그 성립부터 지금까지 결코 일국적 차원에서 작동해온 것이 아니라, 세계체제 속에서 중심부-반주변부-주변부 국가라는 위계화된 구조 아래 협력과 경쟁의

중국의 이권 침탈에 혈안이 된 19세기 제국주의 열강과 일본.

상호작용 속에서 축적과 확장을 해왔다고 주장하였다.[28]

근대 이행기 제국과 식민의 지배와 저항은 자본주의적 욕망에 따른 왜곡·굴절된 소통의 극단적 양상이라고 할 수 있다. 제국주의는 자본주의 자체의 작동방식에서 비롯된 것으로 생산수단과 시장의 독점 등 끝내 채워지지 않는 욕망에 주체를 내던진 결과이다. 제국주의 식민지 쟁탈전의 기폭제 역할을 한 자본주의는 이렇게 욕망과 경쟁을 인간의 본성으로 이념화하고 이것이 역사의 진보를 추동한다는 환상을 주체와 타자 모두에게 심어줌으로써 전 세계로 확장되었다. 이로부터 주체와

---

28 이매뉴얼 월러스틴, 『사회과학으로부터 탈피』, 창작과비평사, 1994; 정정훈, 「전지구화, 혹은 제국과 다중」, 『현대사회론 강의 모더니티의 지층들』, 그린비, 2007, 417~418쪽.

타자 모두 노동에서 소외되고, 상품의 물신성에 함몰되어 자본의 공리에 복종하는 노예가 되어 갔다.

제국주의는 자본이 요구하는 자본, 노동, 상품의 자유로운 흐름을 제도적으로 막고 제국주의적 국가의 내부와 외부를 가르는 경직된 경계와 관념들을 생산했다.[29] 이와 같은 제국주의와 자본 간의 모순에 더하여 제국주의 국가 간의 이해관계에 따른 전쟁과 식민지의 민족해방 운동은 자본으로 하여금 제국주의와는 다른 방식의 축적양식을 찾도록 만들었다. 네그리Antonio Negri, 1933~와 하트Michael Hardt, 1960~는 제국주의로는 완전하게 실현되지 못했던 자본의 전 지구적 단일 시장이 현 단계의 자본주의에서는 실현되고 있는 것으로 파악한다. 전 지구적 단일 시장의 실현은 생산방식에서 있어서는 생산의 전 지구적 네트워크화, 즉 국민국가의 영토적 경계와 관리에 국한되지 않는 탈영토화된 생산이라는 방식으로 진행된다. 이는 네그리와 하트가 탈근대 자본주의라고 부르는 정보경제 패러다임으로 자본주의의 축적방식이 변화되었기 때문에 나타난 현상이다.[30]

근래 우리 학계에는 식민지 근대화론이나 식민지 수탈론의 이분법 사이에 존재할 수 있는 광범한 회색지대를 바라보려는 시도가 활발하다. 사회·경제적 측면에서 보면, 식민지 근대화론이나 식민지 수탈론은 자본주의 작동방식의 동전의 양면과 같은 것이다. 수탈에서 잉여가치를 창출하고 기술적인 근대화를 진행하는 과정이 사이클을 이루며 반복되는 것이다. 현재의 세계는 전 지구적 단일경제로 개편되면서 이

---

29 안토니오 네그리·마이클 하트, 윤수종 역, 『제국』, 이학사, 2007, 430쪽.
30 정정훈, 「전지구화, 혹은 제국과 다중」, 『현대사회론 강의 모더니티의 지층들』, 그린비, 2007, 419쪽.

제 자본과 노동은 국가 간의 분업 형태로까지 나아가고 있다. 문제는 자본주의의 착취와 수탈이라는 작동방식이 은폐된 형태로 현대 국가 내·외부에서 진행된다는 점이다. 이익이 창출되지 않는다면 기술 이전이나 약소국에 대한 지원, 환경문제 등에 대해 외면할 수밖에 없는 것은 그 속성상 너무도 자명하다. 그런 면에서 자본주의 시대에, 시대를 결정하는 근본적 힘은 이념 또는 시대정신이 아니라, 주도 계급의 이익, 즉 생산력이다. 이념은 그림자일 뿐이며, 실체는 이익이다. 이념 또는 시대정신은 그 시대를 향도한다. 그러나 이념은 다만 시대를 주도하는 계급의 이익이 분사하는 정신적 표현에 불과한 것으로서 오로지 계급의 이익 추구에서 나타난 무지개이며, 결국에는 계급의 이익으로 수렴된다.[31]

질 들뢰즈Gilles Deleuze, 1925~1995와 펠릭스 가타리Félix Guattari, 1930~1992는 자본주의를 욕망의 체제라는 관점에서 새로이 연구했다. 이들은 관계와 무관하게 존재하는 욕망이나 의지란 없다고 본다. 관계에 따라 본성을 달리하는 욕망이 그때그때 만들어지고 소멸한다는 것이다. 따라서 어떤 정해진 본질을 갖는 '순수한 욕망'이 따로 존재하는 게 아니라 이런 욕망, 저런 욕망이 존재할 뿐이다. 역사적 조건에 따라 가변화되는 특정한 욕망과 '욕망의 배치'만이 존재할 뿐이다. 또한 자본주의 공리계의 관점에서는 오직 보편주의를 사명으로 삼는 부르주아계급만이 존재한다고 한다. 여기서 부르주아지는 부를 지배하는 계급이 아니라 증식을 목표로 하는 자본의 논리에 지배되는 계급, 자본의 공리에 복종하는 노예계급이다.[32] 자본주의 공리에 복종하고 자본의 공리를 자신의 욕망

---

31 이영호, 『역사, 철학적으로 어떻게 볼 것인가』, 책세상, 2004, 131쪽.
32 들뢰즈·가타리, 최명관 역, 『앙띠-오이디푸스』, 민음사, 1994, 375쪽; 이진경, 「자본

으로 삼는 한 주체와 타자의 진정한 소통을 기대할 수 없다.

삶의 전 영역에 걸쳐 국민 국가의 경계를 넘어 소통하는 세계에도 불구하고 국가 간의 관계는 여전히 정치·경제적 이익에 따라 희비가 교차하는 배타적인 길을 걷고 있다. 이렇게 '세계화' 담론이 '자본의 세계화'로 모습을 드러내고 있는 상황은 마치 '제국주의'가 문명화·근대화 담론으로 부정적 기제들을 은폐했던 것과 유사하다. 현상적으로 제국주의는 소멸하였지만, 본질에서는 새로운 형태로 부활하여 주체와 타자의 소통을 가로막는 장벽이 되고 있다.

8. 소통, 상생의 길

대상 세계 또는 타자에 대한 인식은 앎을 형성하는 동시에 주체의 정체성을 특징짓는 요소이다. 소통은 '상호 동등함'을 전제로 하고 차이에 대한 이해를 기반으로 하며 궁극적으로 주체와 타자의 공존과 상생을 목적으로 한다.

주체의 자각과 타자 이해는 소통의 전제가 된다. 주체와 타자는 차이점뿐만 아니라 공통점 또한 갖고 있다. 차이점은 공통점보다 쉽게 발견된다. 반면 공통점의 발견은 종종 많은 시간과 노력을 요구하고, 그에 따른 상호 이해와 신뢰의 축적을 요구한다. 그런데 우리에게 기억된

주의, 혹은 자본주의 공리계」, 『현대사회론 강의 모더니티의 지층들』, 그린비, 2007, 51~71쪽.

역사적 경험의 대부분은 타자와의 차이점만을 주로 부각하였음을 부정하기 어렵다. 더욱이 타자가 주체의 정체성을 실체화하기 위한 도구로 전락할 때 타자에 대한 배제와 폭력을 낳았지만 대부분의 역사 서술에서는 이를 축소·은폐·왜곡해 왔다. 왜냐하면 우리에게 보편화한 역사는 기실 가해자인 강자의 역사였고, 피해자도 본능적으로 강자의 대열에 합류하고 싶은 욕망을 가해자를 통해 전유해왔기 때문이다.

주체와 타자의 소통은 '상호 동등함'이 전제되어야 한다. 여기서 '상호 동등함'이란 언어, 인종, 문화 등의 차이에도 불구하고 각 개체는 환원되거나 위계화 할 수 없는 그 자체의 가치를 내재하고 있음을 의미한다. 상호 동등함이 인정되지 않으면 소통은 굴절·왜곡되어 타자를 강제하고 규율하는 방식으로 작동한다. 앞서 살펴본 바와 같이, 지난 역사 속에서 '상호 동등함'에 기반을 둔 소통이 과연 실재했는가에 우리는 회의할 수밖에 없으며, 특히 근대 이행기 동아시아의 역사적 경험에 비춰보면 더욱 그러하다. 이를 과연 소통이라고 말할 수 있을까. 서로의 차이를 무시하고 어느 한쪽의 가치만 강제하는 '일방적 소통'은 형용모순일 뿐이다.

'상호 동등함'은 서로의 차이에 대한 이해가 그 바탕이다. 개개 주체는 각각의 인식을 형성하고 이렇게 형성된 복수의 주관은 자연히 차이를 갖게 마련이다. 복수의 주관에서 추출된 공통의 분모는 물론 소통의 자양분이다. 주지하듯이 에드문트 후설Edmund Husserl, 1859~1938은 '상호 주관성'을 간주관성 또는 공동주관성이라고도 하고, 하나의 주관을 초월하여 다수의 주관에 공통적인 것을 나타내는 말이라고 하였다. 공통의 분모는 상호 이해를 돕지만 더욱 중요한 것은 차이에 대한 이해이다. 차이에 대한 이해는 주체와 타자 간의 차이를 암묵적으로 용인하고 공통의 분모에만 집중하는 것이 아니다. 이때의 이해는 현실적·심리적 우월에 근거한 '관용tolerance'을 넘는 것이다. 오히려 서로의 차이를 습득하고 그 다양성으로 인해 주체와 타자 모두를 보다 성숙하게 하는 것이어야 한다. 차이를 긍정한다는 것은, 자신과 다른 것이 만나서 그것을 통해 변화를 모색하는 것이어야 한다.[33] 중심과 주변의 영역화를 지양하고 모두가 중심이고 주체라는 존중 속에서 진정한 소통이 가능하다.

소통의 목적은 현실적으로는 공존과 상생이며, 궁극적으로는 '너(타자)'와 '나(주체)'라는 이분법적 사고의 단순한 해체가 아닌 '우리'라는 인식으로의 전회와 열림의 사고로 지평을 확장하는 것이다.

주체와 타자 사이에는 항상 비대칭적 역학관계가 존재해 왔다. 소통을 위해 현실의 비대칭적 역학관계를 인위적으로 대등하게 조정하는 것은 거의 불가능해 보인다. 따라서 경제, 정치, 군사적 힘의 경쟁을 초월하여 상호 교류할 방법에 대해 고민해야 한다. 보편과 진보라는 신화와 근대 국가체제가 재생산하고 있는 '중심'과 '주변'의 이분법적 대타성과 폐쇄성을 넘어서는 다중심적·다가치적 세계 또는 주체와 타자가 고정적 실체가 아닌 관계망 속에서 항상 유동하는 노마드적 상상력을 발휘해야 하지 않을까. 지구상에는 단선론적, 목적론적 역사의 내러티브에 포섭되지 않는 소수공동체가 실재하고 있으며, 국가 중심의 역사 서술도 국가 내부의 다양한 집단뿐만 아니라 사실은 외부 집단과의 끊임없는 관계 속에서 형성된 역사라는 점을 상기할 필요가 있다. 기실 '신대륙의 발견'과 '아무도 살지 않는 땅'은 약탈자의 시선일 뿐이다. 북아메리카에는 선주민으로서 인디언이 살고 있었으며, 근대 시기 민족국가

---

33 현민, 「소수자와 차이의 정치」, 『현대사회론 강의 모더니티의 지층들』, 그린비, 2007,
    404~405쪽.

를 수립하기 어려웠던 소수공동체는 그들이 나름의 언어와 문화적 전통을 갖고 있었음에도 민족으로 인정받을 수 없었다. 북해도의 아이누족처럼 자신을 스스로 근대적 시스템 속에서 상상조차 할 수 없었던, 정확히는 그러한 기회마저도 박탈당한 공동체들이 존재했다는 점은 근대적 국가체제의 형성과정이 얼마만큼 폭력적이었나를 반증하는 것이다. 이들에게는 공동체의 말살인가 아니면 동화인가라는 '선택'만이 주어졌다. 적어도 근대의 전 지구적 시스템이 등장하기 전에는 "집권형 지식체계의 창조와 분산형 지식체계의 창조 사이에서 벌어지는 훨씬 더 복잡한 쌍방향의 줄다리기로, 또 거기서 발생하는 수많은 사회형태 사이의 복잡하게 뒤얽힌 상호작용"[34]으로 인류의 역사를 볼 수 있었다.

이제 우리는 어떠한 세계를 구상해야 하는가? 지속가능한 발전과 문명은 인류의 꿈일 뿐이다. 이 꿈속에서 개인과 사회 국가는 그러한 '역사'의 중심에 서고자 경쟁한다. 물론 한편에서는 조금은 세련된 어투로 '똘레랑스tolerantia'를 말하기도 한다.[35] 도대체 누가 누구를 위해 베푸는 관용인가. 소수자 또는 약자를 지속해서 재생산하는 구조를 바꾸고 차이를 고정된 실체로 인정하지 않고 '관계'로서 사고한다면, 타자보다 우월한 관념에서의 관용은 불필요한 것일 수밖에 없다. 표트르 크로포트킨Пётр Алексéевич Кропóткин, 1842~1921은 "초창기 기독교 신앙은 모든 다른 종교들처럼 상호부조 또는 동정심이라는 인간감정에 광범위하게 호소하였지만, 그 뒤 기독교 교회는 국가를 거들어 교회보다 앞서거나 교회를 벗어나 더욱 발전한 모든 상호부조의 제도와 관습들을 파괴하는 데 앞

---

34 테사 모리스-스즈키, 임성모 역, 『아이누와 식민주의 변경에서 바라 본 근대』, 산처럼, 2002, 39쪽 참조.
35 피트르 알렉세이비치 크로포트킨, 구자옥·김휘천 역, 『상호부조진화론』, 한국학술정보(주), 2008, 398~399쪽.

약육강식, 적자생존의 경쟁을 강요하는 사회진화론 패러다임과 달리 '만물은 서로 돕는다'(『상호부조론』, 1902)는 크로포트킨의 주장은 여전히 인류 사회가 귀 기울여야 할 대목이다.

장서 왔다"고 하고, 교회가 상호부조 대신에 설교하는 자비란 "수혜자에 비하여 주는 자의 우월성을 뜻하게 되었다"고 비판한 바 있다. '상호부조'와 '호수'(증여 또는 답례)가 개체 모두를 주체적으로 만들고 공동체의 삶을 질과 양 모두에서 풍요롭게 한다는 점을 성찰해야 한다.

근래 한국발 동아시아론이 학계의 화두인 듯하다. 전통과 현대의 격절을 재사유하고, 일국적 관점에서 벗어나 상호 비교의 시각에서 동아시아를 바라보며, 아직도 딱지가 덜 떨어진 역사적 상흔을 어루만진다는 점에서 유의미한 일이 아닐 수 없다. 그러나 이런 논의가 다시금 정치적 전략으로 전락하지 않으려면, 중심과 주변의 위계화나 자본주의적 욕망의 굴레로부터 벗어나 호혜의 관계망을 구축해야 한다. 그래야만 동아시아 담론은 긍정적인 방식으로 의미의 전화를 성취할 수 있으며 유행처럼 번지는 경제적 통합 방식의 블록화와는 질적으로 다른 방향을 개척해 나아갈 수 있을 것이다. 우리에게 과거는 항상 현존하는 실존의 문제이며, 미래를 가늠하는 나침반과 같은 것이다. 지난 역사에서 상이한 주체들의 상징형식과 질서가 충돌하는 과정에서 발생한 오류를 망각하거나 상처와 흔적만을 퇴행적으로 기억하려 한다면 주체와 타자의 길항은 계속될 수밖에 없다. 과거의 오류를 반복하지 않기 위해서는 역사를 진지하게 성찰해야 하고, 역사로부터 '연루'되어 있는 자신을 발견해야 한다. 현재는 과거로부터 비롯된 것이다. 근대의 영광 속에 감추어진 그늘과 가해자의 역사가 보편이 되는 과정에서 소외되고, 망각된 역사를 환기해야 한다. 과거의 잘못에서 파생된 역사적 산물을 비판·성찰함으로써 도덕적·사회적 책임을 촉구하고 재발을 방지해야 한다. 몰가치적인 역사실증주의의 강조와 유사 포스트모더니즘의 상대주의적 역사관을 비판하고, 어떠한 역사 서술도 정당한 평가가 뒤따라야 한다.[36]

자본주의에 기반을 둔 근대적 국가시스템이 이제 전 세계를 블록화하는 현실에서 국가의 경계를 넘어서는 소통의 메커니즘을 상상하고 실천해야 한다. 주체와 타자란 고정된 실체가 아니라 구성적·상대적 범주일 뿐이고, 세상에 존재하는 다양한 다중 주체들 간의 네트워크(관계망) 표상이며, 소통은 끊임없이 유동하는 각 주체들 간의 접속으로서 어떤 개인이나 조직이 소통의 주도권을 장악하여 일방적 주체가 되는 것이 아니라 모두가 주체가 되는 소통이어야 한다.

---

36 테사 모리스-스즈키, 김경원 역, 『우리 안의 과거—과거는 미디어를 통해 어떻게 기억되고 역사화되는가?』, 휴머니스트, 2006, 45쪽 참조.

제1부

전통 학문의 굴절과
새로운 지식체계의 태동

1. 인간학과 자연학

　학문學問의 사전적 정의는 배워 익히고 의심나면 묻는 것이다. 명사로
서의 학문은 그 자체로 지식과 학식을 뜻하기도 하고, 동사로 쓰일 때는
지식을 습득하는 행위를 의미한다.[1] 근대 과학의 발달과 함께 학문 영역
이 확장되었으며, 객관 사물에 따른 분류도 체계화되고 세분화되었다.

　근대 이전 동아시아 유교문화권에는 자연학이 개별 학문으로서 독
자적인 영역을 갖지 않았으며 인간학의 일부로 존재했다. 세계가 부단
히 운동 변화한다는 역의 논리, 인간도 자연 가운데 하나로 인식하는
유기체적 사고가 지배적이었던 동양의 세계관이 그 근저에서 작동했기
때문이다. 특히 인간 내면의 수양과 인격의 완성을 삶의 궁극적 가치로
삼는 학문 전통에서 자연에 대한 탐구는 지금의 물리학physical science이
나 자연과학natural science과는 다른 것이었다. 개별 사물에 내재한 천리天
理에 관한 탐구는 운동·변화하는 우주 자연의 양상 속에서 일정한 원
리·원칙을 발견하고 인간 삶에 투영함으로써 향상된 인류 질서를 확
립하고 영위하는 공부 방법의 하나였다.

1　『주역』과 『맹자』의 학문 관련 언급으로 『周易』, 「乾卦」, "君子學以聚之, 問以辯之";
　『論語』 「學而」, "學而時習之, 不亦說乎";『中庸』 제20장, "博學之, 審問之, 愼思之, 明辨
　之, 篤行之";『孟子』 「告子上」, "學問之道無他, 求其放心而已矣" 등을 들 수 있다.

인간학과 자연학의 미분리 경향은 서양 중세도 다르지 않았다. 와이스하이플Weisheipl에 따르면, 'scientia'라는 라틴어 용어는 어떤 상황이나 주제에 대한 분별 있고 통찰력 있는 지적 이해를 가리켜 사용되었으며, 진정한 인과적 설명이 발견될 수 있는 지적 작업의 모든 분야에 주어졌다. 과학은 인과적으로 설명 가능한 방법이나 지식체계였으며, 이는 자연과학은 물론 철학에도 공통된 것이었다. 지금과 같은 인문학과 자연학의 분리는 서구 근대의 산물이며, 17세기 과학혁명 이래 본격화된 것이다. 과학혁명의 완성은 '물질'과 '운동'에 '힘'이라는 개념을 첨가한 뉴턴에 이르러서야 얻어졌다. 새로운 과학은 그동안 '본질', '원인' 등을 찾던 것에서부터 벗어나 현상을 기술하는 일에 관심을 기울이게 되었다. 이른바 'Why'로부터 'How'로의 전환이 일어난 것이며, '철학으로부터의 과학의 분리'가 일어난 것이다.[2] 이제 관찰과 실험을 통해 검증될 수 없는 형이상의 실체나 본질에 대한 물음이 더는 새로운 학문(과학)의 영역에 포함될 수 없었다.

서구 유럽에서 시작된 과학 기술 혁명과 산업화는 세계에 대한 인식의 변화를 추동하였고 실천적 행위와 상호작용하며, 사유 체계와 삶의 양식을 재편하였다. 인간 사고의 지적 구조물인 학문은 이러한 변화와 궤를 같이하며 근대 문명을 형성하는데 한 축을 담당했다. 서구 근대 학문은 이성과 경험, 합리성과 실용성을 중시하며 사실과 가치, 인간과 자연을 분리하는 지적 체계로 구조화되었다. 아울러 서구 제국의 자기 확장 욕망은 일세계적 역사를 보편으로 강제했고 문명의 진보는 하나의 신화가 되어 갔다. 동아시아 사회는 서구 근대 문명을 수용하는 과

---

2   김영식, 『과학, 인문학 그리고 대학』, 생각의 나무, 2007, 47, 63~64쪽 참조.

정에서 문명 진보의 욕망을 내면화하였고, 제국에 포획된 주체는 때때로 자기를 부정하면서 타자에 근접하려 하였다. '문명개화'와 '근대화'는 사회·역사적 당위규범으로 여겨졌으며 이에 반하는 것들은 부정과 폐기의 대상으로 간주되었다.

오늘날 모든 학문은 과학이기를 요청받고 스스로 과학임을 자처한다. 물론 이때의 과학은 '과학적'인 연구 방법을 거쳐 완성된 학적 체계를 포괄하는 넓은 의미의 학문 개념이다. 그런데 독창성을 갖춘 과학적 체계를 세우는 행위 자체도 삶의 한 양상이긴 하지만 삶의 모든 것일 수는 없다.[3] 체계적 합리성과 함께 실용성이 근대 학문의 중요한 잣대가 되었으나, 학문 주체의 자질이나 내면의 인격적 완성은 그 자체 중요한 가치를 지님에도 의미 있는 평가 기준으로 고려하지 않게 되었다.

개념이 시간성과 공간성을 갖는다는 점을 염두에 둔다면, 동아시아 학문 개념에 관한 계보학적 연구는 푸코의 지적처럼 우리가 아는 것 및 현재 우리의 뿌리에 있는 것이 진리와 존재가 아니며 우발적인 사건의 외재성임을 발견할 수도 있을 것이다.[4]

---

3 강영안·최진덕, 「수양으로서의 학문과 체계로서의 학문」, 『철학연구』 47, 1999 참조.
4 후지타니 다카시, 한석정 역, 「근대 천황의 시각적 지배와 일본 내셔널리즘의 형성」, 『화려한 군주—근대일본의 권력과 국가의례』, 이산, 2003, 383쪽 참조.

2. 전통 학문의 본질 – 천도와 인도의 일치

근대 이전 동아시아 유교문화권의 학문은 대체로 인간과 자연, 앎과 실천의 합일天人슴— ·知行竝進을 목적으로 하는 것이었다. 송대에 이르러 체계화된 신유학은 '태극', '이기' 개념을 중심으로 인간과 사회, 우주와 자연을 연속선상에서 통일적으로 설명하였으며, 이러한 철학체계 내에서 인간학과 자연학은 미분화된 상태로 존재했다. 우주 자연의 원리는 인간을 포함한 모든 사물에 내재한 것으로서各具—太極, 理—分殊, 소학에서 대학에 이르기까지 수양과 공부의 방법은 모두 타고난 이치性卽理를 자각하고 실천하는 것으로 귀결된다.

학문의 목적과 수행체계는 『대학』의 3강령[5]에서 확인할 수 있다. 즉 학문 주체의 내면적 수양과 사회적 실천 그리고, 최고의 덕을 실현하는 것이 학문의 내용이며 목표로 설정된다. 유학이 추구하는 진리는 언제나 인간이 발 딛고 선 그 자리에 있었다. 일면 매우 비근하게 여겨지는 일상적 삶이 학문의 출발점이자 도달점이었으며,[6] 이의 수행방안 역시 '친친親親, 인민仁民, 애물愛物'의 범주를 넘어서지 않는다.[7]

인간 삶을 떠난 형이상학적 실체에 대한 물음이나 탐구는 관심 영역에서 배제되었다.[8] 우주 자연의 섭리天命를 인식하는 것은 언제나 일상의 삶과 매개됨으로써 그 의의를 획득하였다. 이와 관련하여 『중용』의

5 　『大學』, "大學之道, 在明明德, 在親民, 在止於至善."
6 　『論語』, 「學而」, "子曰, 弟子立則孝, 出則弟, 謹而信, 汎愛衆而親仁, 行有餘力, 則以學文."
7 　『孟子』, 「盡心」上, "孟子曰, 君子之於物也, 愛之而弗仁, 於民也, 仁之而弗親, 親親而仁民, 仁民而愛物."
8 　『論語』, 「述而」, "子不語怪力亂神.";『論語』「先進」, "季路問事鬼神, 子曰, 未能事人, 焉能事鬼. 敢問死, 曰, 未知生, 焉知死."

첫머리는 학문의 체계를 우주 자연에서 인간으로 이어지는 이법理法으로 구조화한다.

> 첫째, 인간을 포함하여 만물은 하늘로부터 저마다의 본성을 부여받았다.
> 둘째, 그러한 본성을 거스르지 않고 따르는 것이 도이다. 도란 일상의 세계에서 마땅히 지켜야 할 도리이다.
> 셋째, 그러한 도리를 익히는 것이 바로 학문이다.[9]

따라서 학문의 목적은 천도를 깨달아 인도를 실행하는 것, 즉 천도와 인도의 일치天人合一라고 할 수 있다. 학문의 수행체계에서 보면 자연의 항상 된 운행원리天道, 所以然之故, 存在가 인간의 도덕 함양과 실천의 당위 규범人道, 所當然之則, 當爲으로 연결된다는 점이 중요하다.

전체를 측정하여 일월의 운행을 살피고, 때에 따라 절기를 나누고 책력을 만드는 일도 인사를 위한 것이었다. 『주역』「설괘전」은 성인이 역을 지은 이유를 천지와 사람의 도를 밝혀 인의를 실행하는 것이라고 하였다.[10] 이렇게 자연 그 자체 보다는 인간에 관한 탐구를 학문의 본령으로 하는 유학의 전통은 『논어』의 다음 구절에서도 확인된다.

> 번지가 인仁에 대해 묻자, 공자는 사람을 사랑하는 것愛人이라고 하였다.
> 지知에 대하여 묻자, 공자는 사람을 아는 것知人이라고 하였다.[11]

---

9   『中庸集注』, 天命之謂性, 率性之謂道, 脩道之謂敎.
10 『周易』, 「說卦傳」, "昔者, 聖人之作易也, 幽贊神明而生蓍, 參天兩地而倚數, 觀變於陰陽而立卦, 發揮於剛柔而生爻, 和順於道德而理於義, 窮理盡性, 以至於命."
11 『論語集注』, 「顏淵」, "樊遲問仁, 子曰, 愛人. 問知, 子曰, 知人."

자신을 호학好學이라고 칭했던 공자의 가르침은 '인仁'의 실천이었으며, 지식이란 인간에 대한 앎이었다. 전통 학문에서 자연학은 인간학과 분리되지 않았고, 자연에 대한 관찰과 탐구는 인간의 삶과 관련됨으로써 의미를 획득하였으며, 학문의 궁극적 목표는 천도와 인도의 일치를 지향하는 것이었다.

3. 격치와 궁리의 방법

구체적인 학문 방법은 '격물格物'과 '치지致知',[12] '궁리窮理'와 '진성盡性'[13]이다. '격물치지'는 객관 사물의 이치를 탐구하여 앎을 이룬다는 것이다. 주희에게서 '격물'의 '격'은 '이르다'이다. '궁리'는 '즉물이궁기리卽物而窮其理'로써 격물과 같다. 따라서 '격치'와 '궁리' 모두 주체가 우주 자연의 사물에 나아가 직접 경험하고 탐구함으로써 그 안에 내재한 보편적 원리를 인식하여 앎을 완성해 가는 것이라고 할 수 있다.[14] 이는 한편으로 객관적 지식을 강조하는 주지주의적主知主義的 경향으로 이해되기도 하지만, 정이와 주희가 말하는 사물은 객관 존재 그 자체라

---

12 『大學』, "欲誠其意者, 先致其知, 致知在格物."

13 『周易』, 「說卦傳」, "昔者, 聖人之作易也, 幽贊神明而生蓍, 參天兩地而倚數, 觀變於陰陽而立卦, 發揮於剛柔而生爻, 和順於道德而理於義, 窮理盡性, 以至於命."; 『論語』 「爲政」, "知天命, 窮理盡性也."

14 『大學』, "所謂致知在格物者, 言欲致吾之知, 在卽物而窮其理也. 蓋人心之靈莫不有知, 而天下之物莫不有理, 惟於理有未窮, 故其知有不盡也. 是以大學始敎, 必使學者卽凡天下之物, 莫不因其已知之理而益窮之, 以求至乎其極. 至於用力之久, 而一旦豁然貫通焉, 則衆物之表裏精粗無不到, 而吾心之全體大用無不明矣. 此謂物格, 此謂知之至也."

기보다는 인간의 실천과 결부된 대상 즉 일事이며, 그러므로 사물의 리는 존재 그 자체의 법칙이라기보다 실천과의 관련 속에서 파악된 존재의 원리이며 실천의 원리事理, 道理이다. 이런 의미에서 주자학의 격물치지설은 다분히 도덕주의적이다.[15]

격치와 궁리의 주요한 방법은 객관 세계에 대한 관찰과 실험을 통한 탐구보다는 경전經傳과 사서史書를 탐독하고 그 안에 담겨 있는 앞선 성현의 말씀과 행적을 체득함으로써 자신의 덕을 함양하는 것이다. 학문의 방도로 궁리를 가장 우선시하고 궁리의 요체가 독서에 있다[16]는 주희의 언급은 이를 반증한다. 즉 독서와 강학이 수양과 공부의 구체적인 수단이다. 결국, 주희 성리학은 개개 사물에 내재한 이치 탐구를 강조하긴 하지만, 인간 본연의 도덕성을 자각하고 발현하는 실천적 행위, 인간다운 삶의 영위와 사회적 실천을 추구하는 것이다. 자연히 학문의 목적은 자연의 질서를 밝히는 것이 아니라 유교적 윤리 규범의 절대성을 밝히고 그것을 스스로 체현하는 데 있었다.[17]

공맹 유학에서 송대 성리학에 이르기까지 유학 사상에 나타난 학문의 목적과 개념은 수양 공부를 위해 체계화된 것이라고 해도 과언이 아니다. 물론 격물치지 공부론은 '격'과 '물', 그리고 '치'와 '지'에 대한 해석에 따라 학자와 학파별로 차이를 보인다.[18] '격물치지'와 '거경궁

---

15 김용헌, 「格物致知, 사물의 이치를 따져 보는 공부」, 『조선유학의 개념들』, 예문서원, 2002 참조.
16 『古文雅正』권13, "爲學之道, 莫先於窮理, 窮理之要, 必在于讀書.";『朱子語類』권10, 「讀書法」上, "讀書以觀聖賢之意, 因聖賢之意, 以觀自然之理.";『朱子語類』권15, 「經」下, "窮理格物, 如讀經看史, 應接事物, 理會箇是處, 皆是格物."
17 허남진, 「동양 학문에서의 이론과 실천」, 『현대 학문의 성격』, 민음사, 2000, 417쪽 참조.
18 後漢末 鄭玄에서 張岱年에 이르기까지 중국철학사에서 격물치지와 관련된 학자들의

리居敬窮理'는 성리학의 수양론과 공부론의 핵심이며, 양명학은 이에 대한 해석을 달리하여 '치양지致良知'의 공부론을 정립했다.

양명은 주희의 '격물'이 사사물물事事物物 속에서 이치를 구하여 마음과 이치를 나누지만, 내 마음의 양지良知인 천리天理를 사사물물에 이르게 하는 것이 치지致知요, 사사물물이 저마다 그 이치를 획득하는 것이 격물格物이므로, 마음과 이치가 하나로 합쳐진다고 하였다.[19] 이때 '격'은 '정正'이고 '물物'은 '사事'이다. 그러므로 격물은 일을 바로잡는 것이며, '치지致知'는 내 마음의 '양지良知'를 모든 일과 사물에 확충하는 것이다. 나아가 성리학이나 양명학을 이학理學 또는 심학心學으로 비판하고, 보편적 원리를 보다 경험적으로 탐구하는 실학實學도 '격치'와 '궁리'를 논점으로 삼아 자신의 학적 체계를 정립한다는 점[20]에서 '격치'와 '궁리'가 전통 학문의 중심 개념이었음을 알 수 있다.

천도와 인도의 일치를 지향하고 인간을 포함한 우주 만물의 보편적 원리와 가치를 찾아 실현하고자 했던 동아시아의 전통 학문은 서구 근대 문명과 조우함으로써 새로운 도전에 직면하였다. 수세기를 거쳐 형성된 지적 체계를 뒤흔들 만큼 서구 근대 문명의 충격은 대단한 것이었다. 서구 문물의 전파로 인해 절대적인 지식체계로 군림하던 유교가 다

해석을 개괄한 것으로 박성규의 연구를 참조할 것(『대학』, 서울대 철학사상연구소, 『철학사상』 별책 3-1, 관악, 2004).

19 『傳習錄』 中, "朱子所謂格物云者, 在卽物而窮其理也. 卽物窮理是就事事物物上求其所謂定理者也, 是以吾心而求理於事事物物之中, 析心與理爲二矣. (…中略…) 若鄙人所謂致知格物者, 致吾心之良知於事事物物也. 吾心之良知, 卽所謂天理也. 致吾心良知之天理於事事物物, 則事事物物皆得其理矣. 致吾心之良知者, 致知也. 事事物物皆得其理者, 格物也, 是合心與理而爲一者也."

20 가령 혜강 최한기는 리를 무형과 유형으로 구분하고 실증 가능한 유형의 이치에 관한 탐구를 강조하였다(이행훈, 「崔漢綺의 運化論的 人間觀」, 『한국철학논집』 17, 2005; 김인석, 「최한기의 窮理 비판」, 『태동고전연구』 18, 2002; 김문용, 「조선후기 讀書窮理論과 지식의 변화」, 『동양고전연구』 32, 2008 등 참조).

른 지식체계와 비교되기 시작했으며, 유교는 다른 학문과 동등한 수준 또는 그보다 못한 것으로 취급되었다. 특히 갑오개혁이 추진한 과거제도 폐지와 새로운 관리 임용법 제정은 경서經書 중심 지식의 패러다임 전환을 의미하는 것이었다.[21]

4. 학문 개념의 충돌-동도와 서기

근대 과학 기술을 앞세운 서구 열강의 동아시아 진출은 중화적 세계관과 문화적 자긍심을 무너뜨렸고 존립마저 위협하는 것이었다. 서구 근대를 새로운 문명과 세계사의 흐름으로 재인식하는 데는 오랜 시간이 들지 않았지만, 그 저변의 사회·문화 이해는 더 많은 시간을 필요로 하는 일이었다. 문명의 삼투滲透는 정신적·문화적인 것에 앞서 물질적인 면에서 먼저 진행되었다.

이후 중국의 양무운동, 변법자강운동 일본의 메이지유신, 조선의 개화운동, 애국계몽운동을 통해 전통적인 학문은 비판과 쇄신 심지어 부정과 폐기의 대상으로 전락했다. 자연히 전근대 동아시아 사회를 규준했던 학문관에도 변화가 일어날 수밖에 없었으며, 전통 학문 개념에 균열을 가져왔다.

서구 근대에 대한 대응은 위정척사론과 문명개화론 그리고, 동도서기론으로 크게 나눌 수 있다. 위정척사론은 전통 성리학에 근거하여 서

21 이숙인, 「개화기(1894~1910) 유학자들의 활동과 시대인식」, 『동양철학연구』 37, 2007, 13쪽.

학을 전면 부정하므로 수용의 측면이 소략하고, 문명개화론은 서학을 적극적으로 수용하지만 동시에 기존의 지적 체계를 부정하므로 그 변용 과정을 세밀히 분석하는 데 어려움이 있다. 동도서기론은 당대 중국의 중체서용론, 일본의 화혼양재론처럼 자신의 문화적 정체성을 유지하면서 앞선 서구 과학기술을 수용하여 이에 대응한다는 점에서 전략적으로 유사하며, 개념의 수용과 변용 양상을 파악하는데 상대적으로 용이하다.

본래 도道와 기器는 태극, 음양오행과 함께 동양철학의 인식론과 존재론 모두에서 중요한 의미를 지니는 개념이다.[22] 근대 계몽기 동도와 서기를 둘러싼 논쟁의 핵심은 '도와 기는 체와 용의 관계體用一源로서 분리할 수 없다'와 '도는 불변하지만 기는 변화한다道不變, 器可變'는 논리의 대립이라고 할 수 있다. 전자는 위정척사파와 문명개화파 모두에게 유용한 논리였고, 동도서기론자들은 후자를 쫓아 도와 기의 분리를 통해 현실적 대안을 마련하고자 하였다. 즉 동도서기론은 중국 중심의 천하관이 해체되는 서세동점의 상황에서 도덕적 차원에서의 비교 문명적 우위와 주체의 문화적 정체성을 유지하면서도 서구의 발달한 과학 기술 문명을 수용하기에 적합한 이론이었다. 동도와 서기 결합의 전제인 도기 분리 논리는 서구 종교로부터 과학 기술을 편의적으로 나누는데 유용하였다.

1882년 김윤식金允植이 대찬代撰한 교서는 "서양의 종교는 사교이니 음성이나 미색처럼 여겨 멀리해야겠지만, 그들의 기계는 정교하여 이용

---

22 『周易』, 「繫辭傳」上에는 "형이상의 것은 道라 하고 형이하의 것은 器라 한다(形而上者謂之道, 形而下者謂之器)"고 하였는데, 우주의 운행과 만물의 존재 원리인 道를 형이상으로, 형질을 통해 구체적으로 형상화된 器를 형이하로 구분한 대표적 언설이다. 송대 신유학에서 도와 기는 주로 理氣로 환원되어 논의되었고, 조선 성리학에서는 특히 心, 性, 情의 개념과 더불어 일체 학술 논쟁의 핵심을 이루었다.

후생 할 수 있으니 농상·의약·갑병·주거의 제도를 무엇을 꺼려서 하지 않겠는가. 그들의 종교는 배척하되 그들의 기계를 본받는 것은 실로 상치되지 않고 병행할 수 있다"[23]라고 하여 서양의 과학 기술을 서양의 종교와 분리하여 수용해야 한다는 주장을 담고 있다.

같은 해 지석영池錫永, 1855~1935은 상소에서 교린과 조약은 모르면서 외무에 마음을 쓰면 곧바로 사학邪學에 물들었다고 비판하는 현실을 개탄하며, 이러한 우매함을 깨뜨리고 시무를 행하기 위해서, 『만국공법』, 『조선책략』, 『보법전기』, 『박물신편』, 『격물입문』, 『격치휘편』, 『기화근사』, 『지구도경』, 『농정신편』, 『공보초략』 등의 보급과 학습이 절실함을 주장하였다. 그 말미에는 특히 『이언易言』을 대서특필하여 자강을 이룩하고 외적을 막는 계책이 모두 담겨 있는 책이라고 진언하였다.[24]

김홍집金弘集, 1842~1896이 들여와 조선에 소개한 정관잉鄭觀應, 1841~1923의 『이언』은 중체서용적 관점에서 쓰인 저술로서 1883년 교감 간행되었으며, 근대 계몽기 지식인들에게 자강과 부국의 핵심 방책을 담은 시무서時務書로

1880년 수신사 김홍집이 일본에서 『조선책략』과 함께 들여온 『이언』은 서양 사정을 소개하고 개화의 방책을 담은 시무서이다. 한글본도 간행되었는데 총 36개 조목 가운데 제일 먼저 만국공법을 다루었다.

23 『承政院日記』, 고종 19년, 1882.8.5, "其教則邪, 當如淫聲美色而遠之, 其器則利, 究可以利用厚生, 則農桑醫藥甲兵舟車之制, 何憚而不爲也. 斥其教而效其器, 固可以竝行不悖也."
24 『承政院日記』, 고종 19년, 1882.8.23, "萬國公法朝鮮策略普法戰紀博物新編格物入門格致彙編等書, 以及於敎理臣金玉均所輯贊箕和近事, 前承旨朴泳敎所提地球圖經, 進仕臣安宗洙所譯農政新編, 前縣令臣金景遂所撰公報抄略等書, 皆是以開明蠢愚, 使之瞭鮮時務者也."

인식되어 널리 읽혔다. 이 책의 발문을 쓴 왕타오王韜의 "형이상자는 도이고, 형이하자는 기이다. 기우생杞憂生(정관잉)이 바꾸고자 한 것은 기器고, 도道가 아니다"[25]라는 언급은 『이언』의 서구 인식이 동도서기 논리와 맥이 닿음을 확인시켜 준다.

학부대신을 역임한 신기선申箕善은 안종수安宗洙, 1859~1896가 편찬한 『농정신편』(1885) 서문에서, 삼강오륜, 효제충신은 보편적 인륜질서로서 동서고금을 막론하고 통용되는 진리이고, 예악형정, 복식기용은 시대의 변화나 시세에 맞춰 변화하였다고 인식한다.

> 영원히 바꿀 수 없는 것이 도이다. 수시로 바뀌어 항상 같을 수 없는 것은 기이다. 도라는 것은 삼강오륜, 효제충신으로서 요순주공의 도이며 해와 달 같이 빛나서 오랑캐 지방이라도 버릴 수 없으며, 기라는 것은 예악형정, 복식기용으로서 이미 당우삼대에도 오히려 덜기도 하고 보태기도 하였으니 하물며 수천 년 뒤인 오늘날에 있어서랴. 진실로 시대에 부합하고 백성에 이로우면 비록 오랑캐의 법이라도 행할 수 있다.[26]

---

25 『易言』, 「跋」, "夫形而上者道也, 形而下者器也. 杞憂生之所欲變者器也, 而非道也."(이문사, 1979, 61쪽) 尹善學은 『易言』이 세상을 다스리는 비결을 담았으며 그 저자는 權道에 통달하여 변화를 아는 선비라고 하였다. 오륜은 동서고금을 막론하고 불변의 이치로 '道'고, 백성을 편하게 하고 국가를 이롭게 하는 배, 수레, 병기, 농기는 '器'인데, 자신이 바꾸고자 하는 것은 바로 이 '器'이지 '道'는 아니라고 하여, 『이언』의 도기 분리 논리를 전적으로 수용하고 있다(『承政院日記』 고종 19년, 1882년 12월 22일).

26 『農政新編』, 「農政新編序」, "噫. 是不知道與器之分也. 夫亘古窮宙, 而不可易者道也. 隨時變易, 而不可常者器也. 何謂道, 三綱五常孝悌忠信是已. 堯舜周孔之道, 炳如日星, 雖之蠻貊之邦, 不可棄也. 何謂器, 禮樂刑政服食器用是已. 唐虞三代, 尙有損益, 況於數千載之後乎. 苟合於時, 苟利於民, 雖夷狄之法, 可行也."

도는 천도와 인도 등 우주 존재의 원리이자 인간이 준행해야 할 보편적 원리이다. 기는 현상계에서 항상 운동 변화하는 것으로 인간에게서는 사회·정치제도, 이용후생의 기명器皿, 기용器用 등이며, 성리학에서는 선악의 잠재태이기도 하다. 신기선의 동도서기론은 보편적 가치로서 도의 항상성과 때에 따라 마땅하게 해야 할 기의 가변성을 강조함으로써 양자를 분리하는 것이었다. 그러나 이때 도기 분리는 서양 과학기술 수용을 위한 논리이지 도와 기가 절대적으로 분리되는 것은 아니다. 도기 양자의 분리는 일견 가치와 사실을 분리하고, 존재의 형이상학적 의미를 폐기하는 듯하지만 사실은 그렇지 않다. 동도와 서기를 다시 결합하기 위해서 신기선은 도기상수道器相須의 논리를 전개한다.

대개 중국 사람들은 형이상에 밝기 때문에 그 도는 천하에 홀로 우뚝하고 서양 사람들은 형이하에 밝기 때문에 그 기는 천하에 대적할 자가 없다. 중국의 도로써 서양의 기를 행한다면 지구 오대주는 평정할 것도 못 된다. 그런데 중국 사람들은 서양의 기를 잘 시행하지 못할 뿐 아니라 중국의 도도 유명무실하여 쇠퇴해가니, 이것이 서양의 모욕을 받으면서도 막지 못하는 까닭이다. 진실로 우리의 도를 잘 시행한다면 서양의 기를 행하는 것은 매우 쉬울 테니 이처럼 도와 기는 서로 의지하며 떨어지지 않는다.[27]

동도와 서기의 결합을 주장하면서 동시에 위정척사 계열의 비판에 대응하려면 용用인 기器의 변화가 체體인 도道의 본질을 바꾸지 않는다는

27　『農政新編』,「農政新編序」, "盖中土之人, 明於刑而上者, 故其道, 獨尊於天下. 西國之人, 明於刑而下者, 故其器無敵於天下. 而中土之道, 行西國之器, 則環球五洲不足定也. 乃中土之人, 不惟不能行西國之器, 並與中土之道, 而亦徒名無實, 委靡將隆, 此所以日被西人之侮, 而莫之禦也. 苟能擧吾之道, 則行彼之器, 亦猶反掌爾. 若是乎道與器之相須而不離也."

주장을 펼칠 수밖에 없었을 것이다. 그러므로 도기상수의 논리를 펴면서도 도의 항상성과 불변성을 강조하고 아울러 기에 대한 도의 우위를 주장한 것이다.

동도서기론은 내부의 다양한 층위에도 불구하고 '옛것을 바탕으로 새로운 것을 참작한다酌古參今, 舊本新參, 溫故而知新'는 절충론으로 이해할 수 있다. 그러나 화이논리에 기반을 둔 중화적 세계관이 무너지고, 경쟁논리에 입각한 새로운 세계 속에서 서기 수용은 선택의 문제가 아니라 피할 수 없는 현실이 되었다. 양적 변화가 질적 변화를 일으키듯이 서기 수용은 동도서기론 자들의 바람처럼 동도의 불변성을 영원히 보장하지 못했다.

5. 구학문과 신학문

신학문은 서구 근대 문명의 원동력으로 새 시대를 견인하는 학문이고, 구학문은 동아시아의 유교를 중심으로 하는 지난 시대의 학문을 표상했다. 동서의 충돌과 각축이 심화되고, 1905년을 전후하여 일제의 식민 침탈이 표면화되자 자강과 주권회복의 요청 속에서 동도서기 논쟁은 신구학 논쟁으로 연장되었다.

구학문이란 동양의 학문을 가리키고 신학문이란 태서의 학문을 가리켜 둘로 나누어 하나로 합치지 못한다. 학문에 본래 신구의 다름이 있던가. 어찌 하나를 주장하여 다른 하나를 폐기하겠는가. 군신부자의 윤리와 인의효제의 성性은 옛사람과 지금 사람이 같고, 동양인이나 서양인이나 같다. 거마, 궁실, 의복, 음식은 이용후생하는 것이고, 교빙, 회동, 중병, 형법은 나라를 도모하는 것이니 그 이치와 일이 본래 다르지 않다. 다만 잘하거나 잘하지 못함, 다하거나 다하지 못함이 있을 뿐이다. 학문이란 잘하지 못하는 것을 잘하는 것에서 배우고 다하지 못하는 것을 다하는 것에서 배우는 것이다. 구舊학이라고 폐기하고 신학이라고 거부해서는 안 된다. 동체이용同體異用을 분별하되 체용상수體用相須의 묘리를 얻어야 한다. 혹자는 동양의 학문은 리를 주로 하는데 리는 형체가 없어서 그 설이 장황하고 효과는 더디며 서학은 기를 주로 하는데 기는 작위가 있으니 일이 현저하고 효과도 빠르다고 한다. 비록 그렇다하더라도 이기理氣로 말하면 천지 사이에 리理 없는 물物이 없고 기氣 없는 물物도 없다. 리와 기가 분리될 수 없듯이 기도 리와 분리될 수 없다. 어찌 동양은 리를 위주로 해서 기를 관장하지 못하고 저들은 기를 위주로 해서 리를 궁구하지 못하겠는가. 무릇 서유西儒의 학은 이학, 문학으로부터 농학, 공학, 의학, 광학鑛學에 이르기까지 실사實事에서 학문하지 않음이 없어서 동유東儒의 무용한 장황설과 다르다. 이것이 금일 강약의 분기점이다.[28]

위의 인용에서 보이는 '동체이용을 분별하되 체용상수의 묘리를 얻어야 한다'는 주장은 앞서 살펴본 신기선의 동도서기 논리와 매우 흡사하다. 흥미로운 점은 동양의 학문이 리를 주로 하고 서양의 학문은 기를 주로 하지만 '이기불상리理氣不相離'의 관점에서 볼 때, 리를 통한 기의

28　金思說, 「學問體用」, 『대동학회월보』 제1호, 1908.2.25, 41~42쪽.

관장과 기를 통한 리의 탐구가 가능하다는 것이다. 나아가 현실의 강약을 빚어낸 원인을 리와 기의 문제가 아니라 어떠한 학문이든지 그 내용과 방법이 실제에 부합하는가로 진단하고 있다.

신학과 구학의 조화를 주장하는 사람들은 동서의 구분보다 시세에 대한 인식과 학문의 장단점에 주목한다는 점에서 동도서기의 논리를 계승하고 있다. 이들은 근본적인 학문의 차이를 인정하지 않으며, 신구학논쟁도 실제를 연구하지 않고 명목에만 구애됨으로써 발생한다고 본다.[29] 학문의 목적이 보세치민保世治民이란 점에서는 신구학이 같으며, 시대에 따른 변화는 있어도 학문 자체에 근본적인 차이는 없다는 것이다. 다만 지금과 같이 신학문이 제기되는 이유는 민지民智가 점차 열리고 생산이 늘고 사회현상이 날로 복잡해져서 운영할 방책도 자연히 발달했기 때문이다.[30]

신기선도 학문에는 신구가 따로 없다고 하고, 서양의 각종 학문도 그 요체는 천인사물天人事物의 이치와 일용수생日用需生의 방도, 국가인민을 유지 발달하는 방법이란 점에서 다르지 않은 것으로 인식했다. 예컨대 천인사물의 이치는 대학의 '격치'가 포괄하고 있다는 것이다.[31] 따라서 대학의 격치와 우왕의 국가 경영馬謨의 이용후생하는 방도를 강습하고 학교의 교과로 삼아 체용을 겸비하고 지식을 두루 통해야 한다[32]

---

29 李琼夏, 「新舊學問이 同乎아 異乎아 續」, 『대동학회월보』 제2호, 1908.3.25, 16~18쪽.
30 李琼夏, 「新舊學問이 同乎아 異乎아」, 『대동학회월보』 제1호, 1908.2.25, 28~29쪽.
31 申箕善, 「學無新舊」, 『대동학회월보』 제5호, 1908.6.25, 8~10쪽.
32 申箕善, 「講義錄」, 『대동학회월보』 제12호, 1909.1.25, 55쪽. 한편 金文演은 이와 다른 관점에서 신학문의 수용을 주장하였다. 그 또한 격치학을 작게는 明理盡性할만하고 크게는 富國强兵할 수 있어, 구주 열강이 날로 높아지게 된 원인으로 파악한다. 그러나 동양은 비록 『대학』에 격치를 기록하였고 百家의 서적도 무성하지만 대개 陰陽堪興의 설로 혹세무민하니 한탄스런 일이라고 하여 신기선과 달리 동양의 격치학에 대해 비판적

는 식의 사고를 지속할 수 있었다. 이렇게 신학과 구학의 동일성을 강조하는 주장은 동서의 구분을 학문의 본령에서 접근하여 해체한다. 학문의 효용과 시의성이 중요해지면서 동양의 도와 서양의 기라는 도식도 상대적으로 약화한다. 문명과 진보에 대한 욕망을 내면화한 지식인들은 서구 열강의 신기술과 신학문을 연이어 소개하였고 근대 계몽기 학문의 대중화와 세속화를 가속했다. 이러자 한편에서는 신학문의 무분별한 수용에 대한 비판도 제기되었다.

신구학을 분별하는 언론으로 현혹하여 산술이나 문리와 격치학을 제일로 삼아 청년들의 뇌수를 굳게 하였는데, 만일 정신적 교육이 없으면 이는 문명의 학술을 빙자하여 유생들을 묻어 죽이는 것과 다름이 없을 것이다. 그 교육의 목적이 대한 정신이 아니라면 비록 신학문 책을 밤낮으로 손에 들고 서양법을 밤낮으로 말해도 학도들이 독립 자강하는 기개가 없어져 비루하고 용렬한 필부가 될 것이니 이는 멸망을 자초하는 것이다.[33]

신학문·서양법 수용이 대세가 되었지만, 독립과 자강하는 기개를 북돋는 정신 교육을 병행하지 않는다면 오히려 멸망을 자초할 수도 있다는 경고이다.

근대 국가는 영토와 함께 근대적 국민을 요청하였다. 근대 국가에 의해 호명된 국민은 경쟁이 공리公理가 된 세계 속에서 독립된 주권을 인정받고 이를 자주적으로 보전할 수 있는 역량을 배양해야 했다. 신학문에 대한 소개가 근대 계몽기 신문, 잡지의 여러 면을 장식했고 신학

인 견해를 보인다(金文演,「學界一班」,『대동학회월보』제1호, 1908.2.25, 29~32쪽).
33 「대한정신」,『대한매일』, 1907.9.27, 1쪽.

문의 습득은 국민이 되기 위한 책무로 강조되었다.[34]

　백남산인의 「국민학과 물질학」은 시대 인식과 신학문의 내용을 명료하게 제시하고 있다. 신세계에 신민족이 되어 타문명국의 민족과 동일한 복락을 향유하기 위해서는 국민학과 물질학에 힘써야 한다. 국가는 인민의 집합체이고, 애국사상과 애국정신은 국민학에서 나오므로 전 국민이 모두 국민학을 하면 국가가 개개인의 뇌혼腦魂과 성명性命이 되어 국민의 의무를 이행하고 책임을 담당하게 된다. 국력의 건강과 민산民産의 풍부함이 실업발전에 있고 실업발전은 물질학을 연구하여 이용후생의 물품을 많이 생산하는 데 있다.[35] 이처럼 국민학과 물질학은 국가 존망과 인종 생멸의 최대 관건으로 강조되었다.

　박해원은 「신구학변」에서, 신학파는 구학을 완고로 몰아붙이고 구학파는 신학을 외면만의 개화로 몰아 서로 공격하는 세태를 비판한다. 구학이란 동아시아 성리학이고 신학은 서양의 물질학인데, 전자는 알존적遏存的 주의[36]이고 후자는 물질적 주의이니, 동방의 도로 의심할 여지없는 이륜彝倫과 서양의 학문으로 생계에 보탬이 되는 것은 모두 병용절충幷用折衷, 참고작금參古酌今, 교장논단較長論短해야 한다고 주장하였다.[37]

　구학문에 대한 비판 논조는 대체로 경쟁의 시대에도 심성, 이기만을 말할 뿐 스스로 부강해질 방략에 몽매하여 국가의 위급에 대처하기 어

34　대저 동서양 세계 각국을 물론하고 나라된 이유를 말할진대 토지가 있은 연후에 인민이 있고 토지를 인민이 구비한 연후에는 정부를 설립하고 제반 사무를 각기 소장대로 조직하되 그 중에 제일 긴급한 사무로 국민 간에 잠시도 없을 수 없는 것은 첫째 학문이오 둘째 법률이니 (…중략…) 학문이 없으면 인민을 개명할 수 없고 법률이 없으면 학문을 밝히기 어려운지라(『독립신문』, 1899.4.12).
35　白南散人, 「國民學과 物質學」, 『서북학회월보』 제7호, 1908.12.1, 6~8쪽.
36　사람의 사사로운 욕망을 막고 보편적인 천리를 보존한다는 신유학의 이념을 가리킨다.
37　朴海遠, 「新舊學辨」, 『대한학회월보』 제2호, 1908.3.25, 9~11쪽.

렵다는 것이었다. 구학문의 잘못은 그 도가 아니라 구학문을 하는 자가 변화를 알지 못하고 허문만을 숭상하여 실천하지 못하기 때문이다.[38] 구학문에 대한 비판은 이처럼 구학문을 하는 사람에게 국한되기도 하였지만, 비실용성과 중화사대주의 비판도 적지 않았다. 현채는 "대개 어려서 배우는 뜻은 장성해서 실행하려는 것이다. 그런데 우리나라는 어버이와 스승이란 자가 『천자문』, 『동몽선습』으로 그 자제들을 가르치고 나아가서는 『통감』, 『사략』 등에 이르니 이런 따위의 교재로부터 천부의 자유를 방기하고 노예의 성질을 양성하는 것일 뿐이다. 이로 말미암아 풍교·정령으로부터 가요·패설·언어·문자에 이르기까지 오로지 외국을 위주로 하여 남을 받들어 섬기고 자국은 얕잡아 보아, 오늘의 패망에 이르게 되었다"[39]고 비탄했다. 구학은 사장詞章만을 일삼고 이치를 파악하기 어려운 반면 신학은 오늘에 맞는 신지식新知識으로 표상되기노 하였다. 예를 들면, "구학에 수제치평의 도리가 없는 것은 아니지만, 십 년 공부하여 겨우 시부詩賦를 외우다가 기괴한 말에 막혀 세월을 허비하여 일을 이루지 못한다. 신학은 이와 달리 지금의 철인哲人·지사志士가 정밀하게 연구한 '신지식'이니 경제, 정치, 농학, 공학, 화학, 이학과 기타 신학이 매우 많아 그 이치를 상세히 고찰하면 모든 이치를 알 수 있다"라고 신구 학문을 비교하였다.[40] 이즈음 전통사회의 운영원리였던 유학의 이념은 현실에 부합하지 못하는 구학문으로 부정과 폐기의 대상으로 논의되었다. 이른바 파괴의 시대가 열린 것이다.

우리는 공자를 선생으로 삼을까. 예수를 선생으로 삼을까. 마호메트를 선

---

38 이기헌, 「學問은 不可不參互新舊」, 『기호흥학회월보』 제6호, 1909.1.25, 4~5쪽.
39 玄采, 「幼年必讀釋義 序」, 『幼年必讀釋義』, 1907.
40 究新子, 「新學과 舊學의 區別」, 『서북학회월보』 제8호, 1909.1.1, 41쪽.

생으로 삼을까. 모두 아니다. 오직 진리를 선생으로 삼아야 하리라. (…중략…) 대저 파괴가 없으면 건설이 없으리니 구학설이 파괴되지 않으면 신학설이 건설되지 못하며 구사상이 파괴되지 않으면 신사상이 건설되지 못하며, 구학설·구제도가 파괴되지 않으면 신습속·신제도가 건설되지 못할 것이다.[41]

신구학 논쟁의 주체는 개신 유학계열의 인사들로서 신학수용론자의 구학 비판보다는 개신 유학자들의 보수유림에 대한 비판이 주를 이루었다. 1907년 이후 개신유학계열의 변법적 서구문명수용론도 체용론적 서구수용론자와 유학의 종교화를 지향하는 유교개량론자 및 조선성리학으로부터 한국문명의 독자성을 강조하는 국수보전론자로 분기하게 된다.[42] 전통적 학문 개념은 동도서기와 신·구학논쟁의 자장 안에서 충돌과 전이를 거듭하며 변화할 수밖에 없었다. 신학문은 이제 과학기술에 머물지 않고 서구의 문화와 사상에까지 그 영역을 넓혀 갔다.

6. 학문 개념의 전이 - 번역과 의미의 균열

동아시아 유교문화권에서는 17세기 전반부터 19세기 후반에 이르기까지 실학의 경향이 대두하여 송대 신유학과 학문적 차별화를 시도

---

41 劍心, 「談叢」, 『대한매일신보』, 1910.1.6.
42 백동현, 「開化期 언론·잡지에 나타난 西歐觀·傳統觀과 新舊學論爭」, 『개화기 한국과 세계의 상호 이해』, 국학자료원, 2003, 177~178쪽 참조.

하기도 하였으나, 근본적인 변화는 서구 근대 문물의 유입과 함께 진행되었다. 이는 학문의 내용과 방법뿐만 아니라, 학문의 궁극적인 목적까지도 변화시키는 것이었다. 인간중심주의, 경험주의적 사조의 흥기와 더불어 인간학과 자연학의 분리, 과학 기술을 중심으로 한 자연과학의 위상 제고, 학문의 세분화와 새로운 분과학문의 발달은 서구 근대 학문의 특징이었다. 과학 기술을 필두로 한 서구 근대 학문의 유입은 전통적 학문관에 균열을 가져왔다.

서구 근대 학문의 수용과정에서 당대 동아시아 지식인들은 전통 학술 개념이나 용어를 빌어 새로운 학문을 설명하고 정의할 수밖에 없었다.

> 지금 신학을 주장하는 자는 한문을 구학이라 여겨 배척하니 한문이 실로 구학이나 법률 제정할 때 이것으로 하고 이화학理化學을 강술할 때도 이것으로 하니 한문에 미진하면 새로운 것이 있어도 알 수 없다. 한문을 비난하는 자가 이는 법률, 이화학을 배우기 위해 한문을 빌려 사용할 뿐이고 한문을 배우려는 건 아니라고 한다. 그렇다. 옛적에 글자를 만든 뜻도 이와 같을 따름이다.[43]

서구 학술 용어를 번역할 때, 동일한 의미를 지닌 번역어가 준비되어 있는 것은 아니다. 따라서 자신의 문화권 내의 문자와 언어 속에서 조어를 창출하는 것이 일반적인 현상이다. 서양 문명 수용과정에서 만들어진 신조어는 대체로 기존 한자와 한자어의 의미를 따서 구성되었으며 하나의 한자가 다양한 번역어에 포함되면서 기존 '지적 체계의 균

---

43 李琮夏, 「新舊學問이 同乎아 異乎아 續」, 『대동학회월보』 제2호, 1908.3.25, 16~18쪽.

열'과 '개념의 전이'를 수반하게 되었다.

『신학월보』에서는 신학과 과학을 중심으로 서구 학술 용어에 대한 번역을 연재하였다. 학문은 'Science, generic sense 學 학'으로, 철학은 'Philosophy 理學 리학'으로, 물리학은 'Physical science 格致學 격치학'으로 각각 번역되었다.[44] 지금은 철학으로 굳어진 philosophy의 번역어인 리학은 물리학을 지칭하는 용어로도 자주 쓰였고, 아래 인용에도 보이듯이 때때로 化學을 덧붙여 '理化學'이란 학문 명칭으로 사용되기도 하였다. 제12호에서는 기초적인 심리학 용어에 대한 소개가 이어졌는데, 그 가운데는 전통 학술 용어를 차용한 사례도 많다. 12호는 8호와 달리, 한글, 한자, 영문 순으로 배열을 바꾸었고 단어의 양도 늘어났다.

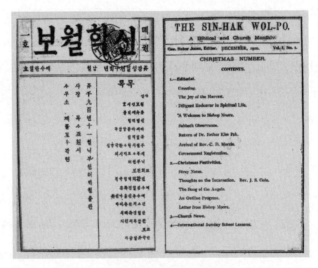

감리교 선교사 존스가 창간을 주도한 한국 최초의 신학 잡지인 신학월보 창간호(1900.12) 표지. 한국 최초의 신학 논문으로 평가되는 기독교 개종지식인 최병헌의 「죄도리」도 1901년 11월호에 실렸다.

---

44 「언ᄉ ᄌ뎐」, 『신학월보』 제1권 8호, 1901.11, 334쪽.

'허중 虛中 Space', '형샹 形像 Phenomenon', '감셩 感性 Sensibility'

'감동지력 感性知力 Sense-perception', '개념력 概念力 Conception'

'과학 科學 Science', '관념 觀念 Idea', '관능 官能 Sense'

'귀납 歸納 Induct', '귀납법 歸納法 Induction-Law of-'

'긱관 客觀 Object', '목뎍 目的 End', '무한 無限 Infinity'

'물질 物質 Substance', '물체 物體 Substance',

'능지 能知 Representative knowledge'

'본원지지 本原之知 Constitutive knowledge'

'량지 良知 Presentative knowledge'

'령혼론 靈魂論 Psychology', '론리학 論理學 Logic'

'리학 理學 Philosophy', '리치경위 理致經緯 Elaborative knowledge'

'샹디 相對 Contrast', '슉셩 屬性 Attribute', '슈신학 修身學 Ethical'

'신 神 Spirit', '시디 時地 Time and place', '실험 實驗 Experiment'

'실톄 實體 Reality', '실ᄉ 實事 Facts', 'ᄉ샹 思想 Reflect'

'싱각 生覺 Thought', '졔조학 造制學 Mechanical Science'

'주론 主論 Reasoning', '쥬의 主意 Will', '쥬관 主觀 Subjective'

'존지 存在 Being', '지식 知識 Knowledge', '지각 知覺 Knowledge'

'짐작 斟酌 Reason', '징험 徵驗 Verification', '증명 證明 Demonstration'

'ᄌ각 自覺 Self-consciousness', '총명 聰明 Memory'

'총합법 總合法 Synthesis', '총례 總體 Universal', '총 總 Inclusive'

'츄론 推論 Reason', '츄샹뎍 抽象的 Abstraction' 등.[45]

---

45 「Vocabulary of Primer of Psychology」, 『신학월보』 제2권 12호, 1902.11, 574~578쪽.

새로운 문명에 대한 독해는 자신이 속한 사회·문화 관념과 언어·문자 체계 등에서 대응물을 찾게 마련이다. 새로운 문물의 수용은 때때로 신조어를 통해서 표현되기도 하지만 그 역시 번역 주체를 둘러싼 문화와 지적 체계로부터 구성된다고 봐야 한다.

한편 일본의 후쿠자와 유키치는 학문을 유형과 무형으로 구분하고, 무형의 학문으로 심학, 신학, 리학을 들고, 유형의 학문은 천문, 지리, 궁리, 화학 등을 열거하였다.[46] 여기서 리학은 전통 성리학의 의미로, 궁리학은 근대 자연과학 특히 물리를 탐구하는 학문의 뜻으로 사용되었다. 마루야마 마사오는 일본의 서구 근대 학문 수용 과정의 문제를 회고하면서, 물리학과 철학이 전통적인 용어로 번역되었음을 지적했다.

특히 주자학의 '격물궁리格物窮理'는 자주 쓰였습니다. 물리학은 처음에 격물학으로 번역되었고, 철학도 궁리학이라고 했죠. 나카에 조민의 경우에는 이학理學이라 했습니다만, 보통 이학이라고 할 경우에는 자연과학만을 가리켰지요. (…중략…) 배젓Walter Bagehot, 1826~1877의 또 다른 주요 저작인 『물리와 정치』는 물리학의 원칙으로 정치를 파악하고자 한 것이니까 '격물정리학'이라는 말은 아주 정확한 번역입니다. 하지만 physics를 '격물'이라고 번역했다는 것은 역시 전통적인 용어를 사용하고 있는 좋은 예라고 생각합니다.[47]

이는 동아시아 유교문화권의 전통 학문 개념의 균열과 전이를 보여주는 적절한 사례다. 본디 개념은 시간성과 공간성을 갖는다. 때문에 전

---

46 후쿠자와 유키치, 남상영·사사가와 고이치 역, 『학문의 권장』, 소화, 2003, 35쪽.
47 마루야마 마사오·가토 슈이치, 임성모 역, 『번역과 일본의 근대』, 이산, 2000, 106쪽.

통과 서구의 충돌에 직면하여 기존의 문화적 관념을 일거에 탈각한다는 것은 불가능하다. 문명 간의 교류 과정에서 지식이나 개념의 전파는 수용자의 사회문화적 배경과 기존의 지적 체계에 의거하여 의미의 교환과 변용을 불러오게 마련이다. 설령 수용자가 기존의 지적 체계를 전면 부정하고 새로운 체계를 파격적으로 수용하려 한다 할지라도 기성의 언어·문자로 표상된 정신과 규격화된 문화양식에서 자유롭지 않다. 고야스 노부쿠니子安宣邦의 언급은 이를 환기해준다.

> 확실히 문명적으로 우위에 있는 언어와 열등한 위치에 있는 언어와의 사이에 엄밀한 의미로 번역은 없다. (…중략…) 고위문명의 수용이란 그 문명의 이전이자 이식이다. 따라서 언어에 있어서도 번역이 아니라 전이라고 해야 할 것이다. 근대 일본은 문명어로서의 근대 한자어를 대량으로 창출히는 것을 통해, 외래성의 낙인이 찍힌 한자를 다시 영유해 나갔고, 이 한자·한자어의 재영유를 통해 일본은 문명화를 이룩해갔다.[48]

일본이 서양 신학문을 수용하면서 만든 번역어는 중국사상문화가 각인된 한자에 의지했지만 지칭 대상이 바뀌고 의미의 변용이 일어나면서 일본 근대 학술 언어로 재창조될 수 있었다. 이처럼 전통 학문 개념의 균열은 관련 학술 용어의 번역과 수용의 문제에 머물지 않았다. 동서 문명 간의 교류는 새로운 지적 체계에 대한 의미의 교환과 수용을 넘어 변용과 전이를 수반하는 것이었다. 예컨대 박은식은 미국 교육 진보의 역사를 역술하면서 의학 교과목으로 해부학과 배태학胚胎學, 성리

---

48 고야스 노부쿠니子安宣邦, 「근대 일본의 한자와 자국어 인식」, 『흔들리는 언어들』, 성균관대 출판부, 2008, 56쪽.

학과 동식물학, 임증학臨症學과 약재 등을 열거하였다.[49] 여기서 '성리학'
은 의학 교과목의 하나로서 인간을 대상으로 하는 생리학, 심리학 정도
의 의미로 파악된다. 여병현은 서양 대학의 교과는 실학을 주로 하되
경학經學, 법학, 지학智學, 의학 네 과로 나뉜다고 하고, 경학은 교화의 일
을 법학은 고금 치체治體의 득실과 각종 법률의 이해利害를 지학은 격치
성리格致性理의 미현微顯과 언어문자의 이동異同을 의학은 사람과 가축의
장부 경락과 약품의 분석배열과 기구를 사용하여 해부하는 일을 논한
다[50]고 하였는데, 이때 '경학'은 공맹 이후 유가 경전에 관한 해석학을
의미하는 것이 아니라 단지 그 기표만을 차용하여 서양의 신학神學을 지
칭했다. 개념의 균열과 변용이 일어난 것이다.

7. 개념의 전이와 변용

'격치'와 '궁리'를 중심으로 학문 개념의 변용과 전이를 살펴보자.
『한영자전』(1897)에서 '격물', '격치', '궁리' 등이 명사로 독립되어 개
별 학문을 의미하는 용례는 아직 보이지 않으며 모두 동사적 용법으로
풀이되었다. 격물이나 격물치지로 쓰일 때의 물은 대체로 자연을 의미
하며, 궁리의 대상으로 philosophy가 사용된 점은 전통 학문 개념을
차용하고 있음을 보여준다.[51]

---

49 朴殷植 譯述, 「美國教育進步의 歷史」, 『서우』 제1호, 1906.12.11, 15쪽.
50 呂炳鉉, 「新學問의 不可不修」, 『대한협회회보』 제8호, 1908.11.25, 11~12쪽.
51 James S. Gale, B.A.의 『韓英字典』(1897)에 의하면 학문은 'Learning; knowledge of

근대계몽기의 지식인들은 서구 문명의 발달 원인을 격치와 실학에서 기인한 것으로 인식하였다. 당시 매체에는 서구의 '격치가', '격치학'에 대한 소개가 자주 등장하는데, 동양에서 삼대 이전의 학문은 실학이었지만, 이후로는 공언空言을 일삼고 사장詞章이 주가 되어 서양에 뒤처지게 되었다고 보았다. 반면에 신학新學은 실학實學이므로 장려하고, 신학교를 설립하여 인민의 총명과 지력을 끌어올릴 것을 촉구하고 있다.[52] 이가백李佳白, Gilbert Reid, 1857~1927의 글을 역술하면서 박은식은 서구 문명 발달 원인을 신학新學으로 규정하고, 실학은 본래 중국이나 서양이나 모두 공리公理이고, 만국이 함께 하는 학문[53]으로 규정하였다.

그러나 당대 지식인들의 서구 문명 이해 수준을 고려하면 이때 실학은 서구 근대 사상·문화에 대한 종합적 이해를 반영한 것으로 보긴 어렵고 전기, 전보, 철도, 화륜선 등 문명의 이기를 앞서 만들어낸 과학기술을 주로 지칭하는 개념(격치학)으로 봐야 한다.

조재삼趙在三은 구염오속舊染汚俗을 모두 유신해야 한다는 논설에서 법이 오래되면 폐해가 생기고 물이 궁해지면 변하는 것은 이치라고 하고, 정치와 국민, 습속의 개혁을 주장하였다. 일종의 진보사관에 입각하여,

---

characters', '격물ᄒᆞ다'는 'To inquire into the nature of things; to understand natural science', '격물치지ᄒᆞ다'는 'To investigate and bring to perfection', '궁리ᄒᆞ다'는 'To investigate; to study; to search into the philosophy of'로 되어 있다(국학자료원, 『韓英字典』(영인본), 1996).

52 「興新學說」, 『대조선독립협회회보』 제14호, 1897.6.15.
53 중국의 格致技藝의 학은 주공, 공자가 완비하였지만, 진한 이후 실전되었는데 서양에서는 오히려 진보하였다. 서양인은 일마다 새로움을 추구하고 중국인은 옛것을 계승하고 서인은 일마다 실사에서 징험하여 말하면 실천하지만, 중국인은 일마다 허무함에 빠지고 말은 이치가 높은 듯하나 시행해도 성과를 내지 못했기 때문이다. 이처럼 중국이 서양에 뒤진 원인으로 학문 태도와 방법을 문제 삼기도 했다(李佳白, 「廣新學以輔舊學說」, 『서우』 제3호, 1907.2.1, 17~20쪽).

앞 성현들이 밝히지 못한 대학의 격치주의가 금일에 발현하였으며, 금일은 '실학시대'요 '실력세계'이므로 실학이 없으면 국가가 망하고 실력이 없으면 민족이 망한다고 보았다.[54] 유학의 이념 체계인 구학은 이제 실학이 아니었으며, 서구에서 전파된 신학문이 실학의 위상을 차지하였다. 격치학은 신학문을 대표하는 학문이었으며, '실학'이 수식어처럼 따라붙었다.

여병현呂炳鉉, 1867~?은 '격치'란 격물치지를 말하는 것으로 이용후생에 큰 효용이 있으며, 서양이 부강해진 방법도 격물학[55]에서 찾았다. 격물의 과목으로 천문학, 지문학, 화학, 기학, 광학, 성학, 중학, 전학 등을 예시하고, 세계의 모든 종류의 혼합물이 72종 원소로 혼합되었음을 밝힌 것도 격치의 결과라고 하였다.[56] 또 신지식을 연마하여 이용후생에 도움을 주는 것이 격치학의 급무인데, 격치는 수학으로 인해 발달했고 수학은 격치의 도구로써 격치가는 모두 산학을 근본으로 삼는다고 하였다. 희랍과 로마의 부침도 격치학 때문으로 격치학은 국가의 성쇠와 관련되는데, 우리 대한은 명유, 석학이 서로 이학理學의 설을 높였으나 이론화하고 실천하지 못하여 후대에 이르러 격치학의 효용을 모르게 되었다고 비판했다.[57]

격치는 인간 내면의 도덕적 본성을 발현하기 위한 것이 아니라 민생과 부국에 실익을 도모하는 실용 학문으로서만 의미를 지니게 되었고,

---

54 松南, 「舊染汚俗咸與維新」, 『태극학보』 제24호, 1908.9.24, 3~12쪽.
55 '격물(학)'과 '격치(학)'을 비교하자면, 격물해서 치지에 이르는 것이므로 '격치'가 학문의 방법과 그 과정에서 획득된 지식까지를 포함하는 차이가 있다. 또한 근대 계몽기 언론매체에서 '격물'보다 '격치'의 사용빈도가 훨씬 높은 데, 중국이나 일본을 통해 수입된 서학 관련 서적이 '격치'를 주로 사용한 점이 중요한 요인일 것이다.
56 呂炳鉉, 「格致學의 功用」, 『대한협회회보』 제5호, 1908.8.25, 12~14쪽.
57 呂炳鉉, 「格致學의 功用(續)」, 『대한협회회보』 제7호, 1908.10.25, 10~13쪽.

학문의 대상과 목적에도 일대 전환이 일어났다. 주자 성리학에 토대를 둔 전통 학문의 수양론이자 공부론이었던 '격물치지'는 이제 개명진보와 이익 추구의 방편으로 변용되었다.

서구 문명의 충격과 근대 학문의 수용은 사실과 가치를 분리해서 사고하도록 만들었다. 객관적 실제에 관한 과학적 탐구가 학문의 중심에 위치하는 동안 가치의 문제는 현실의 소용을 넘어서 논의되기 어려웠다. 가치와 사실을 분리하는 사고는 본래 의도와는 상관없이 학문 체계의 변화를 일으켰다.

서구 근대의 과학 기술은 전통적 학문 분류에 따르면 기예技藝에 가깝다. 공업과 상업도 사농공상의 하나로 존재했지만, 전통 학문 체계에서는 발달하기 어려웠다. 예를 들면, 오늘날 'economics'의 번역어인 경제학은 이용후생을 중시하는 것인데, 이때에도 정덕正德이라는 기반을 떠나서는 안 되었다. 더욱이 상업은 이익만을 추구하는 것으로 사농공상의 말단에 위치시켜 천시하였다.[58]

학문체계뿐만 아니라 사회적으로도 천시되던 과학기술과 상공업(무역과 제조업)은 근대로의 이행이라는 세계사적 조류와 자주독립의 대내외적 요청 속에서 새로운 위상을 갖게 된다.[59] 기예가 수용해야 할 서양 학술에서 보편적인 학문으로 격상되고 도道의 지위에까지 이르는 동안 전통적인 학문의 지위는 이에 비례하여 추락할 수밖에 없었다.

---

58 이러한 관념은 "物有本末, 事有終始, 知所先後, 則近道矣."(『大學』); "子曰, 君子, 喩於義, 小人, 喩於利."(『論語』「里仁」); "子曰, 君子謀道, 不謀食. 耕也, 餒在其中矣. 學也, 祿在其中矣. 君子憂道不憂貧."(『論語』「衛靈公」) 등에서 유래한다.

59 실제적 지식 및 기예와 자연철학적 관심 및 탐구와의 이 같은 연결은 지식의 내용 면에서만 일어난 것이 아니었다. 그것은 이 두 갈래의 전통의 인적・사회적 연결이기도 했다. 이 같은 연결은 대체로 후자에 속했던 사람들의 지적・사회적 지위의 상승과 함께 했다(김영식, 『과학, 인문학 그리고 대학』, 생각의 나무, 2007, 99쪽).

전통 학문의 수양론과 공부론의 핵심이었던 '격물'과 '치지', '궁리'와 '진성'은 학문 개념의 변화 속에서 '격치·격물학'과 '궁리학' 등 학문 분과의 하나를 지칭하는 일반명사로 쓰였다. 이제 천문학, 지리학, 산술·측산학, 격물학, 화학, 중학, 제조학, 정치학, 법률학, 부국학, 병학, 교섭학 및 기타 동물, 식물, 농상·광공 등 학이 부국의 실학으로 인식되었다.[60]

'격치(물)학'은 윌리엄 마틴William A. P. Martin, 丁韙良, 1827~1916의 『격물입문 格物入門』(1869), 키요노 쓰토무淸野勉의 『격치철학서론格致哲學緖論』(1883),[61] 양건식의 「서철강덕격치학설西哲康德格致學說」(1915), 존 프라이어John Fryer, 傅蘭雅, 1839~1928의 『격치휘편格致彙編』(1876~1882) 등에서 보이는 바와 같이, 때로는 철학, 때로는 과학(물리학)에 대응하는 번역어로 쓰였다. 특히 '격치공예格致工藝',[62] '격치기예格致技藝'[63] 등 합성명사도 생겨나서 과학기술을 지칭하게 되었다.

'치지'의 내용은 지리학, 산술학, 회계, 제조학, 법률학 등으로 근대 국가 건설과 국민의 창출이라는 이념 지평에서 '민지民智', '학지學知'의 강조와 함께 근대 교양으로 탄생하였다. 일제가 한국을 식민지화할 무렵 한국의 지식인들은 서구 지식의 수용과 적용의 필요성을 강조하였으며, 사회진화론에 기초한 실력양성론을 주장하였다.[64] 서구 지식의 적극적 수용을 통한 문명개화는 학지와 민지의 배양뿐만 아니라 제국

---

60 「논설」, 『매일신문』, 1898.11.5.
61 明治16년 東京 丸善商社에서 출판되었으며, 목차는 知識, 第一章 段落法, 第二章 一致法 及ヒ記性, 第三章 主觀的知識, 客觀的知識, 會萃的知識, 拔萃的知識, 第四章 有媒的知識, 無媒的知識, 第五章 先天知識, 後天知識, 先驗知識, 後驗知識, 諸六章 學識으로 되어 있다.
62 「東方 各國이 西國工藝를 倣效ᄒᆞᆫ 總說이라(前號 格致論 續이라)」, 『대조선독립협회 회보』 제7호, 1897.2.28; 「鐵鑛論」, 『대조선독립협회회보』 제14호, 1897.6.15.
63 傅蘭雅, 「人分五類說」, 『대조선독립협회회보』 제8호, 1897.3.15.
64 박명규, 「지식 운동의 근대성과 식민성—1920~30년대를 중심으로」, 『지식 변동의 사회사』, 문학과지성사, 2003, 131쪽.

주의에 대항하기 위한 생존의 논리로써 추구되었다.

'궁리'는 1895년 2월 2일에 고종이 조칙으로 발표한 교육에 관한 조서까지만 해도 '오륜행실', '근로역행', '궁리진성'의 3대 강령의 하나로 강조되었다. 후쿠자와 유키치는 궁리학을 천지만물의 성질을 파악하고 그 움직임을 연구하는 학문[65]으로 정의하기도 했지만, 『궁리도해窮理圖解』(1868)에서처럼 주로 천체학, 동역학, 기하·물리학 등을 포괄하는 용어로 사용되었고, '궁리하다'라는 동사로 쓰일 뿐 인격을 완성하는 '진성盡性'과 더는 짝을 이루지 못했다. 오히려 리를 궁구하는 것은 인간과 분리된 자연 현상과 규칙物理에 대한 탐구에 국한되었다. 인간과 분리된 자연은 관찰과 실험의 대상이자 인간 삶에 유익하도록 관리·개발되어야 하는 것으로 인식되었다.[66]

　　자기自己와 천연天然의 관계는 우주 사이에 현상이 비록 많지만 크게 천연과 정신 둘을 넘지 않는다. 고대인은 정신을 천연에 복종함으로써 행복을 더하는 데 힘썼으니, 이른바 천명, 천운, 천도, 기천祈天, 도천禱天 등의 용어는 일을 우리 마음대로 좌우하지 못하고 복종한 것이니 천연을 숭배한 기원이다. 그러나 지식이 점차 열리고 과학이 날로 융성해져 우리의 천연사상天然思想이 크게 변했다. 격치, 물리 등 학자가 천연활동의 법칙을 발명했으니 천연이란 임기발현臨機發現하거나 사람의 이해에 따라 그렇게 되는 게 아니고 일정한 법칙(규율)에 따라 활동하는 것이다. 즉 풍우전상 등의 천재와 질병·흉근 등의 지요

65　후쿠자와 유키치, 남상영·사사가와 고이치 역, 『학문의 권장』, 소화, 2003, 25쪽.
66　『독립신문』(1899.4.25)의 한 기사는, 서양 격치학 발달의 중요한 원인으로 인간중심주의적 사유를 제시하였다. 즉 동양은 실제보다 허문을 숭상하고, 理와 氣로 세계를 설명하려 하나 명확하지 않고, 격치학도 리를 추구하다가 그만두게 된 반면에, 서양은 '사람에게 만물을 관리할 권리가 있다'고 보고, 한 가지 물건도 그 소용을 잃지 않기

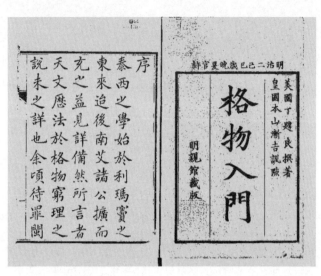

월리엄 마틴이 1869년 펴낸 자연과학 개설서 『격물입문』은 수학水學, 기학氣學, 화학化學, 전학電學, 역학力學, 화학化學, 산학算學 등으로 총 7권 7책으로 기술하였다.

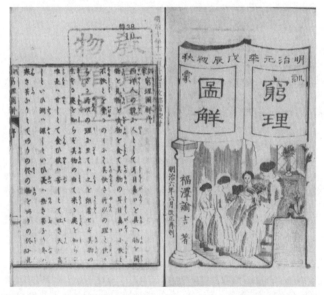

후쿠자와 유키치가 편찬한 『훈몽 궁리도해』도 온기, 공기, 물, 바람, 구름과 비, 눈과 서리, 만유인력, 주야, 사계, 일식월식 등을 설명한 서적으로서 궁리의 대상이 자연현상으로 바뀌었음을 보여준다.

地妖를 피할 도리가 모두 있음을 알고 또 그 법칙에 따라 이용함으로써 천연을 우리의 노예처럼 하여 천연에 우리의 힘을 더욱 확장하기가 한량이 없다.[67]

이는 서구 근대의 산물인 과학 기술의 전사前史와 맥락에 대한 표피적 이해와 급속한 수용의 한 단면이다. 근대 국가 건설과 국민의 요청에 부응하여 신문, 잡지 등 근대 언론매체는 서구 근대 학문의 소개와 전파의 전위가 되었다. 그러나 문명개화와 근대 국가 건설의 기대지평 속에서 인간과 자연의 관계나 근대적 개인 또는 주체에 대한 고민이 진지하게 성찰되기는 어려웠다. 자연은 이제 숭배의 대상이 아니라 탐구와 이용의 대상으로 인간을 위해 존재하는 것으로 이해되었고, 인간은 격치학을 통해 자연에 대한 지배력을 무한히 확장할 수 있는 존재로 인식되었다. 자연과 분리된 인간, 자연을 관리하고 이용하는 주체는 근대적 인간상의 중요한 요소로 부각되었다.

이처럼 궁리학·격치학은 서구 학문의 수용에 따라 개념의 내포와 외연이 달라지면서 전통 학문 개념의 전이를 유도하였다. 존양성찰存養省察, 居敬과 함께 논의되었던 궁리窮理, 道問學, 格致가 물리학으로 축소되고 거경은 윤리·도덕·철학의 영역으로 분리되었다. 전통 학문 개념인 '격치'와 '궁리'는 학문의 목적과 대상, 방법과 내용에서 전면적으로 변용되었고, 전통 학문의 자리는 서구 근대 학문으로 대체되었다. 과학기술혁명과 산업혁명을 통해 학문의 세속화, 실용화, 분과화를 진행한 근대 학문은 인간과 자연의 유기적 연결망과 덕성을 중시하던 전통 학문을 해체한 자리에 우뚝 섰다.

위해 애쓴 까닭에 격치학이 발달했다는 것이다.
67　李海朝,「倫理學(續)」,『기호흥학회월보』제9호, 1909.4.25, 28~30쪽.

8. 근대 학문의 영축盈縮

근대 문명의 광휘 속에서 과학기술이 지식체계를 재구조화하는 동안 전통 학문은 합리성과 실용성을 내세운 근대 학문에 자리를 내주었다. 근대 공간에서 과학은 학문과 동일시되며 무한한 행복과 발전을 약속해주는 꿈과 같았다. 그 꿈의 실현을 방해하는 것은 무지와 나태와 죄악으로 취급되었다. 지금 이 순간에도 과학 기술의 발전이 국가 경제에 어떻게 이바지할 것인가가 초미의 관심사다. 새로운 기술의 고안과 제품의 개발이 동종 제품에 비해 어떠한 경쟁력을 갖는지, 시장에서 얼마나 많은 점유율을 기록할 것인지가 뉴스거리다. '신상'이란 신조어 속에 부침하는 소비대중과 이를 부추기는 상업매체의 유혹 속에서 우리는 또 다른 미몽의 상태에 놓여 있는 듯하다.

동도와 서기, 구학과 신학 담론의 현재적 의미는 무엇일까. 동과 서라는 지리상의 경계는 생산과 소비의 패턴이 전지구화하면서 희미해진 듯하지만, 이를 구조적으로 뒷받침하는 자본주의 근대 국가는 경계를 강화하고 있다. 인간과 자연, 사실과 가치를 분리하면서 근대를 풍미한 과학기술지상주의는 지구 곳곳에서 여전히 그 위세를 떨치고 있다. 자본과 경쟁의 패러다임 속에서 인문학, 자연과학을 막론하고 학문의 가치가 국가경쟁력 제고의 수단으로 왜곡되고, 자본증식의 도구로 전락하는 현실에서 근대 학문의 기원에 대한 성찰은 중요한 과제로 대두할 수밖에 없다.

새로운 세기의 도래와 함께 근대 문명과 지적 체계에 대한 성찰의 목소리가 어느 때보다 고조되었고, '인문학의 위기'가 하나의 화두가 되었다. '학문의 위기'는 학문하는 주체와 그가 발 디딘 현실에 대해 성찰의 기능을 다 하지 못할 때 도래한다. 일견 모순적인 지구화와 탈근대가 화두가 된 시대에 학문은 어떤 역할을 해야 하는가.

근대 과학혁명의 성과와 현대 문명의 이기를 폐기하고 근대 이전의 생활 형태로 돌아갈 수는 없다. 누적된 지식을 지워버리고, 과거의 지식수준으로 회귀할 수는 없는 일이다. 동시에 과학기술지상주의, 과학기술만능주의 속에서 배태된 자원의 고갈, 환경오염과 지구 온난화, 생태계 파괴 문제를 후손에게만 미뤄 둘 수도 없다. 불가역적인 것의 패러다임 전환 요청이 현재 우리가 처한 딜레마이다. 서구 유럽의 특수한 배경에서 만들어진 과학의 역사와는 다른 방식으로 자연을 사고했던 동아시아의 전통적 사유에서 시사 받을 수도 있을 것이다.[68]

이미 근대계몽기에 남궁억은, 희랍철학은 우주만상을 보고 조화의 이치를 밝혀 지금까지 수천 년 동안 '격치'를 행하는 데 도움이 되었다. 그러나 물에만 조화의 이치가 있는 게 아니고, 모든 인사에도 이치가 있으니, 한 사회가 실업만 도모하고 종교, 철학 등이 없으면 사회라고 할 수 없다고 하였고,[69] 박은식도 지금은 과학의 실용이 인류의 요구가 되는 시대라 일반 청년이 마땅히 이에 힘써야 할 터인데 인격의 본령을 수양하고자 하면 철학 또한 폐기할 수 없다고 하여[70] 인문적 가치와 과학적 실용을 연결하려는 사고를 보여주었다.

---

68 강재언은 동양 과학기술의 낙후 원인을 도리와 물리를 분리하지 못하고 도리에 물리를 종속시킨 점에 있다고 파악한다. 즉 격물궁리가 도학적인 내적 성찰의 방편으로 왜소화되었다는 것이다(강재언, 『조선의 西學史』, 민음사, 1990, 225~226쪽). 그러나 바로 여기서 자연과 인간이 분리되지 않는 유기적 사유의 전형을 발견할 수 있으며, 이를 근대 문명을 넘어서는 대안적 세계에 대한 상상의 실마리로 삼을 수도 있을 것이다.
69 南宮檍, 「社會調和」, 『대한협회회보』 제3호, 1908.6.25, 1~2쪽.
70 『白巖朴殷植全集』 제V권, 「學의 眞理는 疑로 좇차 求하라」, 572~573쪽.

과학기술로 야기된 문제를 과학기술에만 되물을 수는 없다. 과학기술이든 인문학이든 이는 모두 학문하는 주체의 문제이기 때문이다. 독자적인 학적 체계를 구축함으로써 분과학문으로써 위상을 정립해 온 것은 과학기술을 포함한 근대 학문 체계의 일반적인 경향이지만, 우리의 학문은 이제 가치의 문제, 세계관의 문제와 연결되어야 하며, 과학과 철학을 연결하는 교육이 필요하다. '녹색성장', '지속 가능한 발전'을 꿈꾸기에 앞서 근대 이후 진행된 학문의 전문화, 실용화, 제도화의 성과 이면에서 경화되어 가는 주체의 소외와 학문과 삶의 괴리를 학문의 당면 과제로 진지하게 성찰해야 할 때이다.

제2장

신구 관념의 교차와 전통 지식체계의 변형

1. '언어혁명'과 '역사적 시간'

"득어망전得魚忘筌"이란 고사가 있다.[1] 고기를 잡고 나면 통발은 잊는다는 뜻이다. 통발은 고기를 잡기 위한 수단이고, 고기를 잡는 일은 목적이다. 수단이나 목적에 이르는 과정을 부정하는 것이 아니라 목적은 내버려 두고 명목에 매여 본래 의도했던 바를 오히려 놓치게 될 수도 있음을 경계한 것이다. 말도 마찬가지다. 언어란 사유思惟를 실어 나르는 도구인데, 이미 득의得意의 경지에 이르렀으면 수단인 말에 집착할 필요가 없다는 의미이다.

개념사의 방법론은 '언어적 전회linguistic turn'로 불릴 만큼 특정한 시기에 사용된 개념과 그 의미 변화에 주목한다. 개념사는 언어를 통해 '실제 세계의 변화'와 역사 행위자들의 '의식의 변화' 사이의 복잡한 상호 관계를 재구성할 수 있다고 생각한다. '언어혁명'이 전통사회로부터 근대사회로의 전환을 촉진하고, 근대인들은 자연의 시간과 분리된 새로운 '역사적 시간'을 창출했다. 무엇보다 우리가 개념사에 주목하는 이유 가운데 하나는, 코젤렉Reinhart Koselleck, 1923~2006의 언어혁명론을 통해

---

1 『莊子』, 「外物」, "筌者所以在魚, 得魚而忘筌, 蹄者所以在兔, 得兔而忘蹄, 言者所以在意, 得意而忘言. 吾安得不忘言之人而與之言哉."

근대로 접어들면서 의미의 변화를 겪거나 새롭게 만들어진 언어와 개념의 사회적
영향을 분석하여 역사를 해석한 독일의 개념사학자 라인하르트 코젤렉.

사후적 관점에 따라 구성된 근대화론 및 사회사의 역사상을 수정할 수 있
다는 기대 때문일 것이다.[2]

주지하듯이 한국 근대 역사 서술에 여전히 지배적인 영향력을 지닌
민족주의 역사학은 식민주의의 잉여이며, 한 시대를 풍미했던 '자본주
의 맹아론'이나 '내재적 발전론'도 따져보면 타자의 시선에 자신을 맞
추려 했던 근대주의의 잔재라고 할 수 있다. 이렇게 우리 내부에 남아
있는 식민주의나 근대주의의 잔재를 덜어내고, '과거의 현재'를 재조명
함으로써 '현재의 과거' 즉 우리의 근대 문제를 성찰하는 데 개념사의
방법론을 끌어와 보자는 것이다.

그러나 과정이 순탄치는 않을 듯하다. 서양의 충격으로 촉발된 동아
시아 사회의 근대화 과정에서 '언어혁명'을 검증하려면 이언어간의 번
역과 문화적 전유 문제에 직면하기 때문이다. 번역의 과정에는 텍스트
의 변환을 넘어서는 문화와 사회·정치적 동력이 그 사이에서 작동하기

---

2 나인호, 『개념사란 무엇인가』, 역사비평사, 2011, 142, 150쪽 참조.

마련이다. 코젤렉의 기본개념들은 번역자의 언어를 포함한 전통 지식체계의 영향으로 인해, 때때로 원본의 맥락을 벗어나 본래 의미와 다르게 전유되었고, 수용자가 처한 사회·정치적 상황에 따라 선택과 배제가 일어났다. 특히 서양 근대와 같은 시민사회가 형성되지 않은 상황에서 언어혁명의 대중화와 넓은 의미의 정치화 양상은 발견할 수 있을지라도 민주화를 언어혁명의 주요한 특징으로 삼기는 어렵다. 한국 근대의 언어혁명은 개념의 혁명적 변화보다 주체에 따른 개념의 소통(유통)과 선택적 전유가 중요한 탐구대상이 된다.

한편 '역사적 시간'에는 보다 본질적인 문제가 가로 놓여 있다. 동양의 시간 관념은 오랜 문화적 전통을 지니고 있다. 유불도儒佛道가 다르고 제기諸家마다 다소 차이는 있으나, 대체로 자연과 인간의 시간을 분리하지 않고 합일을 강조해 온 전통이 그것이다. 여기서 합일이란 인간이 자연의 시간에 종속되는 것이 아니라 천도와 인도의 합일을 지향하는 문화적 의식을 의미한다. 특히 '자연의 운행법칙所以然之理'에서 '인간의 당위 규범所當然之理'을 도출했던 유학의 전통은 조선에도 이어진 인문정신의 핵심이었다.

그러나 20세기를 전후하여 오랜 문화적 의식과 지식체계는 흔들리게 되었다. 아울러 한국의 근대 계몽기 주체들은 '역사적 시간'을 주도하기보다는 강제된 측면이 강하다. 일월사시日月四時의 순환론적 시간에서 진보와 진화의 새로운 역사를 꿈꾸는 데 식민이라는 혹독한 대가를 치러야 했다. 이처럼 서양의 역사가 세계사의 중심과 보편이 된 것은 비서구 사회를 주변으로 편입함으로써 가능했다. 수용자의 주변성에서 비롯되는 개념의 변용은 접근 방식과 연구 방법론을 달리할 것을 요구한다. 우선 다양한 사례 연구를 집적하면서 방법론을 도출해야 한다.

한국 근대 계몽기[1890~1910] 신구新舊 관념의 충돌은 좋은 사례이다. 서양의 충격은 우주 자연으로부터 사회·정치, 학술·문화 등 모든 부문에서 인식의 전환을 요구하였지만 전통 지식체계를 이해하는 시각에는 층차가 있었다. 신구관념의 교차가 이를 방증한다. 동양의 전통적 시간관과 신구 관념의 기원을 살펴보고, 서세동점의 상황에서 예각화한 신구 관념의 대립과 충돌을 고찰하면 신·구 각 진영의 의미 투쟁이 분명하게 드러날 것이다. 더불어 일제의 강점이 가시화되던 1900년대 말엽 유교와 불교의 개혁 담론에 나타난 전통 지식체계의 재구축 시도는 온고지신溫故知新을 주장했던 전통개신론[3]의 의의와 한국 개념사 연구의 방법론적 과제를 검토하는데 유용할 것이다.

2. 동양의 시간관과 '신구' 관념의 기원

시간이 선형적인가 순환적인가라는 질문은 존재와 관련하여 철학에서 중요하게 다루어 온 주제다. 상고시대는 동서를 막론하고 대체로 순환론적 시간관이 특징이지만, 역사가 어떠한 목적을 향해 전진한다는 관념 또한 서양 철학사에서는 오랜 연원을 지닌다. 본래 자연의 운행과

---

3   유교개신론은 학계에 일반화된 용어지만 전통개신론은 그렇지 않다. 전통이 무엇인지를 먼저 정의해야하는 문제가 있음에도 불구하고 전통개신론이라는 용어를 쓰는 이유는, 근대 계몽기 지식인들의 전통 개신에 대한 사고가 유교뿐만 아니라 제자백가와 불교, 도교에 이르기까지 그 범위가 넓기 때문이다. 이러한 사고는 문명개화론과 달리 상대적으로 전통 지식체계를 근대적인 가치를 내함한 것으로 인식한다는 점에서 명확하게 구분된다.

변화에서 따온 시간 관념이 근대에 들어 자연에 대한 지배력을 강화하는 수단이 되었고, 서로 다른 공간을 균질한 선상에 배열하는 기준 같은 역할을 하게 되었다.

근대의 시간관은 과학 기술의 후광에 힘입어 순환론적 시간관을 역사에서 밀어냈다. 그러나 순환론이 고루하고 정체적이며 비과학적이라는 믿음은 목적론적 세계관에 익숙해온 사후적 판단으로 과학이 아니라 일종의 관념일 뿐이다.

서양은 대체로 공간적인 현상의 물리적 변화와 물질의 운동과 관련지어 시간론을 다룬 사례가 많았고, 동양은 시간을 분절하기 보다는 전체적으로 보아 자연으로부터 떼어내서 논하지 않았다.[4] 사실 현대 사회의 병폐 가운데 하나는 인간과 자연의 분리이다. 자연을 지배할 수 있다는 게 하나의 신념이 되었지만, 완전한 예측과 지배가 불가능함을 발견하고 경험할 때 인간의 불안감과 외소함은 극대화될 수밖에 없다. 동양의 전통적인 관념은 인간도 우주 자연의 운동과 변화의 한 부분으로 간주하며 시간관도 이러한 인식의 기저 위에 정초된 것이다.

우주라는 말은 시간과 공간 관념을 합한 단어다. 중국 고대에는 시간을 '주宙' 혹은 '구久'로 표기하고 공간을 가리켜 '합合' 아니면 '우宇'라고 불렀다. '시時'의 옛 글자는 해가 돋아 하늘로 점점 떠오르는 형상을 그린 것이며 태양의 이동 상황에 따라 시간 변화를 나타낸 것이었다.

---

4   남명진, 「동서철학에 있어서의 시간의 문제」, 『동서철학연구』 48, 2008, 267쪽. 이 밖에 李明洙, 「儒家哲學의 時間과 空間에 관한 倫理學的 접근」, 『동양철학연구』 42, 2005; 장원석, 「周易의 時間과 宇宙論―비교철학적 관점에서」, 『동양철학연구』 24, 2001; 許祐盛, 「니시다와 서양철학―시간관을 중심으로」, 『東洋學』 26, 1996; 방인, 「佛敎의 時間論」, 『철학』 49, 1996; 김만산, 「卦爻 易學의 時間觀」, 『동양철학연구』 제 15, 1995 등 참조.

『설문해자』는 '주'자의 뜻을 배와 수레가 여기저기로 순환을 반복하는 것으로 풀었다. 이처럼 순환하기 때문에 이 글자가 유田를 따랐는데, 마치 굴대 축軸자가 유田를 따른 것과 같다. 지나간 과거와 다가오는 오늘 往古來今을 '주宙'라고 하였는데, 오늘로부터 옛날로 소급해 가고 다시 과거로부터 오늘에 흘러오는 것이 마치 배와 수레가 여기저기를 왕래하여 순환하는 것과 같다고 한다.[5]

동양 시간관의 원형을 가장 잘 보여주는 것으로『주역』을 들 수 있다. '역'은 변화를 의미한다. 우주 자연의 운행과 변화가 바로 역이다. 이러한 변화의 본원을 태극이라고 하였다. 태극은 한없이 커서 그 밖이 없을 뿐만 아니라 한없이 작아서 그 안이 없으므로 모든 공간에 존재하며 어느 때나 항상 존재한다. 또한 무한한 공간과 무한한 시간의 근원으로서 만물을 생성한다. 그러나 역은 단순히 자연의 운행과 변화 양상을 상징하는 데 그치지 않고, 인간의 삶의 영역에 관계한다.[6] 우주 자연이 만물을 낳고 키우는데 동참하는 존재가 바로 인간이다.[7] 자연의 순환과 인간의 삶이 별개가 아닌 것이다.

이제 '신구新舊' 관념에 대해 살펴보자. 먼저 '신', '구' 각각의 사전적 정의를 보면, '신'은 벌목, 처음 나옴, 쓴 적 없음, 새롭게 고침, 고쳐서 더 좋은 것을 얻음(진보), 새로운 사람이나 사물, 깨끗하고 신선함, 시작

---

5 段玉裁,『說文解字注』七篇下, 上海古籍出版社, 342쪽; 李明洙,「중국문화에 있어 중국 문화에 있어 시간, 공간 그리고 로컬리티의 문제-로컬리티의 인문학을 위한 시공간 의미의 시론적 접근」,『동양철학연구』55, 2008, 453~455쪽 참조.
6 『周易』,「繫辭上傳」, "子曰, "夫易何爲者也. 夫易開物成務, 冒天下之道, 如斯而已者也. 是故聖人以通天下之志, 以定天下之業, 以斷天下之疑. (…中略…) 是故易有太極, 是生兩儀, 兩儀生四象, 四象生八卦, 八卦定吉凶, 吉凶生大業."
7 『中庸』22장, "唯天下至誠, 爲能盡其性, 能盡其性, 則能盡人之性, 能盡人之性, 則能盡物之性, 能盡物之性, 則可以贊天地之化育, 可以贊天地之化育, 則可以與天地參矣."

등이고, '구'는 아주 오래됨, 유장함, 종전, 원래(본래), 의구함, 이전의 전장제도, 옛 정분, 오랜 친구, 옛사람, 덕망이 높고 연로한 신하, 세족 등을 의미한다.[8] 특히 신과 구는 서로 상대하여 사용되는 용례가 많으며, '신'의 동사적 용법이 어떤 대상을 새롭게 고쳐서 더 좋은 것을 얻으며, 이것이 진보를 의미한다는 점에 주의해야 한다.

지나간 성현의 학문을 잇고 후학들에게 문을 열어 준[9] 공자의 학문 태도 가운데 하나로 '온고지신'을 들 수 있다. 온고지신이란 옛것을 익혀서 새로운 것을 아는 것이다.[10] 이때 '온'은 찾아서 풀어냄이고, '고'는 예전에 들은 것이며 '신'은 새로 얻은 것이다. 흥미로운 점은 온고와 지신이 병렬적으로 각기 독립된 행위가 아니며, 새로운 앎의 열림이 지나간 과거를 익힘으로써 가능하다는 점이다. 그렇다면 이러한 앎이 과연 이전의 앎과 질적인 차이를 지니는가, 진보라고 할 수 있는가가 문제가 된다. 그 해답은 앎의 내용에 있다. '온고'의 대상은 세상의 이치와 인간의 도리이며 '지신'의 결과도 이와 다르지 않다. 이러한 이치와 도리를 마음에 얻게 되면 새로운 변화에 대처할 수 있다. 그러므로 천변만화하는 현상계에서 시공간적으로 제한된 인간이 앎을 축적하고 확장할 수 있게 되고, 덕성을 보존하면서 견문의 진보를 이루는 것이다.

여기서 '구'는 과거로서 오래된 것, 지나간 것처럼 단순한 시간상의 흐름이나 부정적인 의미의 관습, 제도 등이 아니다. 특히 '온고'는 사람의 도리를 잃지 않는 '존심存心'의 방법이었다.[11] 마음을 중시하는 학문

---

8 『漢語大詞典』新·舊 항목 참조.
9 『中庸章句』序, "若吾夫子, 則雖不得其位, 而所以繼往聖開來學, 其功反有賢於堯舜者."
10 『論語』, 「爲政」, "子曰, 溫故而知新, 可以爲師矣."
11 『中庸』27장, "故君子尊德性而道問學, 致廣大而盡精微, 極高明而道中庸, 溫故而知新, 敦厚以崇禮." 여기서 '尊德性'·'道問學'은 마음을 보존하고, 학문을 다하는 것이다. '致廣大', '極高明', '溫故', '敦厚'는 存心하는 일이고, '盡精微', '道中庸', '知新', '崇禮'는

태도는 근대 계몽기에도 이어진다. 나라가 생겨나고 정교가 바뀌어도 수천 년 내려온 조선인의 덕의德義, 그 자체의 고유한 광휘는 포기할 수 없는 가치를 내함한 것으로 인식되었다.[12]

'진보'와 '진화'를 대세로 인식한 전통개신론자들은 서양 신학문 수용의 정당성을 유교 경전에서 찾았다.[13] 예를 들면, 옛날에 물든 더럽고 잘못된 습관과 풍속을 제거하여 새롭게 한다는 '구염우속舊染汙俗 함여유신咸與惟新',[14] '혁기구염革其舊染 자신신민自新新民'[15] 같은 것이다. '혁기구염'의 '구염'은 '구습'처럼 묵은 습관, 또는 잘못된 습관이다. '자신신민'은 탕왕이 스스로 마음을 닦아 잘못을 제거한 일처럼 스스로 새로워지고, 백성도 새로워질 수 있도록 하는 것이다. 이는 군자가 '자신'과 '신민'을 '지선至善'에서 그친다는 주석에서 따온 것으로서, '스스로 마음을 씻어서 잘못을 제거'하는 것이 새로워지는 관건이다. 『대학』 3강령에 비추어 보면, '신'은 자신의 본성인 '명덕明德'을 밝히고 타인도 그렇게 하도록 도와서 종국에는 사물의 바른 이치와 사람의 마땅한 도리인 '지선'의 경지에서 멈추는 일이다. 결국, 전통개신론자들이 경전에서 이끌어 온 '신'의 내용과 방법, 최종 목표는 인간 본성의 발현에 관한 것임을 알 수 있다.

전통개신론자들은 동서고금을 참작하면서 학문도 시의에 맞게 고쳐

致知에 속한다. 存心과 致知는 불가분의 관계로서 어느 하나도 소홀히 할 수 없다. 이를 윤리적 가치와 사실적 가치의 미분리로 봐서는 안 된다. 왜냐하면 앎의 내용과 목표가 윤리적 가치에 초점을 맞추고 있기 때문이다.

12 「漢文字와 國文의 損益如何」, 『대조선독립협회회보』 제16호, 1897.7.15, 4쪽.
13 邊昇基, 「新舊同義」, 『호남학보』 제2호, 1908.7.25, 15쪽.
14 『尙書』 第二篇, 「夏書」, 胤征, 第四.
15 『大學』, "新者, 革其舊之謂也, 言旣自明其明德, 又當推以及人, 使之亦有以去其舊染之汙也", "自新新民, 皆欲止於至善也."

써야 한다고 보았으나, 도덕과 윤리는 변통의 대상이 아니라고 보아 덕성의 함양을 중시했던 전통적 가치를 재발견하려 했다. 서양이 서화동점西化東漸의 세태를 연출한 힘을 구철학舊哲學, 구종교舊宗教, 구생계학舊生計學, 구역산학舊曆算學을 개혁하여 신법新法과 신지新智를 개발한 데서 찾았으나,[16] 무엇보다 전통적 가치를 온존하는 가운데 전통 지식체계의 변용을 시도했던 것이다.

3. 근대 계몽기 '신구' 관념의 의미장

서양 근대는 과학주의의 성과와 이성의 긴지, 기독교와 진화론석 역사인식 속에서 자신을 문명의 정점에 위치 짓고, 비서구 사회를 단일한 세계체제 안으로 강제하여 '야만'과 '반개'로 위계 지었다. 십 수 세기의 역사를 지닌 동아시아 문명도 20세기를 전후하여 깨어나고 탈각해야할 미몽과 구습으로 격하되었다. 역사의 진보는 꿈마냥 아득했고, 현실의 위기는 바로 눈앞에 와 있었다. 서양 문명은 성취해야 할 미래의 전범이 되었고, 과거의 전통은 파괴하고 일소해야 할 잔재가 되고 말았다.

진보의 당위성은 진화의 공리보다 열국의 각축에서 피부로 다가왔다. 문명과 야만의 갈림길에 선 한국 근대 계몽기 지식인들은 '신구'의 충돌을 당연한 세태로 받아들였다. "세상이 야만으로부터 문명으로 나아가고 나라가 옛 모습에서 새 모습으로 바뀌어 가는 때를 만나니, 문

16　李禧濤, 「江西命新學校趣旨如左」, 『서북학회월보』 제6호, 1908.11.1, 20~21쪽.

명과 야만 새로운 것과 옛것이 충돌하는 상리常理를 면하기 어렵다"[17]는
것이다. 동서의 충돌은 '신구' 관념을 교차시켰다. '신'은 계몽의 깃발
이었고, '구'는 계몽을 위해 씻어내야 할 '미몽'이었다. 제국주의 열강
의 각축 속에서, 신구가 충돌하면 구는 패하고 신이 이기는 것이 정해
진 이치가 되었다. 다만 세상의 변화에 따라 사람과 학문이 변하더라도
전통 윤리만큼은 변하지 않기를 바라는 게 이들이 처한 현실이었다.[18]
이 시기에 수많은 학회가 조직되었고, 대중 계몽을 목적으로 한 다종의
잡지가 발간되었다.『태극학보』발간 축사를 보면 사람이 영명靈明할 수
있는 근거로 학문을 들면서 방 안에서 독서하는 것뿐만 아니라 견문을
넓히고 지식을 확충하는 학문을 해야 한다고 주장한다. 학문하는 태도
의 변화를 촉구한 까닭은 과거와 같은 방식으로는 동서의 경쟁과 신구
의 대립, 학문의 경쟁을 감당하기 어렵다고 판단해서이다.[19] '신구' 관
념은 학문뿐만 아니라, 사상, 종교, 정치, 문화 전반에 걸쳐 이 시기 공
론장을 뜨겁게 달군 일대 화두였다.

먼저 근대 계몽기 잡지 12종에서 '신구新舊'를 키워드로 검색하여 당
시에 어떤 의미로 사용되었는지 추적했다. 총 135건의 검색 결과를 얻
을 수 있었고, 중복되는 것을 제외한 대표적인 용례는 다음과 같다.[20]

---

17 尹孝定,「祝辭」,『대한자강회월보』제13호, 1907.7.25, 64쪽.
18 寓松閑人,「變有不變」,『대동학회월보』제7호, 1908.8.25, 4~6쪽.
19 雲樵生 池成沈,「贊說」,『태극학보』제1호, 1906.8.24, 7쪽.
20 '신구' 관념의 의미론적 탐색을 위해 어휘통계학적 접근을 시도했다. 검색프로그램은
유니콩크(uniconc)를 사용하였고, DB는 국사편찬위원회에서 제공한 '개화기 잡지'
12종을 대상으로 하였다. 해당 잡지는『대조선독립협회회보』,『대동학회월보』,『대한
학회월보』,『대한흥학보』,『대한협회회보』,『대한자강회월보』,『대한유학생회학보』,『기
호흥학회월보』,『호남학보』,『서북학회월보』,『서우』,『태극학보』이다. 잡지별로 활용단
어의 빈도를 산출해보면 잡지의 성격을 가늠해 볼 수 있는데, '新'과 '舊'의 용례는 거의
예외 없이 모든 잡지, 기사에서 발견된다. 이외에도『한성순보』,『독립신문』,『대조선독립

新舊二金山, 新舊各層, 新舊過度之起伏, 新舊學問, 新舊之名, 新舊同異, 新
舊教, 學無新舊, 新舊之別, 新舊兩學, 新舊之名, 叅酌新舊, 新舊交遞, 新舊學,
新舊學家, 新舊學說, 班常新舊, 新舊任員, 新舊鄉, 新舊學生, 新舊進退, 新舊
書籍, 新舊思想, 新舊信仰, 時代의 新舊, 新舊强弱, 新舊刊, 新舊一般, 新舊思
想, 新舊社會, 新舊任員, 新舊見聞, 新舊兩派, 新舊의 變更, 新舊學界, 新舊觀
念, 新舊의 衝突, 新舊參酌, 新舊教徒, 新舊約全書, 新舊曆, 新舊相乘, 學有新
舊辨其虛實, 參互新舊, 學無新舊, 新舊邦, 新舊株, 新舊會長, 新舊之殊, 新舊
同義, 新舊의 虛實, 新舊種子, 新舊二氣, 新舊貨幣, 新舊沿革, 新舊事物, 新舊
扇子, 新舊書籍, 新舊迭乘, 新舊事件, 新舊鄉, 新舊改革, 新舊思想, 新舊歲,
新舊約, 新舊兩大陸

구와 신은 과거와 미래를 가리키는 자연의 시간을 넘어 새로운 관념
을 표상했다. 일찍이 경험하지 못한 상상 밖의 변화가 기존의 관념에
균열을 내고 주체는 격절된 시간에 대응해야만 했다. 신구의 참작과 조
화에 대한 거듭된 주장은, 그만큼 신구의 충돌이 가져다준 충격이 작지
않았음을 의미한다. '신학문'과 '구학문'의 충돌과 대립에 관한 연구는
오래 전에 있었지만,[21] '신구'는 학문 영역에만 국한되지 않고 사회 전
반과 정신의 영역까지도 포괄하는 시대적 논쟁이었다. 신구 관념을 둘
러 싼 논쟁의 핵심은 대부분 전통 지식체계에 대한 인식의 차이와 그
변용의 방식과 관련된다. 신구의 절충을 외면한 "금일 완고격앙가頑固激
昂家로 불리는 부류는 모두 신학을 배척하고, 신공기新空氣를 흡수하여 신

협회회보, 『황성신문』, 『협성회회보』, 『매일신문』 등에서 전통개신론자와 문명개화론자
들의 신구 논쟁을 확인할 수 있다.
21 이광린, 「舊韓末 新學과 舊學과의 論爭」, 『동방학지』 23・24, 1980.

사상을 환출換出하는 부류는 모두 구학을 배척하는"[22] 극단적 양상도 빈출했다.

'신'을 키워드로 검색해보면, 총 5332건이 검색된다. 잡지의 특성상 '신입(회원)'이 101회, '신년'이 64회 보인다. 또 신문이 498회로 사용 빈도가 높다. 이와 함께 '신구'로 검색된 앞의 135건을 총 검색 수치에서 제외해도 4534건에 이른다. 그 가운데 대표적인 사례를 제시하면 다음과 같다.

> 新法, 新論, 新改, 新造, 新思想, 新政(略), 新黨, 新器(具), 新法汽機(機器), 新史, 新學(校), 新式, 新發明, 新發見, 新民, 新德, 新語, 新國, 新興, 新訓練, 新裁判, 新理, 新精神, 新風(潮), 新空氣, 新世界, 新書籍, 新說, 新見, 新敎, 新制度, 新物體, 新植民地, 新物質, 新艦, 新船, 新智識, 新字, 新製, 新義, 新學問, 新學者, 新貨幣, 新文字, 新聞, 新資本, 新政體, 新敎育, 新要求, 新團體, 新時, 新事業, 新政府, 新國家, 新內閣, 新政治, 新改良, 新革命, 新時代, 新大陸, 新天地, 新日本, 新物質界, 新學派, 新文物, 新社會, 新進學生, 新聞社, 新文明, 新憲法, 新習慣, 新建設

신은 대체로 '새로움'을 의미했다. '신선(하다)'(111)는 용례도 자주 보이는 데, 서구의 신문물과 사조의 수용을 새로운 공기를 마시는 것에 비유하고, '신태양'으로 새로운 시대의 도태를 가리켰다. 신공기와 신태양은 바로 주체의 새로운 변신을 요구하는 것이다. 개신은 우주 자연과 일상생활 세계, 심지어 인간의 정신에 이르기까지 모든 영역에 걸쳐

---

22 晚堂 李鍾濬, 「宗敎를 不可不崇奉이오 新舊를 不可不參酌이라 奈自知之不明에 反被傍觀之戩破오」, 『대한자강회월보』 제9호, 1907.3.25, 14쪽.

추구되었다. '신' 뒤에는 새롭게 해야 할 대상이 따라붙었고, 과거는 현재로 이어지는 것이 아니라 탈바꿈해야 할 대상이 되었다. 신문물과 신제도의 수용은 자기 자신을 포함한 일상 세계 전반의 일대 변혁을 지시하는 것이었다. 지금 시선에서 이러한 '신구'의 활용 실태는 일종의 과잉으로 여겨질 수 있다. 문제는 눈에 보이는 모든 것, 생각할 수 있는 모든 것이 새로워져야 한다는 '신'의 과잉이 주체를 결핍과 상실로 이끌었다는 점이다.

신이 덧붙은 많은 어휘가 '역사적 시간'을 예고했고, 이전에는 없었던 미래를 향한 기대와 목표를 담았다. 눈부신 신태양 아래 신공기를 호흡하고 신광휘를 불러일으킬 청년, 영웅, 호걸, 쾌남에 대한 호명은 이러한 시대상과 결부된다.[23]

개념의 변화는 언어혁명의 중요한 특징인데, 서양 근대화 과정에서는 단지 정치·사회적 변화를 반영하는 데 그치지 않고, 개념이 변화의 방향과 속도를 지시했다. 이 시기에 등장한 수많은 '-주의'가 바로 개념의 선도를 드러낸다. 새로운 서양 사상과 사조들을 소개하는 글에서 쉽게 발견되는 '주의(-ism)'는 비록 체계화된 이론은 아니지만 주체의

---

23 "浮燥輕揚ㅎ는 俗輩를 要치 안코 반다시 沈着雄厚훈 英豪를 求ㅎ며 / 瞻前顧後ㅎ는 凡類를 思치 안코 반다시 忠勇義烈의 快男을 望ㅎ며 / 固滯迂拙훈 鄕愿을 悅치 안코 반다시 鍊達通敏훈 材局을 歡ㅎ며 / 株守舊學의 儒를 崇치 안코 반다시 博極時務의 士을 敬ㅎ며 / 依賴苟且의 風을 許치 안코 반다시 自立自强의 操를 持ㅎ며 / 暗劣柔弱의 習을 行치 안코 반다시 活潑剛毅의 節을 培ㅎ며 / 直情妄動의 事를 試치 안코 반다시 有倫有則의 儀를 尊ㅎ며 / 遠方奇異의 貌를 眩치 안코 반다시 自國質素의 美를 保ㅎ며 / 侈著淫靡의 態를 樂치 안코 반다시 勤儉節約의 規를 立ㅎ며 / 邪回詭譎의 術을 演치 안코 반다시 井井方方의 擧를 施ㅎ며 / 矜誇修飾의 弊를 蹈치 안코 반다시 眞摯淳樸의 意를 致ㅎ며 / 苛刻狹隘의 志를 抱치 안코 반다시 平和慈諒의 心을 養ㅎ며 / 掩護偏黨의 計를 存치 안코 반다시 汎愛大衆의 量을 擴ㅎ며 / 銳進急退의 勢를 贊치 안코 반다시 恒久忍耐의 策을 講ㅎ며 / 文明富强의 要點을 誤解치 안코 반다시 公正誠實의 大本을 克務홈이니"(「報說」, 『대한흥학보』 제1호, 1909.03.20, 4~5쪽).

운동을 추동하고 사회의 변화를 촉진했다. 개화기 잡지 12종을 검색하면 총 1,097건이 발견된다.[24] 그 가운데『대동학회월보』에서만 86건이 나오는 데, 단독 명사나 동사형으로 사용된 것, 양사와 결합한 것(예 : 第一主義, 兩主義), 수식어구와 함께 사용되는 것(예 : 孔敎의 主義) 등을 제외하고 그 용례를 추출하면 다음과 같다.

> 社會契約主義, 自然法主義, 自主獨立의 主義, 平和主義, 萬國慈善主義, 皷氣主義, 治理主義, 國家主義, 大同博愛主義, 共産主義, 純正主義, 實利主義(3), 折衷主義(4), 進化主義, 開放主義, 無政府主義, 民族帝國主義, 法定主義(11), 擅斷主義(4), 放任主義(4), 擬制主義, 機關主義, 南進主義, 鎖國主義, 立法主義, 屬人主義, 屬地主義(3), 多數決主義(2), 反對主義, 機會均等主義(3), 社會主義, 不干涉主義, 干涉主義, 帝國主義, 自主心證主義, 刑事訴訟主義, 口頭辯論主義, 公開主義, 實體的 眞實發見主義, 勵行主義, 訴訟主義, 中和主義
>
> *( ) 안의 숫자는 사용된 횟수이다.

『대동학회월보』는 1907년 설립된 대동학회가 발간한 잡지이다. '법정주의' 같은 법률용어의 출현 빈도가 높은 이유는 1908년 법률 교육을 목적으로 설립한 대동전수학교의 기관지 역할을 했기 때문이다. 특히 유림 중심의 단체임에도 신학문 수용에 적극적이었던 데는 이 단체의 설립과 운영에 관여한 일제의 영향도 배제할 수 없다.

---

24 한글 '주의'를 검색하면 35종에 불과한데, 平和主義, 法定主義, 國民主義, 自强主義, 國家主義, 公共主義 등과 같은 한자어 독음을 제외하면, 나머지 모두가 '주의하다'의 동사적 용법으로 쓰였다.

'구舊'를 키워드로 검색하면 총 1687건이 검색된다. '신구'로 검색된 결과 135건을 이 수치에서 제외해도 1552건에 이른다. 대표적인 용례는 다음과 같다.

舊染, 舊習, 舊法, 舊弊, 舊染革去, 舊學, 舊制, 舊蹟風教, 舊貨幣, 舊時代, 舊時, 舊國家, 舊教, 舊文, 舊汚, 舊規, 舊政府, 舊世界, 舊法, 舊邦, 舊原則, 舊學問, 舊習慣, 舊韓國, 舊來俗尙, 舊來制度, 舊慣, 舊夢, 舊形, 舊體, 舊信仰, 舊聞, 舊技倆, 舊韓, 舊智, 舊好, 舊惡, 舊夢迷談, 舊政, 舊王, 舊開, 舊日面目, 舊韓國, 舊國, 舊禮, 舊謬, 舊跡, 舊累積汚, 舊態, 舊刑法, 舊式, 舊物, 舊鄕, 舊套, 舊王室, 舊風氣, 舊觀念(界), 舊派, 舊命, 舊思想, 舊日弊習, 舊商法, 舊日宗敎, 舊日氣象, 舊染汚俗, 舊方, 舊病, 舊經驗, 舊日儒家, 舊日狀態, 舊技, 舊說, 舊染風俗, 舊俗, 舊學者, 舊學家, 舊日腐敗, 舊人, 舊曆, 舊習改良論, 舊習之弊, 舊習慣, 舊見, 舊歷史, 舊文體, 舊非, 舊日實學

'구염舊染', '구습舊習'처럼 '구'는 단순히 과거의 시간을 의미하지 않았다. 문명개화론자들에 의해 외래의 '신新'과 대립하여 개조해야 할 대상, 파괴와 일소해야 할 잔재 등으로 표상되었고, 앎을 새롭게 확장할 수 있는 기능을 상실한 것이었다. 구의 대표적인 함의는 실제에 어둡고 잘못된 지식이 잔존하는 과거의 학문이었다. 구학문의 표상인 아버지는 '땅은 평평하고', '태양이 지구 둘레를 돌고', '천둥을 신의 소행으로 여기는' 구습을 고집하고, 신학문의 표상인 자식은 '땅은 둥글고', '지구가 태양의 둘레를 돌고', '우레를 대기 때문으로 여기는' 등 주장하는 바가 달라 서로 다투는 세태에 대한 풍자가 연이었다.[25] 문명개화론자는 구학을 개화의 장애물로 보았고, 전통에 의지하여 명맥을 유지하는 유림과 대중의 무지 몽매함을 씻어내는 계몽의 전도사로 자처하였다.[26] 전통개신론과 신구 관념을 둘러싼 의미 투쟁은 불가피했다.

신구 논쟁에 참여한 이들은 공통적으로 시대의 변천에 따른 인지의 확장과 학문 기술의 발달에 교육의 역할을 중요하게 인식했다. 그런데 "사람이 세상에 태어나 학문이 아니면 사람이 될 수 없다"는 과거 경구는 이제 "학문이 아니면 생존할 할 수 없다"로 바뀌었다. 학문이 생존에 직결하는 문제로 부상한 것이다. 이런 구호의 근저에는 당대가 "인종경쟁의 시대이고 경쟁의 승패는 지식의 우열로 판가름 난다"는 현실인식이 자리하고 있었다. 그리고 학문에 비록 신구의 구별이 있지만, 이른바 신학이란 특별한 게 아니라 다만 시대의 변천과 사람의 지식이 증대함에 따라 두루 발달한 것이므로 교육을 통해 습득할 수 있다고 보았다.[27] 현실 인식과 서양 학술에 대한 이해에 따라 대응 방식은 조금씩 달라도 교육을 해법으로 삼는다는 점에서는 일치했다. 따라서 교육을 전담할 교사 양성과 학교 건립이 선결 과제로 논의되었다. 문명과 부강에 이르는 교육은 구학문만 고집하는 향촌 선생이 아니라 신구를 참작할 수 있는 사람을 필요로 했고, 사범교육이 학교 설립보다 급선무로 제시되었다.[28] 또 학교는 정부를 낳는 어머니로 표상되었고, 교육은 선량한 백성을 기르는 데 그치지 않고 좋은 정부를 낳는 원천으로 여겨졌다.[29]

---

25 評議員 沈宜性, 「論我教育界의 時急方針」, 『대한자강회월보』 제5호, 1906.11.25, 9~11쪽.
26 '몽매'는 주로 '인민의 정도가 몽매', '일반의 지식정도가 아직 유치하고 사상이 몽매하며', '의학에 몽매하고', '무지몽매한 민중이 자각이 없이', '무지몽매한 사람의 치성 드리는 돈과 음식', '몽매무지하고 순량눌박한 촌민 피고들', '사람이 몽매하여 우상을 섬길 적에', '인류의 몽매시기에 해는 곧 하느님', '무지몽매한 야만 인종이', '아직 몽매 상태에 있고' 등과 같이, 지식과 지각의 부족함을 의미했다.
27 總校長 李道宰, 「敬告兩西士友」, 『서우』 제6호, 1907.5.1, 5쪽.
28 李埈鎔, 「爲興學之急先務」, 『기호흥학회월보』 제2호, 1908.9.25, 1쪽.

4. 신구 관념의 대립과 교차

새로운 문명 개척의 주체로 '학생 제군'과 '동포 청년'이 끊임없이 호명되었고 이들에게는 문명의 세계로 진입해야 하는 '대책임', '대직무'가 지워졌으며, '원대한 목적'과 '원대한 사상'과 '대활기大活氣'·'대열심大熱心'·'대포부大抱負'가 요구되었다.[30]

전통개신론자들은 특히 '얼치기 개화론자孽開化'들이 외국 유학이 좋은 줄만 알고 나가서 야만의 습관마저도 무조건 문명국가의 훌륭한 이론이라 여겨 숭배하는 실태를 개탄했다. 동양에는 배울만한 것이 없다는 문명개화론자들의 주장은 서양 문물에 경도된 틀림없는 망설이라고 비판하였고, 청년들이 서양에서 건너 온 고상한 빈말만 높이고 응용할 실학은 믿지 못하는 이유로 학교 교육을 지목하였다.[31] 여기서 '실학'은 '구학문'을 가리킨다.

유길준兪吉濬도 서구의 '실상' 문명과 중국의 '허상' 문명을 대조하였고,[32] 의복, 패션, 건축 등 외관에 치우친 '겉개화'와 제도, 정신, 문화의 개조를 의미하는 '속개화'에 대한 논란은 이후에도 계속되었다.[33] 문명개화론의 핵심은 '정교政敎' 즉 근대적인 정치제도의 수립과 기독교의 수용에 있었다.[34] 그들은 서양의 정치와 전통적인 정치 구조가 근본적으로 다르므로 "동서 정치와 신구학을 구분하지 말고 비교해보고 살펴서 쓰자"는 주장에 동의하지 않았다. 서양의 천부인권사상을 수용하여

---

29 元泳義, 「政體槪論」, 『대한협회회보』, 1908.6.25, 28쪽.
30 表振模, 「奮起어다 우리 同胞靑年」, 『태극학보』 제1호, 1906.8.24., 44~45쪽.
31 雙城樵夫, 「二十歲僅 內外靑年의 敎育範圍」, 『태극학보』 제23호, 1908.7.24., 19~20쪽.
32 유길준, 『西遊見聞』, 경인문화사, 1969, 380~382쪽.
33 一星, 「겉開化? 속開化?」, 『학지광』 제18호, 1919.8.15.
34 김도형, 「대한제국 초기 문명개화론의 발전」, 『한국사연구』 121, 2003, 191쪽.

'자유권'과 '평등권'을 강조하면서,[35] 미시적인 예의범절뿐만 아니라 마음과 행실과 규모까지 옛 것을 버리고 서구식으로 새롭게 고쳐야 한다고 주장하였다.[36] 서구문명에 대한 빗나간 찬사는 전통에 대해 지나친 열등감을 불러 일으켰고 탈전통을 문명개화와 동일시했다. 서구인의 '문명화 사명' 주장을 내면화한 자생적 오리엔탈리스트들은 자기 자신마저도 계몽의 대상으로 전락시키면서 타자화하고 식민화하였다. 반면 김윤식金允植은 개화를 시무時務 정도로 인식하면서 당시 치성하는 개화론의 세태에 대해, "개화란 변방의 미

문명개화론에 대해 조선은 이미 문명국가라는 입장을 취했던 김윤식의 논리는 도덕과 윤리를 문명의 기준으로 보았기 때문에 가능한 일이었다.

개족이 거친 풍속을 고치는 것인데, 서구의 풍속을 듣고 고쳐나가는 것을 개화라고 한다고 들었다. 우리나라는 문명한 나라이니 어찌 다시 개화하겠는가"[37]라고 비판하였다. 유교 문화에 대한 자부심을 극명하게 드러낸 이러한 주장은 도덕과 윤리를 문명의 척도로 여겼기 때문에 가능했다.

문명개화론과 전통개신론의 지향처는 더 높은 문명의 성취라는 점에서 동일하지만, 전통 지식체계에 대한 이해는 의견을 달리했다. 문명개화론이 서구 문물 수용에 적극적이었다면 전통개신론은 상대적으로 전통 지식체계에 근거한 문화의식을 온존하려 했고, 이런 바탕에서 양

---

35 『독립신문』 논설, 1897.3.9.
36 『독립신문』, 1896.11.14; 『독립신문』, 1899.6.2.
37 『續陰晴史』 卷五, 高宗 二十八年 辛卯 二月條, "余嘗深怪開化之說, 夫開化者如阿塞諸變, 榛狉之俗聞歐洲之風, 而漸革其俗曰開化, 東土文明之地, 更有何可開之化乎."

자의 절충을 시도하기도 하였다. 전통개신론자들은 문명개화론자들과 달리, '온고지신'을 전범典範으로 삼았다. 이들에게는 오랜 역사를 통해 축적된 문화적 자부심이 있었다. 그렇다고 과학 기술과 인지의 발달에 따라 오류로 판명된 과거의 지식마저 비호하진 않았다. 신학의 발흥은 근래의 일이고 학술이 정밀해진 것도 지금으로부터 3백여 년에 불과하다. 동서를 막론하고 상고인의 견해는 억설로 밝혀지고, 실체를 측량하며 진리를 탐구하는 지금의 방법이 체계적이다. 따라서 상고시대의 황당무계한 설을 버리고 현재의 새롭고 진실한 학술에 전심해야 한다는 것이다.[38] 이처럼 서양의 근대 학술을 방편으로 볼 수 있었던 까닭은 국가에 앞서 위정자의 덕과 인민의 미풍을 중시했던 정신문화 때문이다. 정치적으로는 국가가 생겨날 수도 있고 없어질 수도 있지만, 덕의德義를 상실해서는 안 된다는 신념을 갖고 있었다. 이들은 우리나라의 귀족이 명예와 지위만 누릴 뿐 실사實事는 결핍되고 연줄로 문벌만 서로 높이면서 실학에 힘쓰지 않았다고 비판하였다.[39]

전통개신론자와 문명개화론자 모두 '실학' 개념을 선취하려 했는데, 특히 전통개신론자들은 '실학' 개념을 재전유re-appropriation함으로써 신구 관념의 역전을 도모했다. 실제로부터 진리를 추구하는 '실사구시'의 학문 방법을 강조하고 '이용후생'의 경제적 실리를 중시하면서도 궁극적으로는 '정덕'을 지향해야한다는 게 이들의 일관된 믿음이었다. 전통개신론자들은 이런 기조에서 문명개화론자들의 허상을 비판하면서 신구 관념을 둘러싼 의미 투쟁을 지속하였다. '실사구시'의 정신에서 보면 전통개신론과 문명개화론의 극단은 '완고'와 '미혹'으로 비쳤다. 시

---

38 崔炳憲, 「學有新舊辨其虛實」, 『기호흥학회월보』 제4호, 1908.11.25, 13~14쪽.
39 趙重應, 「會說」, 『대동학회월보』 제1호, 1908.2.25, 10~11쪽.

의時宜를 모르고 옛것만 좋아함을 완고라 하고, 장단점을 비교하지 않고 새로운 것만 쫓는 것을 미혹이라고 보았다. 따라서 비록 상고시대의 것이라도 시의에 부합한다면 참작해서 쓰고, 금일의 학문이라도 사리에 부합하지 않으면 살펴보고 시험해봐야 한다는 주장이 이어졌다.[40] 전통개신론자들은 새 것을 주장하는 자도 옛 것을 버릴 수 없고 옛 것을 지키는 자도 새 것을 따르지 않을 수 없다고 한다. 왜냐하면 신과 구는 본래 둘이 아니며, 설령 배척하더라도 신구라는 명목이 아니라 다만 그것이 시의에 부합하는지 장단이 무엇인지를 따져야 한다는 것이다.[41] 이들은 '명名'보다 '실實'을 강조하는 '실사구시'의 정신을 통해 당대 '신구' 논쟁의 폐해를 지적하고 그 해법을 모색하였다. 결국 '실학'은 신구학이라는 이름을 떠나 시의에 부합하고 신구 각각의 장점을 확보함으로써 성립한다는 것이 이들의 주된 논지였다. 신학문과 구학문이 대립하는 와중에 전통 지식체계가 신학문으로 변용될 수 있었던 것은 '실학' 개념을 준거로 삼았기 때문이다.[42]

반대로 신학의 수용을 주장한 문명개화론자들은 서양 학문을 실학과 등치시켰다. 전통개신론자들은 문명개화론자들이 점유하였던 '실학' 개념과 그 의미를 재해석함으로써 전통 지식체계를 신학으로 바꿀 수 있었다. 과학 기술에 압도되어 점차 힘을 잃어 가던 전통 지식체계를 재건하기 위해 '실학' 개념을 재전유하였던 것이다. 신구학 논쟁에서 신학문

---

40 李鍾麟, 「新舊學의 關係」, 『대한협회회보』 제4호, 1987.7.25, 16~17쪽.
41 李琮夏, 「新舊學問이 同乎아 異乎아 續」, 『대동학회월보』 제2호, 1908.3.25, 17~18쪽.
42 이 시기에, 『牧民心書』(4책), 廣文社, 1902; 『牧民心書正文』(1책), 博文社, 1904; 『欽欽新書』(4책), 廣文社, 1901; 『經世遺表』(1책), 朝鮮光文會, 1914; 『大韓疆域考』(2책), 皇城新聞社, 1904; 『耳談續纂』, 徽文館, 1908(梁在謇 編); 『雅言覺非』, 朝鮮光文會, 1912; 『兒學篇』, 廣學書館, 1908; 『燕巖集』, 1900(續集 1901년, 金澤榮 編); 『熱河日記』, 朝鮮光文會, 1911 등 실학 관련 서적의 출판도 잇다랐다.

과 구학문 각 진영이 '실학'을 준거로 의미투쟁을 전개했다는 사실은 '실학' 개념이 이 시기 운동 개념으로 등장하고 있음을 보여준다.

'숭교의숙崇敎義塾'의 명칭을 둘러싼 논란은 전통개신론의 완고 유림에 대한 비판 사례이다. '숭교'란 한성부 5부 행정 구역 가운데 하나로서 조선 태조 때 지어진 지명이다. 그런데 당시 의숙에서는 신학(서양학문)을 가르칠 뿐, 앞선 성현의 학문은 가르치지 않았다. 이를 두고 완고한 일부 유림이 구학을 존숭하지 않으면서 '숭교'라는 명칭만 가져다 쓰니, '실實'은 없으면서 '명名'에만 집착한다고 질책하였다. 전통개신론은 이를 뒤집어, 성현의 가르침만 숭상하여 구학만 하고 신학을 하지 않으면 이 또한 숭상한다는 이름뿐이고 제대로 숭상하는 게 아니라고 비판하였다. 이런 비판이 가능했던 것은 성현도 시대에 따라 신구를 참작함으로써 문명을 더욱 새롭게 했다는 '온고지신'의 전범에 의지했기 때문이다.[43]

전통개신론 내부에서도 '신구'에 대한 다양한 논의가 있었다. 이들은 유구한 역사를 지닌 한민족이 '예악윤리禮樂倫理'면에서는 세상에 부끄러울 게 없지만, 세월이 지나면서 허문虛文이 유행하고 실사實事는 미약해졌다고 인식한다. 따라서 예악윤리의 뿌리에 '때에 맞는 학문時學'을 접목해야 한다고 주장한다.[44] 신구학新舊學을 물과 나무에 비유하여 구는 뿌리와 수원水源이고 신은 잎이며 가지라는 비유는 일종의 본말론이다.[45] 본과 말의 관계는 마치 뿌리와 가지와 잎이 하나의 몸을 이루는 것과 같아서 어느 하나가 없이는 성립하지 않는다. 굳이 선후와 경중을 논한다면

43 塵界隱人, 「崇敎義塾新創論」, 『대동학회월보』 제8호, 1908.9.25, 32~33쪽.
44 李綺榮, 「接樹得接學法」, 『호남학보』 제6호, 1908.11.25, 41~42쪽.
45 成樂賢, 「欲學新學先學舊學」, 『대동학회월보』 제20호, 1909.9.25, 16~20쪽.

응당 본이 중요하고 본의 관점에서 보면 문명에 신구가 따로 없다는 게 이들의 논리이다.[46]

신구학이 서로 공격하지만 본래 둘이 아니라는 논설도 자주 등장한다.[47] 신기선申箕善, 1851~1909은 동서양 학문이 본질적으로 큰 차이가 없다고 주장한다. 서양이 비록 윤리와 도덕을 높이지 않은듯하나 정치와 법률이 천리 즉 천륜에 기반을 두고, '철학' 또한 사물의 본원과 심성을 깊이 연구하는 학문으로 유학의 본령과 크게 다르지 않다고 평가했다.

요순공맹으로부터 조선의 여러 유자儒者에 이르기까지 성현과 많은 글이 있지만 대학大學, 중용中庸, 육부六府, 삼사三事, 오사五事, 팔정八政의 류에 불과하고, 서양의 다종다양한 신학문도 천인사물天人事物의 이치와 일용에 쓰여 인민들을 유지하고 발달하게 하는 방법에 불과하다. (서양이) 윤리 도덕을 높이지 않는 듯하나, 정치 법률의 수많은 단서가 모두 천리에 근거하며 철학 같은 경우 사물의 본원과 심성을 깊이 연구하는 학문이다. 비록 윤리의 세절細節과 도덕의 명의名義가 동아 성현의 가르침과 다소 차이가 있지만, 이는 기후와 습관의 차이에서 유래한 것이고 그 대강의 요체는 합치하여 같지 않음이 없다. 신학을 널리 배우되 구학으로 바르게 하지 않는다면 본원과 기준이 없어서 법이 홀로 실행될 수 없다.[48]

---

46 "時代는 今古가 不同ᄒ고 文明은 新舊一般이라"(「告我韓士」, 『대한흥학보』 제10호, 1910.2.20, 1~4쪽).

47 閔種默, 「新舊學의 原委」, 『기호흥학회월보』 제2호, 1908.9.25, 4쪽; 李琮夏, 「新舊學問이 同乎아 異乎아」, 『대동학회월보』 제1호, 1908.2.25, 28~29쪽.

48 申箕善, 「學無新舊」, 『대동학회월보』 제5호, 1908.6.25; 「學無新舊 前號續」, 『대동학회월보』 제6호, 1908.7.25.

신기선이 구학문을 여전히 학문의 구심점으로 삼은 것은 동도서기론과 흡사하지만 서양의 신학문을 이용후생의 도구로만 간주하지 않은 특색이 있다. 이용후생의 편익은 신구학 논쟁에서 무엇이 실학인지를 판가름하는 하나의 기준이 되었는데, 문명개화론자들이 '실학' 개념을 빌어 서양 신학문 수용의 정당성을 확보하려 했다면 전통개신론자들은 유교의 본질을 '실학'으로 규정함으로써 근대적인 학문으로 재건하려 했다. '실학' 개념의 전유로 가능해진 '구학의 신학화'는 전통 지식체계의 변혁을 요구했다. 신구 관념의 대립과 실학 개념의 교차는 '신학'과 '실학'을 선취하려는 의미 투쟁이었고, 근대 계몽기 학술 지형의 변화를 예고했다. 서양 근대 과학기술과 종교, 정치, 제도, 학술 등 새로운 학

신기선이 지은 『유학경위儒學經緯』는 이기理氣, 천지형체天地形體, 인도人道, 학술學術, 우주술찬宇宙述贊으로 본문을 구성하였다. 그는 대동학회를 창립하여 서양 신학문을 소개하는 동시에 유교적 가치를 보전하기 위해 다양한 활동을 펼쳤다.

문이 수용되는 한편 조선 성리학의 교조주의적·사변적 경향에서 탈피하여 제자백가와 불교, 도교까지 학술 영역이 확대되었다. 전통 지식체계의 개신을 주장하면서도 선진이나 송명 유학에 국한하지 않고 제자학까지를 동양의 사상적 전통에 포괄하는 경향은[49] 위정척사나 완고로 지목되었던 유림과 명확히 구분되는 특징이다.

---

49 「新學과 舊學의 關係」獎學社 二一九號, 『대동학회월보』 제2호, 1908.3.25, 18~20쪽.

5. 유교와 불교의 개신

　문명개화론자에게 '구'는 단순히 과거의 '지나간', '오래된'것이 아니라, 파괴하고 제거하지 않으면 안 되는 새로운 문명 건설의 장애물이었다. 그러나 전통개신론자는 전통 지식체계를 서양 근대 문물을 통섭하는 바탕으로 삼았다. 이들에게 옛것은 '온고지신'의 이념 속에서 다시 새로운 것으로 거듭날 수 있는 '개신改新'의 대상이었다. "요순우탕, 공맹정주의 심법心法과 도덕은 양약良藥으로, 사농공병, 정치교화의 좋은 제도와 실학은 신약新藥으로 삼아 국가가 위축되는 병과 사회의 완고한 병과 학문의 부패한 병을 모두 떨쳐버려려 한다"[50]고 할 때, 전통 지식체계의 근간은 서양 학술에 의해 폐기해야 할 과거의 잔재가 아니라 동서양 어디서나 이로운 학문이었다. 유교의 학문과 도리와 사업은 모두 윤리를 근본으로 삼기 때문에 세계 인류에게 적용할 수 있는 변함없는 보편적 가치로 여겼다.[51]

　그러나 이런 인식은 오래가지 못했다. 청일전쟁과 러일전쟁에서 잇따라 승리한 일본이 동아시아에서 패권을 점차 확대하고 한국의 식민지화가 점차 공고해지면서 근대 국가 건설의 기대는 사라지고 국가의 존립과 생존마저 위협받았다. 동아시아 국제 정세의 급격한 변화는 혹독한 자기비판의 과정을 거쳐, 전통 지식체계의 일부를 파괴의 대상으로 몰아갔다.

　신채호申采浩, 1880~1936는 파괴가 없으면 건설도 없다고 주장하였다. '구학설', '구사상', '구제도'는 파괴해야 할 대상이었고, 파괴를 통해서

50　青坡 尹柱臣, 「採藥人答問」, 『호남학보』 제3호, 1908.8.25, 47쪽.
51　元泳義, 「宗教之區別」, 『대동학회월보』 제3호, 1908.4.25, 23~24쪽.

만 '신학설', '신사상', '신습속', '신제도'의 건설이 가능하다고 하였다.[52] 1906년 창간된 『소년한반도少年韓半島』의 편집 겸 발행을 맡았던 양재건梁在謇도 「논파괴주의論破壞主義」에서 정치의 폐단이 만연한 사회를 파괴할 것을 주장하였고,『대한매일신보』, 「파괴의 시대」(1910.7.30)에서는 부패・타락한 나라의 정치는 파괴를 통해 새롭게 고쳐야 하며 근세 문명 국가로서 파괴를 거치지 않은 나라는 없다고 하였다. 이러한 논설이 비슷한 시기에 쏟아져 나온 데에는 '과거에 연연하는懷舊' 성질이 진보를 막는 근원이라고 주장한 량치차오梁啓超, 1873~1929의 영향이 있었다.[53] 무엇보다 일제에 의한 국권 피탈 위기가 파괴와 건설을 정당화했다.

전통 지식체계를 대표하는 유교와 불교 내부에서도 개혁의 목소리가 높았다. 박은식의 「유교구신론儒敎求新論」[54]과 한용운1879~1944의 『조선불교유신론朝鮮佛敎維新論』[55]이 발표된 것도 바로 이 시기이다. 유교는 '신학新學'으로 재편하는 과정에서 성학聖學으로서의 위상을 상실하고, 불교도 신앙과 종교적 전통이 약화할 수밖에 없었지만, 개신의 요구가 연이었다.

박은식은 사회의 진화를 당연한 것으로 인식하면서, 「구습개량론舊習改良論」, 「물질개량론物質改良論」, 「학규신론學規新論」 등 다양한 논설을 발표하였다. 「유교구신론」에서는 시급히 개혁해야 할 문제로 3가지를 제시

---

52 劍心, 「談叢」, 『대한매일신보』, 1910.1.6. 이 기사는 일본에서 간행한 『飮氷室文集類編』(1904.5.2, 帝國印刷株式會社) 제2책, 649~756쪽에 실려 있는 『自由書』를 참조한 것으로 판단된다. 여기에는 '談叢'이란 표제가 보이며, 그 아래 총 54편을 수록하였다. 양계초의 저술이 아닌 5편을 추가하기 위해 의도된 표제로 보인다.

53 梁啓超, 「破壞主義」, 『淸議報』 제30책, 광서25년(1899.9.11), 6쪽; 全恒基 역, 언해본 『自由書』, 융희2년(1908.4), 塔印社, 47~49쪽. 梁啓超의 『飮氷室自由書』와 언해본 『自由書』 모두 1908년에 京城 塔印社에서 간행하였는데, 1910년 11월 16일 일본총독부에 의해 금서로 지정되어 간행, 유통, 소지가 금지되었다.

54 『서북학회월보』 제10호, 1909.3.1에 게재되었다.

55 1910년 탈고 후, 佛敎書館에서 1913년에 출간되었다.

하였다. 첫째, 유교의 정신이 오로지 제왕의 편에 있고 인민사회에 보급할 정신이 부족하다. 둘째, 여러 나라를 돌면서 천하의 주의主義를 강구하려 하지 않고, 내가 어진이를 구하는 게 아니라 어진이가 나를 구한다는 주의만 고수한다. 셋째, 우리 대한의 유가儒家는 간이簡易하고 직절直切한 방법을 쓰지 않고, 지리支離하고 한만汗漫한 공부만을 숭상한다.[56] 첫째 문제는 한대漢代 이후 유교가 관학화되면서 본래의 민본주의 정신을 점차 잃게 되었다는 것이다. 둘째 문제는 완고한 유림을 비판할 때 흔히 지적하는 사항이다. 시세의 변화를 외면하고 경전을 고식적으로 묵수하면서 독선기신獨善其身만 내세워 방안에 틀어박혀 오직 독서만 일삼을 뿐 실제에는 아무런 실천이 없다는 것이다.[57] 셋째 문제는 주자학은 배우기 어려우므로 '치양지致良知'와 '지행합일知行合一'의 간결한 양명학을 권장하면서,[58] 조선 성리학계의 교조주의를 비판하는 것이다. 유가 정치사상의 본령인 민본주의를 회복하고 천하를 주유하며 인의仁義를 설파했던 성현의 정신을 강조하는 것은 '온고지신'에 다름 아니다. 양명학의 공부 방법을 제시한 것도 주자 성리학 자체에 대한 비판보다는 자립자강을 통해 민족의 위기를 타개하는 실천 방도로 유용하다는 데 방점이 있었다. 결국 박은식의 유교 개신 노력은 내부에서 문제를 발견하고 그 해결을 모색했던 것이라고 할 수 있다.

---

56 『白巖朴殷植全集』제V권, 「儒教求新論」, 동방미디어, 2002, 432~438쪽.
57 '不位其在, 不謀其政'(『論語』「憲問」), '邦有道不廢, 邦無道免於刑戮'(『論語』「雍也」), '古之人得志澤加於民, 不得志修身見於世, 窮則獨善其身, 達則兼善天下'(『孟子』「盡心上」) 등의 구절이 이러한 처세를 합리화하는 근거로 쓰였다.
58 후쿠자와 유키치의 『학문의 권장』을 보면 외지에 나가 수십 년간 성리학을 공부하고 나름대로 깨달음을 얻어 귀향하는 선비의 일화가 나온다. 귀향하는 길에 공부하면서 적어두었던 것을 모두 잃어버리자 고향에 돌아와서는 그간 공부한 것이 아무런 소용이 없게 되었다는 내용이다(후쿠자와 유키치, 남상영·사사가와 고이치 역, 『학문의 권장』, 소화, 2003, 152~153).

박은식이 『서북학회월보』에 발표한 「유교구신론」은 백성을 정치의 근본
으로 하는 민본주의와 배움과 실천을 합일하는 유교의 본질을 성찰하여
새롭게 개혁하자는 주장을 담았다.

전통개신을 주장하면서 대중의 실천을 촉구하는 논법은 한용운의
『조신불교유신론』에서도 발견된다. 제일 먼저 꺼낸 화두는 성공과 실
패는 정해져 있는 게 아니라 오직 사람에 의해 결정된다는 것이다.[59]
패배주의에 빠져 일제의 통치에 순응하거나 운수와 미신의 풍조에 젖
어 자포자기하고 아무런 노력도 하지 않는 세태를 꾸짖은 것이다. 량치
차오가 『음빙실자유서』의 첫머리에 「성패」를 둔 것과 유사한데, 조선
불교의 유신을 위해서는 '천리天理'에 맡기거나 남에게 떠미는 구습舊習
의 타파가 절실하다는 판단에서였다. 칸트, 데카르트, 베이컨, 플라톤,
루소, 육상산, 왕양명을 이끌어 불교의 '진여眞如'와 서양의 '자유自由' 개
념을 설명하는 방식도 량치차오 글에서 따온 것이며, 3절에서 불교 유
신에 앞서 파괴를 언급하는 점도 그러하다. "유신이란 무엇인가 파괴의
자손이요 파괴란 무엇인가 유신의 어머니다. (…중략…) 그러나 파괴

59　한용운, 『朝鮮佛教維新論』, 佛教書館, 1913, 15~16쪽.

라고 해서 모두를 무너뜨려 없애버리는 것을 뜻하지 않는다. 다만 구습
가운데 시대에 맞지 않는 것을 고쳐서 이를 새로운 방향으로 나아가게
한다는 것뿐이다. 그러므로 이름은 파괴지만 사실은 파괴가 아니다. 그
래서 유신을 좀 더 잘하는 사람은 파괴도 좀 더 잘하게 마련이다"라고
하여, 전통개신의 '파괴'와 '건설' 논리와 크게 다르지 않다. 그는 불교
개혁의 시무로 승려 교육, 불당의 폐지, 승려의 인권회복, 사찰의 통할
등을 제시하였다.

시대마다 성쇠는 있었지만 동양 전통 지식체계의 근간을 이루었던
유교와 불교는 이제 세계 각지의 종교와 경쟁하게 되었다. 서양의 부강
과 문명의 원인으로 종교가 지목되었고, 유교와 불교도 부강과 자립을
위한 사회적 역할을 새롭게 담당해야 했다. 종교와 문명의 상관성은 기
독교에 대한 인식에도 변화를 가져왔다. 대중을 구제하는 기독교의 종
교적 실천을 유교와 비교하기도 했다. 박은식도 공자의 사역천하思易天下,
석가의 보도중생普度衆生, 기독의 사신위민捨身爲民이 세상을 구하는 주의
라는 점에서 모두 똑같다고 한다. 캉유웨이의 영향을 받아 공교운동孔敎
運動을 전개한 이병헌李炳憲, 1870~1940의 「유교복원론儒敎復原論」이 발표된
것은 1919년이지만, 이미 전통개신론의 일각에는 유교를 종교로 재인
식하려는 시도가 있었다.[60] 유교는 아주我洲 4천 년 동안 전해온 종교이
고, 토지와 인민을 기초로 하나의 국가를 성립한 이상 종교가 없을 수

---

60 趙重應, 「會說」, 『대동학회월보』 제1호, 1908.2.25, 10~11쪽, "세상 모든 나라가 각
각 종교를 두어 국민의 정신을 함양하고 我韓은 수천 년 동안 오직 공맹의 유도를 숭상
하고 대대로 전하여 습성이 되었으며 이로써 繼統과 正門을 이루었다. 지금 우리 국인
의 성질을 펼치고 어둠을 제거하며 새롭게 하여 문명해지려면 고유의 儒道로써 인도하
지 않을 수 없다."; 李漢卿, 「宗敎와 國家」, 『대한학회월보』 제3호, 1908.4.25, 21~22
쪽; 朴憲用, 「社會進步在於宗敎之確立(寄書)」, 『대한흥학보』 제2호, 1909.4.20, 7~
11쪽.

없다는 주장이 바로 그러하다.[61] 한용운은 불교의 근대적 가치를 여타의 종교와 비교하면서, 예수교, 유대교, 이슬람교는 사람의 지식을 속박하지만 불교는 오히려 중생을 깨달음에 이르게 한다는 점에서 큰 차이가 있다고 주장한다. 문명개화론의 중심에 있었던 윤치호가 기독교로 전통 종교를 대체하려 한 것에 비하면, 박은식과 한용운은 전통개신론의 입장이었다.

6. 지나간 미래

한국 근대 계몽기 신구 논쟁은 동서 충돌을 반영하는 지표이자 문명개화와 사회진보를 추동했던 요소로서 '언어적 혁명'의 일단을 보여준다. 근대 계몽기에 들어서면서 동아시아 사회는 과거와 미래 사이의 격절을 경험했다. 동서 충돌은 전통적 시간관의 기저를 이뤘던 우주와 자연에 대한 인식을 수정하게끔 했지만, 코젤렉의 말처럼 자연과 분리된 역사적 시간을 그대로 대입하는 데는 문제가 있다. 자연과 인간에 대한 통체적 사유방식은 서양과 구별되고, '온고지신'의 인문 전통에서 인간은 이미 역사적 주체로 상정되었기 때문이다.

역사의 발전이라는 근대적 이념이 인간에게 지운 무게는 절대 가볍지 않다. 끊임없는 경쟁 속에 자기 자신을 속박하고 시간을 다투는 일상 속에 놓인 주체들의 현재가 장밋빛 미래로 이어질지 의문이다. 백여

61　金文演, 「宗敎와 漢文」, 『대동학회월보』 제19호, 1909.8.25, 7~13쪽.

년 전 근대 계몽기 지식인의 미래에 대한 기대는 오늘 우리의 고민과 크게 다르지 않았다.

현금은 서구대륙에 황백 양인종이 서로 충돌하는 시대이고, 동서문명이 서로 경쟁하며 조화를 찾는 시대이다. 일국민의 활동 범위가 매우 넓고 일 개인에게 요구하는 지식이 매우 많다. 그러나 인류의 지위가 국가의 범위를 탈피하기 어려워서 금일은 제국주의가 팽배하여 극도에 이르렀다고 할 수 있다. (…중략…) 우리 대한의 지식인은 일대 혁명의 시기를 만났다! 이른 바 혁명은 국가적 혁명이 아니고, 바로 인물 사상계의 일대 혁명이다. (…중략…) 인류를 지배하는 원리원칙과 인류를 후생복리하게 하는 물체물용物體物用은 동서고금이 똑같다. 어찌 옛것만 좋아하여 지금을 미워하며, 이것을 옳다 하고 저것을 잘못이라 하겠는가. (…중략…) 내가 깨우치고 변화하라는 것은 수구·완고적인 사상을 바꿔서 진취적인 사상을 갖으라는 것이니 '과학적 국민'과 '세계적 국민'의 자격을 양성해야 할 것이다.[62]

이것이야말로 '지나간 미래'가 아니겠는가. 인종 갈등, 국가주의, 제국주의, 전통과 현대, 동양과 서양 등의 현재 문제가 고스란히 담겨 있다. 신구 관념을 둘러싸고 전개되었던 의미론 투쟁이 '과거의 현재'에 머물지 않고, 다시금 '현재의 과거'로 재현되고 있다. 일제의 강점과 민족 분단의 고난을 지나 근대화를 압축적으로 경험했던 지난 한 세기, 이러한 기대는 늘 우리의 뇌리에 선명하게 각인되어 있었다. 우리가 얻은 것이 경제성장(과학적 국민)이라면 다른 한편에서 놓치고 있는 것은 없는지 되돌아볼 시점이다. 서구 근대 과학 기술의 광휘는 당시로써는

---

62 「告我韓土」, 『대한흥학보』 제10호, 1910.2.20, 1~4쪽.

눈부신 것이었지만, 저들의 종교와 함께 제국주의의 첨병이었다. 과학 기술의 진보와 발전에 거는 낙관적 희망은 그것을 사용하는 주체의 문제를 떼어 놓고 사유해서는 안 된다는 것을 온 인류가 함께 경험하였다. 과학 기술은 발전할 수 있지만 동시에 타락의 가능성을 항상 염두에 두어야 하고, 합리성의 한 축이 도구화되고 타산화되는 것도 경계해야 할 일이다. 이렇게 보면, 세계적 보편성(세계적 국민)은 새로운 기술과 상품으로 세계시장을 장악함으로써 얻어지는 게 아니라, 삶의 의미와 관련된 본질적인 물음에 누구나가 수긍할 수 있는 보편적인 혜안을 제시할 때 획득된다고 할 수 있다.

신구 관념의 충돌 양상은 현존하는 과거로서 전통과 현대, 동양과 서양, 제국과 식민의 문제로 되풀이되고 있다. 신구의 대립 속에서 지켜내려 했던 전통 지식체계 가운데는 오늘의 현실에 부합하지 않는 것도 있다. 그러나 사라져서는 안 될 것마저 폐기했던 과거에 대해서는 진지한 성찰이 필요하다. 여기에 '실학' 개념을 하나의 준거로 하여, '온고지신'과 '시의변통'의 지혜를 발휘했던 근대 계몽기 지식인들의 선례가 하나의 귀감이 될 수도 있을 것이다. 일제의 강점이 구체화되어 전통 지식체계의 주체적 변용 시도는 일정한 한계에 직면할 수밖에 없었지만 '구학의 신학화'는 '동도서기' 논리가 지닌 모순과 문명개화론이 지닌 탈주체성을 넘어서는 것으로 평가할 수 있다. 도덕 원리와 경쟁 원리가 충돌하고 '진화'와 '진보'가 대세인 현실에 대응하려 했던 '동도서기' 논리는 이미 분리될 수 없는 도와 기를 분리 가능한 것으로 상정하는 모순을 안고 있었고, 문명개화론은 서양을 내면화하여 자기 비하와 멸시로 주체의 균열을 일으키고 전통 지식체계로부터 단절됐다는 비판에서 벗어나기 어렵기 때문이다.

제3장

한국 근대 '철학' 개념의 역사적 의미론

1. '철학' 이전의 개념군

철학은 문학, 사학과 함께 인문학의 기본 영역으로 회자된다. 그러나 근대 이전 우리의 지식체계에 '철학'이라는 개념은 존재하지 않았다. '철학'이라는 용어의 부재가 철학의 부재를 의미하지 않음이 당연시되기까지는 적잖은 시간이 필요했다. 이는 개념이 실재를 구성해가는 과정이라고 볼 수 있다. 개념은 기의와 기표를 포함한다. 다양한 의미들이 하나의 의미장linguistic field에서 균질화될 때, 그 기의는 일정한 기표로 표현된다. '철학'이 학적 개념으로 일반화되기 이전에는 '필로소피philosophy'에 대응하는 용어로 '격치格致', '궁리窮理', '성리性理' 등이 혼용되었다. 'philosophy'를 둘러싸고 진행된 전통적 학문 개념과 번역 용어 간의 의미 균열에는 서구 근대 학문의 과학주의, 학문의 분과화, 자연의 대상화, 학문의 실용성 등이 하나의 의제로서 작동했다. 철학이란 개념의 수용과정은 이렇게 번역의 문제를 넘어서서 전통적 지知와 근대적 지의 충돌과 연쇄를 보여준다.

언어와 문자가 다른 문화권 간의 교섭에서 먼저 마주하게 되는 것은 당연히 발화된 기표일 텐데, 기표에 담긴 의미를 번역하고 이해하는 일은 쉽지 않다. 형식적으로 보면, 번역이란 타자의 언어를 주체의 언어로 옮기는 일이지만, 동시에 다른 역사적·문화적 전통에 대한 일종의 전유를 수반한다.

'철학'이란 번역어의 유통과 정착은 이를 잘 보여준다. 필로소피아 philosophia는 지혜 또는 지식을 의미하는 소피아sophia와 애호를 의미하는 필로스philos의 합성어로서, 지식 또는 지혜에 대한 애호를 의미한다. 번역어로 일반화된 '철학哲學'은 동아시아의 지적 전통에는 존재하지 않던 개념으로 일본의 니시 아마네西周1829~1897가 고안한 한역漢譯 조어다. 근대 일본의 서양문명 수용과정에서 서양문명을 구성하는 모든 개념은 한자어로 번역되었다. 이 시기의 번역어는 거의 조어造語로서, 새로운 문명어가 한자어에 의해 창출된 것이다. 한역어 성립과정은 자기를 구성해온 전통 지식체계를 재편 또는 탈구축한 과정이다.[1] 그런데 '철학' 개념의 번역어를 문헌상으로 추적해보면, 중국에서는 '페이루수오페이아費祿蘇非亞'라는 차음어를 철학의 초기 번역어로 사용했음을 발견하게 된다.[2]

아니마에 대한 학문은 필로소피아 가운데 가장 유익하고 존귀하다.

아우구스티누스는 "필로소피아는 결국 두 가지 큰 단서로 귀결된다. 그 하나는 아니마를 논하는 것이요, 또 하나는 데우스를 논하는 것이다"라고 하였다.[3]

---

1 고야스 노부쿠니子安宣邦, 「근대 일본의 한자와 자국어 인식」, 『흔들리는 언어들』, 성균관대 출판부, 2008, 55쪽 참조.
2 리디아 리우의 구분에 의하면 philosophy는 유럽어의 단어를 음가에 따라 표기한 차음어에 해당하며, 菲洛素菲(비락소비), 非羅沙非(비라사비) 등으로 표기되다가 일본에서 유래한 '哲學'으로 대체되었다(리디아 리우, 민정기 역, 『언어 횡단적 실천』, 소명출판, 2005, 536쪽 참조).
3 "亞尼瑪[譯言靈魂, 譯言靈性]之學, 於費祿蘇非亞[譯言格物窮理之學]中, 爲最益, 爲最

스콜라 철학의 영혼론을 소개한 『영언려작靈言蠡勺』은 명대 말기 중국에서 선교사로 활동한 프란체스코 삼비아시Francesco Sambiasi, 1582~1649의 한역서학서로 1624년 상하이에서 간행되었다. 영혼과 신에 관한 연구가 철학의 대상이 된 이유는 아우구스티누스Augustinus가 신을 영혼에 내재하는 진리의 근원으로 인식했기 때문이다. 주목할 점은 필로소피아를 격물궁리하는 학문이라고 번역한 것이다. 이와 유사한 사례를 조선에서도 찾아 볼 수 있다. 『오주연문장전산고』를 보면 이규경도 '격물궁리학'을 '철학'에 대한 대응어로 사용했다.[4] '격물치지格物致知'와 '궁리진성窮理盡性'·'거경궁리居敬窮理'[5] 등의 용례에서 따온 '격물궁리格物窮理'는 본래 사물의 이치를 탐구하여 올바른 앎을 얻는 것으로 송대 이후 유학의 핵심적인 공부방법이다. 특히 '격물궁리'를 둘러싼 논쟁은 주자학과 양명학을 구분하는 척도가 될 만큼 유학의 중요한 개념이기도 하다.

서구 학술 개념이 물밀 듯 들어올 때, 필로소피아는 단지 번역에 국한된 문제가 아니었다. 그 파장은 당대의 지배적 지식체계를 전유하면서 점차 신학문의 하위에 전통 학문을 배치하는 데까지 이르렀다. 선교를 목적으로 중국에 소개된 한역서학서는 지식체계 간의 문화적 충돌을 무마하기 위해 때때로 보유론補儒論으로 포장되었다. 그러나 이 문화를 횡단하는 개념은 새로운 사유지평을 여는 것이었다. 격물궁리하는 학문은 전통 지식체계에서 유학으로 대변되었고, 유학이 추구하는 진리는

尊", "故亞吾斯丁曰, 費錄蘇非亞, 總歸兩大端. 其一論亞尼瑪, 其一論陡斯"(프란체스코 삼비아시, 김철범·신창석 역, 『영언려작靈言蠡勺』「서」, 일조각, 2007, 11~17쪽 참조).

4　이규경, 「西學」, 『오주연문장전산고』 제18집, '斥邪敎辨證設', "凡係修士, 必年幼入會, 誓志不婚不宦. 以經巧選者, 先進文科, 復進格物窮理之學, 始進天學道科".

5　『대학』, "致知在格物";『論語』, 「爲政」, "知天命, 窮理盡性也.";『근사록』권3, 「치지」, "凡一物上, 有一理. 須是窮致其理, 窮理亦多端, 或讀書, 講明義理, 或論古今人物, 別其是非, 或應接事物而處其當, 皆窮理也.

인仁의 실천을 미루어 인격을 완성하고 이를 사회에 구현하는 데에 있었지, 영혼과 신에 대한 물음은 학문의 영역에 두지 않았기 때문이다.

필로소피아는 당대의 지배적 가치를 전유하면서 지식체계 속에 새롭게 배치될 수 있었고, 그 기의를 이해하는 것은 종래에는 없었던 새로운 문화에 대한 경험을 수반하는 일이었다. 언어의 횡단 속에서 '철학'의 번역은 결국 기표를 둘러싼 기의의 충돌과 전이를 추동하는 것이었다. 이렇게 보면, "번역은 더 이상 절대적으로 순수하고 투명하며 명백한 번역 가능성의 지평 위에서 언어 간 의미를 전이하는 행위가 아니라, 원본과 번역본은 단순한 모사 혹은 복제 이상의 의미를 생산하기 위해 서로를 보완한다"[6]는 지적에 귀 기울여야 한다. 언어의 횡단과정에서 philosophia의 차음어였던 페이루수오페이아費祿蘇非亞라는 기표와 그 기의였던 격물궁리하는 학문은 시간이 지나면서 그 기의가 기표를 대신하여 번역어로 사용되고 차음어는 사어死語가 되고 만다.

'철학哲學'이 필로소피아의 번역어로 일반화되기 전에 '페이루수오페이아費祿蘇非亞'와 '격물궁리지학格物窮理之學'만 쓰였던 것은 아니다. '격물'과 '궁리'가 분리되고, 격치格致, 성리性理, 이학理學 등의 어휘도 번역어로 사용되었다.

1889년에 집필을 마치고 1895년에 간행된 유길준의 『서유견문』의 「태서학술의 내력」을 보면, 도덕학에 소크라테스思嗜賴, 스크렛즈와 플라톤弻賴土, 플네토, 궁리학에 아리스토텔레스阿利秀, 아뤼스토털를 거명했고, '궁리하는 학술'과 함께 '성리학'이 철학의 대응어로 쓰였다. 그런데 뉴턴柳頓을 소개하는 대목에서는 "만물의 이理를 격格하여 조화의 심묘한 문호를

---

6 리디아 리우, 민정기 역, 『언어 횡단적 실천』, 소명출판, 2005, 41쪽.

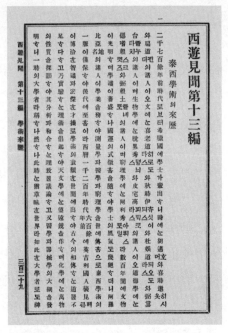

『서유견문』 제13편은 서양의 학술, 군사제도, 종교, 학문을 소개했는데, 궁리학, 성리학, 도덕학 등이 철학과 함께 혼용되었다.

파개披開하니 그 저술한 책이 궁리학의 대본大本"이라고 하여 '궁리학'을 철학뿐만 아니라 물리학의 의미로도 사용했다. 이외에 헤겔惠質, 헤젤과 틴데일親達, 틴덜은 궁리학, 해밀튼解密敦, 히밀튼과 스펜서秀遍瑞, 스펜서는 성리학으로 분류했다.[7] 근대 학문 분과를 소개한 「학업하는 조목」에서는 물리학을 격물학의 하위 조목으로 설명했으며, 여기서 비로소 '철학'을 독립된 학문을 지칭하는 용어로 사용했다. 그는 '철학'을 "지혜를 사랑하여 이치에 통달하기 위한 것이므로, 그 심원한 근본과 광박한 효용에 대해서 일정한 한계를 세울 수는 없다. 사람의 언행과 윤리, 그리고 천만 가지 일의 움직임과 그침에 대해서 논하는 학문"[8]으로 설명했다.

7   유길준, 「태서학술의 내력」, 『서유견문』 제13편, 경인문화사, 1969, 329~332쪽.
8   유길준, 「학업하는 조목」, 『서유견문』 제14편, 경인문화사, 1969, 351쪽.

1901년 창간된 감리교 계열의 잡지『신학월보』제8호에는 서구 학술용어 가운데 학문을 'Science, generic sense 학 學'으로, 철학은 'Philosophy 리학 理學'으로, 물리학은 'Physical science 격치학 格致學'으로 각각 번역했고, 제12호에는 더 많은 번역어를 소개했는데, 'Conception 개념력 槪念力', 'Logic 론리학 論理學', 'Science 과학 科學', 'Ethical 슈신학修身學' 등이 주목된다.[9] 이처럼 1900년대 초반 '격치(학)', '격물(학)'은 때로는 철학, 때로는 과학(물리학)에 조응하는 번역어로 사용되었다.

> 자연계의 변화 원인을 다 알 수 없으나 깊이 생각해보면, 일정한 질서가 있다. 이는 우주주재宇宙主宰 아니면 불가능하니 고래로 최대의 이학가理學家, [格致家]는 종교인이다.[10]
>
> 근래 통상이후로 서양의 부강한 방법을 보니 격물학을 근본으로 하지 않음이 없다. 격물의 과목을 예시하면 천문학, 지문학, 화학, 기학, 광학, 성학, 중학, 전학 등이다. (…중략…) 화학은 만물의 성질과 효용을 아는 것이다. (…중략…) 세계의 모든 종류의 혼합물이 72종 원소로 혼합된 것이라 하니 이는 격치로 밝혀낸 것이다.[11]

첫 번째 인용에서는 이학가·격치가가 철학자의 의미로 사용되었고, 철학을 종교와 결부 짓는 것이 특징이다. 두 번째 인용은 '격물학'이 자연과학 분야 전체를 망라하는 개념으로 사용되었고 격치가 그 방법으로

---

9 『신학월보』권1 제8호, 「언ᄉ ᄌ뎐」, 1901년, 334쪽;『신학월보』권2 제12호, 「Vocabulary of Primer of Psychology」, 1902년, 574~578쪽.
10 유근 역, 「교육학원리」,『대한자강회월보』제10호, 1907.4.25, 25쪽.
11 여병현, 「격치학의 공용」,『대한협회회보』제5호, 1908.8.25, 12~14쪽.

제시되었다. '격물'과 '격치' 모두 자연계의 법칙을 탐구하는 방법으로 쓰였지만, '격물학'과 '격치가'의 용례에서는 '격치'가 보다 철학의 의미에 근접하고 있다. 그런데 '철학'이란 용어는 이보다 이른 시기인 1890년대에 이미 사용되고 있었다.

근대매체 가운데, '철학' 용어가 쓰인 초기 사례로 1896년 12월 15일 자 『대조선독립협회회보』 제2호의 「법률적요총화法律摘要叢話」를 들 수 있다. 법학이 무엇인지 개괄한 계몽적인 글로, '스토아학파 철학'과 '철학의 원칙' 등의 용례가 보인다.[12] 이어 신해영申海永의 「한문자漢文字와 국문자國文字의 손익여하損益如何」(제15호, 1897.6.30)라는 기사에도 "철학, 시학, 문학, 등을 발명ᄒᆞ고", "철학, 대수학, 이화학을 창출ᄒᆞ고" 등 분과 학문을 가리키는 사례가 발견된다. 이는 1890년대 'philosophy'에 대한 번역어로 '격물', '격치', '철학'이 경쟁하고 있었음을 보여준다.

1900년대에 들면, 철학 서적의 판매와 유통을 신문지상의 신간 서적 소개나 광고를 통해 확인할 수 있다. 1906년 6월 8일자 『황성신문』은 각종 교과서 외에 역사, 지리, 정치, 법률, 철리哲理, 사회, 경제학과 참고서류에 대한 광고를 실었다. 이처럼 상단에는 '철리'라고 하고, 해당 서적을 제시할 때는 '철학'이라고 하여 '철리'와 '철학'을 혼용했다. 철학으로 분류된 서적은 총 18종이다.[13]

『철학영요哲學領要』, 『철학신전哲學新詮』, 『미래세계론未來世界論』, 『이백년후지오인二百年後之吾人』, 『기억술』, 『달이문천택편達爾文天擇篇』, 『달이문물종유래

---

12 "연역법을 의ᄒᆞ야 고구攷究ᄒᆞᄂᆞᆫ 학파 이종 중에 제일은 왈 자연법학파니 차파此派ᄂᆞᆫ 희납 스도익파 철학에셔 출出ᄒᆞ야 (…중략…) 제이ᄂᆞᆫ 왈 철학법학파니 차파ᄂᆞᆫ 철학상 원칙에 유由ᄒᆞ야 법률에 최고 원리를 천명ᄒᆞ기로 지ᄇᆞᆸᄒᆞᄂᆞᆫ 학파니"
13 『황성신문』, 「本觀에셔 發售하ᄂᆞᆫ各種教科書ᄂᆞᆫ日者各新聞에 廣佈하야」, 1906.6.8.

達爾文物種由來』,『지구지과거미래地球之過去未來』,『생물지과거미래生物之過去未來』,

『철학요괴백담哲學妖怪百談』,『속철학요괴백담』,『오경경절본천연론吳京卿節本天
演論』,『천택물경론天擇物競論』,『천연론天演論』,『도덕법률진화지리道德法律進化之理』,

『삼대철학가학설三大哲學家學說』,『이학구현理學鉤玄』,『철학논강哲學論綱』

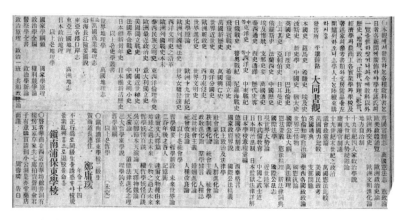

1906년 6월 8일 황성신문의 서적 판매 광고. 사학, 지리학, 정치 및 법률학, 사회학, 철학 등 당시 유통되던 서양 학술 서적을 확인할 수 있다.

이 가운데 『삼대철학가학설』과 『철학논강』은 이후에도 수차례에 걸쳐 서적 광고에 등장한다. 다윈의 진화론 외에도 자연과학 서적 다수가 철학서적으로 분류된 것은 '격치'와 '궁리'가 '철학'과 함께 혼용되었던 것처럼 과학과 철학이 완전히 분리되지 않았음을 보여준다. 이러한 예는 남궁억이 "희랍철학은 우주만상을 보고 조화의 이치를 밝혀 지금까지 수천 년 동안 '격치'를 행하는 데 도움이 되었다"[14]는 언급에서도 확인된다. 철학과 과학의 분리는 장지연 「철학가의 안력眼力」에서,

---

14 남궁억, 「사회조화」, 『대한협회회보』 제3호, 1908.6.25, 1~2쪽.

"무릇 철학이란 궁리의 학이니 각종 과학 공부가 미치지 못하는 것을 연구하여 천리를 밝히고 인심人心을 맑게 하는 고등 학문"이라고 한 데서 찾아 볼 수 있다.[15]

최남선은 "원래 서양의 학술 서적을 동양으로 옮기는 데 있어서도 일본보다 중국이 앞서고, 따라서 서양의 학술용어를 번역하기도 중국 사람이 먼저 손을 대어서, 이를테면 경제학을 생계학生計學이라고 사회학을 대동학大同學이라고 하고, 철학을 성리학이라고 하는 유의 역자譯字가 있었는데, 실상 서양학술을 이러한 서적과 용어를 통해서 처음에 받아들였던 것이다"[16]라고 회고했다.

전통 지식체계에서 '이학理學'이라고 하면, 우주의 법칙에서 인간의 도리를 도출했던 '성리학性理學'을 의미하였다. 서양 철학 수입 초기에는 '이학'이 철학의 번역어로도 사용되었지만, 1910년대 중반에 이르면 '이학'은 자연과학을 가리키는 용어로 굳어졌다.[17] 이상의 철학 관련 번역어는 철학과 물리학, 화학, 윤리학 등의 개념군에 두루 쓰이다가 점차 철학만 남고 나머지는 소멸된다.

다양한 번역어가 경쟁하다가 특정 번역어가 우세한 위치를 점하고 하나로 귀착되는 현상은 생계학 - 경제학, 대동학 - 사회학처럼 '철학'에 한정되지 않는다. 이 과정에는 발화의 편리성, 번역어의 대중성, 사회적·정치적 요인 등 다양한 요소가 복합적으로 작동한다. 1900년대 초반까지 서양 철학의 수용 경로는 주로 중국이었지만, 한국에 대한 일제의 식민지화가 본격화되면서 서양 학술의 수용은 일본이 주요 경로가 될 수밖

---

15 『황성신문』, 1909.11.24.
16 『육당최남선전집』 5, 「書齋閑談」, 현암사, 1973, 439~440쪽.
17 崔斗善, 「哲學이란 何오」, 『靑春』 제11호, 新文館, 1917.11. 53쪽.

에 없었다. 사회·정치적 변화가 나머지 요인들을 압도하게 된 것이다.

'철학'을 포함하여 한국 근대 학술용어의 대부분은 결국 동아시아에서 패권을 장악하여 서구 문명의 대리자를 자임한 일본에 의해 고착되었다. 한국 근대 학술용어의 형성과정은 전통 지식체계에 균열과 변형을 일으켜 근대적인 학문체계로의 재배치와 사유의 이동을 촉진하였다. 그러나 일제의 강점과 식민주의가 강화되면서 주체적인 비평과 사상 마련의 계기를 상실한 채 식민성을 내장할 수밖에 없었다.

2. '철학'과 전통지식체계

'철학'이란 서양 학술 개념은 동아시아의 지적 전통에서는 매운 낯선 것이었다. 새로운 개념의 수용은 전통 지식체계에 균열과 재편을 수반했다. 근대 이전 중화주의를 지배적 질서로 한 동아시아는 서구 근대 문명과 조우하고 유럽 중심의 세계사 속에 편입되면서 주변과 변방으로 전락했다. 세계관의 변화를 일으킨 서구의 충격은 인간 개개인의 삶과 사회 문화 전반에 변화를 추동했다. 16세기 조선에 유입된 서학은 이적夷狄의 학문으로서, 중화라는 문명 중심의 세계와 동떨어진 특수한 학문이었지만, 19세기 말에 이르면 양학洋學이 실학이 되고, 새로운 문명을 배태한 원동력으로 인식된다.[18] 문화적 우월감에 입각한 선택과

---

18 신기선은 천문, 지리, 물리학, 심리학, 윤리학, 철학, 정치학, 경제, 민법, 형법, 헌법, 국제법, 사회학, 산학, 의학, 공업, 예술, 상업, 농업, 임업, 세계만국지지(도), 역사 등을 신학문으로 제시했다(신기선, 「學無新舊」, 『대동학회월보』 제5호, 1908.6.25, 8쪽).

절충의 동도서기론도 식민주의가 본격화되면서 다시금 논의되기 어려웠다. 서구 근대 문명은 학습의 대상이 되었고, '신학문'은 습득하지 못하면 경쟁에서 자연 도태될 수밖에 없는 생존의 문제가 되었다.[19] 바야흐로 서구 근대 문명이 지배적 규범으로서 전통사회의 제 분야를 재편하게 된 것이다.

김택영은 중국인들이 자신들의 오랜 문화 전통인 유학을 비하하면서, "공자의 도는 전제적이고 공화적이 아니라고도 하고, 공자도 마땅히 다른 교敎와 동등하게 대우하고, 따로 높여서는 안 된다고도 하고, 공자의 도는 철학이고 종교가 아니라고도"[20] 하는 현실을 개탄한 바 있다. 여기서 철학은 종교의 가치에 미달하는 것으로 인식되었다. 이처럼 서구의 '역사'는 단순히 서구에 의한 세계 지배를 정당화하는 것뿐만 아니라, 지식의 형태로 '타자'를 전유하는 것도 가능하게 했다. 따라서 '역사'의 보편화는 여타의 사회적 · 인식론적 형태들을 자신의 구조 안에 예속시키면서 그것들을 뭔가 '부족한 지식체계'舊學 · 舊思想 · 虛學로 만들어버렸다.[21]

당대 유학은 마치 서구라는 '프로크루스테스의 침대Procrustean bed' 위

---

19 박노자는 이를 "'화이 신화'의 위기와 몰락이 '백인 신화'의 탄생으로 이어진 것"이라고 보았다(박노자, 『우리가 몰랐던 동아시아』, 한겨레출판, 2007, 110쪽).

20 김택영, 『韶濩堂集』 권5, 「泗陽書室記」, "嗚呼. 于斯之世, 雜敎之與孔子爲敵者, 李耳如來之外, 又不可勝數. 故見今中國, 以民而主天下之議論者,大抵多雜敎之人, 或以爲孔子之道專制而非共和, 或以爲待孔子宜與他敎等而不可獨尊, 或以爲孔子之道哲學而非宗敎, 或以爲闕里之祠可毁. 吾道之存者, 只如一髮, 而闕里數畝之宮, 殆哉其岌岌." 이외에도 김윤식, 『雲養集』 권10, 「燕巖集序」와 전우, 『艮齋集』 권1, 「梁集諸說辨」에 '철학', '철학가'라는 용어를 쓰고 있음을 확인할 수 있다.

21 프라센지트 두아라, 문명기 · 손승희 역, 『민족으로부터 역사를 구출하기―근대 중국의 새로운 해석』, 삼인, 2004, 46쪽(Prasenjit Duara, *Rescuing History from the Natio : Questioning Narratives of Modern China*, The University of Chicago Press, 1995).

에 눕혀진 상황 같았다. 동양이 뒤처진 원인을 주리학主理學, 서양이 앞선 원인을 주기학主氣學에서 찾기도 했고, 서양은 실학 동양은 무용한 장황설일 뿐이라는 비판이 난무하는 가운데 서양 학문은 어느새 '서유西儒의 학', 즉 서양 선비(학자)의 학문으로 명명되었다.[22] 동양은『대학』에 격치를 기록했고 백가百家의 서적이 비록 무성하지만 대개 음양감여陰陽堪輿의 설로 혹세무민하는 것이라고 한탄했다.[23]

한편에서는 전통 지식체계를 근대적 가치로 재구축하려는 움직임이 활발하게 진행되었다. 한국 최초의 서양철학 연구자로 평가되는 이정직1841~1910은「배근학설培根學說」과「강씨철학설대략姜氏哲學說大略」에서 칸트의 자유 개념을 주자학의 본연지성으로 해석했고, 칸트가 '사람을 목적으로 대해야지 수단으로 대해서는 안 된다'고 말한 것을 유교의 '인仁'에 비유하는 등 유학의 관점에서 서양철학을 독해했다.[24]

이인재의『고대희랍철학고변古代希臘哲學攷辨』은 서구 문명의 발달 원인을 서양의 철학에서 찾았다. 탈레스泰禮로부터 스토아학파의 제논土多亞質諸에 이르기까지 서양 철학자들을 소개하고 각각「변辨」을 달아 논평했는데, 특히 소크라테스, 플라톤, 아리스토텔레스에 많은 분량을 할애했다. 소크라테스의 '신神' 개념을 '천리', '기의 영묘함', '천리자연의 묘' 등으로 번역했고, 플라톤의 이데아는 개물에 갖추어진 리理와 그 개물을 있게 한 리를 분리하여 결국 두 개의 리가 있게 된다고 비판했다. 이 저술은 성리학의 우수성과 유학의 학문적 보편성을 입증하려는 의도를 담고 있다.[25]

---

22 김사설,「學問體用」,『대동학회월보』제1호, 1908.2.25, 41~42쪽.
23 김문연,「學界一班」,『대동학회월보』제1호, 1908.2.25, 29~32쪽.
24 이정직의 칸트 철학 수용에 대해서는 박종홍,「이정직의「칸트」연구」,『박종홍전집』
　　 V, 1982, 형설출판사, 257~259쪽 참조.

유학뿐만 아니라 불교의 견지에서 서양 철학을 해석한 사례도 있다. 『불교진흥회월보』에 7회에 걸쳐 연재된 양건식의 「서철강덕격치학설西哲康德格致學說」은 칸트 철학에 대한 단순 번역 소개가 아니라 유식불교로 칸트 철학을 분석한 것이다.[26] 국한문 혼용체로 쓰인 이 글은 량치차오梁啓超가 이미 10여 년 전에 발표한 「근세제일대철강덕지학설近世第一大哲康德之學說」을 '선택적으로 전유selective appropriate'한 것이다. 인식과정을 설명하면서 오관五官[悟性]을 능가경楞伽經의 전5식前五識에 지혜(이성)를 제6식에 대비하는 등 칸트 철학이 불교 유식唯識의 의미와 부합함을 증명하려 했다. 베이컨의 경험론을 '과학법', 데카르트의 회의론을 '추리'로, '순수이성비판'과 '실천이성비판'은 각각 '순성지혜지검점純性智慧之檢點', '실행지혜지검점實行智慧之檢點'으로 번역하고, 전자는 세속에서 말하는 철학, 후자는 도학으로 칸트가 양자를 관통한 학자라고 평가했다. 이처럼 다양한 철학 개념의 수용양상 외에도 불교적 관점에서 주자와 칸트를 비교한 점도 주목에 값한다.

　그러나 서양 철학에 대한 주체적인 해석과 사유의 확장은 지속하기 어려웠다. 일제의 식민 지배가 현실화되면서 국권 회복과 문명 진보의 방도였던 신학문은 일본을 통해 이식되었다. 그나마 식민주의자들의 신학문 이식이란 것도 식민주의 강화에 목적이 있었기에 주체적인 사유의 지평을 마련할 여지가 차단되었다. 학문의 공통어는 일본어가 되었고, 제국에 저항하기 위해 오히려 제국의 언어를 습득해야 하는 아이러니는 근대 시기 식민지에 공통된 질곡이었다.

25　이인제, 「고대희랍철학고변」, 『성와집』, 아세아문화사, 1980, 265~389쪽.
26　양건식 역, 「서철강덕격치학설西哲康德格致學說」, 『불교진흥회월보』 1권 1~7호, 1915.

도덕을 키우고 충의로 인도해서 본국 성질을 좇아 조국정신을 뇌수에 넣어준 연후에야 국권회복을 바랄 수 있거늘 지금 소위 교육에 종사한다는 자는 신학문이라 하면 다만 일어를 제일 고등학문이라 여긴다. (…중략…) 언어와 행동이 모두 일본말과 일본 풍속뿐이다. 전국에 있는 몇몇 학교가 모두 이와 같으니 이천만 동포가 너나없이 실성통곡할 일이다.[27]

세국과 식민의 관계는 근대 세계체제를 형성·강화하는 동전의 양면이었다. 식민지화가 진행되면서 지식체계의 상호작용은 180도 바뀌었다. 종래처럼 유입된 지식이 지역에 고유한 지식체계의 양식에 따라서 해석되는 식이 아니라, 이제는 오히려 식민지화된 소사회의 고유한 지식이 국가·국민적 혹은 전 지구적 지식체계에 의해 정식화된 원칙에 따라서 재해석되고 표현되기 시작했다.[28] '불교철학', '유교철학' 등 철학과 결합한 새로운 합성 조어의 사용은 전통 지식체계를 더욱 적극적으로 철학의 영역에 편입시킨 사례로 볼 수 있다.[29]

조선의 전통 지식체계 전체를 철학으로 사유하는, 지식체계와 개념 사이의 '상호 전유'를 보여주는 사례로 안확의 「조선철학사상개관」을 들 수 있다. 1922년 11월 『신천지』 7호에 실린 이 글은 한글로 쓴 최초의 조선철학개설서다. 유학의 우월성을 입증하기 위해 서양철학과 비

---

27 『대한매일신보』, 「교육의 마장이라」, 1908.2.19, 2면.
28 테사 모리스-스즈키, 임성모 역, 『아이누와 식민주의 변경에서 바라본 근대』, 산처럼, 2002. 43~44쪽.
29 '유교철학'의 사례는, 강춘산, 「동양도학의 체계여하」(『개벽』 제9호, 1921.3.1, 73쪽)와 필자 미상의 「세계 중 최초의 물질불멸론자 서경덕선생, 조선 십대위인 소개의 기일」(『개벽』 제16호, 1921.10.18, 70쪽)과 「희세의 정치가이며 또 철학가인 율곡선생, 조선 십대위인 소개의 기삼」(『개벽』 제14호, 1921.8.1, 89~90쪽), 이병도의 「학계에 자랑할 동방의 대철인 이퇴계와 이율곡」(『별건곤』 제12·13호, 1928.5.1, 8~9쪽)에서 확인된다.

교하든가, 전통 지식체계와 '철학'의 절충을 모색한 사례는 앞서 살펴보았지만, 유학, 불교, 노장사상 등 전통 지식체계 그 자체를 '철학'으로 사고하지는 않았다. 이능화의 『조선불교통사』(1918), 장지연의 『조선유교연원』(1922) 등은 전통 지식을 근대 학문으로 재구축하려는 시도였으나, '철학' 하면 여전히 고대 그리스철학을 위시하여 서양철학만이 그 영역을 차지했다. 반면 「조선철학사상개관」은 '철학' 개념으로 전통 지식체계를 일관하고 근대 학문으로서의 보편성과 조선적 특수성을 수립했다는 점에서 특별한 의의를 갖는다. 안확은 조선 문명발달사의 두드러진 특색으로 '정치제도', '윤리', '철학'의 3대 발달을 꼽았고, 특히 윤리도덕을 위주로 한 문화로 인해 근세 500년간에는 종교가 없었다고 보았으며, 정치와 윤리를 모두 철학의 하위에 있었던 것으로 파악했다. 또한 조선철학사가 서양에 비해 명확히 다른 특색은 추상적이 아니고 구상적이며, 지성智性이 아니고 정성情性이며, 사람과 우주를 일체로 보는 관념이라고 했다.[30]

세계대전 이후 동아시아 지식인들은 서구 근대 문명의 근간에 대해 회의하고 종래의 전통 지식체계를 돌아보게 되었다. 서구의 '권리', '개인주의' 사상이 비판의 중심에 놓이고, 서구의 역사는 이권을 두고 벌이는 쟁탈전의 역사로 폄하되었다. 비록 수많은 철학자들의 노력으로 물질, 기술에는 도움이 되었지만 인류, 세계평화에는 조금도 공헌한 바 없이 해만 끼쳤고, 수십 년 전에야 영육일치론, 실천주의, 윤리주의론 등이 생겨나 떠받들지만 동양에는 공자 때 이미 완성된 것이라는 문화적 우월의식이 표출되었다.[31]

---

30 이태진 외, 「조선철학사상개관」, 『자산안확국학논저집自山安廓國學論著集』 4권, 여강출판사, 1994, 40~41쪽; 박홍식, 「자산 안확 철학사상의 한국 철학사적 의의」, 『동양철학연구』 33, 2003 참조.

3. '철학'과 '과학'

'격치'나 '격물'과 함께 'philosophy'의 번역어로 경쟁하던 '철학'이 경쟁에서 우월한 지위를 점하게 된 데는 'science'의 번역어로 '격치'나 '격물'이 사용되었다는 점도 간과할 수 없다. 메이지 초기까지 '과학科學'은 사이언스science의 역어로도 쓰였지만, '학(문)' 또는 학문 분과를 의미하는 '학과學科'와도 혼용되었다.[32] 본래 사이언스라는 용어 자체가 학이라는 의미를 포함한 데서 연유했겠지만, 인문학과 대비되는 과학의 의미가 일반화되기까지는 더 오랜 시간이 걸렸다. 송대 이후 유교의 이기론적 자연관은 본래 박물의 일부였던 중국의 고대 자연과학 지식을 하나의 체계로 통합시켰다. 어떤 의미에서 이는 지식체계가 도덕을 궁극적 관심으로 삼는 유교의 기본 구조에 편입되었음을 분명히 보여준다. 그런데 량치차오는 1902년 「격치학의 연혁에 대한 간략한 고찰」이라는 글을 탈고한 후에는 거의 '격치'로 '과학'을 지칭하지 않았다. 그는 science의 번역어 교체라는 대세를 흔쾌히 받아들여 '분과학문'의 하나인 '과학'으로 '격치'를 대체했다.[33]

아리스토텔레스가 형이상학metaphysiika과 물리학physik을 구분한 오랜 역사에도 불구하고 철학과 과학의 경계는 명확하지 않았다. 서구 중세 대학에서 철학과 과학은 서로 구분되지 않는 한 덩어리로 존재했다. 과

---

31 설태희, 「有憂의 士에 與함」, 『삼천리』 제6권 제7호, 1934.6.1, 109~110쪽.
32 철학과 과학의 미분리를 보여주는 용례는, "其哲學研究와 科學中形而上學之心理倫理論理等諸學은 皆精科의 學이라"(『황성신문』, 「寄書 敬答北山下李奎澄氏」, 1906.10.20)처럼 1900년대 초반까지도 드물지 않게 발견된다.
33 진관타오 · 류칭펑, 양일모 외역, 『관념사란 무엇인가』 2, 푸른역사, 2010, 388~396쪽 참조.

학이라는 단어는 오늘날보다 훨씬 넓은 의미로 쓰였고, 체계적 학문 또는 지적 활동 전반을 가리켰으며, 모든 학문 분야를 과학이라고 부를 수 있었다. 물론 철학이라는 말은 더욱 포괄적으로 사용되어 인간의 지식과 학문의 모든 분야를 통합하여 철학이라고 지칭할 수 있었다.[34] 지금처럼 철학과 과학이 별개의 학문으로 분리된 것은 서구에서도 그리 오래되지 않았다. 결정적인 변화는 근대과학기술혁명에서 비롯되었고, 자연을 대상으로 하는 과학이 철학에서 분립되었다. 인간과 자연의 분리를 촉진한 17세기 과학혁명은 '물질'과 '운동'에 '힘'이라는 개념을 첨가한 뉴턴에 이르러 완성되었는데, 『자연철학의 수학적 원리*Philosophiae Naturalis Principia Mathematica*』로 서양 근대과학의 기계론적 특성은 더욱 확고해졌다.

이처럼 서구 역사상 오랜 기간 의미 변화를 거친 철학과 과학 개념이 동아시아에 전파될 때, 수용자들에게는 어떠한 변화가 일어났을까. 철학을 포함한 개념의 수용은 일차적으로 번역의 과정을 거친다. 번역은 당대 지식인들이 지닌 언어와 문자, 역사와 문화적 전통의 매개를 통해 이루어진다. '격치'는 대표적인 용례인데, '격치'가 '철학'과 '과학'의 번역어로 동시에 사용된 데는 지식과 도덕을 통합적으로 사유했던 유학의 전통이 자리하고 있었다. 이렇듯 '철학'의 출발어source language가 지닌 의미는 도착어target language에 이르러 변화를 일으킬 수밖에 없었다. 그러나 수용자들은 출발어가 지닌 역사적 의미 변화나 과정 자체보다는 개념의 현재적 의미에 착목하여 도착어를 구성했고, 이때 개념은 일종의 사상적 동인으로서 구성원의 의식과 사회변화를 촉진하는 기제로 작동했다. 이렇게 당대인의 기대지평과 맞물려 개념이 사회변화를 촉진하

---

34 김영식, 『과학, 인문학 그리고 대학』, 생각의나무, 2007, 86쪽.

는 요소가 되는 '개념의 운동' 양상은 제국을 욕망했던 주변부 국가들에서 찾아볼 수 있는 하나의 특징이다. 한국에서도 1905년 이후 '철학'과 '과학'을 둘러싼 담론이 본격화되었는데, 각 개념의 의미장과 지식체계의 변화를 확인할 수 있다.

이창환의 「철학과 과학의 범위」[35]는 철학·과학 개념의 역사적 의미 변화를 개관한다. 고대인의 인지로 밝힐 수 없었던 자연현상은 철학의 영역에 속했지만, 학문이 발달함에 따라 철학은 형이상의 무형한 사상과 심리학으로 과학은 형이하의 물리학, 이화학으로 나뉘게 된다. 흥미로운 것은 인지의 발달로 철학에서 과학이 점차 나뉘었음을 인정하면서도 철학의 영역이 오히려 넓어졌다고 보는 점이다. 근대에 이르게 되면 분과학문의 발달과 더불어 양자의 분리가 가속화된다. 본래 철학의 영역에 속했던 여러 분야가 자체 연구방법의 발달과 학문 정체성을 획득함으로써 더는 철학 안에 머무르기 곤란해졌다. 당연히 철학의 영역이 줄어들었다고 해야 타당할 텐데, 필자는 과학이 진보함에 따라 철학의 범위가 확장된다고 보았다. 여기에는 철학과 과학의 영역 문제에 국한되지 않는 어떤 사고가 기저에 놓여 있다. 관찰, 실험기구의 발명과 이로부터 도출된 결과는 과거 수천 년 동안 축적된 지식을 재편했다. 미지의 영역은 줄어들었지만, 과학 발달에 비례하여 세계는 더 확대되고 더 미시화되었다. 과거와 비교하여 확장된 인지는 한편으로 밝혀내야만 할 더 많은 것들이 존재함을 확인해 주었다. 따라서 필자는 과학의 진보에 따라 철학의 범위가 협소해지는 것이 아니라 오히려 확장한다고 볼 수 있었다. 여기서 철학은 여전히 과학으로 해명할 수 없는 영

---

35 이창환, 「철학과 과학의 범위」, 『대한학회월보』 제5호, 1908.6.25, 16~18쪽.

역을 담당한다는 것이다.

「제학석명절요」[36]에서는 과학을 계통적 학리學理를 갖는 학문으로 정의한다. 이때 과학은 좁은 의미의 자연과학만을 가리키지 않는다. 계통적 학리란 체계화된 지식으로서 넓은 의미로는 '학문'을 뜻하기 때문이다. 연구대상도 사실과 원리를 모두 포함한다. 전자는 관찰과 실험, 인과론에 따라 지식을 귀납적으로 도출하고, 후자는 보편적 원리와 진리에 의거해 연역적으로 지식을 추론한다. 주목할 점은 과학의 분과와 내용, 그리고 철학의 배치다. 필자는 형식적 과학과 실질적 과학으로 대별하고, 수학을 전자에 배치한다. 실질적 과학은 다시 정신적 과학과 자연적 과학으로 나누는데, 심리학·윤리학·논리학·정치학·법률학·사회학·교육학·산학·경제학·사학 등이 여기에 포함된다. 철학은 이러한 분류에서 제외되었는데, 원리와 순수한 이론에 속한 학문이기 때문이다. 이어 이론의 영역으로 "일본 최근 학자가 '철학'이라 한 것"을 예로 들고 있다. 여기서 철학은 정신적 과학, 자연적 과학, 형식적 과학에도 포함되지 않는 순수 이론의 영역으로 축소되고 만다.

'과학'은 진보와 발전의 원동력이자, 종래 도달해야만 할 근대국가와 국민 형성의 필수요건으로 호명되었다.[37] 과학이 실학의 지위를 차지하면서 전통 지식체계는 '과학'을 기준으로 재분류되고, 공리공론의 '비과학적 요소'들의 제거를 요청 받았다. 「인류의 사상 변천과 재래 종교의 가치」[38]라는 논설은 인류의 지식 발달을 종교로부터 철학, 철학에서 과학으로 이어진 것으로 설명함으로써 철학과 과학을 의식적으로

---

36 「諸學釋名節要」, 『서북학회월보』 제11호, 1909.4.1, 8∼11쪽.
37 김영재, 「과학의 급무」, 『태극학보』 제20호, 1908.5.24, 9쪽; 박해원, 「국민의 지식보급설」, 『대한흥학보』 제3호, 1909.5.20, 9쪽.
38 임주, 「인류의 사상 변천과 재래 종교의 가치」, 『개벽』 제36호, 1923.6.1, 19쪽.

분리하고 있다. 고대와 중세의 사상은 종교적이고, 중세로부터 18세기까지는 철학적이며 18세기 이후는 과학적, 곧 실증적이라고 보는 단계론은 진화론적 사고의 전형이자 과학주의의 습합으로 평가할 수 있다.

이해조의 「윤리학」[39]은 자연과 분리되고 자연을 이용하는 근대적 주체 관념을 보여주는 극적인 예다. 이런 관점에서 근대과학 개념의 수용은 1920년대 유행한 '자조론'의 사상적 동인이라고 할 수 있다. 근대 과학과 인지의 발달로 인해 숭배와 경외의 대상이었던 자연은 이제 인간의 지배 대상으로 탈바꿈되었다. 과학으로 대표되는 상식은 교육의 급무이자 근대 국민이 갖추어야 할 필수요소가 되었고, 국가 사회 경영의 목표가 되었다. 결국 철학과 과학 개념의 유입은 인간과 우주 자연을 유기체적으로 인식했던 세계관의 변화를 가져왔고, '천도天道'로부터 '인도人道'의 정당성을 포착했던 전통적 지식체계를 해체하고 새로운 윤리관으로의 대체를 추동했다.

4. '철학'과 지식체계의 탈구축

'철학' 개념의 수용은 종래의 지식체계에 철학을 배치하는 것뿐만 아니라, 전통 지식체계를 근대적 학문으로 재배치하는 데로 나아갔다. 서양 근대 학술의 유입은 이전까지 너무나도 자명한 진리였던 전통 지식이 학문으로서 효용성을 입증해야 할 상황으로 내몰았다. 유학은 이

39　이해조, 「윤리학 (속)」, 『기호흥학회월보』 제9호, 1909.4.25, 28~30쪽.

제 진리의 객관성을 담보하는 '과학'으로 거듭나지 않는 이상, 지나간 학문이나 허황된 학문으로 끊임없이 추락할 수밖에 없었다.

서양철학 수용 초기에 'philosophy'에 대응하는 용어로 '격치', '궁리', '성리', '철학' 등이 혼용된 사실은 개념사적 관점에서, 단순히 번역의 문제를 넘어 전통적 지와 근대적 지의 충돌과 연쇄를 보여준다. 특히 서양철학 개념에 대한 주체적인 해석과 수용은 전통적 지식체계가 완전히 해체되기 전에 더 적극적으로 진행되었는데, 전통 지식체계와 그 의미장 안에서 새로운 지식을 수용할 수밖에 없었기 때문이다. 철학 관련 개념 대부분이 일본을 통해 수용된 점은 한자라는 문자의 친연성에 의존한 면이 상당하지만 일본의 필요에 의해 취사 선택 되고 독해된 것을 여과 없이 이전한 점은 비판적으로 검토해야 한다. 이미 당대에 한치관은 다음과 같이 지적했다.

> 조선의 문명이라고 하려면 타인의 문명을 그대로 등사하여 가지고 안 된다. 오늘날 서구에서 일본의 문명을 무가치하다고 비판함은 일본이 서구의 문명을 그대로 등사한 연고다. 그런즉 조선인으로 조선인의 성품에 의하여 신문명을 창작하지 아니하고 일본의 문화를 그대로 통역하면 이는 본의도 통역한 것이 못되고 제2차 통역한 것이 될 것이다. 철학의 일면을 또 보라. 현대의 주의가 많기는 조선이 세계 제1위에 처하였으리라. 그러나 그 내면을 보자. 그 만단萬端의 주의 중에서 조선인의 특수성을 대표할 주의가 있는가.[40]

철학의 식민성 문제는 단순히 개개 용어의 문제를 넘어서 어떤 철학

---

40 한치관, 「특수적 조선인」, 『동광』 제8호, 1926.12.1, 32쪽.

이 주로 수용되었는지 그리고 당대 사회에 어떠한 동력으로 작동했는지를 되물어야 한다.

한국 근대철학은 전통적 세계관과 근대적 세계관, 학문의 보편성과 특수성, 식민성과 탈식민성 등이 중층적으로 습합되는 과정에서 구축되었다. 한편으로 보면 외래 사상 수용의 일단으로 치부할 수도 있지만, 해방 이후 한국 인문학 형성과정과 현재 우리 학술 사상에 미친 영향은 결코 적지 않다. 근대 이행기에 수용된 학술 개념에 대한 역사의미론적 접근은 결국 역사로서의 근대가 아니라 현재에 대해 질문을 던지는 것이라고 할 수 있다.

제2부

'철학' 개념의 수용과 지식체계의 탈구축

1. '철학'의 부침과 비동일성

근대 이전 유교적 지식체계가 해체되고 변용되는 과정과 한국 근대 인문학 탄생이 맞물려 있다는 역사적 사실은 현재 우리 지성사의 단절과 길항을 예고한 것이었다. 비록 일제 강점기 조선학운동과 국학 연구가 일부 있었으나 식민주의 타자성을 각인한 태생적 한계를 지닌 것이었다. 국가의 상실 속에서 고유의 정체성을 발현하려는 일련의 시도들은 '민족'의 과잉을 낳았고 근대 학제로 편입되지 못한 채 학문의 주변부를 한동안 맴돌았다. 특히 문학이나 역사와 달리, 그 대상을 일찍이 특정할 수 없었던 근대 이전의 한국 '철학'은 서양철학의 수용에 따라 탈구축되었다. 유교, 불교, 도교 등의 사상적 인자를 서양의 필로소피에 비추어 철학으로 이해하고 해석한 것은 근대 이후의 일이다. 결국 '한국철학'이란 근대 이후 만들어진 구성개념인데, 현재는 한국의 전통 철학과 근대 이후 재구축된 한국철학을 포괄하는 의미로 사용하고 있다.

철학이 동서양의 보편적인 학문으로 인식된 데에는 개념의 유입뿐만 아니라 상이한 문화지리적 특성과 사유 전통 속에서 철학으로 묶을 수 있는 공통의 요소를 발견했기 때문이다. 철학이란 조어를 만든 니시 아마네는 초기에 필로소피를 서양의 유학이라고 기술했다. 공통점 내지 동질성의 발견은 대상을 인식하는 주체의 주관적 경험과 서술체계 때문이다. 그러나 지금은 필로소피를 서양의 유학이라고 부르지 않는다.

근대 이전의 유교 지식체계는 서양 철학 개념의 수용으로 인해 그 의미장에 변화를 일으켰다. 문명의 표상이었던 유교적 가치와 질서는 해체되고 서양 열강이 문명으로 등장하면서 반개와 야만으로 전락하였다. 한편으론 유교에 변함없는 신뢰를 보내던 유림도 상당수 존재했다. 이들은 지식체계의 균열을 막기 위해 서양에서 발원한 개념(어)의 수용과 그에 수반된 기성 개념의 의미 변화를 의식적으로 회피하면서 새로운 문명과 질서에 대해 비판적 시각을 견지했다.

철학 개념의 수용 양상은 유교 전통을 강화하려는 움직임보다 전통에 의문을 제기하고 파괴도 마다치 않았던 계몽적 지식인들에게서 더욱 쉽게 관찰된다. 이들이 논의한 유교는 본래 이념에서 멀어진 말폐적 현상이지만, 개념 충돌과 굴절 양상은 유교적 지식체계 전반에 영향을 미쳤다. 신문과 잡지에서 계몽 담론을 활발하게 전개했던 다수의 지식인은 이미 느슨해질 대로 느슨해진 유교적 가치와 질서에 변화를 요구하였다. 동학은 물론이고 서양의 기독교와 사회진화론을 비롯한 신학문의 세례를 받은 이들에게 잔존하는 유교의 구태는 일소와 개혁의 대상이었다. 반면 철학은 서양 고대 문명의 기원이자 정치와 과학을 발달시킨 근본적인 학문이라는 게 수용자들의 이해였다.

지금은 현실과 동떨어진 무용한 학문으로 외면당하는 철학이 한때는 '문사철'로 회자할 정도로 인문학의 근간이었고, 심지어 수용초기에는 제국의 문명과 권력을 일궈낸 토양이자 원동력으로 인식되었다는 점은 철학의 부침을 보여준다. 이제 1890년대 문명개화 담론에서 분과학문의 하나로 학제에 편성되는 1920년대까지 철학이라는 번역어의 정착 과정과 철학의 수용이 전통 지식체계에 미친 영향을 살펴보자. 근대 전환기 철학 개념 수용과 전환에 대한 탐색은 그 언표가 기존의 사유 틀과 지식체계에 일으킨 변화를 역동적으로 재구성하는 일이다.

2. 철학과 리학의 경쟁 - 『백일신론』, 『철학자휘』

'철학'이 philosophy의 번역어로 사용된 것은 일본의 니시 아마네 1829~1897에 의해서다. 그는 『백일신론』(1874)의 말미에서 "교敎의 방법을 세우는 것을 필로소피ヒロソヒ, 번역하여 철학哲學이라 명한다"고 하였다.[1] 여기서 '백일'이란 '백교일치百敎一致'를 줄인 것으로 백 가지 학문의 궁극적 귀착점 내지 공통점을 모색한다는 의미다. 니시 아마네는 철학이 백교일치의 학으로서 물리와 심리를 통합하는 학문이지만, 유학은 점차 심리상의 학문으로 축소되어 서양의 철학이 동양의 유학보다 우위에 서게 되었다고 보았다.[2]

와다가키 겐조和田垣謙三1860~191 등이 편찬하고 이노우에 데츠지로井上哲次郎1855~1944가 감수한 『철학자휘』(1881) 초판본은 철학 관련 용어를 알파벳순으로 나열하고 그에 대응하는 번역어를 실은 이중어사전이다.[3]

---

1 西周, 『百一新論』 卷之下, 山本覺馬藏版, 1874, 35~36면. 이 책은 메이지 6년 8월 관의 허가를 받아 메이지 7년 3월에 상하 두 권으로 출판[彫成]한 것으로 되어 있다.
2 김성근, 「니시 아마네西周에 있어서 '理' 관념의 전회와 그 인간학적 취약성」, 『대동문화연구』 73집, 2011, 213쪽.
3 이 책의 저본은 英人 弗列冥의 『哲學字典』이라고 서언에서 밝혔다. 이는 William Fleming의 『Vocabulary of Philosophy』를 가리킨다. 초판 서문이 1856년으로 되어 있고, 2판은

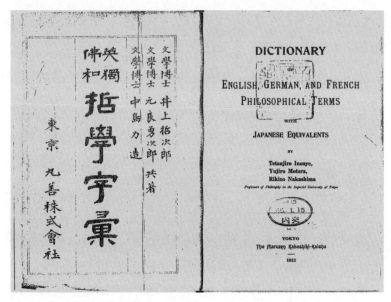

니시 아마네는 철학을 구주의 유학이라고 소개한 바 있다. 신조어 철학과 전통적인 학술용어 리학 사이의
번역어 경쟁과 철학 개념의 정착과정을 살펴볼 수 있는 『철학자휘』.

서언에 의하면 선배들이 번역한 것 가운데 타당한 것을 모아 수록하고
그밖에 새로운 번역은 여러 서적을 참고하여 확정하고 그 의미를 알기
어려운 것은 각주를 달아 이해를 도왔다고 한다. 'philosophy' 항목을
보면, philosophy의 번역어로는 철학哲學을 사용했지만, 철학과 관련된
합성어 번역에는 철학과 이학理學을 혼용하였다.[4]

'리학理學'을 철학으로 바꾸고 기타 용어를 현대어로 바꾸면 비판철
학, 신학, 경제철학, 도덕철학, 자연철학, 정치철학, 실증철학, 회의철
학, 종합철학, 이론철학, 초월철학 또는 선험철학 등이 될 것이다.

1860년에 나왔다. 색인어가 560항목이며, 전체 분량은 용어색인을 포함하여 총 662
쪽에 이른다.
4   井上哲次郎, 『哲學字彙』, 東京大學三學部印行, 1881, 66~67면.

Critical philosophy	비평이학(批評理學)	Divine philosophy	신이학(神理學)
Dogmatic philosophy	독단철학(獨斷哲學)	Economical-philosophy	재리학(財理學)
Emperical philosophy	경련철학(經練哲學)	Ethical philosophy	윤리학(倫理學)
Mental philosophy	심리학(心理學)	Moral philosophy	도의학(道義學)
Natural philosophy	물리학(物理學)	Political philosophy	정리학(政理學)
Positive philosophy	실험철학(實驗哲學)	Practical philosophy	실천이학(實踐理學)
Sceptical philosophy	회의이학(懷疑理學)	Speculative-philosophy	사변철학(思辨哲學)
Synthetic philosophy	총합철학(摠合哲學)	Theoretical-philosophy	사고철학(想考哲學)
Transcendental-philosophy	초절철학(超絶哲學)	Philsopher	철학사(哲學士)
Philosophism	궤변(詭辯)	Philosophization	구리(究理)

리학과 철학을 혼용한 이유는 신조어 '철학'이 담지 못한 의미를 리학이 담보했기 때문이다. 물론 philosophy를 철학으로 번역한 데는 서양철학과 동양의 리학을 구분하려는 의도가 있었다. 그러나 메이지시대 한학 폐기의 경향에 저항했던 지식인들은 리학을 여전히 philosophy의 역어로 사용함으로써 동양사상과 서양사상 사이의 연속성에 주목하고자 했다.[5] 아울러 이문화권에서 발신한 낯선 용어에 적절한 대응어를 찾는 번역 과정은 '서양의 유학', '서양의 도학'과 같이 상통하는 요소 또는 동질성(유사성)을 찾는 시도로부터 출발한다는 점도 간과해서는 안 된다.

이노우에는 3년 후 아리가 나가오有賀長雄1860~1921와 함께 『철학자휘』 증보판을 발행한다.[6] 초판본과 달리, 'Deductive philosophy—演繹哲學', 'History of philosphy—哲學史', 'Inductive philosophy—歸納哲學', 'Oriental philosophy—東洋哲學' 등 새로운 용어가 추가되었고,

---

5 김성근, 「메이지 일본에서 '철학'이라는 용어의 탄생과 정착—니시 아마네西周의 '유학'과 'philosopy'를 중심으로」, 『동서철학연구』 59, 2011 참조.
6 메이지 17년, 1884년 東洋館 발행.

'Economical philosophy'의 번역어가 재리학財理學에서 이재학理財學으로 변경되었다.[7] 초판본에서 쓰인 '~리학'이 '~철학'으로 바뀐 사례는 보이지 않는다. 연역 및 귀납 철학, 철학사의 등장이 눈에 띄지만 무엇보다 동양철학이 추가된 점이 흥미롭다. 서양 문헌에서 '동양철학'이 언제 처음 쓰였는지 고증하긴 어렵지만, 서양의 철학에 비견할 동양의 그 무엇을 '철학'으로 개념 짓고 해석하기 시작했다는 점에서 주목에 값한다.[8]

1912년에 발행된 『철학자휘』는 영어, 독일어, 불어, 일본어를 함께 표기했고, 초판 당시 문학사였던 이노우에가 문학박사가 되어 모토라 유지로元良勇次郎, 나카지마 리키조中島力造 등과 함께 펴냈다. Philosophy의 번역어로 철리와 철학을 함께 제시하였는데, "니시 아마네의 번역어, 학설에 말하기를 철학은 구주歐洲 유학儒學이다. 지금 철학으로 번역한 까닭은 동방東方 유학儒學과 구별하기 위해서다"라고 주석을 덧붙였다.[9] 필로소피 항목에는 세포철학細胞哲學, 물시신철학物是神哲學, 무의식철학無意識哲學, 정신철학精神哲學, 종교철학宗教哲學이 추가되었고, 비평철학은 비판철학과 함께 표기하였으며, 신리학神理學은 신학神學, 이재학理財學은 이재철학理財哲學과 경제철학經濟哲學으로, 도의학道義學은 도의철학道義哲學으로 바뀌는 등 심리철학心理哲學과 심리학心理學을 함께 기재한 것을 제외하고는 증보판에까지 보였던 '~리학'이 모두 '~철학'으로 바뀌었다. 『철학자휘』의 필진은 더 이상 유학의 용어인 리학을 필로소피의 번역어로 사용하지 않았다. 철학과 리학의 경쟁에서 철학은 살아남고 리학은 배제된 것이다.

---

7 위의 책, 91~92면.
8 위의 책, 23면. Confucianism은 초판과 달리 孔教에 儒學을 번역어로 덧붙였고, 1912년 판본에서는 여기에 儒教를 추가하였다.
9 井上哲次郎, 元良勇次郎・中島力造, 『哲學字彙』, 丸善株式會社, 1912, 114~115면.

3. 이중어사전의 철학 번역

근대 한국의 이중어사전에서도 근대 개념어의 번역과 유통을 확인할 수 있다. 영한자전에서 Philosophy는 학, 학문, 리(Underwood 1890), 격물궁리(Scott 1891) 철학 哲學(Jones 1914), 철학 哲學(Gale 1924), 철학 哲學, 철리 哲理, 원리 原理, 리론 理論, 학 學(Underwood 1925)으로 번역되었다. 이처럼 사전에 필로소피의 번역어로 철학이 기재된 것은 1914년으로 상당히 늦다. 필로소피의 합성어로는 Chinese Philosophy 유도 儒道, mental philosophy 심리학 心理學, moral philosophy 도덕학 道德學, natural philosophy 리학 理學(Jones 1914)과 natural philosophy 조연철학 自然哲學, 물리학 物理學, mental philosophy 심리학 心理學, moral philosophy 륜리학 倫理學(Underwood 1925) 등이 있다. 존스의 영한사전에서 chinese philosophy를 유도儒道로 번역한 점이 특기할 만하다. 이는 오리엔탈 필로소피를 동양철학으로 번역한 1884년판 『철학자휘』, 또 3판에서 니시 아마네가 필로소피와 유학을 구별하기 위해 철학을 의도적으로 선택한 것과 비교하면 더욱 흥미롭다. 사전을 편찬한 서양인의 눈에 비친 중국의 철학이 유도였던 데는 계몽주의 사조에도 영향을 줄 정도로 '공자의 철학'이 이미 서양에 알려진 것도 한 몫했을 것이다.

이밖에 Natural philosophy는 텬성지학, 셩리지학, 격물궁리(Underwood 1890), 물리학 物理學, 궁리학 窮理學(Jones 1914), 조연철학 自然哲學(Gale 1924) 조연철학 自然哲學, 물리학 物理學(Underwood 1925)으로 번역되었고, Physics는 리학 理學, 물리학 物理學(Jones 1914-Underwood 1925) 등으

로 번역되었다. 이와 같이 철학 관련 초기 번역어로 천성, 성리, 궁리 등 유학 용어가 사용되다가 점차 철학으로 대체되었음을 알 수 있다.

한영자전에서 철학 哲學이 Philosophy로 번역된 것은 Gale(1911~1931), 김동성(1928)이고, 궁리 窮理는 Fancy; conceit; design(김동성 1928), investigation; study; research(Gale 1931), 격물학 格物學은 Philosophy; natural science(Gale 1911), natural science(Gale 1931), 격물치지 格物致知는 Knowledge obtained by the study of nature(김동성 1928), Knowledge depends on investigation(Gale 1931)으로 번역되었다.[10] 이처럼 격물, 격치, 궁리 등 유학의 학술용어 상당수가 철학, 자연철학, 물리학의 번역어로 사용되었음을 알 수 있다. 한국은 일본보다 유학의 전통이 강했지만 이런 전통이 번역 상황에 반영되었다고 보기는 어려울 듯하다. 근대 한국의 이중어사전을 편찬한 서양인들은 한국 성리학에 대한 이해보다는 중국이나 일본의 전례가 번역에 더 중요하게 작용했으리라 판단되며, 철학이라는 신조어가 일본에서 만들어진 후 한국에 정착하기까지 더 많은 유통과정과 시간이 필요했기 때문이다. 아울러 이처럼 유학적 색채를 띤 용어가 번역어로 더 오랫동안 남아 있었던 까닭으로 일본이나 중국처럼 서양서적에 대한 주체적인 번역이 동시대 한국에서는 거의 전무하다시피 했다는 점을 들 수 있을 것이다. 점차 유학 용어의 대비 없이 철학이 독립적으로 쓰이게 된 것은 유학 용어가 지닌 본래의 의미로 인해 번역 대응 관계가 원만하지 않았기 때문이며, 한편으로는 철학이란 용어의 대중화가 일정정도 이루어졌음을 의미한다.

---

10 철학 관련 한영 / 영한 대응관계의 정리는 황호덕·이상현, 『개념과 역사, 근대 한국의 이중어사전』 1, 박문사, 2012, 181~184쪽 참조.

근내 분과학문의 발달은 철학의 영역에 포괄되었던 자연철학을 점차 과학의 영역으로 분화·이전시켰다. 철학은 형이상학, 논리학, 윤리학으로 그 영역이 점차 축소되어 갔다. 격물, 격치, 궁리 등의 용어가 철학의 번역어에서 점차 사라지게 된 것은 분명 철학이라는 신조어의 수입과 관련되지만, 더불어 격물, 격치, 궁리 등의 용어가 이제는 필로소피를 설명하기에 적합하지 않게 된 상황도 간과해서는 안 된다.[11]

서양 학문 수용이 문명개화의 급무가 되고 경쟁과 진화의 원리가 천연의 법칙으로 받아들여지는 상황에서 유학은 점차 현실의 효용을 다하고 고쳐야 할 과거의 관습이 되거나 문명의 발달과 진보를 가로막는 장애물처럼 여겨졌다. 반면 철학은 서양의 발달한 근대 문명을 낳은 원동력으로 비쳤고, 지식인들은 철학을 소개하고 계몽의 도구로 활용했다.

4. 이정직과 이인재의 서양철학 이해

이정직李定稷은 1868년 1년간 연행사를 수행하여 북경에서 서양 신학문을 섭렵하고 돌아온 후 「강씨철학설대략康氏哲學說大略」을 집필하였다. 박종홍은, 이정직을 우리나라 최초의 서양철학자로 보고, 량치차오가 칸트의 철학을 불교의 화엄사상과 연결하여 설명한 데 비해 이정직

---

11 진관타오에 따르면, 중국에서는 '리학'이 더 이상 근대적 상식과 교양을 대변하는 용어가 되지 못했고 철학과 과학이 그 자리를 점차 대신하게 되었다고 한다(진관타오·류칭펑·양일모·송인재·한지은·강중기·이상돈 역, 「제7장 '격물치지'에서 '과학'·'생산력'」, 『관념사란 무엇인가』 2, 2010 참조).

은 유학사상에 연결 지어 설명한 것이 독자성을 인정할 만하다고 평가했다. 칸트가 말한 "천리의 자연에 따르는 것이 진짜 자유"라는 구절을 "유학에서 말하는 본연지성"으로 해석하는 등 유학의 시각으로 서양철학을 재해석한 것이다.[12]

또한 「베이컨 학설倍根學說」은 1903년에 간행된 량치차오의 『음빙실문집』 '학설'편에 있는 「근대문명의 시조 베이컨, 데카르트의 학설近代文明初祖 倍根 · 笛卡兒之學說」 가운데 「베이컨 실험파(또는 격물파)의 학설倍根實驗派之學說(亦名 格物派)」을 거의 그대로 옮겨 적은 것임이 밝혀졌다.[13] 량치차오의 서양 철학자와 그 학설에 관한 소개는 대개 나가에 초민中江兆民, 1847~1901의 『이학연혁사理學沿革史』를 참고하여 발췌 · 주해한 것이다. 예를 들면 「근세 제일의 대철학자 칸트의 학설近世第一大哲康德之學說」도 그러하다. 량치차오는 일본 망명시절 나가에 초민의 『이학연혁사』 제4편 근대의 이학 제8장 「제18세기 일이만의 이학 칸트」를 발췌 번역하면서 불교적 관점에서 주해하였다. 그런데 『이학연혁사』는 프랑스 알프레드 푸리에Alfred Jules Émile Fouillée, 1838~1912의 『철학사Histoire de la philosophie』(1879)를 번역한 것이다.[14] 량치차오를 매개로 한 서양 학설의 수용은 푸리에에서 초민으로, 다시 량치차오를 통해 한국에 수용되는 삼중역의 경로를 거치게 된다. 자연히 출발언어가 지닌 의미는 이러한 유통경로를 거치면서 왜곡 · 변질할 가능성이 크다. 그러나 철학이라는 개념어의 수용만을 놓고 본다면 이러한 변용이야말로 번역에서 불가피하게 발생하는 일이며, 동시에 번역주체의 가치관이 어떠한 영향을 미쳤는지 확인할 수 있는 자료

---

12 박종홍, 「이정직의 칸트 연구」, 『박종홍전집』 5, 1973 참조.
13 이현구, 「한문서학서와 근대적 학술 용어 형성의 문제(2)」, 『시대와 철학』 제16권 4호, 2005, 135쪽.
14 이는 다음 장 '양건식의 칸트철학 번역과 선택적 전유'에서 상세히 다룰 것이다.

가 된다. 위의 예에서 불어인 'philosophie'는 일차적으로 '리학'으로 번역되었고, 량치차오에 의해 다시 '철학哲學'으로 바뀌었다가 이를 한국에 소개한 양건식에 와서는 또 한 번 '격치'로 바뀐다. 철학이란 개념어가 시간과 공간을 이동하며 철학으로 앞서갔다가 다시 격치로 돌아가는 개념의 선택적 전유 selective appropriation와 일종의 역전현상이 발생한 것이다.

이인재(1870~1929)는 한주 이진상의 제자인 면우 곽종석에게서 유학을 공부하였다. 그는 『고대희랍철학고변古代希臘哲學攷辨』(1912)에서 철학을 다음과 같이 정의하였다.

서양철학사를 번역한 나가에 초민의 『이학연혁사』는 일본에서 철학의 초기 번역어로 이학이 사용되었음을 보여줄 뿐만 아니라 다양한 철학 관련 용어의 번역 용례를 관찰할 수 있는 자료이다.

철학에는 실로 셋이 있으니, 하나는 논리학이고 둘은 형이상학이며 셋은 윤리학이다. 비룡소비아飛龍少飛阿란 원래 희랍말로 예지睿知를 좋아함, 예지를 좋아하는 사람을 가리킨다. 지금은 이를 번역하여 철학이라고 하니 삼라만상의 법리를 연구하고 사물의 원리 및 존재를 찾아 풀어내는 것이다. 과학 같은 것은 곧 만상萬象 가운데 일리一理를 연구하여 그 실용을 찾는 것이다. 백과百科의 학이 어찌 철학에 기반을 두지 않겠는가.[15]

15   李寅梓, 「古代希臘哲學攷辨」, 韓國學文獻研究所編, 『省窩集』 권4, 1978, 385~386면.

만학의 기반인 철학의 영역이 점차 논리학, 형이상학, 윤리학으로 축소되어간다고 보는 시각은 1916년 출판된『중국철학사』서언에서도 발견된다. 이 책은 '철학'을 표제로 한 최초의 중국철학사로 판단된다. 서양철학을 유교의 관점에서 이해한 점이나 철학과 과학을 구분하여 철학의 근본적 성격에 방점을 두는 것도 이인재와 유사하다.

도술은 철학이고 방술은 과학이다. 옛적의 군자는 도술에 진력하여 그 전체를 얻었으니 유儒라고 불렀다. 양자운揚子雲은 "천지인天地人에 통하는 것은 유儒이고, 천지에는 통하고 인人에는 불통한 것은 기伎다"라고 하였다. 유儒는 철학이고 기伎는 과학이다. (…중략…) 고대에 도와 술은 모두 선비와 군자의 학이었으니 학을 말하면 도가 그 가운데 있었는데 관장하는 곳이 없어지고 학문이 흩어지게 되자 유학, 도학, 리학으로 불렀고 불씨를 의학義學이라 하고 서방은 철학이라고 했으나 그 실제는 하나다. 땅에는 중외의 구분이 있고 때에는 고금의 다름이 있지만 배우는 일과 궁구하는 이치는 본디 같지 않음이 없다.[16]

세우량이 유학과 철학의 유사성을 강조한 것은 양자 모두 도를 추구하는 본원적 학문으로 판단했기 때문이다. 이처럼 유학과 철학이 근본적으로 같은 학문이라면, 철학으로 중국 유학을 재해석하는 것도 무리가 없게 된다.

『고대희랍철학고변』「사론史論」[17]에는 철학, 명학名學, 수학, 천문학, 심리학, 윤리학, 생계학生計學, 정치학 등을 근대 학문으로 소개하면서,

---

16 梓潼 謝无量,『中國哲學史』,「緒言」, 中華書局, 民國5年(1916).
17 李寅梓,「古代希臘哲學攷辨」, 韓國學文獻硏究所編,『省窩集』권4, 1978, 381~384면.

희랍은 유럽의 어머니로, 아리스토텔레스는 근대 학문의 비조로 묘사했다. 그러나 서양이 역사적으로 고대 희랍철학으로부터 중세 기독교를 거쳐 근대 철학으로 발전해 온 반면 동양의 현실은 그렇지 못하다는 우려를 표명했다. 즉 서양 중세에 사상과 자유를 막았던 기독교가 근대에 들어서는 쇠퇴하고 철학이 다시 부흥했지만, 동양에 들어온 기독교는 '동양철학'의 부흥을 어렵게 한다는 것이다.

이 글에도 '동양철학'이란 용어가 나오는데, 고대에 융성했던 동양철학은 희랍을 넘어서며 동양의 문명이 희랍보다 앞선 것도 역사가 충분히 증명한다고 주장한다. 그러나 현실은 역전되었다. 사론의 문제의식은 철학과 기독교에 대한 역사적 이해에서 분명하게 드러난다. 서양철학에 대해서는 다소 우월한 입장을 견지하면서도 기독교에 대해서는 패배적인 모습을 보인 까닭은 무엇 때문일까. 사실 유교 진영은 신학문의 수용에 대해서도 찬·반, 절충으로 갈려 만학과 경쟁하는 사태를 경계했다. 그래도 신학문은 지식의 영역에 속했지만 기독교의 확장은 그렇지 않아도 약화된 유교의 종교적 위상을 위협했기 때문이다.

5. 철학 관련 담론들

현재까지 확인된 바로 국내에서 '철학'이란 용어가 처음 나타난 문헌은 1888년 2월 6일자 『한성주보』이다. 이 기사는 동경도서관의 근황을 소개한 것으로써 일본·중국·서양 서적의 당시 분류방식도 살펴볼 수 있다. 총 9개로 된 분류체계에서 '철학'은 종교 다음이며, 이어

문학, 역사, 법정, 이학, 공학 순으로 되어있다.[18] 당시 신문의 외보外報
는 대부분 일본이나 중국의 신문 기사를 편집하여 전제한 것으로써 이
것만으로는 철학 개념의 수용 정도를 판단하기 어렵다. 신문의 편집자
가 '철학'이란 개념을 실제로 어떻게 이해했는지 알 수 없기 때문이다.
이에 앞서 『한성순보』「각국학업소동」이란 기사는 태서 각국의 학제가
대동소이하다면서, 민간학교에서는 자국[本國]의 언어문자를 기본으로
하여 독서와 작문, 필산과 심산, 지구도설 등의 교과를 두고 대서원大書
院에서는 희랍로마 고문을 정규과목으로 하여 측산 격치에 이어 의학,
법학, 성학性學, 도학道學 등 여러 학업을 이룬다고 하였다.[19] 여기서 성학
은 철학을, 도학은 신학을 가리키는 것으로[20] 철학 이전에 성학이 필로
소피의 번역어로 사용되었음을 알 수 있다.

일본이 동아시아의 패자로 본격 등장한 계기를 서양 열강의 불평등
한 치외법권을 폐지하고, 자신은 약소국에 대해 치외법권을 획득한 것
으로 파악한다. 『독립신문』「익국론 (젼호련속)」,[21]에서는 일본처럼 우리
도 애국하여 나라를 강하게 해야 한다고 주장한다. 이 글은 량치차오의
글을 편집자가 전제한 것으로 애국의 방법으로 연합과 교육을 들면서,
정치에 뜻있는 자는 서양 학교에서 가르치는 사회학, 국가학, 행정학,
경제학, 철학을 배워야 한다고 강조한다. 이처럼 철학이 국가를 부강하

---

18 「曝書閑話」, 『漢城周報』, 1888.2.6.
19 「各國學業所同」, 『漢城周報』, 1884.3.18.
20 神學은 도학뿐만 아니라 經學으로 번역되기도 했다. 예를 들면, 국권회복과 자주독립
    을 위해서 新學問을 닦고 힘쓸 것을 강조한 여병현이 서양 제국과 일본의 교육제도를
    소개하면서, 교과는 실학을 위주로 하되 經學(敎化), 法學(治體得失·法律利害), 智學
    (格致, 性理, 言語, 文字), 醫學 등 4과로 구성되어 있다고 한 데서 확인된다(呂炳鉉,
    「新學問의 不可不修」, 『대한협회회보』 제8호, 1908.11.25, 11~12쪽).
21 「익국론 (젼호련속)」, 『독립신문』, 1899.7.28.

게 만든 하나의 동력으로 소개되는 데는 철학이 만학의 기초라는 인식이 밑받침 했다.

『황성신문』에서는『청의보淸議報』의 근황을 소개하는 기사에서 처음 '철학'이 등장한다. 『청의보』는 무술변법 실패 후 일본으로 망명한 량치차오가 1898년 창간한 신문이다. 량치차오는 서세동점의 상황에서 중국인의 나태와 무지를 경계하고, 동아시아 여러 지식인을 교도할 목적으로 이 신문을 발행하였다. 「지나철학신론支那哲學新論」과 「청국정변시말淸國政變始末」이란 두 논문을 소개하는 대목에서[22] 량치차오가 이미 1900년대 이전에 '중국철학'을 상정하고 있었음을 알 수 있다. 그러나 1800년대 말까지 신문에 나타나는 철학 용어는 대체로 서양 학문 가운데 하나로 거론될 뿐 그 이상으로 의미를 정의하거나 부연하여 설명하는 예가 거의 없다. 철학이 무엇이고, 왜 배워야 하는지, 인접 학문과의 차이는 무엇인지 등 철학 관련 담론과 개념 정의가 구체화하는 것은 1900년대에 들어서이다.

물론 1900년대 이전 문헌에서 철학에 대한 정의를 전혀 찾아 볼 수 없는 것은 아니다. 앞 장에서 살펴본 바와 같이 1895년에 간행된 유길준의『서유견문』도 근대 학문 분과의 하나로 철학을 소개하고, 철학의 문자적 의미, 진리 탐색의 심원함과 효용, 철학이 다루는 문제의 범위를 간추렸다.[23] 더욱 진전된 논의는 「철학가의 안력」(1909)에 이르러서 나타난다. 장지연은 여기서 한국 유림은 송유宋儒의 찌꺼기와 자기의 학문만 전수하고 심성이기心性理氣를 논하는 데 그쳐서 진화하는 세계와 진보하는 학리의 시대에 뒤쳐졌다고 질타하면서 신학문 수용을 정당화한

---

22 「淸議報」, 『皇城新聞』, 1899.1.13.
23 兪吉濬, 『西遊見聞』, 東京 : 交詢社, 1895, 351쪽.

다. 철학은 이치를 궁구하는 학문이고 과학이 도달하지 못하는 영역을 연구하여 천리를 밝히고 인심을 맑게 하는 고등학문이며, 그 사상의 연원이 심오하고 범위가 넓어서 무진장한 능력을 지녔다고 했다.[24] 이 글에서 유림들의 학문을 철학으로 지칭하기도 했지만 결국 유학은 일본이나 서양의 철학에 비해 뒤떨어진 개혁의 대상으로 묘사되었다.

「철학위군학적두뇌」라는 기사에서는 교육의 첫째 요령은 두뇌학문이고 두뇌학문이 바로 철학이라고 한다. 여기서는 철학을 "심성心性의 원리와 신분의 품행과 인류의 본무를 강명하고 실천하는 근본적 학문"이라고 정의한다. 아울러 젊은이들이 자잘한 기술을 익히는 데에 만족하지 않고 큰 사업을 이루려면 두뇌 학문인 철학을 밝혀 인격을 완전하게 해야 한다고 주장한다.[25]

잡지는 신문과 비교하면 지면의 제약이 상대적으로 적다. 1908년 『태극학보』에는 「철학초보」라는 제목의 기사가 2회에 걸쳐 연재되었다.[26] 철학입문의 성격을 띤 소논문의 글에서 철학을 사물의 원리를 자세히 살펴 연구하는 학문으로 간단하게 정의하고, 철학의 학문적 특성을 여타의 이학科學과 비교했다. 물리학, 화학, 수학, 광학, 역학 등 이학理學으로 일정한 법칙-走則은 말할 수 있어도 원리를 탐구할 수는 없으나 철학은 이학의 여러 분과를 총괄하고 원리를 설명하므로 이학의 여러 분과 보다 높은 지위를 차지한다. 아울러 철학에는 두 가지 효과功用가 있는데, 첫째는 심의心意를 발달하게 하는 것이고 둘째는 제과학을 총합하는 것이다. 즉 심리, 윤리, 논리, 법리, 정치, 사회, 역사 등 제반 학문

---

24 「哲學家의 眼力」, 『皇城新聞』, 1909.11.24.
25 「哲學爲羣學的頭腦」, 『皇城新聞』, 1909.2.24.
26 學海主人, 「哲學初步」, 『태극학보』 제21호, 1908.5.24; 제22호, 1908.6.24.

의 근원이며 제반 학문의 기초를 완전하게 확정한다. 이어 철학의 흐름을 서양 고대로부터 스펜서에 이르기까지 소개하고 여러 철학자의 견해를 인용하여 철학의 의의를 설명하였다. 두 번째 연재에서는 공간, 시간, 물질, 운동, 세력 등의 범주를 다루고, 물질과 운동에 대한 설명을 덧붙였다. 글의 내용이나 서술방식으로 보아 관련 서적들을 탐독한 후 정리한 것으로 판단된다.

1900년대 철학 관련 언설들이 대개 철학 일반을 소개하는 데에 머물렀다면, 1910년대 들어서는 보다 주체적인 해석과 논의들이 등장한다. 그 가운데, 최두선[1894~1974]의 「철학이란 하오」(1917)는 주목에 값한다.[27] 최두선은 최남선의 동생으로 휘문의숙을 거쳐 1917년 일본 와세다대학 철학과를 졸업하였고, 1922년부터 1925년까지 독일에서 공부하였다. 한국근대문학사에서 중요한 위치를 점하는 이광수의 「문학이란 하오」가 『매일신보』에 연재된 것이 1916년 11월 10일부터 23일까지니까, 최두선의 글은 이광수의 글보다 약 1년 후에 나온 것이다. 양자 모두한국 인문학 형성의 기원을 탐색하는 데 참고할 만한 자료라고 할 수 있는데, 상대적으로 일제강점기 철학에 대한 연구가 미흡한 탓에 아직까지 이 글에 대한 논의가 거의 이루어지지 않은 실정이다.

「철학이란 하오」는 '철학사상은 모든 사람이 갖고 있다'라는 소제목으로 시작한다. 철학과 사상을 붙여서 합성명사로 사용하지만, 본문에서는 양자를 구분하여 "사상감정을 조탁彫琢하고 구체화한 것이 곧 철학"이라고 말한다. 사상이 철학이 되기 위해서는 일정한 가공을 거쳐야 한다는 것인데, 사상뿐만 아니라 감정도 철학이 될 수 있는 자원으로 삼았다는 점이 특징이다. 이는 1910년대 유행했던 '지知'·'정情'·'의

---

27 崔斗善, 「哲學이란 何오」, 『靑春』 제11호, 新文館, 1917.11. 49~66쪽.

「철학이란 하오」는 일본에서 철학을 전공한 최두선이 잡지『청춘』에 발표한 글이다. 철학이란 번역어의 성립사정을 소개하고, 신화, 종교, 과학과 구별되는 철학의 학문적 특성을 설명하였다.

意' 담론과 연관된다. '지정의'론은 1900년대의 지덕체 담론을 비판하며 인간의 정신을 세 가지 능력으로 구분하였고, 지정의 사이에는 어떤 서열도 존재하지 않는 것으로 보았다. 감정의 치우침을 경계하고 중용과 중화를 추구했던 유학적 지식체계로부터 상당한 거리를 둔 이런 논의는 정을 지와 의와 함께 인간의 중요한 요소로 정립했다는 데 의의가 있다. 특히 정을 기반으로 근대 문학의 새로운 장을 열었다는 점에서 이목이 집중되었다.

사람이면 모두 철학을 갖고 있다고 본 최두선은, 아무리 미개한 자들이라도 신화가 있고, 신화를 철학과 종교의 연원으로 파악했다. 신화는 자연현상을 의미화함으로써 발생하는 데, 아무리 조야한 인민이라도 그 신화 가운데는 철학이 있다는 것이다. 이처럼 최두선은 신화보다 종교를 종교보다 철학을 고차원의 사상체계로 인정하는 한편 리언俚諺을 민간 지식과 철학 사상의 발현으로 보아 '통속의 철학', '민간의 지혜'로 주목했다. 앞의 지정의론과도 연결되는 이런 특징은 언문을 강조하는 안확에게서도 발견된다. 그는 자못 진지한 글을 써 내려가다가도 종종 리언을 인용하곤 한다. 이처럼 상말이나 속담을 중요시한 까닭은, 철학사상이 신화에서 그 맹아를 틔우고 다시 이언으로 일상생활에 관계해왔다고 보기 때문이다. 결론은 천부의 이성을 지닌 사람은 모두 자연계의 현상과 인간 삶의 운명을 보고 시비와 진가를 찾으려 하는 데, 사람마다 지닌 철학적 사상과 감정을 철저한 이론으로, 계통적으로 조직한 것이 바로 철학이라고 말한다.

특히 주목할 점은 '철학은 이치를 궁구하고 진리를 탐구하는 학문'이라는 제하에서 철학 개념의 유래를 밝힌 것이다.

> 철학이란 말哲은 동양의 고유한 것이 아니다. 물론 한문에 '철'자와 '학'자가 없지 않았으나 철학으로 붙여 쓴 문자는 없었고 서양말을 번역하기 위해 새로 만든 말이다. (…중략…) 한자로 이를 표시하려면 송유의 이른바 이학이라는 말이 가장 진의에 가깝다고 하겠다. 그러므로 서양철학이 동양에 처음 소개되었을 때에는 이를 이학이란 말로 표기한 일이 있었다. 그러나 현금에 이학이란 말은 흔히 자연과학 곧 물리학, 화학, 천문학, 생물학, 지질학 등을 총칭하는 말이 되었으므로 철학이라는 의미로 사용하기에 불편하다. 그러므로 다소 의미意義가 멀고 또 자의字意를 해석하기 어려운 폐는 있으나 현금에는 학자가 다 철학이란 말을 사용하게 되었다.

이 글이 1917년에 발표된 점을 고려한다면 철학과 리학의 번역어 경쟁이 1910년대 중반을 지나면서 거의 종식 단계에 이르렀음을 확인할 수 있다. 철학의 초기 번역어였던 리학이 차츰 자연과학을 일반을 지칭하는 말로 사용되면서 그 자리를 철학이 대체하게 된 것이다.

이어서 최두선은 철학을 형식과 실질 두 방면에서 분석한다. 먼저 형식적 방면으로는, 철학은 학이며, 근본적 원리의 학이라는 것이다. 학이란 '개괄적', '방법적', '합리적' 3개의 요건을 충족해야 한다. 개괄적이라는 것은 동종의 사항에 다 통용되는 지식을 의미하며, 방법적이란 체계적이고 조직적인 것을 의미한다. 합리적은 상상의 반대며, 이유, 추리,

법칙에 의해 연역적으로 논구해야 함을 말한다. 사실만 나열하는 것은 학문의 본의가 아니며, 사실 가운데 있는 관계를 발견하는 것이 철학이다. 학적 체계를 갖추지 않은 노선생의 강담은 철학적 사상에 불과하다고 말한 까닭도 사상이 방법적 측면에서 체계성과 조직성을 결핍하고 있다고 보기 때문이다. 특히 다른 과학은 각각 일정한 범위 안에서 특수한 현상의 원리를 구하지만, 철학은 어느 일부 국한된 현상의 원리가 아니라 일반현상에 공통하는 이치를 구하기 때문에 근본적 원리의 학이라고 한다. 여기서 근본적이란 여러 과학 원리의 근저가 되는 원리로서 보편성, 궁극성, 통일성을 가리킨다.

실질적 방면으로는 '자연', '인생', '지식' 세 가지 요건을 제시하였다. 먼저 자연 탐구는 철학자의 사명임을 분명히 한다. 그런데 근세에 이르러 분업이 성행하고 세밀한 지식을 요구함으로써 각종 자연과학이 생겨났다고 한다. 하지만 과학은 너무 국한된 부분에 편중함으로써 특별히 이러한 자연현상을 총괄하는 연구는 여전히 필요하며, 자연철학, 즉 자연계의 근본적 원리를 논하는 것을 철학이 담당한다고 보았다. 다음으로 인생이란 사람의 행동으로부터 생겨나는 제반 결과를 총칭하는 것으로 인생철학, 윤리론, 도덕철학 등 인색의 목적에 관한 근본적 원리를 탐구하는 것이다. 마지막으로 지식은 인식의 표준과 인식의 범위에 관해 논구하고, 인식 작용의 결과인 일단의 지식의 이법理法을 검토하는 것으로 인식론, 논리학 등이 여기에 해당한다고 보았다. 철학은 자연, 인생 및 지식에 관한 근본적 원리의 학이라는 것이 그의 결론이다.

그는 말미에서 문학과 종교와 과학과 철학의 차이를 언급함으로써 철학에 대한 경계를 보다 분명하게 정의한다. 문학은 사람이 천지자연의 광경, 혹은 인사의 곡절파란 등에 관하여 감상 경험한 바를 산문 혹은 운문으로 서술한 것이고, 종교란 자기보다 위대한 것에 대한 갈앙^渴^仰의 정념으로 발생하는 정신적 산물의 하나로서 종극에는 철학과 합하지만, 문학이나 종교는 학적 지식이 아니기 때문에 도달하는 과정은 다르다고 한다. 이어 철학과 과학의 차이에 대해, 철학은 보편적 원리를 논하며, 과학의 가정^{假定}을 설명하고 또 일체 과학을 통일하는데 비해 과학의 주대상은 특수현상의 원리이며, 일반적 자연현상을 연구하는 자연과학이란 없다고 한다. 우리가 항용하는 자연과학이란 말은 자연현상을 궁구하는 제 과학의 총칭에 불과하다. 반면 철학의 주안점이 일반원리에 있는 까닭은 근본적 원리를 탐구하기 때문이라는 것이다.

종교, 과학, 문학, 철학 모두 근대 개념어라고 할 수 있다. 종교는 religion의 번역어이고, 과학은 과거를 준비하는 학문에서 분과학문과 자연과학을 지칭하는 용어로 의미변화를 일으켰고, 문학은 문사철을 포괄했던 전통 지식체계의 문^文 개념이 분화하면서 근대 문학을 지칭하는 literature의 번역어로 사용되었다. 이처럼 새로운 학문 개념의 탄생과 세분화로 인해 전통지식체계는 재편될 수밖에 없었고, 유학과 관련된 학술용어가 개념어 사이의 경쟁에서 밀려나면서 새로운 용어가 그 자리를 대신하게 되었다. 잇따른 일상 언어감각의 변화는 오랜 역사 동안 이어져 온 관념과 주체의 인식에도 변화를 가져왔다. 근대 전환기 신문, 잡지 등의 매체는 근대 공론장으로 기능하면서 새로운 개념에 대한 이해를 도왔고, 고등 전문 교육기관의 학제에 반영된 개념들은 더욱 빠르게 대중화되었다.

6. 학지로서의 철학과 교육제도

'철학' 개념은 전통 지식체계 속에서 번역되고 수용되었지만, 전통 지식체계 자체의 변화를 가져왔다. 새로운 개념의 수용은 전통 지식체계의 근대적 전환을 가속했다. 근대 학문의 분과화에 따라 '철학'은 제반 학문에 덧붙여 사용되기도 했는데, '법률철학', '행정철학', '윤리철학', '동물철학', '심리철학' 등 그 수를 일일이 헤아리기 어렵다. 이 가운데는 단순히 학·학과의 의미로 쓰인 사례도 있지만, 분과학문의 특징적인 면을 부각하기 위해 의도된 경우도 많았다. 인문학과 자연학을 망라하여 철학과 개별 학문 간의 결합이 자연스러울 수 있었던 근거는 본래 철학이 지닌 기초 학문의 성격에서 찾을 수 있다. 철학은 모든 학문의 근원이었다.

이광수는 고대 그리스철학을 빌려와, 자신의 「민족개조론」을 옹호했다. 소크라테스와 플라톤이 철학의 비조로 칭송되지만 그들의 목적은 철학의 건설이 아니라 국가와 민족을 구제하는 데 있었다는 것이다.[28] 박종홍은 동양인은 유심적 철학과 사색에 장점이 있어 대부분의 종교가 동양에서 나와 전파되었다고 하고, 분해하며 종합하기를 좋아하는 유럽인들과는 다른 특징이라고 보았다.[29] 또한 안병주가 묵자를 중국의 공상적 사회주의자로 평가한 것[30]처럼 전통 사상과 문화는 서구적 문법에 따라 다시 독해되고 음미되었다. 1920년대부터 철학을 둘러싸고 투쟁했던 담론 중에 유심론과 유물론의 대립은 가장 대표적이다.

---

28 李春園, 「民族改造論」, 『개벽』 제23호, 1922.5.1, 21~22쪽.
29 朴鍾鴻, 「朝鮮美術의 史的 考察-(第 六回)」, 『개벽』 제27호, 1922.9.1, 14쪽.
30 안병주, 「묵자사상에 대한 일고찰, 2천 년 전 중국의 공상적 사회주의자」, 『조선중앙일보』, 1935.11.1.

변증법과 유물론적 역사관은 당시 세계사적 조류로서 식민지 조선의 모순을 이해하고 민족 해방을 실천하는 이론적 무기로도 기능하였다.

이처럼 문명의 진보를 위한 근대 전환기 지식인의 노력은 연일 신문 잡지의 면들을 가득 채웠으나, 식민주의가 현실화되면서 근대 국가를 향한 꿈은 좌절되고 말았다. 일제의 식민정책은 체제에 복무하는 선에서 최소한의 교양과 지식을 이식하는 데 그쳤고, 자생적 민립대학설립 운동은 실현될 수 없었다. 3·1 운동을 지나 일본의 식민 정책이 무단 정치에서 문화정치로 탈바꿈하면서 일제에 의해 최초의 대학인 경성제국대학이 1923년 예과를 시작으로 설립되었다.

철학이 교육제도 속에 편입된 것은 전문학교 학과 및 교육과정을 통해 확인할 수 있다. 교육기관에서의 철학교육은 1855년 가톨릭 신학교에서 시작된다. 소신학교 6년 과정 이후 대신학교 6년 과정이 이어지는데 이 가운데 처음 2년 과정을 철학과라고 했다. 1905년 평양의 숭실학당에서 서양인 선교사가 강의한 철학, 심리학, 논리학은 대학 수준에서 진행된 첫 강의로 보인다. 이후에 보성 및 연희 전문학교에서 교양 교과 수준의 강의가 개설되었다.[31] 1921년 연희전문학교 문학과의 4학년 교과과정에 교육학, 윤리학 등과 함께 철학이 개설되었으며, 1925년 이화여자전문학교 교과과정에도 철학, 심리학, 윤리학 등이 개설되었다. 보성전문학교는 법과 상과만 있고 문과는 없었는데, 1925년 철학개론, 사회학, 논리학이 개설되었다. 그러나 이들 전문학교의 교과는 서양 인문과학을 소개하는 정도의 교양 수준을 벗어나지 못하였다. 전문적인 철학교육은 1926년 경성제국대학 법문학부에 철학과가 만들어지면서 가능했다. 철학과의 기본 교과목은 철학, 철학사, 윤리학, 심

---

31   김남두, 「근백년 한국철학의 교육과 제도」, 『철학사상』 8호, 1998, 174~176쪽.

리학, 종교학·종교사, 미학·미술사, 교육학·교육사, 지나철학, 사회
학 등으로 1945년까지 이러한 체제가 유지되었다.[32]

　1920년대에 들어 제국 일본의 문화정책과 유학생들의 귀국으로 인
해 서양 철학의 유입도 본격화되었지만, 일본에 의해 먼저 번역되고 이
해된 '철학'의 이식이었다. '철학'을 둘러싸고 벌어진 전통 학문과 번역
용어의 경쟁은 이후, 서구의 대리물이었던 일본 식민주의의 고착과 함
께 전통 학문을 해체한 자리에 근대적 학지와 교육제도를 구축하는 것
으로 이어졌다. 1926년 경성제국대학 법문학부의 철학전공 개설은 '철
학' 개념과 그 의미장의 연쇄를 제도적으로 종식하는 일종의 전환점이
었다. 그러나 '철학'은 여전히 서양과 동양, 전근대와 근대, 유물론과
유심론 등 현실 담론 속에서 유동하였고, 대중과 엘리트 사이를 오가며
다양한 형태로 전유되고 확산되었다.

7. 철학을 되묻다

　철학이란 '필로소피'를 번역한 근대 신조어다. '철학'이 일본에서부
터 전해졌을 때 우리는 주체적인 고민을 하지 못했다고 여겨왔지만, 당
대 지식인들은 다양한 지적 실험을 진행했다. 철학이 시공간을 뛰어넘
어 보편학이 되기 위해서는 '철학의 자기화', 주체에 대한 재해석이 전
제되어야 했다. 개념의 수용은 전통 학문과 지식체계에 균열을 일으켰

32　이기상, 『서양철학의 수용과 한국철학의 모색』, 지식산업사, 2002, 26~54쪽 참조.

고, 특정 개념의 전유와 배제를 수반하였다. 철학과 유학 관련 개념이 경쟁하다가 하나의 개념어만 남고 경쟁 개념어가 다시는 대상을 지칭하지 못할 때, 개념의 소멸이 동반된다. 개념의 소멸은 그 개념을 핵심으로 하는 지식체계의 해체와 재편으로 이어진다. 근대적 지식체계와 전통적 지식체계의 충돌이 빚어낸 근대의 모습 일부는 과학주의와 학문의 분과화 등 전통 지식체계의 통섭적 성격을 비과학적, 비합리적인 것으로 사유하게 하였다. 새로운 개념이 주체의 인식을 변화시켜 이전의 관념을 대체한 것이다. 중화주의의 해체와 세계사로의 편입은 중국과는 다른 한국 유학의 기원과 내용을 스스로 규정하고 증명해야 하는 상황으로 이끌었다. '유학'을 철학으로 재정립하고 '유교'를 종교로 규정하려 했던 일련의 시도도 이와 무관하지 않다. 이병헌李炳憲이 종교와 철학의 합일을 추구한 「종교철학합일론宗敎哲學合一論」과 유교로 종교와 철학을 통합하는 「유교위종교철학집중론儒敎爲宗敎哲學集中論」[33]을 저술하였지만, 유교철학은 유학을 재해석하여 근대적 가치를 찾는 작업의 일환이었고, 유교의 종교화는 문사철과 사회과학을 종합했던 유교 지식체계를 종교라는 울타리에 가두는 우를 낳았다. 문명에 대한 결핍감에서 비롯된 이러한 시도들은 한국 근대 인문학 형성과정의 비극이자 현재를 되돌아보게 하는 중요한 요인이다.

19세기말 20세기초반 전통 지식체계의 재편 과정은 우주자연으로부터 인간사회를 가로지르는 주체의 존재론적, 인식론적 변환을 요구했다. 성인이 되기 위한 공부는 국망의 상황과 실리 우선의 경쟁원리에 의해 무용의 논란에 휩싸였고, 소통의 자산이었던 문화전통은 근대 국가와 민족의 경계에 의해 자국학의 이름으로 변형되었다. 전통은 국망

---

33 韓國學文獻研究所 編, 「八. 儒敎爲宗敎哲學集中論」, 『李炳憲全集』 上, 1989.

을 초래한 원인으로 비판되거나 국권회복과 독립에 조응하는 이념형 (얼, 정신)으로 재발견되었다. '격치', '궁리' 등 학술 개념어는 근대 학문 분과나 개념을 포괄하지 못하면서 사라졌고, 유교의 학문적 계보화를 추동했던 '도학' 개념은 한때 소중화 의식의 밑거름이 되기도 하였으나 문명사적 전환 앞에 세태에 뒤떨어진 완고 유림을 지목하는 용어로 뒤바뀌었다. 천도와 인도의 합일을 지향했던 도덕체계는 우주에 대한 근대 과학적 발견과 함께 탈도덕화가 이루어지면서 정당성을 잃어갔다. 근대 이전 학문은 열강과 제국에 저항하는 대항 담론 속에서 전통으로 호명·재발명되거나 서양 학술 개념으로 재해석될 때만 나타날 뿐 근대 과학(학문)과 종교의 경계에서 좌표를 정하지 못하고 빈 공간으로 사라졌다.

서양 학술 개념과 범주의 수용 과정에서 나타나는 한계는 본질적인 문맥의 차이에서 비롯한다. 따라서 수용 주체는 그러한 개념과 범주를 재규정하거나, 전통 지식체계의 개념과 범주를 부정하고 재구성하는 방식을 채택할 수밖에 없었다. 전통 학술 개념어들의 굴절(경쟁, 소멸, 변용) 양상은 개념이 밑받침하고 있는 지식체계의 변동을 여실히 보여준다. 여기서 발견되는 전근대 지식의 시대적 한계와 근대 지식의 지향과 가치는 여전히 극복과 성찰의 대상이다. 또한, 양자 사이에 존재하는 단절은 우리 인문학의 진전을 어렵게 하는 걸림돌이기도 하다. 따라서 지식체계의 재편과 전통 학술 개념어의 응전과 좌절의 역사는 전통 지식체계의 굴절과 변동이라는 관점에서 근대성에 대한 성찰을 촉구하고, 전통 지식과 근대 지식의 길항 사이에서 새로운 소통의 방법을 모색할 필요성을 제기한다.

제2장

양건식의 칸트철학 번역과 선택적 전유

1. 근대의 분기와 경계에 선 지식인

양건식梁建植, 1889~1944은 소설가, 중국문학번역가, 야담작가, 거사불교운동가로 활동했다. 관립 한성외국어학교 졸업 후(1907), 이능화와 함께 거사불교운동에 참여하여 불교진흥회 전임서기를 맡았으며, 『불교진흥회월보』, 『조선불교계』, 『조선불교총보』의 기자로 있으면서 불교계몽운동을 실천하였다.[1] 1915년에 발표한 「서철강덕격치학설西哲康德格致學說」(1915)은 이정직의 「강씨철학설대략康氏哲學說大略」 이후에 나왔지만 유학儒學이 아닌 불교의 견지에서 칸트를 재해석했고, 게다가 본문 중간마다 주석이 달려 주목을 필요로 한다.[2] 이 글의 원저자는 중국 근대 계몽운동가 량치차오다. 량치차오의 「근세제일대철강덕지학설近世第一大哲康德之學說」을 번역한 것이고, 번역문에 나오는 '안按' 이하의 주석 또한 량치차오의 글을 그대로 옮긴 것이다. 이 글은 고도의 추상적 사유가 요

---

1 김복순, 『슬픈 모순(외)』, 범우비평판한국문학 5-1, 종합출판범우, 2004, 345~346쪽.
2 우기동과 김복순이 이 글에 관심을 보였지만 원저자가 누구인지는 규명하지 않았다. 우기동은 「'독일근현대철학'에 관한 연구사와 번역의 문제-일제하에서 1950년대 초까지」(『시대와 철학』 14, 2003, 108쪽)에서 이 글의 원저자를 알 수 없다고 하였다. 양건식을 연구한 문학 쪽의 연구자들은 대체로 여기에 관심을 두지 않았다. 다만 김복순이 원저자를 高楠順次郎이나 遠藤隆吉로 추정하면서도 속단할 수 없다고 하였고, '按'으로 이어지는 부분은 양건식의 것이므로 그의 의도 및 사상을 추출할 수 있다고 보았다(『1910년대 한국문학과 근대성』, 소명출판, 1992, 107쪽).

구되는 개념(어)의 고안을 회피한 국한문혼용체의 축자역이라 칸트 철학 개념에 대한 독창적인 해석을 찾기 어렵다. 일제하에서 철학에 대한 논의가 가장 활발했던 시기는 1920년대부터 1930년대까지이며, 칸트 철학의 수용은 1920년대에 들어서야 본격화된다. 잡지 『개벽』, 『동광』, 『별건곤』, 『삼천리』 등과 신문 『동아일보』, 『조선중앙일보』, 『시대일보』 등에서 칸트를 다루었는데, 특히 1924년 칸트 탄생 2백 주년을 기념하는 특집 기사와 학술 발표가 대중매체의 지면을 장식했다. 한국에서 전문적인 서양철학연구가 개시된 시점을 경성제국대학 법문학부 철학과 설립으로 잡는다면 1910년대 학술 사정에서 칸트 철학의 온전한 이해와 재해석은 어려웠을 것이다.[3] 이정직이나 량치차오에서 보이는 칸트 철학에 대한 일종의 '격의'도 새로운 학술 수용 초기에 종종 발생하는 자연스러운 현상이다. 서로 다른 문자와 언어를 지닌 문화 간의 전이에는 개념과 의미의 전유가 수반되며 이는 각각의 문화가 지닌 전통의 무게를 회피할 수 없기 때문이다.

양건식의 「서철강덕격치학설」에 주목해야 하는 이유는 일본과 중국을 경유하는 동아시아의 서양철학 유통 경로와 1910년대 한국에서 칸트철학 수용의 한 단면을 적실하게 보여주기 때문이다. 아울러 '진화'가 보편법칙이 되어버린 시대를 살다간 그의 삶의 궤적에서 오히려 근대를 극복하려 했던 사고의 단면들을 마주할 수 있기 때문이다. 여기서 발견되는 '근대성'은 개인사에 머물지 않고 우리의 '근대'를 재음미할

---

3   백종현은 한국에서 칸트철학 연구·소개·수용 과정을 크게 네 시기로 나누었는데, 그의 견해를 따르면 양건식의 이 글은 '자연적 수용기(1905~1944)'에 해당한다. 이어지는 40년은 능동적 수용기(1945~1984), 그 후 15년은 심화 연구기(1985~1999), 그리고 2000년 이후부터 재생산적 연구기로 구분했다(백종현, 「한국철학계의 칸트 연구 100년(1905~2004)」, 『칸트연구』 15, 2005, 339쪽).

수 있는 새로운 자극이며 한국 근대 철학사를 풍성하게 할 중요한 자료임이 분명하다.

양건식은 염상섭, 김억, 김동환, 조중환, 방인근, 이병기, 최남선, 이광수, 홍명희, 윤백남, 박종화, 이승만, 조용만 등 당대 문필가와 폭넓게 교유하였고, 1924년 창간된 『조선문단』 합평회의 일원으로 현장비평을 하였으며 조선어 사전 편찬에도 관여하였다.[4] 양건식을 주제로 한 기존 연구는 대부분 문학 분야에서 이루어졌는데, 1995년 『양백화 문집』이 세 권으로 발간되면서 더욱 활성화되었다. 대체로 리얼리즘, 소설론, 비평론, 고백체 소설, 근대적 글쓰기 등을 주제로 한 한국 근현대 문학 연구와 루쉰, 후스, 천두슈 등 중국 근대문학 수용을 소재로 한 비교문학적 연구가 진행되었다.[5]

---

4   조선어사전 편찬에 참여한 이는 崔南善, 鄭寅普, 林圭, 卞榮魯, 梁建植, 韓澄, 金枓奉 등 7인이었다(『신한민보』, 1927.7.14; 李允宰, 「한글大家 金枓奉氏 訪問記, 在外名士 訪問記」, 『별건곤』 제24호, 1929.12.1, 15쪽; 金榮福, 「白華의 文學과 그의 一生」(『양백화 문집』 3, 강원대 출판부, 1995, 355~359쪽). 이하 『양백화 문집』에 정리된 글은 처음 발표된 곳과 연도, 그 뒤에 (『문집』 게재면) 표기.

5   이석호, 「중국문학 전신자로서의 양백화」, 『연세논총』 18, 1976. 김현실, 「1910년대의 단편소설 연구」, 이화여대 대학원, 1988; 고재석, 「1910년대의 佛敎近代化運動과 그 문학사적 의의」, 『한국문학연구』 10, 1987; 「白華 梁建植 文學硏究 [I] -3・1운동 이전까지의 生涯를 중심으로」, 『韓國文學硏究』 12, 1989; 곽근, 「백화 양건식 소설 연구」, 『論文集』 8, 1989; 고재석, 「신구문학사상의 대립과 교체-이광수와 양건식의 소설론 비교를 중심으로」, 『韓國文學硏究』 16, 1993; 남윤수・박재연・김영복 편, 『양백화 문집』 1,2,3, 강원대 출판부, 1995; 김복순, 『1910년대 한국문학과 근대성』, 소명출판, 1999; 김복순, 『슬픈 모순(외)』, 범우비평판한국문학 5-1, 범우, 2004; 배개화, 「백화 양건식과 근대적 문체의 실험」, 『한국현대문학연구』 18, 2005; 이주미, 「백화 양건식의 현대적 문예관」, 『한국문학이론과 비평』 40(12-3), 2008; 「백화 양건식 소설과 동양주의」, 『우리어문연구』 32, 2008; 박노종・권혁건, 「근대 거사불교와 근대적 글쓰기 전략-백화 양건식과 蘇曼殊를 중심으로」, 『동북아문화연구』 19, 2009; 민병욱, 「양백화의 비평담론 연구-중국신문화운동론의 수용과 관련하여」, 『비평문학』 31, 2009 등이 참고가 된다.

백화 양건식은 경계인적 지식인이다. 근대의 문턱에 서 있었지만 그 너머의 세계를 낙관할 수 없었다. 그는 서구 근대의 '진화'와 '진보'의 신화 속에 자신을 투사하는 대신에 인간의 내면을 탐닉하여 '정신적 생명'과 '인격'을 찾으려 했다. 식민의 현실에 제약된 한 지식인의 이상은 예술(문학)과 불교를 통해서 실현될 수밖에 없었다. 양건식의 삶은 정치·사회적 중심에 있지 않았지만, 문학적 사유와 창작활동, 예술과 인생의 가치를 추구함으로써 근대 초극의 가능성을 보여주었다.

그는 인간 누구나가 삶을 영위하기 위한 방도를 만들고 계획한다는 점에서 인생을 타산打算의 연속으로 보았으나, '진보'와 '발전'으로 정향된 근대 세계에 만족하지 못했다. 무엇보다 그릇된 타산 속에서 더욱 고뇌하게 되는 삶의 행태를 방관할 수 없었기에 타산된 현실을 초월할 새로운 삶의 원천이 필요했다. 그는 이 세계의 내면으로 향하고 그 속에서 '무한한 새생명'을 발견하고자 했다. 우리의 육체 및 우주 현상의 모든 것은 다만 이 '정신적 생명'에서 흘러나온 것의 활약에 지나지 못하기 때문이었다.[6] '정신적 생명'은 오이켄Rudolf Christoph Eucken, 1846~1926 의 말을 빌린 것이다. 오이켄은 19세기 후반 유럽에 풍미했던 실증주의와 유물론 사조에 대하여 신이상주의neo idealism의 노선에 선 인물이다. 물질문명의 중압감으로부터 인간의 삶을 회복하기 위해『정신적 생활 내용을 위한 투쟁 Der Kampf um einen geistigen Lebensinhalt』(1896), 『삶의 의미와 가치 Der Sinn und Wert des Lebens』(1908) 등을 저술했다.

양건식은 전도된 합리주의와 물질주의가 지배하는 근대적 삶의 양식에 환멸을 느꼈다. 그는 '민족'과 '국가'보다 본질적인 인간 존재의 문제

6　「打算한 生」,『靑春』제14호, 1918.6(『문집』 3, 9~11쪽) 참조.

에 관심이 있었다. 인간 내면의 정신적 가치를 드높임으로써 사람다운 삶을 회복하려 하였고 그 방법으로 예술과 문학을 강조하였다. 사회, 정치에 대한 염세적 관점이 아니라 현실 문제를 푸는 방식으로 더욱 근원적인 인간 자체에 주목하였다. 따라서 양건식이 말하는 '생명'은 국가와 민족을 호명했던 당대 지식인들의 수사적 용법과는 다른 의미를 내포한다. '정신적 생명'은 제국과 식민의 틀에서 민족이라는 '상상의 공동체'를 붙잡기 위한 수사가 아니라, 물질에 압도되어 가는 정신을 되살리기 위한 염원의 표상이다.

그에게 인생이란 현재아現在我를 탈각코자 하는 쟁투요 이상아理想我를 실현코자 하는 노력이었다. 타산해야만 하는 인생이지만 타산할 수 없는 현실 속에서 초월을 통해서만 나타나는 인생, 희망과 의지를 끊임없이 불러일으키지 않고서는 몽환처럼 사라질 인생을 붙잡기 위해 애썼다. '신념', '의욕', '희망', '의지'는 현재를 초월하여 이상을 실현하려는 강렬한 욕망의 표현이다. 여기서 초월은 관념으로의 도피가 아니라 '내재적 초월immanent transcendence'[7]이자 현실과의 '쟁투'다. 더 나은 미래를 위해 할 수 있는 일은 결국 '오늘'을 살아가는 것이고, '오늘'이 바로 '우리의 생명'이다.[8]

---

7   수단으로서의 합리성이 목적이 되어버린 현실의 모순을 극복하기 위한 이상주의적 관점이다. 「석자상」과 「미의 몽」에서 「슬픈 모순」으로 이어지는 양건식의 대표적 단편소설은 현실과 이상의 괴리와 고뇌를 사실적으로 표현한 작품이다. 한점돌은 양백화가 '모순의 미학'을 특징으로 하는 독특한 작품세계를 이룩하였고, 처음에는 모순현상을 번민의 딜레마로 보다가 나중에는 만유의 진상으로 보아 초극의 경지를 지향함으로써 의식의 차원에서 일정한 변증법적 발전을 성취하였다고 평가하였는데(韓點乭, 「양백화 소설과 모순의 미학」, 『문집』 3, 451쪽), 양건식의 '내재적 초월'은 역사유물론적 관점보다는 니체의 능동적 니힐리즘이나 생의 철학 또는 실존주의적 사유방식과 유사하다고 판단된다.

8   「支頤錄」, 『開闢』 제4호, 1920.9(『문집』 3, 12~13쪽).

근대 물질문명의 발달이 인간 생활에 제공한 편리는 거부하기 어려운 미증유의 사태였다. 산업혁명은 기술의 진보에 머물지 않고 삶의 전반에 근본적인 변화를 가져와 혁명 이전과 이후로 역사를 양분하는 하나의 기준이 되었다. 양건식은 이러한 사태를 받아들이면서도 욕망에 길든 생활을 경계하였고, '물건이 주인이 되는 생활'을 '마음이 주인이 되는 생활'로 되돌릴 인격의 위대성을 믿었다.[9]

모두가 '진화'와 '진보'의 열망에 들떠 있을 때 그는 한걸음 물러나 근대의 '분기점'에 대해 숙고했다. 재산은 있어도 도덕을 갖추지 못한 자가 넘쳐나고, 굶주린 동포가 바로 앞에 있어도 이를 구조할 법률상의 의무가 없는 게 현실이었다. 그에게 법률은 원만한 사회생활을 위한 최후의 방식(최소한의 규정)일 뿐이었다. 타락한 현실 사회와 불합리한 현행법을 개량하여 '사람이 살 보람이 있는 아름다운 사회를 건설'하는 일은 제반 사회문제가 곧 인격의 문제와 직결됨을 인식하는 데서 출발해야 한다고 믿었다.[10] 이처럼 양건식이 개개인의 인격 수양과, 사회제도 개선 등 온건한 개량을 넘어서 사유하지 않은 까닭은 인간에 대한 신뢰 때문이다.

그는 19세기 자연과학의 진보로 인해 연구 영역이 확대되고 더욱 세분되는 것을 진화의 자연스러운 결과로 인식했다. 그러나 자연과학의 발흥과 물질문명의 진보 이면에서 인간의 삶이 기계에 속박되고, 분업화와 전문화로 인해 원만한 인격 형성이 어렵다고 진단했다. 특히 평형과 조화를 잃은 정신을 물질문명의 최대 병폐이자 결함으로 보고, 이를 구제할 유력한 방안으로 문예를 제시하였다.[11]

---

9 「支頤記」, 『佛教』 제2호, 1924.8(『문집』 3, 15~16쪽).
10 「分岐點」, 『新民』 제17호, 1926.9(『문집』 3, 27쪽).

당시에는 '문예', '학예', '학술'을 명확히 구별하지 않고 혼용하였는데, 양건식은 학문과 예술의 병립을 주장하면서도 그 차이를 분명히 했다. 학문과 예술 모두 일차적으로 감각경험에 기초한다는 점은 공통이지만, 학문에는 감정이 개입되어선 안 되는 반면, 예술은 전적으로 감정에 입각한다는 점에서 다르다고 보았다.[12]

동시대 이광수가 「문학이란 하오」(1916)에서 문학을 'literature'의 번역어로 사용하고, 시, 소설, 극, 평론을 그 형식으로 규정한 사실은 한국 근대 문학의 시발점이자 그 이전의 문(학)과 일단의 격절을 예고하는 것이었다. 양건식은 상대적으로 문(학)의 형식성보다 심미성을 강조하는 편이었다. 신문, 잡지 등에 수차례 기고한 문예와 관련한 단상을 살펴보면, 형식보다 예술적 가치와 사실성을 중시하였음을 알 수 있다. 그는 예술과 비예술을 가르는 기준으로 '살았다'는 한마디 말을 강조하였다. '살았다'는 심리상의 요소인 지·정·의 가운데, 정·의를 움직여 생동감, 역동성, 흥취감을 불러일으키는 것이다. 따라서 이광수에게 나타나는 전대 문(학)과의 단절이 그에게는 두드러지지 않았고, 『사서삼경』, 『장자』, 『사기』, 『고문진보』, 『문장궤범』, 『삼국유사』, 『열하일기』도 예술에 포함할 수 있었다. 그에게 정·의는 예술의 '생명'일 뿐만 아니라, 글을 쓰는 자신의 '생명'이기도 했다.[13]

그의 특징적인 면모 가운데 다른 하나는 중국 유학이다.[14] 어찌 보

---

11 「文藝漫談」, 『每日申報』 1932.11.20~12.6(『문집』 3, 39~57쪽).
12 「學問·藝術」, 『別乾坤』 제11호, 1928.2(『문집』 3, 34쪽).
13 「文藝漫談」, 『每日申報』 1932.11.20~12.6(『문집』 3, 55~56쪽).
14 39세의 늦은 나이에 그는 일찍이 꿈꿔왔던 중국 유학 중에 있었다. 『중국단편소설집』 「역자의 말」을 마치면서, "1928년 3월 28일, 북경 平民大學에서 역자 씀"이라고 기재했다. 여기에는 중국 문학 번역자로서의 어려움을 토로한 대목도 보인다. 당시 우리말에는 성별을 간단히 쓸 수 있는 3인칭 대명사가 없어서 '의' 자를 새로 만들어 여성을

면 당시로써는 문화사상 전반에서 지워 없애야 할 과거의 흔적처럼 여겨졌던 중국을 놓지 않았다는 점이다. 그러나 그가 붙든 중국은 퇴영적 중국이 아니었다. 고전 희곡과 당대 민중의 삶을 다룬 소설[15]로부터 후스胡適, 1891~1962와 천두슈陳獨秀, 1880~1942의 문학혁명론, 궈모뤄郭沫若, 1892~1978[16]와 장빙린章炳麟, 1868~1936[17]에 이르기까지 '살아있는' 중국이었다.

그는 미래를 계획할 수 없었던 식민지하의 조선 청년들에게 읽으면 피가 끓어오르고 읽고 나면 구태를 벗고 원기를 돋아 주는 혁명적 문예를 권하였다. 이때 '혁명'은 계급혁명이나 사회혁명을 의미한다기보다는 현실에 대한 체념에서 기인하는 안일과 구태로부터의 탈각을 요구하는 것이다. 그에게 당시 문학계의 계급적 논전은 시시비비만을 가리고자 상호 공격하는 양상으로 비쳤고, 오직 시대와 인간에게 부합하는 위대한 작품을 산출할 것을 문단에 요구하였다.[18]

국내에서는 처음으로 『인형의 가家』[19]와 『청년 벨테르의 비뇌悲惱』[20]

가리키는 3인칭 대명사로 사용하고, '그' 자는 남성을 가리키는 대명사로 사용하였다는 것이다(『문집』 1, 275~277쪽).

15 그는 인생의 즐거움 가운데 하나로 천하의 기서를 얻어 보는 것을 꼽았는데, 상해서사에서 재간한 120회 원본 수호전을 얻어 보고 그 광대한 규모에 경탄하였다. 박지원의 허생전이 뛰어나지만 수호전의 규모에 비할 바가 아니며, 중국의 상하 사회를 여실히 묘사한 가장 가치 있는 작품으로 평가하면서 청년들의 필독을 권장하였다(『每日申報』, 1935.8.14, 「一日一文: 水滸再讀」(『문집』 3, 199~200쪽)).

16 「郭沫若 : 地球 나의 어머니(郭沫岩, 梁建植譯)」, 『동아일보』, 1925.1.1.

17 「章炳麟 梁建植譯; 中國文化의 根源과 近代學問의 發達」, 『동아일보』, 1929.1.19(1929.1.29까지 全11回 연재).

18 「역자의 말」, 『문집』 1, 275~277쪽.

19 島村抱月의 일역판을 朴桂岡과 공역하여 『每日申報』(1912.1.25~4.3)에 연재. 『동아일보』, 1922.7.13, 서적 광고란에 신간으로 소개되었다. "입센, H.노라(一名 人形의 家), 梁建植譯 永昌書館發行. 근대 인류 자각운동의 중요한 조항으로 누구나 노동문제와 부인문제를 들지 않을 수 없을 것이다. 부인문제의 炬火는 앨빈 케이보다도 실로

를 번역·소개하고, 톨스토이의 『전쟁과 평화』, 『안나 카레리나』를 성전聖典으로 평가하였으며[21] 오이켄과 베르크손Henri-Louis Bergson, 1859~1941 등의 생철학에도 많은 관심을 보였으나, 동양과 서양에는 근본적인 문화상의 차이가 있음을 지적하기도 하였다.

　　동양의 문화가 모든 것에 있어 증명하는 바이지만 동양 민족은 서양의 악착스런 이지적·기계적 생활에 반하여 대자연의 품속에 따뜻이 포옹되어 칠규七竅를 뚫어도 혼돈渾沌을 죽이는 일이 없이 자유로 우주 인생에 출입하였다. 그래서 따라 유래로 직관의 학이 깊은 우리 조선도 또한 유현幽玄한 시가 많다. (…중략…) (삼국시대) 이후 점차로 한시의 큰 압박을 받아 우리의 고유한 정신을 잃어버린 까닭에 근대에 이르러서는 우리의 창작과 우리의 창조가 없고 민족은 그로 인하여 용감 활발한 기상이 없어지는 동시에 지금은 차마 말 못할 지경에 빠지고 말았다. 이 의미에 있어 저 천여 년 이래로 뇌腦를 썩히고 피를 토하며 형창설안螢窓雪案에 고요하고 쓸쓸한 생애로 되지도 않을 이백·두보·한유·소식을 애써 써가며 본을 뜨려고 한 한시 인들은 또한 우리 민족의 죄인이라고 할 것이다.[22]

<hr />

입센에게서 비롯되었으며 이 책은 입센의 철저한 개인주의적 부인관의 산물이다. 이 책이 당시 북구사회에 무한한 파란을 일으킨 것만 보아도 그 진가를 알 수 있다. 이제 백화 양건식의 妙筆에 의해 명저가 우리의 글로도 옮겨졌으니 우리 번역문단에 광영된 일이다. 자기를 救護하는 현대 남녀가 어찌 이 책의 출간을 환영하지 않으랴(경성 종로 3정목 85. 영창서관 발행, 정가 80전)."

20　『每日申報』(1923.8.16~9.27)에 총 40회 연재.
21　「一日一文: 그의 作品은 聖典」, 『每日申報』, 1935.6.23.
22　「時調論─부흥과 개량을 促함」, 『시대일보』 제430호, 1925.7.27; 제444호, 1925.8.10; 제445호, 1925.8.31(『문집』 3, 130~132쪽).

이렇게 우리 시조의 부흥을 촉구하는 한편 과거의 전기적 소설과 구분지어 작금의 소설이 민중의 삶을 사실적으로 그려내어 인간의 심성을 자극하고 사회에 이바지해야 한다는 문학관을 견지하였다. 그의 시선에 잡힌 서양 문화는 '합리적', '기계론적' 사유에 기반을 둔 것으로서 '직관적', '유기체적' 사유가 전반에 스며있는 동양 문화와는 달랐지만, 서양의 학문과 예술을 문명 발전의 두 축으로 인식하였다.

신교육을 받았으나, 한문을 배우다가 중국문학에 관심을 갖게 되었고, 불교 서적을 읽다가 종교에 관한 글을 발표한 것이 붓을 잡게 된 동기였다.[23] 당대 중국문학연구자로 문명文名이 있었으나, '우리의 고유한 정신'에서 발현하는 '창작'과 '창조'를 강조했으며, 민중의 실생활 속에 문학이 생동하기 위해서는 알기 어려운 중국의 한자 대신 편리한 우리말 정음을 사용해야 한다고 주장하였다.[24]

'오늘', 즉 현재를 중시했던 그는 불교가 근대 문명의 폐해를 극복하고 인류를 구제할 현재적 가치를 지닌 종교라고 믿었다. 불교의 진리가 구현된 세계에서는 계급, 국가, 민족의 경계가 중요하지 않기 때문이다.

2. 불교운동과 칸트 번역

1910년대 국망과 함께 일제의 식민지배가 강화되면서 집회·결사

---

23 「내가 붓을 잡기는」, 『三千里』 제7권 6호, 1935.6(『문집』 3, 72쪽).
24 「조선의 문학을 위하여」, 『每日申報』, 1935.1.1~1.8(『문집』 3, 153쪽).

의 자유는 물론이고 출판의 자유도 극도로 위축되었다. 당시 신지식층이 참여하고 있던 잡지는 최남선이 발간하던『청춘』과 신흥우申興雨, 1883~1959가 발간하던『공도公道』뿐이었다.[25] 불교를 포함하여 종교계에 대한 통제와 탄압도 강화되었다. 일제는 1911년 6월 3일 사찰령을 반포하고 전국의 사찰을 30개 본산의 교구로 지정하여 조선총독부의 통제를 받게 하였다. 유교도 예외는 아니어서, 동년 동월 15일에 성균관을 폐지하고 경학원을 설립하여 총독부 체제의 선전 도구로 삼았다.

양건식의「서철강덕격치학설」이 연재된『불교진흥회월보』는 당시 해인사 주지였던 이회광의 주도로 1914년 11월 5일 조선총독부의 인가를 받아 설립한 불교진흥회라는 단체가 발간한 잡지이다. 이능화李能和, 1869~1943가 편집인 겸 발행인이었고, 양건식을 비롯한 거사불교운동의 핵심인물들이 필진으로 활동하였다. 양건식과 이능화의 관계는 관립 한성외국어학교 시절부터로 추정된다. 1912년 1월 16일 석가세존 성도成道 기념일에 각황사覺皇寺(지금의 조계사)에서 거행된 기념식에 이능화와 함께 찬조 연설을 하였으며,『조선불교계』,『조선불교총보』발간 작업을 함께 하였다.

이들 잡지는 1910년대 불교를 학문적으로 연구하기 위해 다양한 노력을 기울였다. 유학과 불교, 서양의 철학 등을 자세히 소개하고 비교 분석하는 이론 작업을 활발히 진행하였다. 한편 거사불교운동은 한동안 친일로 매도되어 주목받지 못했다. 그러나 당시 서구추수적 통념과 달리 일제강점 하의 갖가지 폭압 속에서도 불교를 재건하고, 불교 속에서 우리의 문화적 전통과 민족적 동일성을 찾으려 했으며, 불교를 재해

---

25 박찬승,『한국 근대 정치사상사 연구』, 역사비평사, 2003, 1992, 109~121쪽 참조.

석함으로써 식민지를 벗어날 수 있는 이념 틀을 제공하였다는 점에서 재평가가 필요하다.[26]

『불교진흥회월보』는 1915년 3월부터 12월까지 발행되었는데, 불교진흥을 위한 논설과 불교의 대중적 이해를 도모하는 교리 풀이 및 불교역사 소개, 불교적 색채를 지닌 각종 문예와 소설, 학술적 글들이 다양하게 게재되었다.[27] 이 가운데 소설은 모두 양건식의 작품인데, 그의 초기 단편소설로 주목받는 「석사자상石獅子像」과 「미迷의 몽夢」이 여기에 발표되었다.

이처럼 양건식은 문학가, 번역가, 불교인으로 활동하였는데, 1910년대에는 특히 『불교진흥회월보』, 『조선불교계』(1916~1917), 『조선불교총보』(1917~1918)로 이어지는 잡지 발간에 참여하여 불교학술운동에 진력하였다. 이광수가 그를 '불교애호자'로 기억하는 것도 이런 연유에서이다.[28] 양건식이 불교에 관심을 갖게 된 계기는 중국소설을 탐독하다가 불교사상을 모르고는 주인공의 인생관이나 작자의 의도를 알 수 없다는 판단에서였다. 그러다 능엄경楞嚴經을 접하면서 불교를 세계에 다시없는 광대무변한 종교라고 생각하였고, 불교 경전에 나오는 오묘한 비유, 함축된 문자, 장엄한 표현에 흥미를 갖고 이를 하나의 고급 미술품으로 감상하다가, 유마경維摩經을 보면서는 그 결구結構의 웅대함과 사상의 심원함과 그 희곡적 표현의 교묘함에 경탄하여 불교를 우주

---

26 김복순, 『1910년대 한국문학과 근대성』, 소명출판, 1999, 107~113쪽.
27 전체 항목별 게재 건수는 序 1건, 詞 3건, 논설 32건, 교리 46건, 史傳 42건, 학술 17건, 문예 13건, 잡저 30건, 소설 9건, 會錄 17건, 官報 19건, 彙報 68건인데, 학술 11회, 소설 9회, 잡저 8회, 기타 휘보 등을 양건식이 직접 집필하였다. 진흥회자료, 「佛教振興會月報第一卷總目錄」, 불교진흥회, 1916, 1~17쪽.
28 長白山人, 「文人印象互記」, 『개벽』 제44호, 1924.2.1, 100쪽.

간에 지고지대한 문학이라 여겼다. 몇 해 지나 선禪·교敎 관련 서적을 읽게 되면서 부처에 귀의하여 불제자가 되었으며 불교가 '인류를 구제할 종교'라는 신념을 지니게 되었다.[29] 이에 반해 예수교의 천지창조설은 배척할 수밖에 없는 망설로 여겼고,[30] 유교에 대해 비판적인 글들을 번역 소개하기도 하였다.[31]

그는 『불교진흥회월보』에 다카쿠스 준지로高楠順次郎, 1886~1945가 쓴 「불교의 5대 특징」을 소개하였는데, 첫째, 평등과 차별의 관계를 말함(국가주의와 세계주의를 조화시킴). 둘째, 철학과 종교를 겸비함. 셋째, 신비주의와 합리주의를 함유함. 넷째, 정신생활을 실제로 체현하게 함. 다섯째, 인격주의에 철저함이다.[32] 이 글은 불교가 현재에도 보편적 가치를 지닌 종교로서 세계적 의의가 있음을 논한 것이다. 또 예수나 마호메트와 달리 석가모니는 선지자나 구세주가 아니라 한 인간으로서 스스로 해탈한 것처럼 사람들에게 해탈하는 길을 가르쳤으며, 특히 인간이 본래 외부의 힘을 빌리지 않고 스스로 자신을 구제하는 능력을 지녔다고 봄으로써 인간의 가치를 높였다고 평가했다.[33]

양건식이 「서철강덕격치학설」을 학술란에 연재한 것은 1915년, 그의 나이 26세 때이다. 이 글의 원본인 량치차오의 「근세제일대철강덕지학설近世第一大哲康德之學說」이 1903년 2월부터 1904년 2월까지 『신민총보新

---

29 「인류를 구제하는 종교」, 『불교』 제50호, 1928(『문집』 3, 68~69쪽).
30 「支頤記」, 『佛敎』 제2호, 1924.8(『문집』 3, 15쪽).
31 「吳虞씨의 유교 파괴론」, 『개벽』 제23호, 1922.5(『문집』 3, 85~90쪽); 杏村洞人, 「老子 학설의 大意-현대사상의 원천」, 『신민』 제34호, 1928.2(『문집』 3, 109~110쪽).
32 高楠順次郎, 盧下散人 梁建植 譯, 「佛敎의 五大特徵」, 『불교진흥회월보』 8호, 1915.9. 다카쿠스 준지로는 『왕오천축국전』을 쓴 혜초가 신라의 승려라는 사실을 밝혀낸 인물로도 유명하다.
33 梁建植 抄, 「피-락크쉬미-날스氏의 佛敎觀」, 『개벽』 제45호, 1924.3.1.

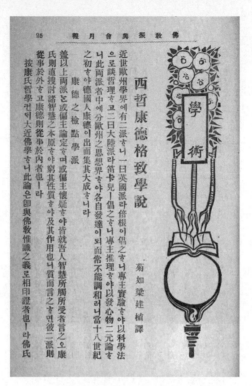

25 報月會奨振教佛

西哲康德格致學說

菊如梁建植譯

近世歐州學界에有二派ᄒ니一曰英國派라倍根이倡之ᄒ니專主實驗ᄒ야以科學法으로談哲理ᄒ고二曰大陸派라笛卡兒ㅣ兒之ᄒ니專主推理ᄒ야以發心物二元論을니此兩派者中에分歐州之思想界ᄒ야各自發達이되而常不能調和러니當十八世紀之初ᄒ야德國人康德이出而集其大成ᄒ니라

康德의檢點學派

蓋以上兩派ᄂᆞ或偏主論定ᄒ며或偏主懷疑ᄒ야皆就吾人智慧所觸所受者言之오康氏則直接討諸智慧之本原ᄒ야窮其性質ᄒ야及其作用也니質而言之ᄒᆯ면彼二派則從事於外ᄒ고康德則從事於內者也ㅣ라

按康氏哲學건딕大近佛學ᄒ니此論은即與佛敎惟識之義로相印證者也ㅣ라佛氏

불교의 관점에서 칸트철학을 소개한 양건식의 「서양 철학자 칸트의 격치 학설」은 철학 개념의 동아시아적 유통과 함께 다중 번역이 만연했던 식민지 학술 동향을 보여준다.

民叢報』에 네 차례에 걸쳐 연재되었으니, 햇수로 11년이 지나서였다. 그는 왜 이 글을 번역하였을까. 양건식이 량치차오의 글을 번역하여 잡지에 게재한 이유는 서양철학이나 칸트철학 자체에 관한 학문적 관심에서가 아니라, 불교 진흥운동과 잡지의 편집 방향에 부응한다는 판단에서였을 것이다. 1910년대 학술계는 서구 신학문의 일부로 서양철학을 소개하는 정도였고 전문적인 연구가 뒤따르지는 않았다.[34] 따라서 1915

---

34 1910년대 철학 일반에 관한 소개 글로는, 1915년에 강석우, 「서양철학사 서론」, 『학지광』 4호; 1917년에 설산, 「사회와 개인」; 김영섭, 「생의 실현」; 김아수, 「사회문제에 대한 관념」, 『학지광』 13호, 최두선, 「철학이란 하오」, 『청춘』 11호 등이 있다(우기동, 「'독일근현대철학'에 관한 연구사와 번역의 문제—일제하에서 1950년대 초까지」, 『시대와 철학』 14, 2003, 106쪽).

년 3월부터 9월까지 총 7회에 걸쳐『불교진흥회월보』에 연재된 양건식의 「서철강덕격치학설」의 칸트 논의는 비록 량치차오에 의지한 것이지만, 철학 일반의 소개 수준을 넘어 불교로 칸트 철학을 재해석 했다는 점에 의미가 있다.

량치차오는 한국 근대 지식인들이 서구 학술을 수용하는 중요한 경로였다. 1899년『황성신문』과『독립신문』에 량치차오의 「애국론」이 게재되고,『음빙실문집』(1902)의 여러 글이 1905년 이후 근대 대중매체에 연이어 소개되었다.[35]『음빙실자유서飲氷室自由書』(1903)도 1908년 전항기全⼝基가 국한문혼용체로 번역 발행하였다. 따라서 이 시기 서구 사상의 유입은 조선시대 서학 수용에 이어 여전히 중국이 중요한 경로라는 게 학계의 통념이다. 그런데 량치차오의 초기 계몽사상은 대개가 무술변법 실패 후, 일본 망명 시기(1898~1912)에 이루어진 것이다. 그는 당시 일본에 소개되었던 서구 학술사상을 흡수하여 중국에 전파하는 계몽의 선구로 자임하였다. 따라서 량치차오의 초기 계몽사상 저변에는 일본식으로 해석되고 이해된 서구가 일정하게 자리한다.[36] 개념의 번역과 전이 과정을 추적할 때 특히 이 점에 주의해야 한다. 예컨대 옌푸嚴復,1854~1927 이후 중국의 진화론 수용방식은 같은 적자생존이라도 약자 편에서 접근하지만 일본은 반대로 강자・적자가 되려는 제국주의적 입장으로 선회하였다.[37] 따라서 일본의 국가주의 체제에 이론적 기

---

[35] 정숭교, 「한국 내셔널리즘의 형성과 양계초」,『양계초를 통해 본 근대 동아시아』(한림대 아시아문화연구소, 2008.5.23 학술연구회 발표자료집), 63쪽; 우림걸, 「附錄 : 한국과 관련된 梁啓超의 저술」,『한국 개화기문학과 양계초』, 박이정, 2002 참조.

[36] 일본의 칸트철학 수용과 관련한 연구로는 한단석, 「日本近代化에 있어서 西歐思想의 受容과 그 土着化에 관하여-칸트哲學思想을 중심으로」,『일본학보』25, 1990; 「근대 일본에 있어서의 서구사상의 수용과 그 토착화에 관한 연구-계몽철학을 중심으로」,『인문논총』12(전북대 인문학연구소), 1983 참조.

반이 된 신칸트주의가 1920년대 한국에 수용된 점 등은 동아시아 개념 유통의 특수한 양상으로서 면밀한 분석을 요구한다.

양건식이 이러한 사정을 인지하였는지는 정확히 알 수 없지만, 량치차오와 양건식의 공통된 목적은 서구에 의해 강제되는 세계사적 흐름에서 불교의 현재적 가치를 재고하여 상처받은 자존감을 내면적으로 치유하고 정신적으로나마 서구와 동등해지려는 기대를 담고 있다. 그러나 1903, 4년의 량치차오가 진화의 논리를 내면화한 채로 있었다면, 1915년의 양건식은 진화론에 내포된 제국의 논리와 강자존의 폐해를 비판적으로 사고하였다는 점에서 분명한 차이가 있다. 그는 불교를 일국가적 견지에서 사고하지 않고 '인류를 구제할 종교'로 보았다.

량치차오는 글의 서두에서 일본 망명 시절 철학관을 방문한 기억을 술회한다. 그곳에서 이른바 '사성사전四聖祠典'을 보았는데, 석가, 공자, 소크라테스와 함께 칸트를 네 명의 성인 반열에 올려 숭앙하는 모습을 보고 놀라 이 글을 저술하였다고 했다.[38] 앞서 지적한 바와 같이 이 글은 량치차오가 일본 망명시절 나가에 초민中江兆民, 1847~1901의 『이학연혁사』 제4편 근대의 이학 제8장 「제18기 일이만日耳曼의 이학 ○칸트」를 발췌 번역하면서 불교적 관점에서 주해를 덧붙인 것이다.[39] 『이학연혁사』는 프랑스 알프레드 푸리에Alfred Jules Émile Fouillée, 1838~1912의

---

37 마루야마 마사오·가토 슈이치, 임성모 역, 『번역과 일본의 근대』, 이산, 2000, 150~151쪽.
38 이 철학관은 이노우에 엔료井上円了(1858~1919)가 설립한 것으로 현 도요東洋 대학의 전신이기도 하다. 이노우에는 매년 10월 이곳에서 네 명의 성인에게 제사를 올렸다(김영진, 「계몽의 선구, 량치차오」, 『중국 근대사상과 불교』, 그린비, 2007, 249쪽 참조).
39 「第八章 第十八紀日耳曼ノ理學○カント」, 『理學沿革史』 下冊 第四編, 文部省編輯局, 明治19年二月, 609~696면; 『中江兆民全集』 第6冊, 『理學沿革史 (三)』, 岩波書店, 2000, 161~204쪽.

"『*Histoire de la philosophie*』"(1879)를 번역한 것이다.[40]

결국 양건식의 「서철강덕격치학설」은 삼중번역의 과정을 거친 것이다. 량치차오가 나가에 초민의 번역에 자기 나름의 주석을 달아 중국의 불교를 재해석하고 가치를 부여한 것에 비하면 양건식의 글은 독창적인 해설이나 의견이 추가되지 않은 국한문혼용체의 단순 직역이다. 이렇게 별도의 주해가 없는 글을 비교 분석하여 번역 수용과정에 나타난 의미의 굴절을 찾는 작업은 간단치 않다. 그러나 근대 학술 개념(어)에 초점을 맞추면, 학술적, 정치·사회적으로 중요한 '리학', '철학', '격치' '자유' 등의 개념들이 어떤 의미로 사용되었는지, 개념을 둘러싼 유사 용어와 상·하위 개념 및 병렬 개념 등 의미론적 장을 비교 분석할 수 있다. 아울러 번역에서 선택·배제된 부분을 추적함으로써 수용 과정에 나타난 전유 양상을 살펴볼 수 있다.

3. 개념과 담론의 전유

서로 다른 문자와 언어를 사용하는 이문화권 간의 문화 전이는 늘 변용을 수반하는데, 량치차오도 예외는 아니다. 중국의 서양 철학 수용이 1898년 무술변법 이후 본격화되었다면, 일본은 1868년 메이지유신 이후 정부와 관료 지식인의 주도로 진행되었다. 한국은 20세기 초반까

40　프리에의 책이 최초 출판된 연도는 1875년인데, 나가에 초민은 1879년 판본을 저본으로 하였다. 中江篤介 譯, 「理學沿革史飜譯凡例」, 『理學沿革史』, 文部省編輯局, 明治19年二月, 1쪽. 나가에 토쿠스케는 나가에 초민의 초기 이름이다.

지 서구와의 직접 교류보다는 중국과 일본을 거치는 간접 수용이 대부분이었는데, 이런 경향은 무형의 학술, 문화, 제도 등에서 두드러졌다. 량치차오가 일본 망명 시절 접한 서양 철학은 서구 자유주의 사상보다 스펜서류의 진화론과 독일관념론, 19세기 개량주의 철학 등 일본 국가주의 강화를 위해 일본식으로 재해석된 것들이었다. 따라서 번역의 정확도나 원본텍스트에 대한 이해 수준보다는, 전통 지식체계에 의한 변용과 사회·정치적 상황에 따른 전유에 주목해야 한다.

이와 관련하여 마루야마 마사오丸山眞男, 1914~1996와 가토 슈이치加藤周一, 1919~2008, 리디아 리우Lydia H. Liu, 더글라스 하울랜드Douglas Howland, 요하임 쿠르츠Joachim Kurtz 등이 진행한 일련의 연구는 좋은 참고가 된다. 가토 슈이치는 번역이란 외국의 개념과 사상의 단순한 수용이 아니라, 항상 자국의 전통에 의한 외래 문화의 변용이라고 보았다.[41] 리디아 리우는 이를 '언어횡단적 실천translingual practice'으로 설명하였다. 영어에서 일본어로의 개념 전이를 연구한 더글라스 하울랜드는 타문화권 번역cross-cultural translation이 더 이상 2개 국어 사전 모델에 근거한, 한 언어에서 다른 언어로의 단어나 텍스트의 단순 전이로 다루어질 수 없고, 초언어적translingual 소통의 복합적 행위로 이해하는 것이 최선이라고 한다. 요하임 쿠르츠는 이를 '번역과 전유의 다층적 과정'으로 정의하면서, 근대 중국어에서 애초에는 외래 개념의 번역으로 도입된 많은 용어가 이후 자체의 생명력을 띠고 새로운 의미를 더하여 서구적 원본들을 창조적으로 변화, 확장하거나 심지어 침식하기도 했음을 지적한다.[42] 이들의 연구는 원본텍스트를

---

41 마루야마 마사오·가토 슈이치, 임성모 역, 『번역과 일본의 근대』, 이산, 2000, 178~179쪽.
42 멜빈 릭터, 황정아 역, 「개념사, 번역, 그리고 상호 문화적 개념 전이」, 『개념사의 지평과 전망』, 소화, 2010, 193쪽.

얼마나 정확하게 번역하였는가를 문제 삼기보다는, 문화 교섭 과정에서 나타나는 문화의 상호 전유와 개념을 둘러 싼 의미의 다층적 전개 양상이 연구의 중심에 놓인다. 이렇게 보면 양건식의 「서철강덕격치학설」 번역은 삼중번역의 과정에서 나타난 개념과 의미의 선택적 전유를 살펴보기에 유용한 자료다. 먼저 나가에 초민, 량치차오, 양건식의 글의 전체 서술 체제를 비교하면 다음과 같다.[43]

〈표 1〉 **나가에 초민, 량치차오, 양건식의 글 비교**

「第十八紀日耳曼ノ理學○カント」 (1886)	「近世第一大哲康德之學說」 (1903~1904)	「西哲康德格致學說」 (1915)
緒論 カントノ理學ノ方法 本論 緒然智慧ノ點檢 第一, 學術ノ本原 視聽ノ作用 考察ノ作用 第二, 庶物原理ノ學ノ根基 推理ノ力 精神, 世界, 神等三大問題 實行ノ智慧ノ點檢 ○道學 第四, 文藝	發端及其略傳 學界上康德之位置 康德之「檢點」學派 論純智（卽純性智慧） 一, 學術之本原 智慧之第一作用（卽視聽作用） 智慧之第二作用（卽考察作用） 二, 庶物原理學（卽哲學）之基礎 智慧之第三作用（卽推理作用） 論道學爲哲學之本 論自由與道德法律之關係	康德之檢點學派 一, 學術之原本 智慧之第一作用 卽視聽作用 智慧之第二作用 卽考察作用 二, 庶物原理學（卽哲學之基礎） 智慧之第三作用（卽推理作用）

　　제목에서 나가에 초민은 '이학理學', 량치차오는 '대철大哲', 양건식은 '서철西哲'이라 하여 각기 다르다. 서양의 학자를 가리켜 '서유西儒' 또는 '서사西士'라 불렀듯이 '대철'이나 '서철'의 '철'은 철학자를 의미한다. '철학' 개념을 놓고, 량치차오는 '이학'이라는 용어를 의도적으로 배제

43　여기서는 양건식과 량치차오를 중심으로 논의한다. 「第十八紀日耳曼ノ理學○カント」와 「近世第一大哲康德之學說」에 대한 문헌학적 비교 분석은 황커우黃克武의 연구 참조(黃克武, 「梁啓超與康德」, 『中央研究院近代史研究所集刊』 第30期, 1998.12, 101~145쪽).

하였고, 양건식은 량치차오의 표제에 없는 '격치'란 용어를 더하였다는 점이 문제이다.

나가에 초민이 'philosophie'의 번역어로 쓴 '리학'은, 유학에서 양명 심학에 대해 정주 성리학을 지칭하거나 기학氣學과 대비하여 성리학과 양명학을 포괄하는 학술용어다. 이때 리학은 인간의 마음과 본성을 탐구하여 인간 존재의 가치와 도덕 실천의 당위성을 도출함으로써 인격의 완성과 선의 사회적 실현을 추구한다. 그런데 19세기 들어 'physics'에 대한 번역어로 '리학'이 사용됨으로써 전통적인 용법 외에 자연계의 물리법칙을 탐구하는 학의 의미가 끼어든다. 전통적인 '이학'이란 기표에 서구에서 유입된 새로운 기의가 포함되어 개념 내부에 균열이 생긴 것이다. 일본에서 물리학은 처음에 격물학, 철학은 궁리학으로 번역되었다. 나가에 초민은 이학이라고 했지만, 보통 이학이라고 하면 자연과학만을 가리켰다.[44] 따라서 량치차오는 일견 철학과 물리학의 서로 다른 의미 갈래를 한데 담고 있는 '이학'을 그대로 옮기기에는 부적절하다고 판단했을 것이다.

그는 한 해 전 발표한 「격치학연혁고략格致學沿革考略」(1902)[45]에서 학문의 종류를 형이상학과 형이하학으로 구분하였는데, 정치학, 생계학生計學 (경제학), 군학群學(사회학)은 형이상학에, 질학質學, 화학, 천문학, 지질학, 전체학全體學, 동물학, 식물학은 형이하학에 포함했다. 그리고 형이하학에 속한 것을 '격치格致'라고 하였다. 격치란 근래 중국에 수입된 신학(문)을 지칭하는 것이었고, 격치를 버리고서는 서학이라고 할 만한 게 없을 정도라고 했다. 또한, 서양과 비교하여 동양에 가장 모자란 것으로

---

44 마루야마 마사오·가토 슈이치, 임성모 역, 『번역과 일본의 근대』, 이산, 2000, 106쪽.
45 「格致學沿革考略」의 '격치'는 '철학(philosophy)'이 아니라 '과학(science)'의 의미로 사용되었다. 따라서 「격치연혁고략」은 「서양과학발전약사」라고 할 수 있다.

격치학을 꼽았다.[46] 같은 해에 쓴 「논희랍고대학술論希臘古代學術」(1902)에서는 아리스토텔레스가 철학과 과학의 차이를 밝혔다고 소개하면서, '과학'은 중국에서 말하는 '격치학'의 부류라고 주석하였다.[47] 그런데 량치차오는 1902년 이후로는 science의 번역어로 '격치'를 거의 사용하지 않고, '과학'을 사용하였다. '과학'을 선택함으로써 '격치'에 혼재되었던 '가치'와 '사실'의 영역을 분리한 것이다.[48] 양건식의 「서철강덕 격치학설」 이전에도 철학과 과학을 구분하는 논의가 국내에서 있었다. 1908년 이창환은 철학이란 형이상의 무형한 사상과 심리학 같은 것이고, 과학이란 형이하의 유형한 물리학과 이화학理化學과 같은 부류이며, 과학은 천연현상天然現象을, 철학은 정신현상精神現象을 연구 대상으로 한다고 설명했다.[49]

이제 양건식의 번역에 나타난 '격치', '과학', '철학'의 의미를 살펴보자. 양건식은 량치차오 글의 서론격인 '발단 및 약전'을 번역하지 않았고, '학계에서 칸트의 위상學界上康德之位置'은 네 줄로 요약 정리하였다. 이 부분은 칸트가 쾨니히스베르크대학에서 논리학, 철학, 물리학, 수학, 윤리학, 인리학人理學, 지리학을 가르쳤고, 『순이성비판純理性批判』, 『지각계형식급원리知覺界形式及原理』, 『실이성비판實理性批判』, 『판정비판判定批判』, 『순이범주

---

46 梁啓超, 「格致學沿革考略」, 『飮氷室文集 11』(合集 2), 中華書局, 2008, 3~4쪽(『新民』 제10, 14호, 1902.6.20, 1902.8.18).
47 梁啓超, 「論希臘古代學術」, 『飮氷室文集 12』(合集 2), 中華書局, 2008, 63쪽(『新民』 제6호, 1902.4.22).
48 진관타오, 류칭펑 교수는 현재까지 중국인이 '과학'이라는 용어를 사용할 때 여전히 기술이나 선진적 생산력 등 서양의 science에는 없는 의미를 포함하고 있는 점을 지적하며, '과학'의 의미 확대와 그 도덕 이데올로기적 기능이 다시 전통적 '격치'와 유사한 모습으로 돌아왔다고 평가한다(金觀濤·劉靑峰, 양일모·송인재·한지은·강중기·이상돈 역, 『관념사란 무엇인가』 2, 푸른역사, 2010, 389~449쪽 참조).
49 李昌煥, 「哲學과 科學의 範圍」, 『대한학회월보』 제5호, 1908.6.25, 16~18쪽.

내지종교純理範圍內之宗教』를 저술했다는 간략한 기술이지만, '이성', '비판', '지각', '형식', '판정' 등 중요한 철학 개념이 들어 있다.

양건식의 번역에서 '격치格致'는 표제와 본문에 각각 한 번, '과학科學'은 본문에만 한 번 나온다. 본문의 '격치'는 송대 주자가 '격치전格致傳'을 보완했다는 내용이다. 송대 신유학에서 '격치'의 궁극적 대상은 자연계가 아니었다. '궁리진성窮理盡性'처럼 개별 사물에 내재한 보편법칙에 관한 탐구는 마음의 본체를 깨닫는 것으로 귀결되었기 때문이다. 송대 이후 유교의 이기론적 자연관은 본래 박물의 일부분이었던 중국의 고대 자연과학 지식을 하나의 체계로 통합시켰다. 어떤 의미에서 이는 지식체계가 도덕을 궁극적 관심으로 삼는 유교의 기본 구조에 편입되었음을 보여준다.[50] 한편 '과학'은 "영국의 베이컨倍根이 실험을 위주로 한 '과학법科學法'으로 철리哲理를 말했다"는 대목에서 등장한다. 철학은 열세 번 나오는데 핵심 내용을 간추리면 다음과 같다.

첫째, 칸트철학은 비판檢點철학을 둘로 나누었는데 순수이성비판은 철학, 실천이성비판은 도학道學에 해당하며 칸트는 양자를 관통한 학자다.

둘째, 희랍 이래로 공간·시간을 철학의 문제로 다루었다.

셋째, 시청視聽과 고찰考察 작용으로 알 수 있는 것은 물리학이고, 추리작용으로 알 수 있는 것은 서물원리학庶物原理學이니 철학에 해당한다. 철학에서 말하는 이치는 물리학의 확실성과는 다르다.

넷째, 혼, 세계, 신 세 가지는 시청·고찰 작용으로 실험할 수 없고 오직 추리력으로 헤아릴 수 있다. 철학은 가장 근본적인 실체를 연구하

---

50 金觀濤·劉靑峰, 양일모·송인재·한지은·강중기·이상돈 역, 『관념사란 무엇인가』 2, 푸른역사, 2010, 396쪽.

는 것을 목적으로 한다.

다섯째, 도학을 본령으로 한 후에 철학이 의지할 곳이 있다고 한 것은 칸트의 탁견이다.

여기서 철학은 도학과 구분되고, 물리학과도 구분되며, 이성의 추리로 영혼과 물자체, 신 등 형이상의 영역을 연구하는 학문이라고 할 수 있다. 본문에 사용된 '격치'는 주자의 '격치전'을 언급한 것 말고는 다시 나오지 않는다. 굳이 표제에 '격치'를 사용한 까닭은 '철학', 물리학, 도학과 구분하기 위한 양건식의 의도적 선택으로 봐야 한다. 결국 학문의 근대적인 분과화와 제도화가 채 이루어지지 않은 상황에서 양건식이 제목에 사용한 '격치'는 일과의 학문을 지칭하는 게 아니라 물리학의 관찰과 실험, 철학의 형이상학적 추리, 그리고 도덕법칙까지를 포용하는 개념이라고 할 수 있다. 량치차오는 나가에 초민의 리학을 철학으로 대체했고, 1902년 이후 science의 번역어로 사용했던 '격치'를 '과학'으로 바꿨지만, 1915년의 양건식은 '격치'를 다시 불러와 철학과 물리학, 도덕의 영역에 걸치는 전통적인 용법으로 사용했던 것이다.

다음으로 번역 체제상 배제된 부분을 상호 비교하여, 당대 국제정치 역학이 칸트철학 수용 과정에 굴절을 가져왔음을 확인해보자. 량치차오는 칸트의 사상을 유식불교와 비교하여 그 우수성을 인정함으로써 중국의 불교를 서구 철학의 대표격이요 일본에서 성인으로 숭앙되는 칸트의 지위 이상으로 재구성할 수 있었다.[51] 그런데 '칸트의 리학 방

---

51 양계초의 이러한 설명 방식은 중세 이래 신의 관념을 부정하고 실제적인 신의 역할을 인간 내면의 이성에 맡긴 칸트 철학과 애초에 초월적 신 개념 없이 인간 내면에서 구원의 힘을 보는 불교의 유사성에 근거를 둔 것이다(김제란, 「양계초 사상에 나타난 서학

법'과 '문예' 부분을 번역하지 않았고, 양건식은 '자유와 도덕·법률의 관계'를 번역하지 않았다. 후반부의 세부 절제목이 일치하진 않지만 내용상으로는 분명히 '논도학위철학지본論道學為哲學之本'까지 번역하고 끝맺었다. 도입부분의 발췌를 제외하고 본론은 거의 완역에 가까운데 마지막 절 '논자유여도덕법률지관계論自由與道德法律之關係'를 번역하지 않은 이유는 무엇일까.

일본에서 'liberty'나 'freedom', 'freiheit'의 번역어로서 '自由'가 초기에는 좋지 않은 번역어로 여겨진데[52] 비해, 량치차오는 '자유' 개념을 개인과 사회·국가로 연결하여 적극적으로 활용하는데 주저하지 않았다. 그에게 자유는 선을 실천하는 인간 의지의 원천이자 근대국가 건설의 주체인 신민新民이 지녀야할 필수 덕목이었다. 량치차오는 칸트의 양심설이 국가론자의 주권설과 거의 유사하다고 보았는데, 양심과 주권 모두 '절대자絶對者'·'무상자無上者'로서 명령을 하되 명령을 받지 않기 때문이다. 도덕의 책임도 자유에서 비롯된다. 칸트는 타인을 목적으로 삼되 수단으로 삼지 말라는 도덕률을 확대하여, 모든 국가는 자유와 자주의 권리를 가짐으로 다른 나라를 복속할 수 없고, 다른 나라를 자신의 이익을 위한 수단으로 삼을 수 없다고 하였다. 이것이 바로 국가가 독립·자존하는 큰 뜻이고, 국제법의 준거가 되는 원리라는 것이

수용의 일단면」, 『한국사상과 문화』 46집, 2009, 108쪽).

52 츠다 소키치津田左右吉(1873~1961)는 "기독교 문헌을 제외하고는 자유라는 말은 법령상의 용어로서는 말할 것도 없고 그 밖에도 뭔가 비난받을 만한 뜻으로 사용된 경우가 많은 듯하다. 구속을 받지 않는다는 의미로 쓰이는 경우라도, 그 대부분은 제멋대로 한다는 느낌을 주어서 일반인의 바람직한 생활 태도라고 승인하기 힘들다. 생각한 대로 한다는 뜻으로 사용될 때도 마찬가지이다. (…중략…) 자유는 실은 적절한 번역어가 아니라는 생각이다"(「譯語から起る誤解」, 1956)라고 하였다(야나부 아키라, 서혜영 역, 『번역어 성립 사정』, 일빛, 2003, 170~171쪽).

다. 결국 마지막 절의 논지는 양심의 자유가 외부의 명령을 받거나 침해될 수 없듯이 국가의 주권도 타국에 의해 침해될 수 없다는 것이다.

량치차오가 칸트 학설을 번역 소개한 목적이 여기서 더욱 분명해진다. 하나는 칸트철학을 유식불교와 비교함으로써 중국 불교를 근대적 가치로 재구성하여 문화적 자존감을 회복하는 것이고, 다른 하나는 칸트의 정치론을 가져와 서구 열강의 각축장으로 전락한 중국의 자주와 국가 주권의 정당성을 확보하여 완전한 독립 국가를 건설하는 것이다.

그러나 일제의 사상 검열과 통제 아래 있었던 양건식은 마지막 절을 번역하여 소개할 수 없었다. 연재분은 정치적인 색채가 전혀 없는 순수 학술적 내용만을 담고 있다. 1910년 강점 3개월 만에 일제가 발표한 금서 목록에 이미 『음빙실문집』과 『음빙실자유서』가 포함되었다.[53] 중국과 러시아와의 전쟁에서 승리한 일본은 한국을 강점함으로써 동아시아에서의 패권을 확대하였고, 제국의 논리는 동양주의를 기반으로 재생산되었다. 여기서 동양과 서양을 대비하는 인식틀은 일본 중심의 동아시아 국제정치 질서를 공고화하는데 이바지하였고, 조선 총독부는 제국의 이익에 배치되는 것 일체를 통제했다. 따라서 양심의 자유를 국

---

53 『일제침략하한국 36년사』 1권, 1910.11.16. "警務總監部에서 民族意識을 抹殺키 爲해 많은 書籍의 발매반포를 금지하고 押收하였는데 그 書目은 다음과 같다. 初等大韓歷史(國文, 漢文) 普通敎科東國歷史, 新訂東國歷史, 大東歷史略, 大韓新地誌, 大韓地誌, 最新高等大韓地誌, 問答大韓新地誌, 最新大韓新地誌, 最新大韓初等地誌, 最新初等小學, 高等小學讀本, 國文課本, 初等小學, 國民小學讀本, 女書, 初等倫理學敎科書, 獨習日語正則, 精選日語大海, 實地應用作文法, 國家思想學, 民族競爭論, 國家學綱領, 飮氷室自由書, 準備時代, 飮氷室文集, 國民須知, 國民自由進步論, 世界三怪物, 二十世紀大慘劇帝國主義, 强者의 權利競爭, 大家論集, 靑年立志編, 片片奇談警世歌, 小兒敎育, 愛國精神, 愛國精神談, 夢見諸葛亮, 乙支文德(國漢文), 伊太利建國三傑傳, 噶蘇土傳, 華盛頓傳, 波蘭末年戰史, 美國獨立史, 埃及近世史, 小學漢文讀本, 男女評權論(以上 51種)(『朝鮮總督府官報』, 1910.11.19, 『警務月報』1910年·『每日申報』1910.11.16)"

가의 주권으로 연결하여 모든 국가의 독립자존을 역설한 칸트의 정치학설은 식민지 감시체제하에서 놓여 있었던『불교진흥회월보』에 게재될 수 없었다. 량치차오가 칸트를 통해 근대 국가 건설의 주체로 '신민'을 호명할 수 있었음에 반해 양건식은 종교적 차원에서만 칸트와 량치차오의 논의를 원용할 수 있었던 것이다.

4. 식민지 지성사의 새로운 발견

칸트를 통해 중국 불교를 재구성하려는 량치차오의 시도는 주자학의 지위를 칸트 철학 아래로 깎아내렸다. 주자가 보완한 격물치지전이 칸트와 유사하지만, 궁리의 범위와 법칙을 분명하게 제시하지 못했다는 것이 주된 이유이다. 칸트는 감각 경험과 고찰 작용을 물리학에 배치하고, 추리 작용을 철학에 배치한 데 비해 주자는 이를 구분하지 않았다는 것이다.

또한 불교의 '진여眞如'와 칸트의 '진아眞我', 주자의 '명덕明德'을 비교하여, 진여는 일체중생이 공유하는 체體인데 칸트는 사람마다 하나의 진아를 갖는다고 보았고, 주자가 말한 '명덕'은 기품과 인욕에 의해 가려져, 어떤 경우에도 외물에 의해 가려지지 않음을 분명히 한 칸트의 진아眞我에는 못 미친다고 평가하였다. 요컨대 칸트 철학을 전유하여 불교와 유교를 재해석하면서 불교의 상대적 우월성을 주장한 것이다.

량치차오의 「근세제일대철강덕지학설」을 번역 소개한 양건식의

「서철강덕격치학설」은 그간 주목받지 못했다. 량치차오의 「근세제일대철강덕지학설」이 나가에 초민의 글에 대한 일종의 '격의'라는 점은 알려졌지만, 양건식이 이를 번역 소개한 사실은 밝혀지지 않았다. 「서철강덕격치학설」은 한·중·일 삼국을 경유하는 삼중번역을 거쳐 국내에 소개되었다. 표제와 개념의 번역 그리고 번역 체제를 상호 비교하여 분석함으로써 20세기 초반 철학 개념의 전이와 전유 양상을 확인할 수 있었다.

식민지 지식인들은 원텍스트가 만들어진 사상사적 맥락에 시선을 돌릴만한 여유가 없었다. 식민은 '역사'에서 사라질 위기에 처한 자신을 되살려야 할 실존적 문제였고, 여기에 일조할 수 있는 것은 모두 다 하루빨리 학습해야 할 과제로 여겨졌다. 중첩된 번역에 수반하는 개념과 담론의 '선택적 전유' 양상은 양건식 뿐만 아니라 신학문을 수용하여 '자강'과 '계몽'을 꾀했던 당대 지식인들 대부분에서 발견된다.

현재의 시각에서 과거를 돌이켜보면 개념의 전유 양상을 문화 지체의 한 현상으로 이해할 수도 있지만, 역사의미론에 주목하면 번역의 정확성이나 충실성으로 드러나지 않던 문제를 발견하여 새로운 해석을 가능하게 한다. 양건식의 사례에서 확인한 바와 같이 전이된 원본은 특정한 목적과 동기에 의해 전유된다. 새로운 개념과 담론을 번역할 때 본의를 충실히 살려낸다는 것은 상당히 어려운 작업이지만, 독자의 가장 많은 이해를 도모하는 방법은 그들의 문화적 관념에 기대는 것이다. 불교가 중국에 들어올 때와 선교사들이 서학을 전파할 때 발생한 '격의格義'와 '보유론補儒論'도 유사한 예이다. 이렇게 보면 '선택적 전유'란 문화 교섭에서 발생하는 상호 전유의 한 측면으로써 수용 주체의 전통적 문화 관념과 지식체계의 견고함에 비례한다고 볼 수 있다.

특히 량치차오에서 양건식에 이르는 과정에는 수용 주체의 문화와 지식체계뿐만 아니라 당대 동아시아의 불균형한 정치 역학이 작동하였다. 불가침·불복속의 이론적 기반인 '자유', '주권' 개념과 야만시대의 악습인 전쟁을 종식하고 영구평화를 염원하는 담론은 일제의 식민지배 하에서 검열 통제되었다. 칸트 철학의 수용은 순수 학술 영역에 한해서 제한적으로 이루어졌다.

한국의 전통 철학 분야에서 식민지 시기는 주목받지 못했다. 전통 지식체계를 준거로 한 계보학적 연구는 당대를 사상적 격절로 보았고, 서구 학문에 익숙한 연구자들은 근대 학문의 미성숙기 또는 문화 지체기로 파악하여 주목할 필요를 못 느꼈기 때문이다. 그러나 역사의미론적 관점에서 보면 이 시기는 한국의 근대를 역동적으로 사유한 담론과 사회 변동을 추동했던 개념, 그 개념을 발화했던 주체 간의 의미 투쟁이 여느 때보다도 활발하게 진행되었음을 알 수 있다. 전통 지식체계가 구축·재편되는 과정과 한국 근대 학문의 형성 과정은 따로 떼어 설명할 수 없다. 둘 사이에 존재하는 단층은 한국 학술 문화에 점철된 고질적인 불소통의 기원으로서 풀어야 할 과제이다. 여기서 식민지 지성사의 발굴과 새로운 해석의 필요성이 제기된다.

제3장

강인택과 동양 지식체계의 계보화

1. 춘산 강인택

　서양 학문의 수용이 한국 근대 학문 태동의 중요한 외적 기제였음은 부인할 수 없는 사실이고, 개항에서 일제강점기를 거치는 동안에 근대 학문이 태동했다는 점도 마찬가지다. 이 시기에 유학 특히 주자 성리학을 근간으로 했던 전통 학문은 근대 과학기술을 앞세운 서양 학문에 자리를 내주어야만 했다. 전통 학문은 '구학', 서양 학문은 '신학'으로 표상되었고, 계몽적 지식인들은 '신학'을 수용하여 강탈된 국권을 되찾고 문명한 세계의 일원으로 거듭나고자 했다. 서양 학문의 학습과 자기화 과정에서 전통 지식체계는 재편될 수밖에 없었고, 바야흐로 근대 시간대에 편입된 주체는 세계를 인식하고 자신을 정위할 때 새로운 지식체계에 의지하게 되었다.

　19세기말, 20세기 초반은 전통 지식체계와 새로운 지식체계가 뒤엉키고, 상호 간극을 좁히려는 시도와 길항을 반복하며 그 어느 때보다 활발한 학술적 교류와 경쟁이 진행되었다.[1] 서양 학문에 대한 소개가 연일

1　양자의 간극을 좁히려는 시도를 대별하자면, 전통 지식체계에 의지하여 새로운 지식체계를 해석하거나 새로운 지식체계로 전통 지식체계를 재해석하려는 태도일 것이다. 1894년 과거제가 폐지되고 1895년을 전후하여 근대식 소학교가 설립되었다. 따라서 신지식에 의한 전통 지식체계의 재해석이 활발해진 것은 1910년대 이후고, 1920년대

조선 유학의 학파와 학설을 정리한 『동유학안』. 중국의 『송유학안』, 『명유학안』의 체제를 따랐으며, 설총, 최치원으로부터 전우에 이르기까지 유학자 152명의 학술과 행적을 담았다.

근대 신문 잡지의 학술·문예란을 장식하는 가운데, 한편에서는 주자 성리학을 지적 토대로 전통 지식체계의 계보화가 이루어졌으니, 『동유학안東儒學案』이 대표적이다.[2] 하겸진河謙鎭, 1870~1946이 주자학을 절대적 가치로 삼았던 조선의 전통 지식체계를 도통의 관점에서 계보화하면서 쏟아져 들어오는 신지식과 길항했다면, 안확安廓은 1921년 『신천지新天地』에 발표한 「조선철학사상개관朝鮮哲學思想槪觀」에서 전통 지식체계를 '철학' 개념으로 재구성하려 했다.[3]

이런 상황에서 1921년 『개벽開闢』에 발표된 강춘산姜春山, 1892~1962, 본명은 仁澤의 「동양도학東洋道學의 체계여하體系如何」(이하 「동양도학」으로 표기)는 두 가지 측

에 들어서 본격화되었다고 할 수 있다.

2   『동유학안』은 한국유학사상 유일한 학안으로서, 하겸진이 만년에 한국의 유학자 151명을 학파에 따라 분류하여 상·중·하 3책, 23편으로 편집하였고, 1970년 문인 李一海에 의해 간행되었다. 서술 기조는 理學(道學, 性理學, 義理學)이 儒學의 正統이며, 朱子學이 理學의 正統이라는 道統論的 관점을 견지하였고, 체제는 약력, 학문, 업적, 학설 등의 순으로 전통적인 학안 서술 체제를 좇았다(최일범, 「『東儒學案』의 學派 分類에 관한 考察」, 『유교사상연구』 제21집, 2004, 123~140쪽 참조). 이외에도 『道統錄』(宋炳俊 序, 崔鐘和 編輯, 1910), 『道學淵源錄』(李會洤, 1934) 등을 예로 들 수 있다. 중국에서는 청대 黃嗣東이 편집한 『道學淵源錄』이 1908년에 출판되었고, 도통론적 관점에서 쓰인 『道學正脈』, 『道學平議』, 『道學世系』, 『道學論衡』 등이 1912년에서 1918년 사이에 대거 출판되었다. 당대 지식인들은 이렇게 고유한 학문적 전통을 재발견하여 서구 학문에 대항하고자 했다.
3   권오성·이태진·최원식, 『自山安廓國學論著集』 四, 여강출판사, 1994, 40~49쪽; 박홍식, 「자산 안확 철학사상의 한국철학사적 의의」, 『동양철학연구』 33, 2003, 213~238쪽 참조.

면에서 주목할 만한다. 우선 '도학'이란 개념을 표제에 사용하고 있으나 그 서술 내용에서 주자학을 정통으로 하는 도통론적 관점을 찾아볼 수 없다는 점이 하나이고, 철학사 서술방식과 유사하지만 '철학'을 '도학' 하위의 세부 체제(항목)로 기술하는 점이 또 하나의 이유이다. 전자의 해답은 그가 유학자가 아니라 천도교인이라는 데서 쉽게 찾을 수 있으나 후자는 그리 간단한 문제가 아니다.

강인택을 주제로 한 선행 연구는 없지만, 천도교 관련 연구 가운데 그의 행적과 관련한 기술이 단편적으로 보인다.[4] 그는 1892년 함경남도 홍원군 홍원읍에서 출생하였다. 박은식이 설립한 경성 오성五星 학교를 졸업하고 기미만세운동으로 서대문 형무소에서 복역 후 만주와 일본을 거쳐 국내에서 민족운동에 헌신하였다. 천도교 청년회의 일원으로 전국 순회강연을 하였고, 『천도교회월보天道敎會月報』와 『개벽』, 『조선일보』 기자로 활동하였다.[5] 이상재, 유진태 등과 민립대학설립운동을 전개하였고, 조만식과 신간회 운동을 지도하던 중 재차 투옥되었다가 석방 후 고향에서 해방을 맞았다. 그의 삶은 조선에서 시작하여, 대한제국, 일제강점기, 대한민국에 이르기까지 전근대에서 근현대의 서막을 여는 격변의 시대에 걸쳐 있다. 그는 한평생 독립운동에 헌신하였고 종교인, 언론인으로 활동하였으며 대한민국 정부 수립 후 체신부장관,

---

4 조규태, 『천도교의 문화운동론과 문화운동』, 국학자료원, 2006; 김정인, 『천도교 근대 민족운동 연구』, 한울아카데미, 2009; 성주현, 「천도교청년당(1923~1939) 연구」, 한양대 박사논문, 2009 등.

5 "조선일보 地方部, 姜仁澤氏 咸南 洪原産 年 40으로 天道敎의 鬪士로 알니우든 분 號 春山 五星學敎 出身 朝鮮敎育協會 理事 歷任"(「人材巡禮(第一編), 新聞社側」, 『삼천리』 제4호, 1930.1.11, 29쪽). 문일평이 조선일보 편집고문으로 재직하던 1934년에 탁상용 달력에 한문으로 쓴 1년간의 일기를 보면, 1934년 9월 20일(음 8월 12일) 목요일, 강춘산姜春山이 찾아왔다던 기록이 보인다(문일평, 이한수 역, 『문일평 1934년 식민지 시대 한 지식인의 일기』, 살림, 2008, 127쪽).

감찰위원장을 역임했다.[6] 1953년 출판된 『한국의 인물』에 그에 대한 소개가 실려 있는데, "일생을 두고 조국광복을 위해 일해 오는 그에게는 이렇다 할 취미가 있을 수 없다. 돈이 없어 옷도 한 벌 제대로 입어 보지 못했고 더구나 장관이 되기 전까지 남의 집 곁방살이를 했었다. (…중략…) 해방 후 애국자라는 사람도 많이 나타났지만 그만은 국내에 파묻혔던 재래형在來型의 독립운동자인 것을 아는 사람은 알고 있다"[7] 라는 언급은 '청빈지사淸貧志士'라는 부제와 어울린다.

현존하는 그의 저술 대부분은 『천도교회월보』와 『개벽』에 실린 것이다. 전자에는 천도교 교리 해석, 천도교사, 천도교 대중화 관련 글이 주를 이루고, 후자에는 「동양도학」을 비롯하여 학술·문화 부문의 계몽적 글들이 다수 실려 있다. 강인택은 전통 사상과 대별하여 천도교를 새로운 시대에 부합하는 종교로 부각하였는데, 이는 1920년대 확산된 문화주의, 개조론과 함께 「동양도학」 집필의 중요한 배경이다. 신지식 수용을 사회적 책임으로 자임했던 여타 지식인과 달리 '동양'의 지식을

---

6 春山 姜仁澤은 1919년 3월 16일 함경남도 홍원 읍내시장에서 만세운동을 주도한 혐의로 일경에 체포되어 1919년 6월 14일 경성복심법원에서 소위 보안법 및 출판법 위반으로 징역 1년 6월을 선고받고 옥고를 치렀다. 1922년 이후 강인택은 천도교의 지도급 인사로서 民立大學期成會 중앙집행위원, 在外朝鮮人勞動狀況調査會 위원, 朝鮮敎育會 이사를 역임하며 조선인의 교육문제와 재외 조선인의 인권보호를 위해 활동하였다. 1923년 全朝鮮靑年黨大會, 言論集會壓迫彈劾會 등 청년운동과 언론운동에도 관여하였으며, 1924년에는 朝鮮饑饉救濟會 결성을 도왔다. 1927년 新幹會 京城支會 간사와 집행위원으로 활동하면서 지속해서 항일운동에 헌신하였다. 1945년 한국 한국민주당 발기인, 1952년 제5대 체신부장관, 1954년 제4대 감찰위원장을 역임하였다. 정부는 고인의 공훈을 기려 2009년 제90주년 3.1절에 건국훈장 애족장(국내항일)을 추서하였다(한국독립운동사 정보시스템 참조).

7 韓徹永 著, 「淸貧志士 / 姜仁澤」, 『韓國의 人物 : 第2選 50人集』, 文化春秋社, 1953, 346~349쪽. 강은교 시인은 부친이 독립운동에 투신하여 집안을 돌보지 못했다고 회상했다(『시인세계』 15, 문학세계사, 2006, 195~213쪽; 姜恩喬, 「姜仁澤論, 淸廉과 抵抗의 길―故春山 姜仁澤先生의 生涯」, 『新郵政』 제5권 제9호, 1969.9, 21~24쪽 참조).

체계적으로 정리 소개 했던 이유도 이와 무관하지 않다. 「동양도학」은 1919년을 전후한 국내외의 사회·정치적 변화 속에서 이루어진 자각적인 세계 인식과 실천으로 볼 수 있다. 다음에서 「동양도학」의 집필 배경과 목적을 강인택의 천도교 문화운동과 세계에 대한 인식을 통해서 살펴보자.

2. 천도교 문화운동과 세계 인식

강인택의 사상적 기반은 일찍이 몸담았던 천도교 교단 활동에서 형성되고 민족운동 과정에서 단련되었다. 그는 주역, 논어, 장자, 도덕경, 서경, 구약, 신약, 코란, 중용, 주자, 동중서, 자공, 맹자, 정자 등 학술이 있었지만, '형체', '주재主宰', '운명', '도리'를 각자 주창해서 하나의 세계가 만 가지 사상으로 분열되었을 뿐 천도天道에 완전한 종교는 없었다고 한다. 그리고 오직 천도교만이 세상 모든 사람을 널리 구제하는 유일무이한 법문法門이라고 보았다.[8]

서학에 대항하는 동학의 창제 이념에서 외래 종교인 기독교와 이슬람교가 부정됨은 당연한 일이었지만, 더 신랄한 비판은 유교와 불교, 도교에 집중되었다. 그는 앞선 시대의 도덕으로서 일정한 기능을 했던 유불선儒佛仙이 새로운 시대에는 적합하지 않다고 판단한다. 삼교의 단점은, "유가를 준거로 하면 법法에 국한되고, 불가를 준거로 하면 공空에

---

8   姜仁澤, 「吾敎의 極樂觀」, 『天道敎會月報』 제8, 天道敎會月報社, 1918.1, 35~36쪽.

국한되며, 선거를 준거로 하면 현효에 국한될 뿐"이라는 것이다. 반면 천도교는 종래의 유교, 불교, 도교와 대비해 새로운 시대에 적합한 신도덕의 경지를 개척한 것으로 평가했다.[9] 천교도는 "네 마음이 곧 내 마음이고, 내 마음이 곧 네 마음" 즉 '인내천人乃天'이라는 앞선 성현들이 밝히지 않은 우주의 근본적 진리를 밝혀 '구도덕'을 넘어섰다고 한다.[10]

동학을 계승하여 근대 종교를 표방한 천도교는 "지기금지원위대강至氣今至願爲大降 시천주조화정侍天主造化定 영세불망만사지永世不忘萬事知", 21자 주문과 간략한 법문, 그리고 "보국안민輔國安民, 포덕천하布德天下, 광제창생廣濟蒼生"을 지향하여 대중의 호응을 얻었다. 무엇보다 사람이 곧 하늘이라는 '인내천'의 교시는 전근대 신분 질서 아래에서 차별받던 대다수 민중에게 새로운 세상에 대한 희망을 주었다. 모든 사람이 사람답게 사는 평등 세상 건설의 이념을 외래 종교나 근대적 자연권(천부적 인권)이 아니라 천도교의 원리로부터 도출한 것이다.

일제는 1919년을 기점으로 '무단정치'를 '문화정치'로 전환하여 민족운동 노선을 분열시키고, 사상 통제와 경제적 수탈을 강화하여 영구적인 강점을 획책하였다. 독립운동에 대한 탄압은 더욱 강화하는 한편 종교운동은 일부 허용했는데, 제반 사회활동을 일제의 통제와 감시 아래 두려는 조치였다. 강인택은 천도교 대중 강연에 적극적이었는데, 문 밖 오 리만 나서도 형사가 뒤쫓고 경찰의 출두명령이 내리는 까닭에 강연제목을 제출하고 강연 허가를 받아야만 했다고 한다.[11]

---

9   姜仁澤, 「修道者의 準的과 信敎者의 希望」, 『天道敎會月報』 제8, 天道敎會月報社, 1918.1, 18~19쪽 참조.

10 姜仁澤, 「大神師의 前後」, 『天道敎會月報』 제15, 天道敎會月報社, 1922.1, 6~10쪽.

11 이돈화와 함께 한 천도교청년회 인천지회 특별대강연회에 대한 술회에서 조선인 대다수가 정신적으로 나태하고 박약하며 별다른 사상과 참된 소양이 없다고 한탄했다. 강

그는 사람 사는 세상에는 사실에 속하는 '현재계'와 희망에 속하는 '미래계'가 있다고 하면서, 삶의 필수요소인 '희망'을 버려서는 안 된다고 했다.[12] '현재계'에 침잠하지 말고 종교적 수련으로 '미래계'를 현실로 만들어나가자고 촉구했다.[13] 이 시기 천도교는 인간의 정신적 가치와 사회 변혁을 목표로 하여, 신사상 수립과 신인간 형성, 민족개조를 위한 신교육운동, 언론·출판운동, 청년운동, 농민운동, 노동운동, 여성운동 등 다양한 계몽운동을 전개하였다.[14]

천도교의 사회개조운동은 제1차 세계대전 이후 자본주의 문명화에

연제목은 "同歸一體와 人乃天(夜雷)", "時代와 우리의 準備(春山)"였다(姜春山, 「京城으로부터 仁川까지」, 『天道敎會月報』제15, 天道敎會月報社, 1922.1). 이돈화와 강인택이 함께 순회 강연을 한 것으로 보아, 이때까지만 해도 천도교내 혁신파와 보수파의 대립이 표면화하지 않았던 것으로 판단된다. 그러나 사회주의의 영향을 받아 '절대적 평등론'을 주장한다고 비판받은 강인택의 혁신파 계열은 1922년 이돈화 계열의 보수파와 대립하여 천도교유신청년회(회장 강인택)로 분립하였고 1930년 천도교혁신청년동맹으로 개칭하였다. 양자의 주장은 강인택, 「현대는 즉 인내천의 실현시대」(『천도교회월보』, 1921.9)와 백두산인(이돈화), 「문화주의와 인격상 평등」(『천도교회월보』, 1920.12); 이돈화, 「사람성의 해방과 사람성의 자연주의」(『개벽』, 1921.4)에서 대별된다(김정인, 『천도교 근대 민족운동 연구』, 한울아카데미, 2009, 139쪽, 159~161쪽 참조).

12 姜仁澤, 「修道者의 準的과 信敎者의 希望」, 『天道敎會月報』제8, 天道敎會月報社, 1918.1, 18~19쪽.

13 姜春山, 「京城으로부터 仁川까지」, 『天道敎會月報』제15, 天道敎會月報社, 1922.1.

14 천도교청년회 교리강연부는 1920년 1월부터 4월까지 서울교구에서 전국의 220여명의 청년자제를 모아놓고 제1회 특별교리강습회를 가졌다. 여기에서는 사회진화론과 문화주의에 맞추어 재정립된 천도교리와 문화주의에 입각한 문화운동론을 교육하였다. 1920년 6월에서 8월까지 전국의 각 시·군 지역을 순회하며 강연하였으며, 강인택도 1920년 6월 북청지회에서 '시대의 천도교'라는 연제로 순회강연을 하였는데, "개조사상의 이상과 천도교의 인내천 이념과의 관련성에 관한 것"이었다(조규태, 『천도교의 문화운동론과 문화운동』, 국학자료원, 2006, 167~168쪽). 순회강연은 전국 163개 시·군에서 행해졌고, 동원된 청중은 총 7만 4,000여 명에 달했다. 신사조·신조류 속에서 천도교의 인내천주의가 시대를 선도할 수 있는 현대적 이념이라는 점을 선전하고 환기하는 데 강연 목적이 있었다(김정인, 『천도교 근대 민족운동 연구』, 한울아카데미, 2009, 126~127쪽).

새뮤얼 스마일즈가 1859년 출간한 『Self-Help』는 영국과 유럽을 넘어 동아시아 한중일 삼국에서도 『자조론』으로 번역되어 읽혔다. 마사나오가 번역한 『서국입지편』 표제 아래 '원명 자조론'이라는 부기가 달려 있다.

대한 비판의 흐름 속에서 고찰할 필요가 있다. 이른바 '개조의 시대'를 연 세계사적 흐름은 제1차 세계대전 이후 인간의 실존과 이성을 중시하는 근대적 합리성에 대한 회의에서 비롯되었다. 아울러 19세기 유럽에서 노동자 운동의 점증으로 위협받던 부르주아 계급이 사회적 위상을 확보하려 했던 문화주의 운동의 영향도 간과할 수 없다. 신칸트학파, 베르그송, 오이켄, 제임스 등 생철학에서 낭만적 이상주의에 이르기까지 다양한 사조와 이론이 국내에도 소개되었다. 20세기 초반 일본은 프랑스혁명의 이념보다는 영국의 부르주아 사상을 국가주도의 근대화에 부합하는 이론으로 판단·재구성하여 위로부터의 개혁의 이데올로기로 활용하였다. 대표적인 사례가 영국인 새뮤얼 스마일즈Samuel Smiles, 1812~1905의 "『Self-Help』"의 번역이다. 일본에서는 나카무라 마사나오中村正直, 1832~1891가 메이지 3년(1870)에 『서국입지편西國立志編』이란 제목으로 번역 출판했고, 량치차오는 『청의보』 제28·29 책에서 『서국입지편』 전체 서문과 각 편의 서문 일부를 소개했다. 이는 『음빙실자유서』에 실려 1908년 국내에서 출판되었고 같은 해 언해본도 출판되어 광범위하게 읽혔다. 1906년 아제카미 겐조畔上賢造는 상중하 3권으로 이를 완역했는데, 이 중 상권만을 중역한 최남선의 『자조론』이 1918년 국내에서도 출판되었다. 『자조론』은 정신 수양과 인내를 강조함으로써 자본주의 윤리 고양에 이바지했으나, 피식민의 현실 인식을 거세하고 제국의 논리를 훈육할 부작용도 있었다.

사회적 맥락에 대한 고려 없이 수용된 문화주의는 민족개량주의의 이론적 기반이 되어 민족운동 노선에 균열을 일으켰다. 민족개량주의는 조선의 낙후된 민족성을 부각해서 식민 지배를 정당화하는 일제의 정책 기조에 부역할 위험성을 안고 있었다. 아울러 사회·정치적 개혁보다 정신적 개조에 치중하고, 정신의 개조를 위해 전통 사회의 도덕과 윤리를 이끌어옴으로써 여타 민족운동진영으로부터 비판받았다. 예컨대 이돈화의 '사람성주의'가 '종교적 사회개조'를 지향했듯이[15] 천도교 계열의 사회개조운동은 자체의 현세주의적 성격에도 불구하고 점차로 정신적 개조에 치중하게 되었고, 그 중심에 있던 보수파는 일본 제국주의와 타협 하는 등 한계를 드러냈다. 일제의 강점이 공고해질수록 독립을 위한 항쟁도 고조되었지만 한편에서는 시스템의 개선으로 타협을 시도하는 세력도 나타났다. 천도교 보수파 가운데 최린을 중심으로 한 신파의 타협주의도 그러하다. 강인택을 중심으로 한 천도교 혁신파는 최시형의 사인여천주의를 충실히 계승하면서 사회주의 계급운동에도 주목하였으나, 『천도교회월보』와 『개벽』에서는 사회주의적 성향을 찾아

---

15   허수, 「1920년대 전반 이돈화의 改造思想 수용과 '사람性주의'」, 『동방학지』 125, 2004, 123쪽.

보기 어렵다.

종교적 수련을 암울한 민족의 장래를 밝혀 줄 하나의 방안으로 제시한 점도 이와 관련 있다. 그가 제시한 천도교의 수련 방식을 한마디로 갈음하자면 '마음으로부터 스스로 (道를) 깨닫는 것自心自求'이다. 성령과 육체를 동시에 수련하여 궁극적으로는 성性과 심心을 깨닫는 데 이르러야 하며 이를 위해 '성경법신誠敬法信'의 실천을 강조한다.[16]

개조는 '물질세계보다 정신세계로부터'라고 한 점에서 강인택도 천도교의 사회개조 논리로부터 크게 벗어나 있지 않다. 먼저 세계를 물질과 정신으로 이원화하여, 유형의 세계는 무형의 세계의 지배하에 질서와 규칙을 갖고 진퇴하고, 무형의 세계는 유형의 세계가 윤회하는 가운데 자연적·근본적으로 실현된다고 보았다. 그러나 유형이 무형을 자뢰하고 무형은 유형으로 실현되어야 비로소 완전한 세계가 된다고 하여 세계를 정신과 물질의 상호 작용으로 인식하였다.[17] 노동, 부인, 인종 문제를 개조의 3대 과제로 보고, 국제정세 역학에 대한 집단적 각성을 촉구하였으나 개조의 구체적 방략을 제시하기보다는 천도교의 종교적 원리에 의지했다. 예컨대 '정의·정도'와 '자유·평등'[18]을 자각하고 실현하기 위해 "먼저 우리는 다 같이 사람은 사람인 것을 깨달아야 하겠고 동시에 사람의 정신은 우주 대정신의 결정체며 사람의 육신은

---

16 姜仁澤, 「自心自求」, 『天道敎會月報』 제8, 天道敎會月報社, 1918.1, 13~16쪽 참조.

17 姜仁澤, 「天道敎로본 世界의 改造 - 其本亂而末治者ㅣ否矣」, 『天道敎會月報』 제15, 天道敎會月報社, 1922.1, 26, 28쪽 참조.

18 1920년대 초반 문화운동과 계급운동의 여파로 사회 전반에 민주주의, 특히 자유와 평등을 구가하는 시대 풍조가 확산하면서 천도교 내에서도 '중앙집권에서 지방분권으로', '독재에서 중의로', '차별에서 평등으로' 방향 전환을 촉구하는 혁신운동이 일어났다. 특히 '평등'은 신시대를 열어갈 화두였고, 일제 강점에서 벗어나 자주·독립할 수 있는 이론적 근거였다. 강인택은 절대적 평등을 주장하는 혁신파에 속했다(김정인, 『천도교 근대 민족운동 연구』, 한울아카데미, 2009, 139쪽 참조).

천지만유天地萬有의 축소판임을 알아야 한다. 바꿔 말하면 사람밖에 다시 사람이 없으며 사람밖에 다시 우주가 없으니 사람이 곧 한울이란 근본적 정신부터 개조하여야 온갖 개조는 '무위이화無爲而化'로 자연 해결될 것이다"[19]라고 본 것이다. 이러한 종교적 사회개조 논리는 종교적 낙관주의라는 비판을 피하기 어렵다. 하지만 전통 사회의 인습과 규범을 비판하며 신시대를 '개벽'하는 종교적 실천은 새로운 문명의 도래를 예비했다.

문명의 진보와 시대의 정도를 따라 인생의 욕망은 한정 없는 우주의 앞길로 자꾸 향상되고 승격되어 사람의 본능을 그대로 발휘하며 사람의 진면목을 바로 드러내려하는 금일이다. 자기 그대로의 본능을 져버리고 진면목을 잃고 원통히 억울히 살던 과도시대의 국가, 사회, 제도 아래에서 오랫동안 강제적 거짓 평화와 거짓 만족은 어느덧 불평과 불만으로 여지없이 폭로되고 발각되는 금일이다.[20]

문명의 진보와 역사의 발전이라는 근대적 이념과 '인내천'의 천도교 교리가 만나는 지점에서 개조는 자연스러운 시대적 요구로 인정되었다. 위로는 종교, 윤리, 정치, 학술, 문예, 아래로는 의식주의 세칙에 이르기까지 모두 개조의 대상이었다. 강인택은 고쳐야 할 인습으로 '관혼', '상제', '무당'을 3대 문제로 특칭했다. 그러나 유교 전통 윤리를 모두 부정하진 않았다. "시대의 요구에 순응하여 문화개조의 벽두에 선 우리 조선의 습속엔 「인습적 도덕·윤리·예절 습속에 절대 보수할 것,

---

19 姜仁澤, 「天道敎로본 世界의 改造 — 其本亂而末治者ㅣ否矣」, 『天道敎會月報』 제15, 天道敎會月報社, 1922.1, 29쪽.
20 姜仁澤, 위의 책, 28쪽.

즉 부모에 대한 효도, 어른에 대한 존경, 붕우 간의 신의, 이웃 간의 규휼상제」 등"도 있다고 보았다.[21] 주목할 점은 '개조란 시대적 요구'를 '만인공심萬人公心의 자연적 요구'로 보았고, 이때 '자연은 즉 천天의 소사所使'라고 하였으니,[22] '인내천'의 종지宗旨가 개조의 필요성을 정당화하는 논리로 활용된 것이다.

앞서 살펴본 바와 같이 강인택은 물질보다는 정신의 개조에 주안점을 두었다. 그는 조선의 습속을 관찰하고 시대 흐름에 부합하지 않는 관습의 타파를 주장한다. '건설하려면 파괴부터'라는 부제의 글에서 어느 민족, 사회, 국가나 각기 '습속'이 있는데, 그 가운데는 '보수', '개량'할 것이 있다고 전제한다. 시대에 따라 그 판단 기준이 다를 수밖에 없으나 개조해야 할 대상은 세 가지이다. '부적不適', '불미不美', '불급不及'한 '구폐舊弊'를 파괴하고 개혁하여 새롭게 만들어야 한다는 것이다. 파괴와 건설 담론은 "과거로 미래의 거울을 삼고 과거의 폐단으로부터 새로운 관습에 주의함으로써 우리 인류사회의 도태 · 진화와 향상 · 발전이 진일보하여 결국 지금의 발달에 이르게 되었다"[23]는 사회진화론적 역사인식에서 비롯한다. 보수해야 할 대상은 서세동점에 맞서 '동양적 정체성'을 되묻는 데서 확인할 수 있다. 「동양도학」의 정신과 물질의 이원화 전략은 도덕을 중심으로 한 전통 지식체계의 재발명으로 이어졌다. 전통 지식의 계보화는 압도적인 서양 문명에 잠식되어 가는 식민지 지식인의 고투였다.

---

21 姜仁澤, 「나의 본 朝鮮習俗의 二三」, 『개벽』 제5호, 1920.11.1, 81~82쪽 참조.
22 姜仁澤, 「天道敎로본 世界의 改造─其本亂而末治者ㅣ否矣」, 『天道敎會月報』 제15, 天道敎會月報社, 1922.1, 26쪽.
23 姜仁澤, 「나의 본 朝鮮習俗의 二三」, 앞의 책, 81~82쪽.

3. 동양의 위기, 도학의 우위

동양 이전에는 천하가 동아시아 국제질서를 대변했다. 중국 중심의 천하에서 벗어나 근대 국가를 표방했던 대한제국은 서양과 동양을 이원화하는 이데올로기 속으로 끌려 들어갔다. 동양은 서양에 짝하는 말이다. 천하가 중화주의를 표상했던 개념이라면 동양은 일본 제국주의를 합리화하는 개념이었다고 할 수 있다.

일제에 의해 생산된 '동양' 담론이 당시 일부 지식인 사이에서 받아들여졌지만, 1905년 이후 '동양' 개념에 내재한 제국주의적, 이데올로기적 성격은 신채호를 비롯한 다수의 지식인에 의해 비판되었다.[24] 그런데 강인택의 「동양도학」은 표제에서부터 '동양'을 특칭하여 서양과 다른 장소성을 주장한다. 이는 서양을 타자로 하는 근대화 후발 주자들에게서 공통으로 나타나는 일종의 차별화 전략이지만, 일본판 '동양' 담론에 상당 부분 의지하고 있음을 부인할 수 없다. 동양의 위기는 어디서 왔고 어떻게 해야 극복할 수 있느냐는 화두는 일본을 맹주로 한 동아시아 황인종의 연대라는 제국주의적 욕망을 내재하고 있었다. 사실 식민지 근대성 담론과 동양 담론은 불가분의 관계로 복잡하게 얽혀 있다. 동양이라는 구성개념에 의지한 근대 지식체계의 재편은 서양뿐만 아니라 일본이라는 동아시아 타자의 그늘이 짙게 드리워진 식민지 근대성 문제를 배태하고 있었다. 특히 과학(물질)과 윤리·도덕(정신)을 분리하여 윤리·도덕 방면에서 동양의 우세를 기정사실화하는 동양 우

---

24 이들의 논조는 일본이 동양 평화를 주장하면서 실제로는 평화를 깨뜨리는 주범이라는 데 있었다(김윤희, 「1909년 대한제국 사회의 '동양' 개념과 그 기원」, 『개념과 소통』 제4호, 2009, 97~125쪽 참조).

한국 최초의 동양철학개론서라고 할만한 「동양도학의 체계여하」는 표제에 철학 대신 도학을 사용했다. 서양 과학에 대비해 동양 도학의 가치를 강조한 저자의 의도를 서언에서 확인할 수 있다.

월주의는 면밀한 학술적 분석에서 도출된 결과가 아니라 일종의 이념적 가공물이다. 결국 동양 담론은 제국주의시대의 한계와 모순 속에서 독해되어야 한다.

「동양도학」은 『개벽』 제9호~제15호까지(1921.3.1~1921.9.1) 총 7회에 걸쳐 연재되었다.[25] 글의 첫머리에서 강인택은 서양 근대 문명에 대한 욕망을 내면화하여 자기 자신을 망각하는 세태를 외래 공기의 최면에 빠지고 박래 요리의 체증에 걸린 것으로 묘사하였다.

① 금일 우리의 대부분은 급격히 불어 닥친 외래 공기의 최면에 빠지고 폭식하는 박래 요리의 체증에 걸려 모든 것에 다만 서양이 있는 줄만 알고 다시 동양이 있음을 알지 못하며 남의 것이 있음만 믿고 다시 우리의 것이 있음을 믿지 못함과 같다. 아니 남만 알며 믿으려 할 뿐이고, 어느덧 자기 스스로를 망각하려 하니 이는 실로 우리의 상식상 약점임과 동시에 어찌 사리에 밝은 자가 크게 탄식할 바가 아니겠는가. ② 그런데 금일의 모든 과학상 발달에 있어서는 어떻게 보면 서양이 독보적일지 모르겠지만 오직 도학에는 서양도 서양 스스로가 있겠지만 동양은 동양 스스로가 있다. 뿐만 아니라 어떤 점에서는 동양이 훨씬 뛰어나다고 해도 과언이 아니라고 단언한다.[26]

---

25 연재는 전체 기사를 上, 中, 下로 나누고, 下를 다시 4회분으로 하여 총6회 분량인데, 동일한 내용의 「東洋道學의 體系如何」(下之二)가 『개벽』 제12호와 제13호에 중복으로 게재되어 전체 연재 회수가 7회로 늘어났다.

대포와 군함을 앞세운 통상 요구가 동양의 일차 위기였다면 이차적인 위기는 ①의 언급처럼 서양 문명에 압도된 주체에서 발견되었다. 문명의 발전, 역사의 진보라는 근대적 세계관은 비서구권의 개인과 집단의 낙후성을 자명한 것으로 각인하게 했고 여기에 강박된 주체의 자기부정은 정체성의 몰각화를 초래했다. 자각 없는 주체에게 국망과 식민의 현실은 망각되어 그 극복의 길은 더 멀어질 수밖에 없다. 따라서 물리적인 위기에 앞서 정신의 부재가 본질적인 문제로 인식되는 것이다. 문제 해결의 방법으로 제시된 ②는 서양 과학 기술의 우수성을 인정하면서도 동양 정신문화의 우위를 주장하여 동양의 정체성을 강화하고 주체의 자존의식을 고양하려는 의도를 담고 있다. 서양과 동양이 각기 과학과 도학에서 장점이 있다는 언급은 과학적인 연구 결과가 아니라 서양의 충격으로 인해 '동양'을 재발견하고, 근대 자본주의 세계체제 형성 과정에서 드러난 팽창적 야욕과 패권적 물리력에 대해 정신과 도덕을 상대적으로 부각하려는 일종의 이념형이다. 아래 ③에서 '도학'은 동양의 운명을 개척하고 민족의 사상을 지배해 온 것으로 규정되고, ④에서는 '나'·'우리'가 '동양'으로 환유된다.

③ 동양 자고이래의 모든 도학이야말로 자못 절정에 달하였다고 할 수 있으니 적어도 반만년 동안 동양 천지의 운명을 이로써 개척하였으며 억천만 역대 민족의 사상계를 이로써 지배하여 왔다. 회고하라! 저간 모든 국가사회와 윤리도덕과 기타 온갖 예악형정이 하나라도 여기서 비롯되고 출발하지 않은 것이 있는가. ④ 그런즉 금일의 우리는 아무리 서양의 모든 것을 배

---

26 「동양도학 上」, 『개벽』 제9호, 1921, 65쪽.

운다 할지라도 자아 충실의 필요상 먼저 나부터 알고 우리의 것부터 믿을 우리라면 불가불 동양 스스로부터 알고 믿어야 하며 동양 스스로를 알고 믿으려면 불가불 동양 도덕이 어떤가를 연구해야 한다. 그러므로 여기에 동양 도학의 내력을 간명히 보여서 스스로를 중시하는 만천하 우리가 일람할 수 있게 하고자 한다.[27]

③과 ④는 「동양도학」의 집필 배경과 목적에 해당한다. 서양을 학습하는 것도 중요하지만, 국가·사회의 윤리·도덕과 제도를 낳는 근원인 동양의 '도학'은 '자아'를 충실하게 하므로 반드시 연구해야 한다는 것이다. '자아 충실'이란 결국 민족성 개조와 맞닿는 것으로 1920년대 문화운동을 이끌었던 중심 논리이다. 예를 들면, "우리는 외래사상 흡입에 먼저 자기의 위장을 건전하게 할 필요가 있으며 그리하여 자기의 위장을 건전하게 하려면 조선이라 말하는 민족의 정신을 특히 건전히 할 필요가 있다"[28]라는 주장이 『개벽』의 주요한 논조를 이루었다. 서양을 학습하고 수용함으로써 문명화를 도모했던 한편에는 「동양도학」처럼 동서 학술 문화의 특색에서 전통 지식체계의 고유성, 독창성, 우월성을 재발견하여 새로운 지식체계로 정립하려는 시도가 진행되었다.

그런데 동서 대립 구도는 '만류동족萬類同族과 우주일가宇宙一家의 영원한 진평화眞平和'를 최후 목적으로 하는 천도교의 종교적 원리와 배치된다. '친소'와 '피차'의 구별이 없는 대원경大圓鏡의 평등 세계를 지향하면서 동서와 황백을 나눌 수는 없기 때문이다.

---

27 「동양도학 上」, 『개벽』 제9호, 1921, 65쪽.
28 滄海居士, 「外來思想의 吸收와 消化力의 如何」, 『開闢』 5호, 1921.11, 15쪽

땅에는 동서가 있다고 할지라도 하늘에 어찌 동서가 있으며 색상에는 황·백이 있다고 할지라도 사람에게 어찌 황백이 있으며 물에는 설혹 피차가 있다고 할망정 이치에 어찌 피차가 있겠는가. 그야말로 동서로 나누고 황백으로 차별하고 피차로 볼 뿐이니, 어찌 구구하게 원을 나누고 등급을 구별하며 피차를 동서와 황백으로 구분하여 서로 배척하고 적대시하는가. 뿐만 아니라 같은 지역에서 문자를 함께 쓰는 동족끼리도 서로 다투고 심지어 남녀, 노소, 빈부, 귀천과 김 씨, 이 씨 형제를 구분할 필요는 어떤 연유에서 비롯하는가.

여하튼 우리가 이와 같은 습성 장진障塵을 일소에 타파하고 '민오동포民吾同胞'와 '사해지내四海之內'가 모두 형제로서 우주일가의 진평화를 도모하려면 먼저 이 혼탁한 물질세계를 천국으로 만들어야 할 것이다. 세국世國을 천국으로 만들려면 동서인족東西人族을 천민天民으로 만들어야 할 것이며 세족世族을 천민으로 만들려면 천주天主를 모셔야 하고 천주를 모시려면 먼저 '인내천' 즉 사람이 곧 한울임을 철두철미하게 깨달아야 한다.[29]

여기서 땅과 하늘, 색상과 사람, 사물과 이치는 인식의 범주와 대상의 질적 차이, 현상과 본질의 관계라고 할 수 있다. 인식의 기준을 달리하고 선입견을 제거하며 현상이 아닌 본질로 관점을 이동하면, 동서, 황백, 피차의 구별이 사라진다. 그러나 현실의 '혼탁한 물질세계'는 그렇지 않아서 평등과 평화를 가로막는 '나누기와 묶기'가 반복된다. 문제는 인식에 오류를 일으키는 잘못된 가치 판단이다. 이를 일소에 타파하여 평등과 평화의 이상세계를 건설하기 위해서는 '인내천'의 근본 진

---

29 姜仁澤, 「우리의 最後目的은 무엇인가?—宇宙一家의眞平和로!」, 『天道教會月報』 제 14, 天道教會月報社, 1921.1, 30쪽.

리를 깨달아 인간의 존엄을 실현해야 한다. 요컨대 「동양도학」의 동서
구분은 주체성을 자각하기 위해 설정한 전략적 방편이다.

4. 도학 개념의 변용과 철학사의 재구성

「동양도학」은 서양에 비견할 만한 '동양도학'의 내력을 밝혀 주체의
정체성을 회복하려는 의도로 집필 되었다. 근대 학문의 태동이 전통 지
식의 재편을 추동했다는 점에서 「동양도학」은 1920년대 초반 진행된
전통 지식체계 탈구축의 전형으로써, '도학'과 '철학', '동양'과 '서양'
등 개념의 의미론적 투쟁과 매개 방식을 분석해 볼 수 있는 자료다. 시
대별, 학파별, 인물별로 구분한 서술체계 각각의 세부 항목을 도표화
하면 〈표 2〉와 같다.

「동양도학」은 '도학'이란 표제 아래에서 시대별로 고대·중세·근
세 철학으로 나누어 기술했다. 『주역』으로 시작해서 유가, 도가, 묵가,
양가, 절충파(孔老의 中間), 법가 등 제자백가를 두루 포함하고 북송과
남송 및 조선철학으로 글을 마무리하였다. 세부 서술 항목은 학파와 인
물에 따라 다소 차이가 있지만, 우주론, 철학, 도덕(윤리), 정치론 등에
중점을 두었다. 그런데 '도학'이 과연 이러한 주제를 다 담아낼 수 있는
개념인지 의아해진다. 강인택이 사용한 '도학'의 정의와 범위가 그래서
문제적이다.

글 첫머리에 밝힌 집필 목적을 보면, "동양 스스로를 알고 믿으려면

〈표 2〉『동양도학』의 체제와 내용

체제		학파	인물	세부 항목
서언				
		周易의 定義		宇宙의 法則, 道德論, 八卦生成의 由來, 八卦의 意味, 占筮와 八卦의 關係
古代哲學		儒家	孔子	인격의 완성, 仁의 演繹, 仁의 社會에 對한 發見, 孔子의 門人, 본론, 形而上學, 倫理學
			孟子	善은 人의 性이라, 慾如斯히 論하면 孟子는 又 子思와 동일한 곤란을 당치 안키 不能하다, 修身論, 政治論
			附告子	
			荀子	倫理論 人性은 惡하니라, 政治論 國家組織, 政治術, 刑
		墨家	墨子	學說, 愛, 利, 非命說
		道家	老子	學說, 實踐 哲學, 倫理論併政治論
			列子	哲學, 生處論, 定命論, 修身論
			莊子	論理學, 修身論
		楊家	楊子	哲學, 萬物定命論
		折衷派	鶡冠子	哲學(宇宙論)
中代哲學			淮南子	學說一般
			董子	哲學, 天, 性
			揚子	叙論, 學說, 哲學, 現象進動, 修身論
		法家	葛洪	神仙論
			張融	三敎一致論
近世哲學	北宋哲學	程朱의 學	周子	哲學(宇宙幷人性論), 道德及政治論
			邵子	哲學(宇宙論), 陰陽論, 現象論
			張子	本體論, 倫理論(附心理論)- 心, 禮
			大程子	叙論, 學統, 倫理論, 工夫論
			小程子	性과 氣, 工夫論
		程學의 後繼	謝上蔡	
			楊龜山	
			胡五峰	
			李延平	
	南宋哲學		朱學：朱子	그의 哲學＝理氣, 理의 통일, 氣의 殊別, 自然哲學, 性心論, 工夫論
			陳北溪	學說
	南宋及朝鮮哲學		陸學：陸象山	學統, 哲學(心, 心卽理), 工夫論(窮理)
			楊慈湖	
			朱陸折衷派	
			王陽明	學統, 學說(知行合一論, 致良知, 意)
			羅整菴	
			李退溪	傳, 學統 及 學說
끗말				

어쩔 수 없이 동양도덕이 어떠한지를 연구해야 한다. 그러므로 이에 동양도학의 내력을 간명히 제시하여 스스로를 중시하는 만천하 우리의 일람一覽에 제공하고자"라고 하여 '동양도덕'과 '동양도학'을 같이 쓰고 있다. 여기서는 도학이 도덕보다 조금 더 넓은 범위를 포괄하는 개념으로 쓰였다고 유추할 수 있다. '東洋道德'의 '도덕'은 현재 'morality'의 번역어로 사용되는 '도덕'과도 다르다. 본래 라틴어 'moralitas'는 예의범절, 성품, 예의 바른 행동을 의미하는데, 여기서는 우주자연과 인간 사회를 포괄하는 동양 '사상'을 의미한다. 특히, '체계'를 통사적으로 서술함으로써 동양윤리사상사나 동양철학사로 의미가 확장되었다.

무엇보다 「동양도학」이 도통론적 관점을 버리고, 철학사 서술방식을 취했음에 주목해야 한다. '도통론'은 특정 사조나 학파에 연속성과 정통성을 부여하여, 정통과 이단을 가르는 일종의 이데올로기적 기능을 역사적으로 수행했다. 「동양도학」이 유학을 중심으로 한 기존의 도통론적 서술방식을 탈피한 배경에는 천도교를 근간으로 하는 사상적 기반이 있었다. 아울러 전통 학술의 흐름을 근대적 학문 체계에 맞춰 재편성한 결과이다. 이러한 시도는 서양 근대 학술 사조의 수용과 동시대 중국과 일본의 철학사 출판 사정과도 관련된다.[30] 「동양도학」보다 앞선 시기에 중국과 일본에서 '도학'과 '윤리'[31]를 표제어로 한 서양철학사와 중국철

---

30 일본인이 쓴 최초의 중국철학사로 內田周平의 『支那哲學史』(1888)를 들 수 있지만, 先秦 부분만을 서술하여 通史로 보기에 곤란하다. 최초의 중국철학통사는 일본인 松本文三郎가 쓴 『支那哲學史』(早稻田大学, 1898)로서 서양학술사 형식으로 중국철학사 상발전사를 서술한 것으로 평가된다(严绍璗, 『日本中国学史』, 江西人民出版社, 1991, 308~310쪽). 중국인이 쓴 최초의 중국철학사는 謝無量(1884~1964)이 1912년 편찬한 『中國哲學史』(中華書局)이다. 謝無量은 서언에서 철학으로 중국의 상고로부터 근대까지 철인들의 학설을 분류하고 서술했다고 밝혔다. 또한 道術은 철학, 方術은 과학에 상응하는 것으로 파악하고, 금세기 학문을 철학과 과학으로 대별하면서 과학이 철학에서 나왔다고 보았다.

학사가 출판되었는데, 강인택은 이들 서적을 참고하였다고 결론에서 밝혔다. 「동양도학」에 등장하는 서양 인명 가운데 '하밀도만', '칸도(씨)' 등의 일본어 음역 표기는, 일본 서적을 참고한 흔적이다.

가령 '도학'은 메이로쿠샤明六社의 일원이었던 니시무라 시게키西村茂樹, 1828~1902의 저술을 살펴 볼 필요가 있다. 그가 지은 『서국도학찬론西國道學纂論』[32] 상권 머리에 기재된 서명은 '서국도덕철학강의고본西國道德哲學講義稿本'으로써, 서양철학을 '도학', '도덕철학'으로 사유하였고, 『심학급도학心學及道學』에서는 'moral science'의 번역어로 '도학'을 사용하였다.[33] '윤리'는, 구보 도쿠지久保得二, 1875~1934의 『동양윤리사요東洋倫理史要』[34]가 1904년에 출판되었고, 이를 저본으로 한 차이위안페이蔡元培, 1868~1940의 『중국윤리학사中國倫理學史』 초판이 1910년에 간행되었다. 그런데 『동양윤리사요』와 「동양도학」의 서술 체제는 상당히 유사하다. 첫째는 '동양'이라는 지리·문화적 범주에도 불구하고, 중국이 내용의 거의 전부를 차지한다는 점이고, 둘째는 『동양윤리사요』 부록에 '조선이퇴계朝鮮李退溪'와 '일본에서의 유교 유포日本に於ける儒敎の流布' 두 항목을 두었는데, 「동양도학」도 마지막에 조선철학으로는 유일하게 이퇴계만을 다루었다.[35]

---

31 '도덕'과 '윤리'의 차이에 대한 고민은 서양 'ethics'의 번역으로 윤리(학)이 사용되면서 비롯되었다. 이혜경, 「근대 중국 '倫理' 개념의 번역과 변용—유학과의 관계를 중심으로」(『철학사상』 37, 2010, 95~129쪽) 참조.

32 西村茂樹, 『西國道學纂論』 上, 출판사·출판년 미상.

33 니시무라 시케기가 번역한 『心學及道學』의 원저자는 亜勒山得便로 되어 있다. 외국인 저자 음역 표기와 책 제목으로 볼 때, Bain, Alexander(1818~1903)의 『Manual of Mental and Moral Science』(1868)의 번역이라고 판단된다.

34 久保得二, 『東洋倫理史要』, 育成會, 1904.1.

35 하가 다카시게芳賀高重가 편찬한 『道學讀書要覽』〈附和漢道統聖賢年代表〉에는 "伏羲, 神農, 黃帝, 帝堯, 帝舜, 禹王, 湯王, 武王, 孔子, 孟子, 朱子, 程伯子, 程叔子, 張子, 朱子, 李退溪, 山崎闇齋, 佐藤直方, 稻葉迂齋, 稻葉默齋, 奧平棲遲庵"을 열거하여, 한국의 성현으로는 퇴계가 유일하게 포함되어 있다(芳賀高重, 『道學讀書要覽』, 1887(明治

'철학'의 경우, 량치차오가 1903년 발표한 「근세 최고의 철학자 칸트의 학설近世第一大哲康德之學說」을 보면 순수이성비판純性智慧之檢點을 철학哲學, 실천이성비판實行智慧之檢點을 도학道學으로 구분하고 칸트가 양자를 관통했다고 평가했다.[36] 그런데 「동양도학」에서는 이런 구분을 찾아볼 수 없다. '도학'이 표제어인데, 고대도학이라고 하지 않고 고대철학으로 시대를 구분하고, 본문에서도 '도학'보다 '철학' 용례가 많다. 다만 결론에서, "윤리, 도덕, 철학의 모든 방면 즉 정신상 문화로는 아직까지 동양에 짝할 서양이 없다"고 한 점을 미루어 볼 때, 강인택이 '도학'을 '윤리', '도덕', '철학'을 포괄하는 상위의 개념으로 사용한 것으로 판단할 수 있다.

강인택은 정신과 인격의 개조를 위해 종교적 정신의 배양을 강조하면서, 미신과 종교를 구분하고 올바른 정신과 철학을 포함하는 종교는 오직 천도교뿐이라고 주장한 바 있다. 미신, 철학, 종교에 대한 정의가 명확하지 않지만, 먼저 미신과 철학을 대비한 후 천도교가 철학을 포함하는 종교라고 규정한다.

종교적 정신으로 인민의 기질을 배양하지 않으면 사람의 본원을 밝힐 수 없고 종교적 사상으로 인민의 뇌수를 주입하지 않으면 사람의 직분을 다할 수 없으며 종교적 신앙으로 인민의 심력을 채찍질하지 않으면 사람의 의무를 맡길 수 없다. 종교로 인격을 완비한 연후에 교육을 장려하고 산업을 발

---

20) 참조). 한편 『개벽』 제15호에는 「동양도학」의 마지막 회와 함께 '조선 10대 위인의 소개'라는 기획기사의 두 번째 순서로 「東方理學의 宗祖인 李退溪先生」이 실려 있다 (「東方理學의 宗祖인 李退溪先生, 朝鮮十大偉人紹介의 其二」, 『개벽』 제15호, 1921.9.1, 73~85쪽).

36 「近世第一大哲康德之學說」, 『飮冰室合集』 第2冊, 文集13, 中華書局, 2008, 51쪽.

달시키며 외교를 돈독히 하여 문명을 증진하고 세상의 광명을 다할 수 있다. 종교는 미신의 정신이 아니라 올바른 믿음의 정신이고 철학에 반대되는 종교가 아니라 철학을 포함하는 종교다. 올바른 믿음의 정신은 오직 천신天信일 뿐이고 철학을 포함하는 종교는 오직 우리 천도교일 뿐이다.[37]

지금의 시각으로는 매우 불철저한 이런 언술이 한국 근대 '철학' 개념사로 관점을 이동하면 종교적 신념에 따라 '철학' 개념을 선택적으로 전유한 사례라고 볼 수 있다. 바꿔 말하면 천도교를 새로운 시대에 부합하는 종교로 내세우기 위해 철학 개념을 천도교에 끌어들였다는 것이다. 이는 '도학'을 표제로 철학사를 서술하면서 '철학' 개념을 서술체계 상에 형식적으로 전유한 「동양도학」의 고민과 유사하다. '동양도학'과 '동양철학' 사이에 존재하는 간극을 도학이나 종교의 하위에 철학을 배치함으로써 해소하려 했던 것이다.

서양 철학 개념을 다수 원용하여 전통을 해석하려는 시도는 이 시기 하나의 유행이었다. 왕궈웨이王國維, 1877~1927는 서양의 학술로 중국 전통 사상을 해석하고자 했고以西解中,[38] 후스胡適, 1891~1962는 『선진명학사先秦名學史』에서 "현대철학으로 다시 중국의 고대철학을 해석하고 다시 중국 고유의 철학으로 현대철학을 해석한다"고 하였다.[39] 이들은 고유한 학술 전통을 재해석함으로 지식체계의 전환을 도모했다. 서양 철학

---

37 姜仁澤, 「宗教的 精神을 培養」, 『天道敎會月報』 제8, 天道敎會月報社, 1918.1, 23~24쪽.
38 1903년에 발표한 『哲學辨惑』에서 그는 '서양철학에 능통하여 우리 중국의 철학을 고쳐 세우자'고 주장했다(佛雛, 「跋王國維佚文『哲學辨惑』, 揚州師院學報(社會科學版), 1991年2期, 91~92, 107쪽 참조).
39 후스가 1917년 발표한 박사논문 『中国古代逻辑方法的发展』은 1922년 上海東方圖書公司에서 영문 출판하였고, 영문 서명 아래 중문 역명이 '先秦名學史'였다. 중역본은 1983년 上海學林出版社에서 출판하였다.

개념 및 사상을 원용하여 동양의 전통 지식체계를 재구축 할 때, 전통적 개념과 서구 학술 개념의 혼종과 상호전유는 불가피한 일이었다.

「동양도학」도 다종의 서양 학술 개념과 당시 풍미했던 사회진화론과 사회주의 담론을 동원하여 전통 지식을 재해석하였다. 예를 들면, 팔괘八卦를 '표준 개념'이라 하고, 공자가 예악을 중시한 것을 '몬테쓰큐'에 견준다거나, 성誠을 미국 철학자 '하밀톤'의 '무의식적 실재'로 재해석하면서 공자의 가르침은 '의식계'로부터 '무의식계'로 진입한다고 했다. 또 개인의 수양으로부터 사회의 질서가 바로 잡힌다는 맹자의 견해는 꿈에서 가능한 윤리적 사회이고 현실의 정치적 사회는 '우승열패'와 '생존경쟁'의 사회라거나 순자의 성악설을 설명하면서 "사회 자연적 상태는 생존 경쟁의 일대 수라장"이라고 하는 등 모두 사회진화론의 관점에서 설명하였다.[40]

무엇보다 유학의 전통에서 배격된 양주와 묵적이 양자와 묵자로 격상되고, 이들을 적극적으로 비판했던 맹자는 상대적으로 격하된다는 점이 큰 변화다. 묵자를 읽어보면 '애국'의 정신이 전편에 관철되는데, 후세의 학자들은 차별애만 높이면서 묵자를 '사회평등주의'의 주창자라고 배척했으니 맹자가 바로 그 대표라는 것이다. 그러나 묵자의 겸상애兼相愛·교상리交相利도 선왕의 법에서 나온 것이고, 묵자를 읽어 본 사람이라면 그 윤리법칙이 조금도 유교와 다르지 않음을 인정할 것이라고 까지 하였다.[41] 이 항목의 결론에서는 묵자를 보다 적극적으로 옹호하고 맹자를 비판하였는데, "묵자가 상례는 슬픔을 근본으로 하고 혹은 어진이를 높이고 선비를 가까이하는 게 치국의 요체라고 한 것은 조금

---

40 「동양도학 上」, 68~79쪽.
41 「동양도학 中」, 22~24쪽.

도 공자와 다르지 않다. 그러므로 묵자를 공자의 무리라고 한다는 것이다. 회남자淮南子는 '묵자는 유儒를 배운 자니, 공자의 술術을 이어받아 예의 번요煩擾함을 기뻐하지 않았다'고 했으니 이를 보더라도 묵자의 설은 공자와 유사하여 비방하고 의심할 여지가 없거늘 불행히 맹자가 의견을 달리하여 배척하였으니, 묵자를 위해서 어찌 통석하지 않으리오"[42] 라고 하였다. 이와 같은 기술은 조선의 전통적 유교 인식의 해체는 물론이고 당시 철학사 서술에 미친 사회주의 사조의 영향을 유추해 볼 수 있게 한다.

5. 한국 근대 철학의 모색

지난 세기 서구와 비서구, 중심과 주변의 낡은 근대적 틀을 깨려는 근대적 성찰이 세기를 지나서도 유효한 이유는 현재를 짓누르고 있는 역사적 무게가 절대 가볍지 않기 때문이다. 서구의 대리물이자 화신이었던 일본 제국주의로부터 해방된 지도 반세기가 넘게 지났지만, 그 근저에 자리한 서구중심주의의 주술과 강박에서 여전히 자유롭지 못하다. 박래품은 분명 전근대로부터 근대를 추동하는 것이었지만 동시에 전래의 역사와 문화적 광휘를 빛바랜 과거로 돌려놓았다.

한국 근대 학문은 서양 학술 문화의 외래적 자극과 전통 지식체계와의 충돌과 긴장 속에서 그 뿌리를 내릴 수 있었다. 오랜 전통을 지닌 동

---

42 위의 책, 26쪽.

아시아 유교문화권의 학술과 문화는 그 충돌과 긴장의 중심에 있었다. 그런데 개화로부터 우리의 근대를 설명하고 일제 강점기를 거치면서 근대 학문이 태동했다는 점을 인정하면서도, 전통과 근대, 동양과 서양, 민족과 친일 등의 이분법적 담론 속에서, 이 시기에 관한 연구는 편향성과 일면성을 극복하기 어려웠다. 현재 인문학이 안고 있는 여러 문제의 태반은 여기서 비롯한다고 해도 과언이 아닐 것이다.

이를 풀기 위해서는 우리 인문학의 계보를 다시금 그려볼 필요가 있다. 근대에 적응하는 동안 우리의 의식 속에는 '서양'이라는 앞선 문명이 절대적인 기준으로 자리 잡아 자기 자신을 무언가 결핍되고 불완전한 상태로 바라보는 심리가 습관처럼 되었고, 동서를 막론하고 철학사만 열거할 뿐 '지금', '여기'를 대상으로 철학하지는 않는다. 그간 도외시했던 일제 강점기 한국철학에는 서양 학술과 전통 학술이 만나 힘겨운 고투를 벌인 흔적이 곳곳에 스며있다. 「동양도학」을 마무리하면서 느낀 강인택의 고민도 이와 다르지 않다.

우리가 무엇보다 먼저 할 일은 서양을 부러워하는 동시에 동양을 자랑하며 서양을 학습하는 동시에 동양을 복습하며 서양을 수입하는 동시에 동양을 수출해야 한다. 우리도 남들 못지않은 역사를 가졌으며 더구나 윤리, 도덕, 철학의 모든 방면 즉 정신상 문화로는 아직까지 동양에 짝할 서양이 없다 해도 과언이 아니라고 생각한다. 그러나 이럼에도 불구하고 반만년 유사 이래로 주역 이후에 제2 주역이 없고 공자 이후에 제2 공자가 없고 퇴계 이후에 다시 제2 퇴계가 없음이 우리의 역사적 유감임과 동시에 민족적 유감이며 동양적 수치임과 동시에 세계적 수치라고 하지 않을 수 없다. 그러므로 이상에 기술한 동양에 전래되어 온 도학을 제1기 토대로 하고 이제부터

거기서 한 걸음 더 나아가 시대에 걸맞는 동양도학의 대철인이 다시 있기를 간절히 바란다.[43]

「동양도학」이 현재의 철학사 서술과 유사한 방식을 취하면서도 '동양철학' 대신에 '동양도학'이라고 한 점은 한국 근대 '철학' 개념사 연구에 의미있는 시사점을 제공한다. 「동양도학」은 일본에서 만들어 낸 'philosophy'의 번역어 '철학'을 전통 지식체계를 해석하는 도구로 활용했다. 그러나 강인택에게 '도학'은 전통 지식체계를 그려내는 하나의 좌표로 여전히 유의미한 개념이었다. 20세기 초반까지 지식인들의 관념 속에서 '도학'은 중요한 학술 개념으로써 전통 지식체계와 근대적 지식체계의 상이한 지평을 매개하는 하나의 고리 역할을 수행하면서 의미망이 확대·변용되었다. 이는 '도학'이 서양 학술 개념에 조응하는 번역어로 사용된 전통 학술 용어나 마땅히 조응할만한 번역어를 찾지 못해 새롭게 만든 조어군과는 다른 방식으로 지식체계 재편 과정에 관여했음을 뜻한다. 동시에 '철학'은 전통 학술 개념에서 따온 '도학'과 혼종하고 경쟁하면서 보편학 또는 하나의 개념으로 정착하기 위한 의미론적 투쟁을 계속하고 있었음을 보여준다.

「동양도학」은 서양 문명과 구분되어야 할 동양 정신문화 발명의 필요에 따라 일본이 만들어 낸 동양이라는 문화·지리적 범주를 활용하였다. 그러나 강인택의 「동양도학」에 일본은 포함되어 있지 않고 중국 철학사가 주를 이룬다. 중국 철학을 근대 국가 경계와 무관하게 동양의 지적 전통으로 바라 본 것으로서 1930년대 자국학의 흥기 양상과도 구

---

43 姜春山, 「東洋道學의 體系如何 下之三」, 『개벽』 제15호, 1921.9.1, 61쪽.

분된다. 한국근대철학사를 재정립하기 위해서는 예비적 작업이 필요하다. 여기에는 '혼종된 개념'들을 분석하는 작업도 포함된다. '개념의 혼종성'을 읽어내는 일은 엄밀한 개념적 정의에 다가가기 위한 필수 계단이다.

제4장

안확의 '조선' 인식과 '조선철학'의 탄생

1. 일제 강점과 조선 연구

　　20세기를 전후한 일본의 조선 연구는 조선 침략을 위한 도구였다. 동아동문회東亞同文會의 간사로 내각보좌관을 지낸 쓰네야 세이후쿠恒屋盛服, 1855~1909는 1898년 『조선개화사朝鮮開化史』(1904)를 집필하기 시작하여 이듬해에 지리, 인종, 문화, 외교 총 4편 49장 438절로 구성된 원고를 완성했다. 지리와 인종 편에서는 한 4군의 설치, 임나일본부의 세력판도, 한족과 일본인에 의한 식민 등 조선사를 식민의 역사로 왜곡하였다. 문화편에서는 시대별로 불교, 유교의 전래, 조선의 천주교 및 서양 문명 수입을 기술하고, 사회, 종교교육, 정부제도, 운수교통 등을 다루었는데, 모두 조선 문화의 특성을 외래성으로 귀착시키는 장치에 불과했다. 결국 『조선개화사』는 실증적 문화사 기술이라는 미명하에 조선 침략과 병탄을 지원하는 도구였다.

　　재조일본인을 포함한 일본의 조선 연구는 시데하라 다이라幣原坦, 1870~1953가 1902년 설립한 한국연구회를 비롯하여 조선고서간행회(1908), 조선연구회(1910), 자유토구사自由討究社(1920) 등에 의해 전면적으로 확대되었다.[1] 1910년 조선연구회를 창설한 호소이 하지메細井肇, 1886~1934는 『조선문화사론』(1911)을 저술하여 조선 문화를 대륙문화의 모방으로 간

주하고 조선의 역사와 민족을 폄하함으로써 일제의 식민통치를 정당화
했다. 저술 말미에는 조선연구회 창설취지서를 싣고 조직과 사업을 제시
하면서, 1차 발간예정도서 27종과 기간도서 8종을 소개하였다. 창설 취
지는 조선의 인문을 연구하고, 풍속제도, 관습과 전례를 조사하여 지
도·개발할 자료로 제공하기 위해서라고 명기한 바 식민통치에 필요한
자료와 이론을 마련하는 것이 본래 목적이라고 하겠다.

1923년까지 조선연구회에서 발간한 도서만 45종에 달하는데, 그 가
운데 『목민심서』나 『열하일기』 등 조선고적간행과 『조선』(1913)과 『신
조선』(1916) 등 잡지 발간을 제외하더라도 『조선귀족열전』(1910), 『실업
지조선』·『조선종교사』(1911), 『조선야담집』·『이조오백년사』(1912), 『고
려사제강』(1916), 『신조선성업명감』·『평양풍경론』(1917), 『조선독립소요
사론』(1921), 『이조사대전』·『경성회고록』(1922), 『조선통치론』(1923) 등
역사, 문화, 정치, 경제 등을 망라한 다양한 분야의 저술을 발행했다.[2]

한편 식민지 조선 지식인의 좌절된 근대 국가 건설의 꿈은 자신의
'역사'와 '문화'를 재조명함으로써 민족의 고유성과 정체성을 확인하
는 전통의 발명으로 향했다.[3]

---

1 최혜주, 「일제강점기 조선연구회의 활동과 조선인식」, 『한국민족운동사연구』 42,
   2005, 466~467쪽 참조. 이외에도 일본인의 조선고서간행사업과 조선연구활동에 대
   해 최혜주, 「일제강점기 고전의 형성에 대한 일고찰」, 『한국문화』 제64집, 2013; 「한
   말 일제하 재조일본인의 조선고서 간행사업」, 『대동문화연구』 제66집, 2009, 국성하,
   「일제강점기 고적조사보존사업의 식민성 연구」, 『미래교육학연구』 18권 2호, 2005,
   박영미, 「일본의 조선고전총서 간행에 대한 시론」, 『근역한문학회』 37호, 2013 등을
   참고할 수 있다.
2 아래 표에 수록된 저작들은 1910년부터 안확의 『조선문명사朝鮮文明史』가 출판된
   1923년 사이에 발행된 것이다.
3 민족주의의 교리는 사람들에게 개개 민족의 존재가 사회적·정치적으로 눈에 띄지 않

번호	표제	저작자	발행연도
1	朝鮮貴族列傳	大村友之丞 編	1910
2	實業之朝鮮	梶川半三郎 著	1911
3	朝鮮文化史論	細井肇 著	1911
4	牧民心書 上下	大村友之丞, 靑柳綱太郎 共編	1911
5	角干先生實記, 看羊錄, 東京雜記	朝鮮硏究會 編	1911
6	朝鮮宗敎史	靑柳南冥 著	1911
7	莊陵誌, 平壤續志	朝鮮硏究會 編	1911
8	朝鮮野談集	靑柳綱太郎 著	1912
9	(朝人之記せる)豊太閤征韓戰記	靑柳綱太郎 著	1912
10	李朝五百年史	靑柳南冥 著, 盧學基 譯	1912
11	朝鮮:朝鮮硏究會三週年記念 第1輯	靑柳綱太郎 著	1913
12	(新撰)京城案內	靑柳南冥 著	1913
13	(原文和譯對照)東國通鑑	朝鮮硏究會 編	1914
14	(原文和譯對照)謝氏南征記	金萬重 著	1914
15	(原文和譯對照)海遊錄	靑柳綱太郎 著	1915
16	(原文和譯對照)三國遺事	靑柳綱太郎 著	1915
17	(最近)京城案內記	朝鮮硏究會 編	1915
18	朝鮮外寇史	朝鮮硏究會 編	1915
19	慕夏堂集	靑柳綱太郎 著	1915
20	(原文和譯對照)大韓疆域孝 上下	朝鮮硏究會 編	1915
21	燕巖外集 上下	朴趾源 著	1915
22	(原文和譯對照)漢唐遺事	靑柳綱太郎 著	1915
23	(原文和譯對照)芝峯類說 上下	朝鮮硏究會 編	1916
24	(原文和譯對照)靑野漫輯 上下	朝鮮硏究會 編	1916
25	新朝鮮	靑柳綱太郎 著	1916
26	(原文和譯對照)芝峯類說 上下	朝鮮硏究會 編	1916
27	高麗史提綱 上下	靑柳綱太郎 著	1916
28	(原文和譯對照)李舜臣全集 上下	前韓國內閣 編	1916
29	國朝寶鑑	靑柳綱太郎 編	1917

30	平壤風景論	朝鮮研究會 編	1917
31	朝鮮四千年史,全/朝鮮研究會[編]	朝鮮研究會 編	1917
32	元朝秘史註	李文田(順德), 朝鮮研究會 譯	1917
33	新朝鮮成業銘鑑	田內竹葉; 清野秋光 共編	1917
34	平壤風景論	小田原正人 著	1917
35	國朝寶鑑 1-5	青柳綱太郎 編	1917
36	(原文和譯對照)增補文獻備考 1-10	朝鮮研究會 編, 青柳綱太郎 譯	1917
37	(鮮文)朝鮮博物志:全	青柳綱太郎 編	1917
38	總督政治:全	青柳南冥 編著	1918
39	滿鮮成業銘鑑	朝鮮研究會 編	1918
40	總督政治	青柳綱太郎 著	1920
41	朝鮮獨立騷擾史論	青柳綱太郎 著	1921
42	李朝史大全	青柳南冥 編著	1922
43	京城回顧錄	大村友之丞 著	1922
44	朝鮮 統治論	青柳綱太郎 著	1923

　　일제의 '조선' 연구가 식민 정책의 일환이었다면 그에 대항하는 조선 연구는 국권 회복과 자주 독립의 염원을 담고 있었다. 이는 당대 '조선'이라는 개념이 발화주체에 따라 그 안에 내포된 의미와 지향이 상이했음을 의미한다. 1922년 주체적인 조선 연구를 주창한 최남선의 사례처럼[4] 재조일본인을 위시한 일제의 조선 연구는 조선의 지식인들에게 경각심을 불러일으키기에 충분했다. 조선인에 의한 연구는 식민 정책

있던 때에도 수세기 동안 존재해왔음을 믿을 것을 요구했다. 그 때문에 그 존재에 대한 증거는 언어적, 문화적 통일성의 연속성에 의존했다. 그러한 통일성조차 육안으로는 불분명했기 때문에 역사가들은 과거의 폐허와 문서들이 (…중략…) 개개의 민족의 문화적 유산, 즉 문화적 연속성의 존재에 대한 기념물들의 일부임을 보여주어야 했다(Peter Munz, Lowenthal, 『The Past Is a Foreign Country』, p.393; 스테판 다나카, 박영재 역, 『일본 동양학의 구조』, 문학과 지성사, 2004, 42~43쪽 참조).

4　주체적인 조선 연구를 주장하며 '조선학' 개념을 정립하려 했던 일련의 과정은 김인식의 「1920년대와 1930년대 초 '조선학' 개념의 형성 과정-최남선·정인보·문일평·김태준·신남철의 예」(『숭실사학』 33, 2014) 참조.

의 일환으로 진행된 일제의 관학에 대한 대타의식과 저항의 표출로써 '식민지 아카데미즘'[5]의 한계를 내장한 것이기도 했다. '조선' 연구는 탈식민의 시대적 요청과 더불어 역사적 사실에 입각한 과학적 탐구라는 근대적 지식체계에 부합해야 했기 때문이다.

2. '조선'의 발견과 지식의 재구성

대한제국의 소멸과 함께 근대 국가 건설은 좌절됐지만 민족의 이념 지형 안에서 '조선'은 새롭게 발견되었다. '조선적인 것'에 관한 탐구와 '조선학' 관련 담론 등은 모두 위기의 시대를 관통했던 역사적 기본 개념의 운동과 연관되어 있다. '조선'은 단순히 왕조나 대한제국을 지시하지 않았다. 1910년을 전후하여 출판된 한국사 관련 서적들의 표제어를 살펴보면, 동국, 아방, 조선 등 용례가 다양하지만 이 가운데 조선이 우리나라를 지시하는 대표적인 용어로 급부상했다. 일제는 식민지 한반도를 '조선'으로 지칭하였고, 식민정책의 일환으로 진행된 조선 연구는 고대로부터 당대에 이르는 조선의 역사를 왜곡·폄하함으로써 식민을 합리화하고 영구화하려는 데에 목적이 있었다. 『고사기古事記』(712)의 임나일본부설은 병탄을 합리화하는 대표적 논리였다. 부정되고 폐기되어야 할 역사적 잔재라는 이미지가 '조선'에 지속적으로 덧씌워지는 한편에서, "국혼·국수와 같은 전통적인 용어들은 근대성이나 서구적인 것에 훼손

---

5 류준필, 「식민지 아카데미즘의 '조선문학사' 인식과 그 지정학적 함의─자국(문)학 형성의 맥락에서」, 『한국학연구』 32, 2014 참조.

되지 않은 민족의 내적인 본질에 대해 이야기할 수 있는 개념적인 공간을 마련해주었다. 이제 저항은 대중의 의식을 개조하는 훈련이 아니라 '기억'을 개조하는 것이었다."[6]

　문명화 담론 속에 표출되었던 제국에의 환상은 식민이라는 현실로 다가왔다. 근대적 개혁의 대상이었던 조선, 그리고 그 과제를 스스로 완수하지 못한 마당에 강제된 식민의 현실은 '조선'에 대해 이중적 태도를 갖게 했다. 더군다나 우승열패의 사회진화론이 식민정책의 군건한 이론적 토대라는 점은 여기에 기대 문명개화를 도모했던 조선의 지식인들에겐 당황스런 일이었다. 일제 식민의 근거가 된 '조선'은 한편으로 국권 회복의 기대와 이상을 신호하는 개념이었다. 당대 지식인들에게 '조선' 연구는 국권 회복을 도모하는 몇 안 되는 선택지 가운데 하나였다. 근대 국가 건설의 좌절과 식민의 위기 속에서 '조선'은 민족 공통의 역사적 기억을 주입하는 기표로 부상했다. 서양발 네이션 개념은 한민족을 역사적 공동체로 형상화 하는 데 유용했고, 단군신화와 고대사가 민족의 기원과 모체로 주목받기 시작했다. 동일한 역사와 문화를 공유하는 '상상의 공동체', '조선'은 이제 과거의 경험공간에서 나와 미래를 비추기 시작했다. 지나간 역사의 기억과 민족 부활의 소망이 연결되면서 '조선'은 더 이상 과거를 지시하는 데 머물지 않고, 주체를 역사의 전면으로 이끌어 시대를 선도하는 역사적 기본개념으로 변모해갔다.

　민족적 정체성을 잃지 않으면서 근대적 전환을 이루어야 한다는 의식 속에서 흥기했던 '조선학' 내지 '조선적인 것'에 관한 논의를 이제 '조선' 개념으로 다루려는 데에는 나름의 이유가 있다. '조선학'은 '조

6　앙드레 슈미드, 정여울 역, 『제국 그 사이의 한국 1895~1919』, 휴머니스트, 2007, 331쪽.

선'이라는 개념의 의미장 안에 놓이고, '조선'의 역사적 의미론은 '조선학'의 범주를 포함한다. 가령 '조선학' 밖에 놓여 있어서 그 의미연관을 찾을 수 없었던 서양(학술)의 수용 양상이나 정치·사회적인 변화와 대중문화의 유행 속에서도 '조선'과 관련한 의미연관들을 발견할 수 있다. 무엇보다 '조선학'이 학술의 장에서 형성된 당대 지식인들 사이의 담론이라면, '조선'은 그 내·외부의 보다 다양한 사회 주체들의 발화를 포괄한다. 더욱이 개념과 담론의 상호 연관을 고려한다면 '역사 이야기'를 통해 '민족의 자각'을 촉구했던 '조선학'은 '조선'의 역사적 의미론 속에서 독해되어야 한다. 그럴 때 일본 식민지 당국과 이에 저항하는 민족진영의 '조선' 의미론 투쟁, 나아가 현재까지 이어지는 한일 간 역사전쟁의 기원이 분명하게 드러날 것이다.

'조선'에 관한 탐구는 역사뿐만 아니라 문학과 학술, 도덕과 종교 등 문화 전반에 걸쳐 진행되었다. '조선'은 바로 이러한 스펙트럼 속에서 미래를 선도하는 개념으로 변모해 갔다. 안확¹⁸⁸⁶~¹⁹⁴⁶은 어려서 근대식 학제를 경험했고 장성해서는 제국 일본에 유학했다. 1913년부터 1916년 사이 일본대학 정치학과에 유학하는 동안 동경 조선유학생학우회 기관지인 『학지광』에 「위인偉人의 편영片影」(제3호), 「금일 유학생은 여하如何」·「조선어가치朝鮮語價値」(제4호), 「이천년래유학二千年來留學의 결점과 금일의 각오」·「조선의 미술」(제5호), 「조선의 문학」(제6호) 등 6편의 글을 게재할 정도로 유학 시절부터 '조선' 연구에 뚜렷한 자취를 나타냈다. 비슷한 시기 집필한 여타의 기사가 말해 주듯이 조선의 역사와 문화에 대한 탐구는 식민지 지식인으로서의 현실 인식과 무관하지 않다. 그렇지만 식민지 권력이 근대성을 전유하는 상황에서 조선의 과거와 전통에 대한 탐구는 과학적 엄밀성, 세계사적 보편성, 그리고 민

족적 특수성을 결합하는 난제였다.[7]

「조선의 미술」을 보면, 정신과 물질을 문화사 연구의 양대 축으로 삼는다. 이때 물질이란 자연의 사물을 정복·이용해 가는 경로 즉 '물질적 문화'를 가리키고, 정신은 인격적 의식의 활동 즉 철학과 예술 등 '정신적 문화'를 지시한다. 정신과 물질로 이원화했지만 문화를 모두 인간의 주체적인 사고와 행위의 산물로 인식했다. 자연을 지배한다는 인간중심주의와 정신과 물질을 분리하는 근대적 사유체계를 받아들였으나, 문명과 문화 개념을 명확히 구분하지는 않았다.[8] 「조선의 문학」에서는 불교의 심원한 사색의 힘으로 철학과 문예의 정情을 고취함으로써 우리 문학사에 새로운 변화를 가져왔다고 평가했다. 「조선의 미술」에서 '철학'이 예술과 함께 정신문화의 산물로 거론되는 데 머물렀다면 「조선의 문학」에서 '철학'은 '조선'이라는 시공간적 구획 안에서 향상 발전한 것으로써 서양의 특수한 학술이나 근대 학문 분과 이상의 의미를 담아낼 가능성을 예비한다.

조선 관련 연구와 일본에서 공부한 정치학은 이후 『조선문명사』 저술의 밑거름이 되었다. 안확은 『조선문명사』에서 조선을 주제로 한 방대한 저술의 집필 계획을 공개하였는데, 총 4부 43책의 구상에는 민족사, 미술사, 학예사, 문학사, 정치사, 경제사, 외교사, 육해군사 등 조선

---

7   박명규, 「지식운동의 근대성과 식민성」, 『지식변동의 사회사』, 문학과지성사, 2003, 144~147쪽 참조.
8   제1차 세계대전 이후 촉발된 과학기술에 대한 반성과 인간 본성에 대한 성찰은 물질문명 보다 정신문명을 강조하는 사조를 유행시켰고, 독일 같은 후발 주자는 물론이고 서구 열강의 위력을 경험한 일본의 경우 정신적 가치를 문명의 본위로 받아들이는 데 주저함이 없었다. 서양의 물질문명과 대비해 동양은 정신문명이 발달했다는 등식이 일본을 중심으로 만들어졌다. 문명으로부터 문화 개념이 떨어져 나와 독자적인 의미망을 형성하게 된 것이다. 일본의 문화 개념 수용 양상은 야나부 아키라, 박양신 역, 『한 단어 사전, 문화』(푸른역사, 2012) 참조.

조선 연구의 원대한 계획의 하나로 집필된 안확의 『조선문명사』는 조선정치사라는 부제를 갖고 있다. 그는 일제의 식민 사관에 맞서 조선 정치제도의 발달이 서구에 견주어도 손색이 없다고 주장한다.

문명사와 문법, 고어, 어학, 경언, 평등론, 자각론, 개조론, 신윤리학 등 학설류, 그리고 자산문집, 정치론 등이 들어 있다. 문화사적 관점에서 집필된 최초의 통사로 평가받는 『조선문명사』는 '조선정치사'라는 부제에서 알 수 있듯이 조선문명사 집필 구상에서 열거한 것 가운데 정치사만을 기술한 것이다. 미완성본을 서둘러 발표한 까닭은 일제에 의해 폄훼된 조선의 역사와 문화가 사실은 서구 문명에 필적할 만한 고유성과 보편성을 지녔음을 역사적으로 밝히는 일이 시급했기 때문이다. 타자가 지배한 역사, 외래 사상에의 동화, 비방과 시기로 얼룩진 당쟁, 탐관의 횡포와 비관과 순응의 민족성[9] 등은 일제가 만들어낸 조선사였다. 역사 실증주의의 미명 아래 자행된 일제의 역사 왜곡에 맞서 조선이 서양의 정치 발달에 비견해도 뒤지지 않는 정치제도를 자체적으로 발전시켜왔음을 실증적 통사로 기술하려 했던 것이다. 조선정치사에서 일관되

---

[9] 조선인 내지 조선의 민족성에 관한 한국 내부의 논의와 일본과 중국의 시선은 이선이 외 엮음, 『근대 한국인의 탄생, 근대 한·중·일 조선민족성 담론의 실제』(소명출판, 2011) 참조.

게 강조하는 '자치自治' 제도의 발달은 '여론'과 '공론', '민의'와 '민선民選'과 함께 서구에 견주어도 손색이 없음을 증빙하는 핵심 의제이다. 아울러 '자유', '자주', '자치'를 이상적으로 실현했던 과거사 서술은 이를 막고 있는 식민 상황의 각성과 극복 의지를 담고 있다.

일본의 외지로 전락한 식민 상황에서 근대적 지식의 형성은 근대 보편학 이념과 민족주의의 자장 안에서 학문적 불철저함과 과장을 낳을 수밖에 없었다. 식민사관에 대한 저항과 극복으로 고평됨에도 불구하고 안확의 역사 서술을 마주할 때 느낄 수밖에 없는 '식민지 아카데미즘'의 한계는 근대 세계 체제에 강제 편입된 숙명일지도 모른다. 그에게 '조선'은 과거의 기억이 아니라 장차 도래할 새로운 미래여야만 했기 때문이다. '조선'에 응축된 과거의 경험을 현재에 되살리는 일은 역사의 박물관을 정리 보존하는 데 머물지 않고 외세에 의한 간고와 부침 속에서도 생명력을 잃지 않았던 '조선'을 발견하고 부활시키려는 기대를 담고 있었다. 『조선상고사』에서 내비쳤던 신채호의 바람을 비롯하여 이 시기 '조선적인 것'에 대한 탐구는 타자에 의해 왜곡된 주체를 자신의 손으로 재정립하려는 고투였다.

대한제국이 사라진 자리에서 '조선'은 조선조를 넘어 상고 신화의 시대까지 아우르며 역사적 경험을 포괄하는 용어로 다시 발명되었다. 여기서 '조선'은 국가와 민족의 과거로부터 미래를 향한 실천적 지표로 작동한다. 서구 근대 문명의 수용과 근대적 국가 건설에 대한 실현 가능성이 꿈의 저편으로 멀어져 갈수록 정신적인 기제를 통한 단합과 정체성의 유지가 요청되었고, 그 공백은 '민족'을 중심으로 한 정신적인 문화와 역사를 발굴함으로써 채워졌다. 『조선문명사』 서술은 열강의 각축을 민족성 경쟁시대로 파악한 인식과 맞닿아 있다. 그는 1915년 발표한

「조선의 문학」에서, "금일은 인종경쟁이라 민족경쟁이라는 사실은 일면으로 보면 정치적 현상이라 할 수 있지만 한층 그 근저를 연구하면 민족성 경쟁이다. 필경 민족사상을 보급하여 동화작용에 귀착하나니 이런 까닭에 열국이 자국사상을 발휘하여 각각 민족성을 경쟁함에 바쁜 것이다"라고 언급한 바 있다.[10] 결국 경계에 선 당대 지식인들의 서구 근대 문명에 대한 희구와 지향은 전통에 대한 재조명 작업으로 이어졌고, 그 결과는 서구 근대 문명에 필적하는 또는 우월한 자문화적 전통의 발명으로 나타났다. 안확은 「조선민족사」(『新生』 22호, 1930. 8)에서 역사 시기를 '민족출현시대', '민족의 자각시대', '민족수비시대', '신자각과 웅비시대'로 구분하면서, 우리 민족이 천년의 꿈에서 깨어나 대자각을 이루면 세계적으로 웅비할 것이라는 염원을 표출했다.[11]

3. 조선철학의 탄생

「조선철학사상개관」(이후 「개관」)은 3.1운동 후 정치시사잡지를 표방하며 창간한 『신천지新天地』(7호, 1922.11)에 실렸다.[12] '신천지'는 1920

---

10 「조선의 문학」, 『자산안확국학논저집』 4, 여강출판사, 1994, 228쪽.
11 위의 책, 98~102쪽.
12 『신천지』는 1921년 7월 10일 창간하였으나 창간호부터 3편의 논문을 압수당하고, 백대진은 「일본위정자에게 與하노라」(1922.11. 제4호)가 조선 독립을 요구했다는 혐의로 실형을 선고받았다. 일제의 탄압으로 1923년 8월 1일 통권 9호를 끝으로 폐간되었다가 1924년 2월 복간 후에는 정치·시사 문제를 다루지 않는 문예지로 전향했다. 안확은 「개관」과 더불어 「조선의 음악」을 여기에 게재했다. 안확, 「朝鮮의 音樂 上」, 『新天地』 제2년 제12호, 1922.12.01, 42~47쪽.

년 창간한 『개벽』과 마찬가지로 새로운 세계의 도래에 대한 기대를 담고 있다. 백대진白大鎭, 1892~1967은 창간호 권두언 「신천지의 전개」에서 세계사적 대변환을 다음과 같이 진단했다.

> 각 민족은 단일성이던 구세계를 다양성衆性의 신세계로, 계급적이던 구세계를 평등의 신세계로, 압제적蹂躪的이던 구세계를 자유의 신세계로, 시기적이던 구세계를 협조적扶摠인 신세계로, 거만驕泰하던 구세계를 겸양의 신세계로, 부자의 낙토이던 구세계를 공제共濟의 신세계로 만들고자 노력하는 도다.

구세계를 대표하는 특징들은 현재 세계의 모습이다. 현실이 암담할수록 필요한 것이 희망이다. '평등'과 '자유', '상호부조'와 '겸양', '공제' 등은 신세계에 대한 염원이다. 새로운 역사적 변환에 대한 바람은 식민지로 전락한 조선을 신천지의 일부분인 하나의 '킹덤'으로 호명하는 데서 드러난다. '신시대'에 부응하는 '신사상'을 갖춰 인류의 일원이 되어야 한다는 당부나 "시시각각 변하는 현재 세계를 널리 알리고, 우리도 세계 시민의 하나임을 알리기 위해서"[13]라는 창간 취지도 사실은 미래를 향한 기대이자 희망의 표출이다. 이를 위해 신천지사는 서양으로부터 들어오는 현대 사상과 문화를 직접 소개하기 위해 편집진에 영문번역자를 두었고, 러셀, 플라톤, 타고르, 생시몽, 루터 등의 사상을 소개하고 양성평등, 데모크라시, 노동, 부인해방운동, 경제문제(소작, 산업), 인권, 교육 등을 사회 현안으로 다루었다.

'철학' 개념의 수용사로 보면, 「개관」은 조선의 학술과 사상을 '조선

---

13 『신천지』 창간호, 편집후기編輯餘滴.

철학'으로 명명하고 통사적으로 서술한 첫 번째 시도라고 할 수 있다.[14] 사실 안확 이전에 '조선철학'이라는 용어를 사용한 사례가 없었던 것은 아니다. 「개관」보다 한 해 앞서 발표된 강인택姜仁澤의 「동양도학의 체계여하」도 중국철학을 시대별로 개관하면서 끝 부분에 "남송급조선철학南宋及朝鮮哲學"이라는 절을 두어 퇴계 철학사상을 기술하였다.[15] 그러나 강인택은 철학보다 도학을 상위의 개념으로 인식했다는 점에서 안확과 구별된다.[16]

일본에서는 이미 1888년에 이치카와 쓰루키치市川鶴吉가 『일본철학日本哲學』을 출판한 바 있다. 「개관」처럼 분량은 적지만 안확이 '조선철학'에 '사상'을 덧붙인 것과 달리 일본철학을 하나의 고유명사로 사용했다. 이 책은 『일본서기日本書紀』의 신화시대의 열일곱 신을 「고천좌천신열식高天座天神列式」 도표로 제시하고 설명을 부기했다. 이에 앞선 것으로 1884년 다나카 나오아키田中直亮가 편술한 『이해일적 : 불교와 철학의 비

---

14 박홍식은 「개관」을 '한글로 쓰인 최초의 조선철학개설서'로 평가하였다(박홍식, 「自山 安廓 哲學思想의 韓國 哲學史的 意義」, 『동양철학연구』 33, 2003, 222쪽. 이밖에 「박은식과 안확의 철학사상 대비─전통계승론과 혁신론의 이중성 문제를 중심으로」, 『동양철학연구』 23, 2000; 「일제강점기 『신천지』에 발표된 안확의 「朝鮮哲學思想概觀」에 대한 고찰」, 『동북아문화연구』 16, 2008 등 참조).
15 강춘산, 「東洋道學의 體系如何(下之終)」, 『개벽』 제15호, 1921.09.01, 51쪽.
16 이후 1933.7.19, 『조선중앙일보』 학예면에 실린 「조선철학계의 성장을 위하여」라는 신남철申南澈의 기사가 보이지만, 당대 조선철학계의 동향을 소개하고 전망한 것으로 '조선철학'이 하나의 독립적인 학문 영역을 규정하는 용어로 일찍이 자리잡지 못했다는 것을 알 수 있다. 이밖에 安浩相, 「朝鮮哲學에 있어서 行爲의 本質」, 『백민』 통권 16호, 제4권 제5호, 1948.10.01; 金炯鐸(朝鮮) 編, 『朝鮮哲學釋義』, 1956; 최봉익, 『조선철학사상연구(고대~근대)』, 사회과학출판사, 1975; 鄭鎭石・鄭聖哲・金昌元[宋枝學譯], 『朝鮮哲學史』, 弘文堂, 1962; 철학법학도서편집부 편, 『조선철학사상사연구』, 사회과학출판사, 1975 등을 예로 들 수 있다. 해방과 분단을 거치면서 북한에서는 '조선철학(사)'를 계속해서 사용해왔으나, 남한에서는 대체로 '한국철학(사)'를 사용하고, 조선시대를 연구시기로 하는 경우에 한정해서 '조선철학'이라고 지칭한다.

教(理海一滴：仏教ト哲学ノ比較)』의 4장 태서철학의 기원과 '일본철학'의 전망(第四章 泰西哲学ノ起原 並日本哲学ノ意想)도 있다. 역대로 불교와 유교를 수용하고 현재에는 서양철학의 수용으로 일본철학계에 변화가 일고 있다는 내용이다. 일본철학에 관한 체계적인 기술은 다지마 쇼지田島象二가 쓴 『철학문답哲学問答』(1888)에 보인다. 총33개 항목 가운데 스무 번째 문답은 『고사기』 등에 산재한 천지의 본원과 신의 조화와 위력 등을 기술하였는데, 일본철학의 기원을 고대 신화세계로부터 계보화하려는 시도라고 볼 수 있다. 역사학 분야의 고대사 연구와 더불어 철학 분야에서 진행된 민족 고유 사상과 시원에 대한 탐구는 '민족성 재조 프로젝트'의 일환으로써 근대 동아시아 학계에서 공통적으로 관찰된다.

「개관」도 상고로부터 시작하여, 중고, 근세 철학사상 순으로 서술하고, 최근 사상계의 동향을 덧붙였다. 같은 해 출판한 『조선문학사』는 상고(단군~삼국시대 전), 중고(삼국・이국), 근고(고려), 근세(조선), 갑오경장 이후 등 다섯 시기로 구분했으나 「개관」은 근고를 중고시대에 묶고 따로 서술하지 않았다.

안확은 서언에서 조선 역사상 특수한 발달로 정치제도와 윤리, 철학 세 가지를 들고 인류 문명사에 기여할 만하다고 평가했다. 조선의 언어, 미술, 문학, 철학으로 이어지는 연구 흐름은 서구 물질문명에 비견할 조선 정신문명의 발달을 드러내려는 의도로 볼 수 있다. 정치제도는 이듬해 발표한 『조선문명사』(1923)에서 통사적으로 조선정치사를 기술하면서, 서구 근대 민주주의 제도와 비교해도 뒤떨어지지 않는 발전을 이뤘다는 견해를 피력했다. 특히 윤리와 도덕의 발달로 근세 5백 년간 종교 없이도 인민 생활이 가능했다는 언급은 의미심장하다. 기독교를 서구 근대 문명을 배태한 원동력이자 보편종교로 인식했던 종교계와 학술계, 유교를 비종교로 규정했던 일제의 종교 정책 등으로 유교의 위상이 약화일로를 걷던 시점이었다. 한편에선 유교 종교화 운동이 일어나 태극교, 대동교, 공자교 등이 생겨났지만 천도교 등 여타 신흥종교에 비해 영향력은 현저히 떨어졌다.

「개관」의 근세철학 기술에서 유교의 종교적 성격에 관한 논의는 보이지 않는다. 그러나 『조선문명사』에는 "유교는 과학상 종교라고 할 수 없으나 유조儒祖 즉 공자를 신처럼 각 지방에서 존봉하고 그 경전을 읽어 인생관의 대본으로 삼으니 종교라고 하지 않을 수 없다"[17]고 엇갈린 평가를 내린다. '과학상'은 객관성과 보편성을 담보하는 과학적 인식에 근거한 지식체계 내지 학문 / 비학문을 가르는 인식틀을 의미한다. 유교가 종교인가 아닌가는 매우 근대적인 문제이다. 유교가 서구 사회에 번역 소개될 때 윤리학이나 정치학으로 분류되기도 했고, 무엇보다 근대적 종교 개념을 잣대로 하면 유교의 종교성이 약화되기 때문이다. 기독교를 근대 보편 종교로 인정하면, 창조주나 내세관, 영혼의 구원 같은 관념이 부재한 유교를 종교의 범주에 넣기 어렵게 된다. 전통적인 '종'과 '교', '종교'의 용법이 기독교를 보편종교로 하는 근대적 종교 개념과 맞닥뜨리면서 의미의 변용이 일어났다. 그렇지만 안확은 공자를 비조로 삼고 경전을 강학하며 향교와 서원에서 시행하는 의례 등은 종교를 구성하는 요소로 보는 데에 무리가 없다고 판단했다.[18] 유교에 대해 이처럼 양가적 태도를 보인 까닭은 유교 내부의 시선이 아니라 외부의 시선으로 바라보기 때문이다. 서양의 학문 분류 체계, 이를 밑받침하는 과학적 합

---

17 「조선문명사」, 『자산안확국학논저집』 2, 여강출판사, 1994, 514쪽.

18 안확은 유교의 종교성을 관점에 따라 다르게 해석했으나, "불교와 유교는 정신단련에 기여한 면도 있지만 침체되고 종교화되면서부터는 오히려 자유로운 사상활동을 저해했다"는 언급처럼, 교조화한 종교의 사상적 폐해에 주목했다.

리성을 내세워 유교를 재단하는 것이다. 유교의 의례와 교학체계에서 발견한 종교적 성격도 유교 자체에 대한 이해에서 촉발되었다기보다는 서구 종교를 거울로 삼았기 때문이다. 그가 유교를 윤리와 철학에 가까운 것으로 파악한 관점 이면에는 의도하지 않은 서양 중심의 사고가 침윤했다. 서양을 보편으로 받아들여 자신의 역사와 문화를 설명하려는 순간 그 지식의 틀에 스스로 갇히는 모순적 상황이 발생하게 된다. 정치, 윤리, 철학의 관계 설정은 이러한 상황을 잘 보여준다.

① 철학은 정치 및 윤리의 근원이 되고, 우리 행위의 근본이 되어 유무식의 계급을 막론하고 철학적 관념이 크게 보급되고 대발달을 보였다. ② 정치와 윤리는 모두 철학의 하위에 놓였고 철학이 정치 윤리보다 더 진보하였다. ③ 철학의 내용은 모든 행위를 우주와 일체가 되게 하는 것으로 이름을 지을 때도 자획을 오행에 맞추고 사회 개량과 법규 등도 모두 운수설에 따라서 철학적 사상의 본의와 합일되게 만들었다.

①은 유교가 조선시대 정치와 윤리의 사상적 토대였음을 증언한다. 니시 아마네는 서양의 유학을 동양의 유학과 구별하기 위해 '철학'이라고 명명한 바 있고, 철학은 서양 문명의 기원이며 만학의 근본이라는 인식이 확산되고 있었다. ②에서 철학을 윤리와 정치의 근본이자 상위에 놓는 것은 이러한 이해의 소산이다. 다시 말해 조선의 정치와 윤리는 모두 철학을 바탕으로 이루어지고 철학이 행위에 근거를 제공하며 철학이 진보하고 발달함으로써 정치와 윤리 또한 견인하였다는 것이다. 문제는 ③에서 철학의 일상적 구현 형태를 오행과 운수설로 귀결시킨 것이다. '모든 행위를 우주와 일체가 되게 하는' 철학은 자연의 이법

으로부터 인간의 규범을 도출하는 유교철학의 특성이지만 오행과 운수를 쫓는 일상의 행태는 분명 유학의 본질이 아니다. 그러나 안확의 1920년대 여타 저작에서 이런 비판을 발견하기는 어렵지 않다. 오행설과 운수설은 비과학적인 미신이고, '자각'과 '개조'를 통해 자율적이고 자발적인 근대적 인간상을 형성하는 데 장애가 된다고 판단했다. 근대 과학기술의 성과에 따라 과거 자연관이 지닌 비과학적 속성은 제거되어야 마땅하다. 그러나 주체와 객체를 나누는 근대적 이분법과 인간중심주의는 우주·자연의 항상성으로부터 인간 규범의 당위성을 정립했던 사유방식의 해체를 촉진했다. 자연을 정복하고 이용할 능력을 갖고 있으면서도 여전히 자연에 굴복했던 과거의 상태에서 벗어나지 못하고 있다는 문명론적 비판도 뒤따랐다. 이광수는 주역을 조선시대 인생철학의 근간이라 보고, 만사를 일정한 명命과 수數로 해석함으로써 자신을 결여하고 처한 상황을 스스로 극복하기보다는 감수하려고만 하는 숙명론적 인생관이 만연하게 되었다고 비판했다.[19] 인간과 세계에 대한 새로운 관계 설정은 인사와 물리를 연관하는 유기적 사유체계의 설 자리를 잃게 만들었다.

조선 고유의 특수성을 규명하려는 안확의 조선 연구는 정신문화를 물질문명의 근저로 보는 세계 사조와 만나면서 새로운 방향으로 전개되었다고 할 수 있다. 1920년대 문화운동은 제1차 세계대전으로 치달은 서구 근대 문명에 대한 자성, 문명의 발달과 역사의 진보에 대한 성찰, 정신문화를 문명의 본위로 자리매김하려는 사상적 풍조 등과 함께 당대를 개조의 시대로 부를 만큼 확산되었다.[20] 안확은 『자각론』(1920)

---

19 李光洙, 「宿命論的 人生觀에서 自力論的 人生觀에」, 『학지광』 제17호, 1919.1.3.
20 19세기 말부터 20세기에 걸쳐 발흥한 신이상주의(neo-idealism)가 실증주의·유물

에서 문화와 문화운동을 다음과 같이 설명한다.

문화는 '참의 세계를 추구하는 의사意思의 요구에 따라 인류의 노력이 만들어낸 사상事象 전체'를 일컫는 것이니 풍속, 습관, 도덕, 제도, 산업, 종교, 과학, 예술, 철학 등 모두를 문화라고 부르는 것이다. 이러한 의미에서 각 개인의 가치를 완성하기 위한 노력은 문화 전체와 관계되지 않는 것이 없다고 할 것이다. 그러므로 정적으로 볼 때 문화는 인류의 사회생활 상에 표현되어 있는 형식이라고 할 수 있으며 동적으로 볼 때 문화는 인류가 시대정신을 사회생활 상에 표현하기 위해 노력하는 과정이라고 할 수 있다. 인류의 생명이 항상 진화하고 변화하는 것과 같이 문화도 역시 진화하고 변화한다. 문화는 인류 노력의 발현 즉 인류 생명의 내적 충동이 밖으로 표현되는 바 생의 예술이다. 문화운동이라고 하는 것은 낡은 문화적 형식의 껍데기를 파괴하여 새 생명을 낳으며, 신생의 예술을 시작하는 것이다. 새로운 시대에 처한 우리는 새 생명을 낳을만한 적당한 신문화를 만들어내어 우리의 가치를 완성하고자 하는데 이를 일컬어 문화운동이라고 하는 것이다.[21]

문화운동의 유행은 물질문명의 폐단을 극복할 방안을 문화에서 발견하려는 시도에서 촉발한 서양 사조의 이식이나 유입만으로 설명할 수 없는 식민지 조선의 불가피한 현실을 반영한다. 실업과 식산으로 표

론 등에 대하여 인간정신이나 인격의 자주성을 강조하였고, 그 핵심 유파인 신칸트학파나 베르크 손 오이켄 등의 생철학이 일본에도 소개되어 유행한 사정은 문화주의의 유행과 밀접하게 연관된다. 비슷한 시기 전영택(1894~1968)도 「구습의 파괴와 신도덕의 건설」에서 오이켄과 베르크 손의 인격주의 이상주의 철학을 근래의 커다란 성취로 평가했다(田榮澤, 「舊習의 破壞와 新道德의 建設」, 『학지광』 제13호, 1917.7.19).
21 안확, 『자각론』, 회동서관, 1920; 정숭교 해설 / 윤문, 『자산 안확의 자각론・개조론』, 한국국학진흥원, 2004, 120~121쪽.

명되었던 자강운동은 1920년대에 들어서 자각과 개조의 구호로 수렴되었고, 식민의 물질적 토대를 근원에서부터 해체해 나갈 정신적 변화를 요구한 것이었다. 문화운동과 '조선' 연구는 바로 이 지점에서 공명할 수 있었다.

「개관」은 조선의 학술과 사상을 인류 보편적 문명사의 관점에서 기술하려는 원대한 집필 계획의 하나였다. 그렇지만 조선 문화의 우수성을 찾는 안확의 학문적 관심이 단지 계승하고 발전시킬 전통을 발명하는 데 있었던 것은 아니다. 그에게 조선은 기억해야 할 유산인 동시에 개조해야할 낡은 과거였다. 조선의 역사와 문화는 서양의 학문방법을 동원하여 보편적 학문으로 재구축해야 할 대상이었지만 서양 근대를 추수하는 길로 향하지는 않았다. 안확은 서양과 비교하여 조선철학이 추상적이지 않고 구상적具象的이며 지성智性이 아니라 정성情性을 특색으로 한다고 주장했다. 조선의 학술과 사상에 '철학'이란 이름을 부여한 것은 과학과 보편의 신화로 깎아내릴 수 없는 조선의 고유하고 독자적인 공간을 마련하려는 일종의 '이이제이以夷制夷'였다.

4. 조선 철학의 근원과 발전

안확은 조선철학사상의 특징을 시대별로 구분하면서, 상고는 종倧사상, 중고는 인과주의(불교), 근세는 정조주의(유교)로 요약했다. 상고철학의 '종倧'은 신인神人을 가리키며, 우주를 주재하는 환인, 만물을 창조하는 환웅, 만민을 교화하는 단군의 삼신사상을 근간으로 한다. 우주·자연의 진리가 신인에 의해 지상에서 실현되는 신화의 구조가 우주와 자연을 일체로 보고 진리와 인간의 합일을 추구하는 윤리를 낳았다고 보았다. 그는 종을 조선의 가장 오래된 종교이자 도덕이며 철학으로 보고, 문학의 기원 또한 종교적 신화 곧 종倧에서 비롯되었다고 주장한다.

안확은 신화를 역사의 영역으로 이끌어 중국의 영향을 받지 않은 상고시대의 종교적 관념과 국가적 의례에서 조선만의 고유한 도덕과 문화적 특색을 발견하려 했다.[22] 『조선문학사』(1930) '상고의 사상'에서는, "단군이 붕어한 뒤로부터 종교적 관념과 조선祖先 숭배의 국풍國風이 크게 떨쳐 제사의 예법이 도처에 행하니, 그 제사의 정신은 국민 단합력의 기초로 국가 사회의 도덕이 되어 왔다. 이 제사의 법은 한문화漢文化가 아니요, 고대 조선의 종교적 기능에 바탕한 고유한 사상으로서 나온 것이다"[23]라고 한다. 이처럼 신화의 세계를 상고시대의 역사에 포함함으로써 외래성이 배제된 조선만의 고유성과 독자성을 찾으려 했다.

특히 상고시대 제천祭天의 정신과 조상 숭배 관념이 중국 문화를 수용할 수 있는 원천이었고, 이를 고유한 문화와 정신의 발현으로 해석한다.[24] 그러나 조선 민족의 고유성과 정체성의 기원으로 상정했던 종사

---

22 「개관」에서는 그 전거로 대종교 경전 『삼일신고三一神誥』를 제시하기도 했다. 안확의 '종' 사상에 미친 대종교의 영향은 이미순, 「安廓의 '朝鮮文學史'에 나타난 大倧教의 영향」, 『관악어문연구』 16, 1991 참조.

23 자산 안확, 최원식·정해렴 편역, 『安自山 國學論選集』, 현대실학사, 1996, 19쪽.

24 위의 책, 68쪽. "중국의 제도 문물과 유교 사상을 수입하게 된 것은 고유한 문화와 정신을 발달시켜 사회와 인생을 적극적으로 교화한 데서 나온 것이지, 결코 정책상으로나 비굴한 생각에서 나온 것이 아니다. 그런데 조선의 고유한 정신이 중국의 사상을 수입할 때에 하등의 반론 없이 순조롭게 영입하게 된 것은 그 사상, 곧 "천자가 하늘의 명을

상과 단군 신화의 역사적 토대에 대한 회의도 보인다. 객관적으로 실증할 사료의 부재는 단군 신화의 역사성을 의심하게 만들었고, 상반된 사료들의 발견은 상고의 신화를 근대적 학문체계로 재편할 정당성을 약화시켰기 때문이다.[25] 민족의 고유성과 정체성으로 발명된 상고의 역사가 실증을 기반으로 하는 근대 역사학의 체계 밖으로 퇴장할 수밖에 없게 되자, 전통 학술의 외래성을 극복할 수 있는 실마리는 문명의 보편성과 민족의 특수성 관계에서 모색되었다. 그는 "문명은 세계가 공유하는 것이고, 특성은 한 나라의 전유물이다. 문화 연원은 어디서 났던지 각처에서 통용하되 그를 호흡해서 수용함에는 그것을 그대로 쓰지 않고 자신의 풍습 또는 성향에 맞춰 쓰는 것은 당연한 일이다"[26]라는 문명·문화관을 논거로 제시한다. 각각의 민족이 본래 저마다의 특성에 따라 외래 문물을 자발적으로 수용하고 변용해 온 것이 보편적인 문명사라면, 외래문물 수용을 조선 민족의 노예성의 본보기로 삼았던 식민사관은 해체되고 굳이 신화의 세계를 역사의 세계로 끌어오지 않아도 된다.

안확은 상고사의 역사적 실증성이 약화되어도 조선철학사상의 계보

받아 나라를 다스린다"는 것이 고유 사상 즉 제천의 정신과 조상 숭배의 관념과 서로 모순되지 않았기 때문이다."

25 「조선민족의 근본」, 『신생』 22호, 1930.8; 『자산안확국학논저집』 4, 여강출판사, 1994, 90~91쪽. "일설에 8국 이전에 벌써부터 통일국가가 있어 단군이 통치했다고 한다. 그러나 단군의 전설은 고려중엽 이후에 발생한 것인바 모호막측한 전설이다. 그러므로 세종대왕도(실록 9년 9월조) 말하되 단군이 삼국을 통어했다는 것은 나도 들어보지 못한 것이다 라고 하고 당시에 유관柳寬도(세종실록 11년 6월조) 말하기를 단군의 일은 황당무계하여 믿을 수 없다고 하였다. 또한 안정복, 한치윤 같은 이도 역시 동의하여 정사로 인정하지 않았다. 이로써 보면 금일 우리는 확실한 사적이 보이지 않는 이상 단군설을 신용할 수 있을까 없을까."

26 「端午와 朝鮮民粹」, 『자산안확국학논저집』 4, 여강출판사, 1994, 77쪽.

학적 기원이자 조선철학사 전체를 관류하는 종사상의 위상은 유지하려 했다. 중고시대 불교 수입과 미술의 발달도 종의 관념과 심미적 사상의 진보 때문에 가능했다고 본다. 그런데 중고철학 기술은 상고철학에 비해 부정적이다. 불교의 심원한 사색이 정신 수련에 장점을 지녀 철학이 발달했음은 인정하지만, 연기론, 업보론, 숙명론 등 '인과주의'는 강도 높게 비판한다. '인과주의'는 인사를 비관하고 세계를 염세적으로 보는 풍조를 낳았으며, 내세의 열반만 추구하여 7백 년간 사상을 정적으로 흐르게 했다는 것이다. 미술 또한 불교의 영향으로 삼국시대에 전무후무한 발달을 이뤘다는 세간의 평가와 달리, 고려, 조선으로 오면서 더욱 진보했다고 반박한다. 이러한 단언은 역사의 진보와 문명의 발달에 대한 신념에서 비롯한다. 진보와 발전의 계기는 사상과 문화의 고착과 퇴조, 그에 따른 반동으로서 새로운 사조의 등장으로 마련된다.

근세 철학의 특징은 '정조주의情操主義'인데,[27] 유교 정조주의가 등장한 요인도 불교와 선교로 인한 비관과 타락, 마비된 독립심 등 고려조 사상에 대한 반동으로 보았다.[28] 출세간적인 불교와 비교해 현세주의目前主義인 유교의 정조주의는 사상적으로 진보한 것으로써 윤리·도덕적 측면에서 장점을 지닌다. 반면 사시운행의 관념으로 인사를 정하는 오행설의 비과학성과 자연 법칙과 도덕 법칙을 혼동하여 만물의 영장인

---

27 정조란 진리·아름다움·선행·신성한 것을 대하였을 때 일어나는 고차원적인 복잡한 감정. 지적, 도덕적, 종교적, 미적 정조 등을 가리킨다. 이러한 정조는 서언에서 조선철학의 특색으로 꼽은 '정성'과 연결된다. 유교의 誠, 忠恕, 仁者樂山, 中和, 五倫五常, 親親 같은 것들 모두 하나의 정조로 본다.

28 안확은 조선문학의 변천을 제1기 인과주의, 제2기 자연주의, 제3기 정조주의로 구분하고, 충군애국의 정조와 현세주의, 인도와 정의 중시 등을 제3기의 특징으로 설명한다(자산 안확, 최원식·정해렴 편역, 「조선문학사」, 『安自山 國學論選集』, 현대실학사, 1996, 183쪽).

인산을 물질에 굴복시켰다는 점을 폐단으로 들었다. 유교 비판은 인간의 자율성과 자발적 행위를 가로막는 사고의 오류로 귀결된다. '천도와 인도의 구별'이 『자각론』(1920)의 첫머리를 장식하게 된 연유가 여기에 있다.

> 천도는 자연적이고, 인도는 이상적 또는 규범적이니 '하늘이 어떻고, 신이 어떻고 하는 것'도 사람이 만들어낸 것이고 삼강오륜의 도덕도 사람이 만들어 정한 것이다. 천지만물은 사람이 아니면 그 가치가 없으니 (…중략…) 사람이 천지만물의 주인이고, 의식 없는 하나의 사물物인 하늘이 사람 위에 있어서 세계의 주인이 된다는 것은 만부당한 이치이다. 그러나 사람이 만물 가운데에서 영장이 된 이유는 무엇인가? 다른 게 아니다. 이성이 있기 때문이니 이성은 사려를 분별하여 마음(심)의 동작을 통일 개괄하는 정신을 말한다.[29]

인간 본성과 도덕적 규범성을 우주자연의 법칙성으로부터 근거 지었던 유교적 윤리관을 자연에 대한 굴복으로 여긴 것은 서양 근대 문명론의 영향이다. '천도와 인도의 구별' 다음에는 '인생의 본분'을 논하였는데, 천도의 굴레로부터 벗어나 인도의 독립적 규범성을 자각하고, 이성의 능력으로 만물의 주인이 되라는 인간중심주의는 근대 기획을 밑받침하는 하나의 원리이다. 그러나 안확의 이성주의는 도덕적 주체성을 강조한다는 점에서 서구 근대 인간중심주의와 결을 달리한다. 그가 생각한 근대적 인간형은 인격적 개인주의(자유주의)[30] 실현을 목표로 하

---

29 『자각론』, 3쪽.
30 안확이 말한 자유주의도 자연으로부터 독립하여 인간 이성을 발휘하는 것과 관련된다.

고, 그 출발점은 도덕성과 주체성을 자각하는 데에 두었다. 개인과 사회의 진보도 도덕적 주체성을 자각하느냐가 관건이고, 인격의 이상을 도덕 표준으로 삼으며, 노동을 통해 품성을 발달시키고 인격을 완성하는 것을 문명을 향한 길로 보았다. 인간은 다른 누군가가 규정할 수 없는 절대적 가치를 지닌다는 믿음과 자신의 이상을 사회적으로 실현함으로써 인간의 가치가 완성된다는 근대적 인간형의 중심에 도덕적 주체성이 자리하고 있는 것이다.[31]

타자에 부림 받지 않는 자유정신의 자각과 이성의 발휘를 통한 사회 개조에서 계몽주의적 인간 이해를 확인할 수 있다. 운수와 오행을 비판한 것도 이와 관련된다. 유교에 대한 비판은 문학사 서술에서 두드러진다.[32] 「조선의 문학」(1915)에서는 조선 유교의 폐단 여섯 가지를 제시했는데, 첫째는 기자를 조선의 건국자로 추존하는 것, 둘째는 사색당쟁, 셋째는 구습을 고수하고 서양 신문명을 배척하여 인민의 삶을 곤궁하게 한 것, 넷째는 개인주의와 고립주의로 남의 장점을 수용하지 못하는 것, 다섯째는 양반에 대한 특혜와 인민의 속박, 문약의 풍조, 여섯째는 중용의 도와 운수주의로 나라의 부강과 백성의 진보를 저해한 것이다.[33] 이러한 논조는 그대로 『조선문학사』(1922)로 이어져서, 우수한 한글 대신 한자만 사용, 외래문화를 숭배하여 우리 고유의 정신 소멸, 자유의 정신

예를 들면, "인류는 특별한 법칙을 부여받아서 천지만물 외에 절대적으로 존재하므로 인간의 본분은 자기의 이성을 발휘하는 데에 있고 결코 자기의 '자유정신'을 외계(사물)에 사역 당해선 안 된다"는 것이다(「精神의 整理」,『자산안확국학논저집』4, 여강출판사, 1994, 25쪽).

31 「인민의 삼종류」,『자산안확국학논저집』4, 여강출판사, 1994, 12쪽.
32 유교 비판은 초기 저술에 집중되어 있다. 1932년 4월『朝鮮』174호에 발표한 「安晦軒의 事蹟」과, 같은 해 8월『조선』176호에 발표한 「儒敎의 進化와 新儒」, 「安子의 道學과 後儒」 등은 1920년대 발표한 글들과 달리 자료에 근거해 사실을 기술하는데 치중한다.
33 「조선의 문학」,『자산안확국학논저집』4, 여강출판사, 1994, 226~227쪽 참조.

과 독립의 사상 말살, 퇴수주의退守主義와 사대주의, 형식위주의 사상과 번문욕례繁文褥禮, 사화와 당쟁, 관료와 토호의 전횡, 생사 문제에 대한 교화 부재, 맹목적 암송 등이 유교의 폐단으로 거론되었다.[34]

안확은 상고로부터 근세에 이르기까지 사상의 발달 한편으로 각각의 단점과 퇴조 현상에도 주목했다. 중고철학이 불교로 정신의 단련에 장점을 발휘했으나 염세적 경향으로 흘렀다면 근세철학은 유교로 인해 윤리·도덕 방면에 발달을 가져왔으나 반대로 정조주의의 악영향으로 운수주의, 추상적 관념의 부재, 인순고식, 가족제도·자리주의自利主義가 나타났다고 보았다. 예를 들면, '상고尙古', '효본孝本', '천재天才'의 정조도 퇴행적, 굴종적, 무책

『개벽』 창간 1주년 기념으로 실시된 10개 분야 조선의 대표 위인 투표결과. 오른쪽 위인명에 부기된 숫자는 복수추천을 집계한 득표수이다.

임한 것으로 간주하는데 명확한 논거를 제시하진 않았다.

사상가를 직접 소개하지 않았던 앞 절과 달리 서경덕과 이황의 철학 사상을 다룬 점도 근세철학 기술의 특징이다. 안확이 이들을 선정한 연유는 중국 유학을 뛰어 넘은 인물로 평가했기 때문이다. 또한 『개벽』 창간 1주년 기념 위인투표 결과를 통해 당대 사상계의 인식을 가늠해 볼수 있다. 10개 분야에 걸쳐 선정한 10대 위인 가운데, 이황은 사상 분야

---

34 자산 안확, 최원식·정해렴 편역, 『安自山 國學論選集』, 현대실학사, 1996, 137~138쪽 참조.

에서 1위를, 서경덕은 과학 분야에서 1위를 차지했다.[35] 안확도 서경덕의 태일설太一說을 우주론으로 분석 소개했다. 태일은 우주의 실재를 지칭하는 개념으로 장횡거의 태허나 주렴계의 태극, 소강절의 원元에 비견할 만한 것으로 평가했다. 우주현상을 일기一氣로 설명한다거나 물아일체의 관념은 서양의 피타고라스학파의 수리설數理說과 유사하지만, 피타고라스학파가 지동천정地動天靜을 주장한 것에 반해 서경덕은 천동지정天動地靜을 주장한 것을 차이점으로 들었다. 아울러 범신론적 관점의 사생론도 특기할만하나 북송 철학의 영향이며, 현상을 주관적 작용으로 본 것은 불교와 별 차이가 없다고 보았다.

정주계통의 철학을 계승한 퇴계의 이기설理氣說은 리가 무형의 조리에 그치지 않고 이상과 개념을 가리키는 것으로써 서양철학자 플라톤의 이데아와 흡사하고, 기는 아리스토텔레스의 자료(질료)와 유사하다고 보았다. 이기의 선후 문제에 대해 주자의 설은 일정치 않은 데 비해 퇴계는 객관계客觀界는 이기불가분理氣不可分이고 주관계主觀界는 리理 일물一物뿐이라고 하여 주자를 완성한 것으로 평가했다. 리는 우주의 본체이고 기는 우주의 현상이며 우리의 마음과 물체의 교통은 이기의 합에서 연유하는 것으로, 실상 우주의 본체는 마음인 까닭에 '심통이기心統理氣'라고 하였으니 쇼펜하우어가 의지를 본체로 삼은 것과 같다고 하였다.[36] 퇴계철학의 특색은 리가 발현하여 기의 발현을 중정하는 데 있으니 화담

---

35 그밖에, 최제우(종교), 이이(정치), 이순신(군사), 문익점(산업), 최치원(문학), 최충(교육), 솔거(미술), 유길준(사회개선) 등이 10대 위인에 이름을 올렸다(「偉人投票發表」, 『개벽』 제13호, 1921.07.01, 148쪽).

36 안확은 『조선문학사』에서 퇴계를 철학의 대가로 주자학을 집대성한 자요 또 산림문학의 시조로 평가한다. 퇴계 이기설을 서양철학자들과 비교 서술한 것은 「개관」과 그 내용이 거의 일치한다(자산 안확, 최원식·정해렴 편역, 「조선문학사」, 『安自山 國學論選集』, 현대실학사, 1996, 114쪽).

철학 보다 발전한 것이지만, 심을 우주의 본체로 삼거나 성인과 범인의 구별이 기의 청탁에 있다는 것은 논거가 불명확하다고 비판했다.

안확은 「개관」을 마무리하면서 조선철학사를 태고와 그 이후 두 시기로 나누어 제1기는 종의 신적 교화시기였고, 제2기는 종사상과 인지의 발달로 물질의 속박에서 벗어나 사상의 자유를 추구한 시기로 보았다. 불교에서 유교로 사상이 변천 한 것은 수입-발전-고정-회의의 단계를 거치기 때문인데 여기서 중요한 것은 각 단계를 여는 인간의 각성과 사상적 자유라고 했다. 따라서 근세 유교에 대한 회의가 동학, 천주학, 예수교 등 다양한 사상의 제기를 낳았고, 한편으로는 물질적 자극이 사상계를 충동함으로써 마르크스의 자본론이 등장하게 되었다고 최근 사상계의 동향을 소개했다.

5. 전통과 근대의 간극

제1차 세계대전 후 일어난 자본주의 근대 문명에 대한 반성은 물질문명에 경도된 인간의 정신적 가치를 회복하자는 사회 문화운동을 일으켰다. 강권주의, 국가주의 이면에서 작동하는 타락한 자본에 대한 비판은 사회주의 계급운동이 본격화하기 전에 이미 일어나고 있었다. 예를 들면 1908년 19살의 변영만은 「세계 3괴물」과 「20세기의 대참극 제국주의」를 역술했는데, 「세계 3괴물」의 첫 번째로 '자본주의富族政體·金力政治'를 꼽고, 이어 '군비정책'과 '제국주의'를 언급했다. 부유한 족속들의 정체, 금력 즉 자본에 의한 정치는 자본주의의 이칭이다. "영국·

미국의 자유는 다수의 빈민을 제외한 국내 유산층의 권리들의 다른 이름일 뿐이고, 자본에 의한, 자본을 위한 이 '자유'는 식민지의 노예화와 그 자원의 고갈, 그 주민의 끝이 안 보이는 불행을 의미할 뿐이며, 허울 좋은 '자유'의 미명 아래서 금권정치와 군국주의, 제국주의라는 서구의 세 마리 괴물은 나머지 세계를 사냥터나 폐허로 만든다"고 적시했다. 자본주의라는 용어는 사용하지 않았지만 자본주의의 군국주의적·제국주의적 속성을 간파한 것으로써 주목에 값한다.[37] 안확도 전세계 자본주의 풍조로 주식회사의 발흥과 '회사열會±熱', 영리주의를 들면서 수단과 방법을 안 가리고 자본 집적만을 목적으로 하여 부의 양극화를 일으켰음을 지적하고, 자본주의 불평등을 해소하기 위해서 부의 균등 분배와 인민의 경제생활을 보호·장려해야 한다고 주장했다.[38]

「개관」을 마치면서 안확은 자각하고 또 자각하라고 주문했다. 유교에 대한 비판은 사회진화론에 입각한 문명론과 1920년대 유행한 문화주의와 문화운동의 추세에 영향 받은 바 크다. 새로운 문명 건설의 전제는 과거의 구습을 파괴하는 것이었고, 정신의 자각과 사회 개조의 필요성은 바로 전대의 구태에서 발견되어야 했다.

전통 지에 대한 안확의 재해석을 살펴보면 불철저한 면이 산견된다. 철학에서 개념은 이론적 정립의 문제이지만, 개념사에서 개념은 불확실성을 전제로 한 추적의 대상이다. 「개관」은 문학과 역사를 넘어 조선 철학의 사유 가능성을 신호하는 것이었다. 다카하시 도오루의 조선 유

---

37 실시학사고전문학연구회, 「世界三怪物」·「二十世紀之大慘劇 帝國主義」, 『변영만 전집』(하), 성균관대 대동문화연구원, 2006, 29~72쪽 참조. 인용은 박노자, 『우리가 몰랐던 동아시아』, 한겨레출판, 2006, 240쪽.
38 안확, 정숭교 해설 / 윤문, 『자산 안확의 자각론·개조론』, 한국국학진흥원, 2004, 133~134쪽.

학 연구나 현상윤의 『조선유학사』에서도 '조선'은 특정 국가를 넘어 전통 학술을 통사적으로 계보화했으나 '철학'으로 사고하지는 않았다. 불교철학, 유교철학, 동양철학이라는 합성어의 사용이 점차 증대하는 추세에도 유학을 굳이 철학으로 사고해야 할 필요가 유학과 철학의 거리보다 적었기 때문일 것이다. 안확은 '조선' 연구의 범위를 문화 전반으로 확장하는 가운데 조선의 미술과 문학을 넘어 조선의 철학을 탄생시켰다. 화담과 퇴계의 사상을 기술하면서 서양 철학 개념을 빌어 해석한 것은 조선철학의 지평을 보편학으로 확장하려는 시도였다.

조선철학의 탄생은 전통적 지식체계의 근대적 전환을 의미한다. 유교나 불교가 철학의 이름을 갖게 될 때, 철학이 될 수 있는 것과 철학이 될 수 없는 것의 구분이 생겨났다. 오행이나 운수설에 대한 비판은 새로운 근대적 주체의 각성을 요청한 것이나, 윤리나 도덕처럼 쉽게 근대 지식체계에 포함되기 어려웠던 사정도 간과해서는 안 된다. 안확이 조선철학이 아닌 조선철학사상이라는 표제를 단 까닭도 이와 무관하지 않을 것이다. 철학이라는 근대 학문에 담아내지 못하고 배제할 수밖에 없는 부담을 사상을 덧붙여서 축소하려 한 것은 아닐까. 서양 근대 문명에 대항하거나 적응하려는 시도 자체에 내재한 한계와 모순은 근대 학문이나 지식체계에 포함되지 못한 체 부유하는 잔여를 만들었다. 동양철학, 유교철학, 한국철학의 형성 과정은 전통 지의 재구축을 통해 근대적 학문 분류의 안과 밖을 나누던 실험이라고 할 수 있다. 그 사이 격절된 전통과 근대의 거리를 좁히는 일은 동양과 서양, 전통과 근대의 낡은 이분법을 넘어서는 일부터 시작해야 한다.

제3부

'도학'·'도덕'·'종교'의 굴절과
지식체계의 (불)연속

제1장

근대 전환기 유교 담론과 도학 개념

1. 중국의 부상과 유교

중국의 급부상으로 세계판도가 재편되고 유교가 다시 주목받고 있다. 국가주의의 발로라는 의심의 눈길 한편에는 이제 역할을 다한 서구를 대신해 아시아적 가치, 유교의 가치를 재발견해야 한다는 목소리가 심심치 않게 흘러나온다. 전 지구적 세계체제에서 국가 안과 밖의 문제가 별개일 수는 없으나 논의의 출발점이 석연치 않다. 21세기를 목전에 두고 우리는 이미 '공자가 죽어야 나라가 산다'거나 '공자가 살아야 나라가 산다'며 한차례 옥신각신한 경험이 있다. 고질적인 연고주의와 권위주의에 대한 비판이 우리 내부의 유교를 겨냥한 것이라면 유교 자본주의나 아시아적 가치는 급속한 경제적 성장을 눈여겨본 외부의 시선에서 비롯된 것이다.

세기를 넘어 지속하고 있는 근대에 대한 강박과 백여 년 전 사망선고를 내린 유교의 부활은 그래서 동일한 사태의 양면처럼 보인다. 전근대와 근대와 후근대가 착종되어 있는 사회에서 근대의 이중적 과제는 과거와 다시 대면하는 일부터 시작해야 얽히고설킨 실타래를 풀어나갈 수 있을 것이다. 유교 자체의 가치를 재론하기 이전에 망국과 식민의 길을 걸어야 했던 지나간 역사의 문제를 우리 내부에 되묻는 작업이 그래서 필요하다. 근대 전환기 망국의 원인으로 지목받았던 유교는 후대의 문제이지 유교의 본래 모습은 아니라고 외면하는 방식으로는 문제에 다가갈 수 없다. 공맹의 유교 본령만 내세우고 도외시해서는 한국 근대 유교의 곡절을 이해하는 데 도움이 되지 않는다. 선진시대 유교와 한·당대의 유교가 다르고 송대 신유학이 또한 다르듯이, 공자와 맹자도 그들이 딛고 있던 바로 그 지점에서 자신의 고민을 펼쳤고 시대적 역할을 수행했다.

지배적인 이념으로부터 망국의 원인으로 지목되기까지, 한국 근대 전환기 유교의 부침은 유교의 현주소를 짚어 볼 수 있는 가까운 실상이다. 19세기 말에서 20세기 초반에 이르는 동아시아의 정세 변화는 명맥을 다해가던 전통 사회질서를 뒤흔들었고 사회를 규준했던 유교적 가치에 균열을 가져왔다. 서구 문명을 어떻게 보는 가에 따라 위정척사, 동도서기, 문명개화 등 대응을 달리했고 유교를 둘러싼 담론의 자장은 요동칠 수밖에 없었다. 대체로 종전의 연구가 서구에 대한 인식차와 대응방식에 주목했다면 여기서는 입론의 차이에도 불구하고 유교 내부에서 공통으로 발견되는 기존 관념의 균열 양상으로 시선을 옮겨보려 한다.

'도학道學' 개념이 그 길의 충실한 안내자가 될 것으로 기대한다. '내성외왕內聖外王'을 목표로 하는 유교의 가치와 실천이 곧 도학으로 수렴되기 때문이다. 조선사회에서 '도학'은 일상에서 국가에 이르기까지 문자 그대로 '무부도無不到'라고 할만치 그 파급력이 대단했다.[1] 그러나 '도

---

1 '道學'의 용례는 『한국문집총간』에서 3,419건, 『조선왕조실록』 377건이 검색된다. 왕조별로는 태조(0), 정종(1), 태종(5), 세종(11), 문종(1), 단종(0), 세조(1), 예종(1), 성종(9), 연산군(0), 중종(42), 인종(3), 명종(12), 선조(39), 선조수정(20), 광해군일기(중초본)(12), 광해군일기(정초본)(9), 인조(15), 효종(14), 현종(1), 현종개수(5), 숙종(45), 숙종보궐정오(8), 경종(3), 경종수정(2), 영조(28), 정조(42),

학'은 전통 학술로 연구 할 때를 제외하고, 현재 일상 영역에서는 거의 쓰이지 않고 소멸하였다고 해도 과언이 아니다. 불과 한 세기 만에 이렇게 우리의 언어 감각에서 사라져 버린 이유는 무엇일까. 아마도 '도학'이 지금 여기서 더는 미래에 대한 기대를 담아내지 못하기 때문일 것이다. 이 말은 도학이 담고 있었던 가치가 현재나 미래에 필요하지 않다는 게 아니라, '도학'이라는 기표가 그러한 의미를 담는 데 유용하게 사용되지 않고 있음을 의미한다. 대신 우리는 '도덕'을 더 편리하게 사용하고, '윤리'를 보다 고급한 학술용어로 추켜 이해하고 있다. 초등교과과정에는 '바른생활', 중등교과과정에는 '도덕', 고등교과과정에는 '윤리'가 편재된 사정도 그러하다. 기표가 바뀌면 그에 담겨 있는 기의 또한 바뀌게 마련이니, 윤리와 도덕이 담아내지 못하는 '도학'만의 역사적 실천과 문화적 가치는 점차 사라질 수밖에 없다. 도학은 이제 전통으로서가 아니라 단지 지나간 과거의 역사 속에서만 존재하는 듯하다.

조선의 도학 개념은 일찍이 정주 계열 성리학의 수용과 조선 유학의 계보화 속에서 형성된 것이다.[2] 그러나 근대 전환기 전통적인 지식체계가 해체되고 재편되는 과정에서, 본래 도학의 의미는 흔들리고 서양 학술 개념과도 경쟁해야 했다. 도학 개념에 대한 역사의미론적 고찰은 전통 개념이 어떠한 방식으로 의미의 균열과 변용을 겪게 되고 종래에는 우리의 일상 언어감각에서 사라지게 되는가를 문제 삼는다. 바꿔 말하

순조(9), 헌종(3), 철종(2), 고종(33), 순종(1), 순종부록(0) 이다(한국고전번역원, 한국고전종합DB).

2   홍원식, 「포은 정몽주와 '洛中' 포은 학맥의 도학사상」, 『포은학연구』 5권, 2010; 김용헌, 「도학의 형성, 점필재 김종직과 그의 문생들의 도학사상」, 『한국학논집』 45, 2011).

면 당대 경험과 기대지평이 새로운 개념, 예를 들면 국가, 민족, 자유, 진보 등에 투영되어 개념 자체가 사회 변화를 추동하는 하나의 요소가 되는 것 이외에 이미 있었던 전통적 개념에 균열이 일어나고 개념의 운동이 종식되며 기표 자체가 소멸하는 과정으로 시선을 돌리는 것이다.

아래에서는 도학 개념을 중심으로 유교가 지배적 이념으로 자리하게 된 사상사적 흐름을 되돌아보고, 근대 전환기 공론장을 뜨겁게 달궜던 유교 관련 담론 속에서 도학이 어떻게 사유되었는지를 탐색할 것이다. 이를 위해 통시적으로는 유교 경전과 사류 및 문집 등을 살펴보고 공시적으로는 19세기 말 20세기 초에 발행된 신문, 잡지에 실린 글을 검토할 것이다.[3]

---

3 일제는 1907년 신문지법, 보안법 등을 만들어 언론 탄압을 획책하였고, 근대 공론장을 주도하며 일제에 항거했던 『대한매일신보』는 1910년 국권 강탈과 함께 조선총독부의 기관지로 변질하였다. 결국 『매일신보』의 유교 담론은 태생적으로 친일적 성향을 지닐 수밖에 없었고 공론장의 기능을 다하지 못했기에 여기서는 다루지 않았다. 1910년대 『매일신보』의 유교 담론에 대해서는 김현우의 「1910년대 『매일신보』에 비친 유교의 모습」(『儒敎文化硏究』 20집, 2012), 친일 황도유림에 대해서는 권인호의 「타카하시 토오루高橋亨의 皇道儒學-李滉, 高橋亨, 朴鍾鴻의 朱子性理學과 중앙집권 · 국가주의 비판」(『大同哲學』 제55집, 2011) 참조.

2. 유교의 계보화와 도학

도학은 문자 그대로 도에 관한 학문, 도를 익히는 학문, 도를 실천하는 학문을 의미한다. 이때 '도'가 무엇인가에 따라 '도학'은 유교의 개념이 되기도 하고 도교의 개념이 되기도 한다. 기실 '도'는 동양 사상과 문화의 기반이라고 할 수 있다. 유교에서 말하는 '도'는 인간이 살아가면서 마땅히 지켜야 할 도리를 의미한다. 낮과 밤, 춘하추동 사계절, 24절기는 늘 변화하지만 그 안에 항상성을 갖고 있다. 인간다운 인간이 되고, 인간다운 삶을 영위하기 위해서는 이러한 우주적 항상성을 자신의 삶으로 가져와 실천해야 한다. 그것이 바로 '솔성率性'이며, 궁극의 지향처인 천도天道와 인도人道의 합일로 나아가는 길이다. 도가道家에서 도는 우주만물의 근원이자 형태 지을 수 없는 본원적 실재를 가리킨다. 도가의 대표적 저술인 『도덕경』은 도를 만물의 근원으로 파악하고 무위자연을 강조한다. 조선 성리학의 지적 전통에서는 도학이 마치 유교의 전유물처럼 여겨져 왔지만, '도학'은 유교와 도교에서 다 같이 자신의 학문과 학설을 지칭하는 용어로 쓰였다.[4] 도가 항목으로 분류되는 서적 가운데 '도학'을 표제에 포함한 사례도 흔하다. 이는 '도학'이라는 기표가 유가 혹은 도가 어느 한쪽의 전유물이 아님을 보여준다.

---

4 김성환은 "'道學'은 오늘날 도가 혹은 도교와의 관련성보다 宋明理學을 지칭하는 용어로 더 널리 이해되고 있다. 그러나 최근 학계에서는 유학에 대응하는 도가의 학설, 혹은 노자의 道論을 이론적 근간으로 하는 도가·도교·선학을 포괄하는 모든 문화적 계통을 '도학'으로 칭하거나, 도가 문화에 관한 연구를 학술적 측면에서 '도학'으로 부를 것 등을 제안하는 사례가 늘고 있다. 도학 개념의 최종적 귀착 문제에 지나치게 얽매일 필요는 없겠지만, 어쨌든 도학이 곧 리학을 지칭한다는 통념에 대한 반성적 검토 정도는 있어야 할 것으로 보인다"고 지적하였다(김성환, 「道學·道家·道敎, 그 화해 가능성의 재조명」, 『도교학연구』 16, 2000, 2~3쪽).

하나의 개념이 여러 가지 의미를 지닌다는 것은 그 개념에 내함된 여러 갈래의 의미들이 여전히 하나의 기표를 두고 경쟁한다는 것을 의미한다. 특히 하나의 개념이 서로 다른 사회·역사적 주체에 의해 발화할 때 이런 현상이 두드러진다. 동일한 개념이 주체에 따라 때때로 전혀 다른 의미로 전유되기 때문이다. 이처럼 단일한 의미망에 국한되지 않는 개념의 다양성이야말로 개념사가 착목하는 지점이다. 사회·역사적 변동을 추동했던 기본개념은 다양한 주체들의 기대지평을 반영한다. '도학' 또한 바로 이런 점에서 역사적 전환기의 특징을 보여주는 문제적 개념이라고 할 수 있다.[5]

도가의 학설을 지칭하는 의미의 도학 개념은 위진 이후 수당 시기에 이르기까지 폭넓게 통용되었으며, 유가가 도학을 자임한 것은 당 중엽의 한유韓愈, 768~824로부터 비롯되어 송대의 이학자들에 와서 두드러진 것으로 비교적 후대의 일이다.[6] 송대 성리학을 집대성한 주희朱熹, 1130~1200는 1189년 「중용장구서」에서 유교의 학통을 계보화하면서 스스로 도학의 전수를 자임했다.[7] 『송사宋史』에 의하면, 도학은 "고대의 성인들과 고전에 드러난 성인들의 언급에 대한 순유적純儒的 철학체계"로 묘사되어 있다. 주희는 도통에 부합하는 인물들을 철저하게 제한함과 동시에 이 제한된 인물들을 때때로 '순유'라는 호칭을 써서 극존하였다. 게다가 그

5   한국개념사연구가 간과할 수 없는 영역으로 전통개념을 꼽을 수 있다. 현재 한국개념사연구는 주로 19세기 중반부터 20세기 중반에 걸쳐 진행된 서양의 사회·정치적 개념의 번역과 수용 양상에 초점을 맞춰 수행되고 있다. 물론 최근에는 일상 영역뿐만 아니라 그 대상 시기도 점차 20세기 후반까지 확대되는 추세이긴 하나, 학술용어나 전통개념에 관한 연구는 상대적으로 부족하다. '도학' 개념을 거론한 것은 이러한 문제의식과 연관된다.

6   김성환, 「道學·道家·道敎, 그 화해 가능성의 재조명」, 『도교학연구』 제16집, 2000, 8쪽.

7   『中庸集註』, 「中庸章句序」.

는 '도통'을 개념적으로 발전시켜 결국 이 도통이 주희 자신에게서 끝나게 되는 이른바 성인의 반열을 작성하였다.[8]

도통은 도학의 전승과 실천을 지향함과 동시에 이단을 가르고 배척하는 준거가 된다. 도통론에 의거한 유학의 계보화와 정주 계열의 성리학은 조선 성리학의 전범이 되었고, 퇴계와 율곡을 거치며 심화되었다. 학문 방법과 입론에 따라 이학, 심학, 정학正學, 성학聖學 등으로 나뉘며 때로는 학파를 구분하는 기준이 되기도 하지만, 세세한 차이에도 불구하고 모두 유학의 범주를 벗어나지는 않는다. 왜냐하면 수기치인, 내성외왕, 성기성물成己成物을 공통으로 하는 유학은, 결국 도학의 실천으로 실현되기 때문이다.[9]

장현광張顯光, 1554~1637은 이를 간명하게 정의하였는데, "학문이란 도를 배우는 것이다. 그러므로 '도학'이라고 한다. 도는 본연과 당연의 이치를 말한다. 그러므로 '이학'이라고 한다. 도학과 이학은 마음을 벗어나 있는 게 아니다. 그러므로 '심학'이라고 한다. 이치를 밝히고 도를 체인하며 마음을 다스리는 학문이 가장 바른 학문이다. 그러므로 '정학'이라고 한다. 이른바 학문이란 배워서 성인에 이르는 것이다. 그러므로 '성학'이라고 한다"[10]는 것이다. 이 짧막한 문장 안에는 유교에서 말하는 도학의 정의와 도학의 내용, 수양의 방법, 학문적 타당성, 그리고 학문의 최종 목표를 포함하고 있다. 결국 인도에 내재한 천도를 성찰하고

---

8   호이트 틸만, 「도통에 대한 소고 : 학경의 북송 유학자에 대한 견지」, 『대동문화연구』 52, 2005, 471~473쪽.

9   도학의 개념과 범주에 대해서는 오석원, 『한국 도학파의 의리사상』, 성균관대 출판부, 2005, 217~225쪽 참조.

10 張顯光, 『旅軒先生文集』卷6「雜著」, '學部名目會通旨訣', "學者, 學是道也. 故曰道學. 道是本然當然之理. 故曰理學. 道理之學, 不出於心, 故曰心學. 明此理體此道, 治心之學, 學莫正焉, 故曰正學. 所謂學者, 學而至乎聖者也. 故曰聖學."

인도를 실천함으로써 천도를 실현하는 것이 도학이다. 조선시대 '도학'은 문묘에 배향할 인물을 선정하는 기준이 되었으며, '도학군자'라는 호칭은 여타의 사회적 성취를 넘어서는 최고의 평가로 사용되었다.

그러나 도학 이념으로 무장한 유교적 지식인들의 정통주의와 학문적 폐쇄성은 일정 시기에 이르러 유교의 외연을 더 이상 확장하기 어렵게 하였고, 학파를 나누고 당파를 가르며 권력을 다투는 도구로 도학을 전락시키기도 하였다. 유교를 준거로 했던 조선 사회의 해체가 가속화하는 상황에서 도학의 세속화 또한 더욱 심화되었다. 대한大韓 도학의 현실은 말로만 하고 몸으로 실행하는 도학이 아니며,[11] 양반논란, 편색다툼, 당파싸움, 권리겨룸, 쓸데없는 시비, 벼슬 도둑에만 힘써서 동양에 도가 본래 크게 있었지만 근래에는 그대로 행하는 이가 별로 없다고도 하였다.[12] 이른바 산림학자, 유림, 선비, 거유巨儒, 거벽巨擘이라는 자들이 성경현전을 공부한다면서 잔인한 토색질을 일삼고 고담준론과 시부 표책으로 세월을 보내며 유식자를 자처하지만 실제 사무에는 쓸모가 없고, 백성에게 돈냥이나 걷어 서울에 올라와 유건 쓰고 도포 입고 거적 피고 대궐밖에 엎드려 상소한다는 게 이전 사람 아모가 도학이 무던하니 문묘에 배향해 달라거나 선현 아모의 서원을 복설해달라는 등 무위도식하고 명예와 권세에 집착하는 유림의 행태에 대한 비판이 쏟아졌다. 이들에게는 '정치 실학'과 '경제 사무'를 공부하여 나라가 다스려지건 어지럽건 간에 앞장서서 일하는 것이 '진품 선비'이니 부디 실학 공부 좀 하라는 주문이 쇄도했다.[13]

---

11 「분슈를 직힐 것」, 『독립신문』, 1899.6.15.
12 「교회론」, 『독립신문』, 1899.8.19.
13 「론셜」, 『미일신문』, 1898.9.16.

3. 도학의 경쟁과 재조명

'도학'의 쇠락은 중국을 중심으로 한 동아시아 유교문화권의 쇠망과 동궤를 이룬다. 과학기술을 위시한 서구 근대가 문명개화의 전범으로 인식되었지만, 전통 지식체계에 익숙했던 지식인들은 서구 학문의 필요성을 인정하면서도 자신의 정체성을 두고 새로운 고민에 빠졌다. 동양의 도를 지키면서 서양의 기예를 배우자는 '동도서기론'이 대표적이다. 체와 용은 본래 하나이고體用一源, 도와 기는 분리될 수 없다道器不離는 원리를 변용하고 확장하였지만 조선을 둘러싼 국제 정세의 변화는 더 급박했다. 무력해진 지식체계, 현실의 대응력을 상실한 주체에 대한 비판의 화살은 체와 도에까지 이르러 전래의 유교와 도학은 새로운 학술과 종교의 틈바구니에서 그 유용성을 입증해야 했다. 이어진 신구학 논쟁에서도 구본신참舊本新參, 신구절충新舊折衷, 온고지신 등 전통 유교와 새로운 학문의 절충을 주장하는 목소리가 높았지만 신구 양자의 위상 변화를 막기엔 역부족이었다. 때늦은 유교의 쇄신 실험은 실용의 요청에 떠밀려 큰 반향을 주지 못했다.

유교의 말폐에 대한 전방위적 비판 속에서 도학 개념도 예외가 아니었다. 조선시대 성리학의 심화와 함께 도학은 인물에 대한 포폄에서 항상 풍절風節, 행의行義에 앞서 운위될 정도로 중요한 항목이었다. 그러나 국망의 상황에서도 독선기신獨善其身할뿐 겸선천하兼善天下하지 않는 유학자를 도학선생道學先生, 도학군자道學君子로 지칭하는 등 조롱과 비판의 표적이 되었다. 실학實學에 힘쓰지 않고 사장詞章만 높인 폐단이 유교의 쇠퇴를 가져온 핵심으로 비판되었고 그 책임은 도학선생과 도학군자에게 지워졌다. 그 대안으로 떠오른 '실학'은 과거 불교를 비판하며 실학의 지위를 차지했던 성리학이 아니었다. 여기서 '실학'은 실용의 학문으로 점차 서구의 학문이 그 자리를 차지하게 되었다. '수기'와 '내성'과 '성기成己'가 강조되는 유교의 본지는 '본말론'과 '종시론終始論'에 입각한 것이다. 수기는 치인의 전제였고, 수기 없는 치인은 수긍되기 어려웠다. 문제는 공맹이 철환천하轍環天下하며 실현하고자 했던 도덕과 정치적 이상은 도외시한 체 오직 경전 자구에 매몰되어 성현의 자취만을 쫓는 데 있었다.[14] 도학을 자처한 선비들의 출처 문제는 국가보다 개인을 아끼고 공도보다 사도를 쫓는 데 있었다.[15] 사장에 대한 침잠의 경우도 단순히 번문繁文의 문제를 넘어 과거제도를 위시한 허학과 무용의 논란이 따라 붙었다. 그렇다면 쇄신을 통해 도달해야 할 '실학'이란 무엇이었을까. 넓은 의미로는 '경세제민'의 학문이겠지만 그 방향과 방법은 성리학의 그것과 전혀 달랐다. '실학'은 새로운 학문 즉 서양의 근대 학술을 가리켰고 그중에서도 재화의 실용적 생산에 초점이 맞춰져 있었다. 똑같이 '국권회복'과 '자주독립'을 말하더라도 구습에 젖어 있고 구학을 가르치는 사람들에게 '국권회복'과 '자주독립'을 기대하기 어렵다고도 했다. 사농공상의 일을 남의 도움 없이 스스로 처리할 수 있어야만 자립 할 수 있고 국권회복도 가능할 텐데 구학으로는 이런 성과를 기대할 수 없다는 것이다.[16] 인륜도덕과 가치규범을 중시했던 전통이 자강과 실력 양성의 논리에 의해 밀려나고 있었다.

점증하는 대내외적 위기를 해결하기 위해 '신학新學'을 받아들여야 한

---

14 「유교동포에게 경고함」, 『대한매일신보』, 1908.1.15.

15 「愛身不愛國循私不循公」, 『皇城新聞』, 1900.5.3.

16 呂炳鉉, 「新學問의 不可不修」, 『대한협회회보』 제8호, 1908.11.25, 11~12쪽.

다는 주장에 힘이 실리는 만큼 유교 혁신 논의에도 속도가 붙었다. 주자의 영정을 서실에 걸어놓고 매일 아침 절을 올렸던 박은식朴殷植도 신학을 넓혀서 구학을 돕는다는 설을 역술하면서 실학이 긴요함을 강조했다. 수기보다는 치인 특히 이용후생을 염두에 두고 유교를 재해석한 이 글에서는 유가에서 종주로 삼는 주공과 공자의 다재다예多才多藝함과 천한 일도 마다치 않았던 역행力行이 중시된다. 유가 전통에는 고원한 이치를 헛되이 말하고 여러 기예를 아우르지 못하는 자를 싱칠聖哲로 삼은 적이 없었다는 것이다. 사물에서 이치를 관찰해야 실지를 얻고 정밀해질 텐데 한대 이후 유자들은 서책에 근거해서 이치를 깨달으니 말하는 이치가 비록 바른 것 같지만 폐단이 많다고 비판한다. 반면 서양은 실학을 숭상해서 도학과道學科에서도 신구약전서를 연구하는 것 외에 기술[藝事]도 함께 다룬다고 한다.[17] 여기서 '도학과'는 신학과를 가리키지만, 서구의 대학은 그들 나름의 '도학' 외에 기술을 중시하는 '실학'의 기풍이 있다는 점을 강조한 것이다. '사물에서 이치를 관찰하여 실지를 얻는다'는 것은 도학의 구체적인 실천 방책인 '거경', '궁리', '역행' 가운데 '궁리'에 가깝다. 사사로운 욕망의 유혹을 떨쳐내어 마음을 다스리고, 사물에 나아가 이치를 탐구하며 배우고 익힌 바를 힘써 실천하는 것이 유기적으로 연결된다. 그런데 구체적인 사물에서 이치를 탐구하는 풍조는 쇠퇴하고 경전에서만 이치를 찾으려 하여 역행의 동력을 차차 상실하게 되었다. 경전에 관한 연구는 실학의 대표 격으로 꼽히는 정약용도 예외는 아닐 정도로 조선후기까지 지속하여 방대한 양의 주석서가 만들어졌다. 그러나 여기서 얻은 이치는 제국주의 일본에 맞설 능력을 갖추지 못

---

17 寓支那 上海 美國 李佳白, 朴殷植 譯, 「廣新學以輔舊學說」, 『서우』 제3호, 1907.2.1, 16쪽.

했다. 도포를 입고 꿇어앉아 구미 각국의 문명을 대적하려 하며 글을 읽고 성리를 논란하는 것으로 군함대포를 방어하고자 하니 이렇게 하면 유교는 한국과 더불어 망할 것이라는 신채호의 인식은 유교 혁신의 절박함을 담고 있다.[18]

수천 년 지속하여 온 문명의 패러다임이 바뀌기 시작했다. 동서가 만나 경쟁하고 약자가 도태되는 세태에서 국가의 위기, 민족의 위기에 대응력을 상실한 유교의 말폐가 부각되었다. 1894년 과거제도가 폐지되면서 관리 임용 방식이 바뀌자, 과거를 통해 입신을 꾀했던 사류 대다수가 목표를 상실하였고, 자신들의 학문이 쓰이지 않음을 비관할 뿐 변화하는 현실에 조응하지 못했다. 정응설鄭應卨은 이런 세태를 꼬집으며 국권 회복에 뜻이 있다면 '변통취시變通趣時'해야 한다고 성토하였다.[19] 변승기邊昇基는 도학, 과학科學, 문학이 선왕이 교육한 뜻에 부합하지 않음을 보다 강한 어조로 비판한다. 모두 국가와 백성의 실용에 도움이 되지 않는다는 게 요지인데, 도학의 경우 이기성명理氣性命을 평생의 업으로 삼아 은둔하며 홀로 덕을 길러 조정과 인민으로부터 숭앙받지만 국가의 근심과 인민의 질고에 간여하지 않는다는 것이다.[20] 이들에게는 유교문명을 수호하고 보전하는 일이 국권을 수호하는 일보다 더 중요했다. 강탈된 국가는 되찾을 수 있지만 도가 무너지게 되면 국가도 찾을 수 없다고 보았기 때문이다.[21]

---

18 「유교에 대한 의론」, 『대한매일신보』, 1909.2.28.
19 三雲 鄭應卨, 「宜有頑固」, 『호남학보』 제1호, 1908.6.25, 42쪽.
20 邊昇基, 「新舊同義」, 『호남학보』 제2호, 1908.7.25, 13~14쪽.
21 안외순은 한국 유교가 식민지적 문명에 대한 이해에 따라 셋으로 분기하였다고 보았다. 첫째, 식민적 근대문명을 거부하면서 국권수호 투쟁이 곧 전통 유교적 가치관과 삶을 보수하는 유교수호의 길이라 하여 무장투쟁을 전개한 저항 유림(최익현, 유인석). 이들은 조선과 유교정치 질서야말로 진정한 문명세계이고 일본과 서양은 조선을

주공과 공자의 학문이 효용성 논란에 휩싸였고, 역대 학문에 대한 포폄도 실학과 실용의 잣대로 재단되었다. 한편으로는 조선의 유교 전통과 역대 문명을 계보화하려는 작업이 활발하게 진행되었다. 예를 들면, 우리나라의 도학 전통을 여말선초 제현에 의한 공맹·정주 유학 수용에서 찾는 것이다.[22] 「아한교육사我韓敎育歷史」에서는 문명 발전의 계기를 다섯 시기로 특정했다. 기자가 동쪽으로 와서 홍범8조로 백성을 가르친 것을 제1기로 하고, 제2기는 신라 태종왕, 문무왕 때 자제들을 당나라에 유학시켜 중국의 문물제도를 채용한 것을 들고, 제3기는 고려 충선왕, 충숙왕 때 안향, 이제현 등이 원나라와 교섭하여 수사염락洙泗濂洛의 도학연원이 전해짐으로써 이조 오백년간 문치의 토대를 마련한 것이고, 제4기는 세종대왕이 국가의 전장과 오례의와 각종 기기 및 국문을 창제해서 국민을 가르친 것이고, 제5기는 20세기에 이르러 서양과 교류하고 신문화를 수입한 것을 든다. 여기서 안향은 동방도학의 시조로, 정몽주는 동방리학의 시조로 재발견된다.[23] 그러나 과거시대의

'개화-독립-보호-주권박탈로 귀결시킨 야만으로 인식하였다. 둘째, 국가수호보다는 유교수호에 더 가치를 부여하여 무장투쟁에는 가담하지 않지만 식민적 근대문명을 거부하고 조선의 성리학적 전통을 보수하고 전승하는 길을 택하였던 탈정치적 은둔유림(전우, 곽종석). 이들은 유교의 時勢論과 自靖論을 전개하면서 사실상 조선의 식민지적 근대 전개라는 정치현실에 대해 소극적으로 대응하였다. 셋째 국권수호와 유교수호는 일치하되 다만 유교의 말폐적 성격은 유교혁신운동을 통해 유교 본래의 정신으로 회복해야 하며, 이러한 유교는 근대의 보편적 가치와 조화되는 것으로 인식한 계몽적 저항유림(박은식, 이승희). 이들은 도덕적 유교문명관이 제국주의적 근대문명관은 물론 물질주의적 근대문명관에 대해서도 그 대안이 될 것이라고 확신하였다(「식민지적 근대문명에 대한 한국 유교의 분기와 이념적 지형」, 『東方學』17, 2009 참조).

22 朴殷植, 「平壤과 開城의 發達」, 『서우』 제9호, 1907.8.1, 2~3쪽.
23 특기할만한 사항으로 김종직, 김굉필, 정여창, 김인후, 이언적, 조광조, 이황, 이이, 성혼, 김장생, 김집, 송시열, 송준길을 도학가로 구분하고, 유형원, 김육, 정약용은 경세에 필수적인 저술을 남긴 정치학으로 구분하며, 장유, 이식, 이정구, 신흠, 최립, 차천락, 박지원, 홍석주, 홍길주, 김매순 등을 문장가로 구분한 점을 들 수 있다. 문장은 도

교육은 도덕과 문장 과거 등에 있었고 국가의 실력과 인민생활의 이용후생에 관한 각종 학문은 퇴보하여 백성의 빈곤과 국가의 허약이 극도에 이르렀으니 현시대 신세계에는 부강의 실을 도모하여 우리 문명의 제5기 시대를 열어야 한다고 주장한다.[24]

'신세계'로 표현되는 역사의 전변 속에서 종래 일말의 의심도 용납하지 않았던 도학 체계는 서양 학문과 경쟁 속에서 자신의 가치를 입증해야만 하는 상황에 놓였다. 19세기 말 20세기 초반 동아시아의 유교적 지식인들이 도학의 연원과 흐름을 계보화 했던 바탕에 이런 사정이 있었다. 서양 학술의 필요성은 인정해도 전통 도학을 폐기할 수는 없었다. 도학은 문명적 전환에도 불구하고 훼손되지 않는 본원적인 가치를 지닌 것이어야 했고, 도학의 통사적 계보화는 서양의 역사와 문명에 압도되지 않는 고유의 정신문화적 가치를 재현하는 작업이었다.

근대 과학 기술을 앞세운 서양 문명 앞에 왜소해진 주체는 단일하지 않은 역사와 문화를 하나로 연결하는 문화·지리적 관념을 필요로 했다. 서양에 대립하는 '동양' 관념이 도학의 기원과 흐름을 공유하는 자리에서 새롭게 상상되기 시작했다. 천하 관념과 질서가 해체된 한중일 삼국이 '동양'이라는 기호 아래 다시 묶이는 현상 이면에는 황백의 대결을 구조화하는 인종담론뿐만 아니라 동아시아 패권을 염두에 둔 일제의 이데올로기가 은폐되어 있었지만 '천하'가 사라진 빈 공간은 서양

를 실어 나르는 것이고 유교가 도학정치를 표방한다는 점에서 도학가와 문장가와 정치가의 구분은 유가사상에서 보면 적합하다고 할 수 없다. 이러한 구분은 서양 학술 개념의 수용이 통합적인 전통 지식체계에 영향을 준 것으로 볼 수 있다. 이는 도학으로 수렴되었던 유교 지식체계의 해체와 영역이 축소되고 의미상으로도 균열이 발생하고 있는 도학의 위상 변화를 보여준다.

24 一惺子, 「我韓敎育歷史」, 『서우』 제16호, 1908.3.1, 3~8쪽.

을 타자로 하는 동양이 대신하게 되었다.

박은식의 「동양의 도학원류」에서도 도학은 동양을, 과학은 서양을
표상하는 기호로 등장한다.

도학이란 천인합일의 도이다. 세간 각종 학문은 모두 인사와 물질에서 이
치를 연구하고 효용을 발달시켰지만, 도학은 인위人爲와 형질形質에 그치지
않고 본원의 공부로서 성性과 천天을 알며 만학萬學의 두뇌를 세우는 것이다.
그러므로 사람이 세상에 태어나서 도학의 본령이 없으면 비록 과학에 정밀
하고 깊은 공부가 있을지라도 결국에는 속학과 상투적인 생활을 면하지 못
할 테니 어찌 일생을 허송했다는 탄식이 없겠는가. 또한 개인의 자격이 불
완전할 뿐 아니라 일반사회에 도학이 밝혀지지 않으면 모든 인류가 오직 공
리功利를 경축競逐하고, 사력詐力을 사용하여 인도를 경시하고 천리를 거스르
게 되면 한 집안의 부자형제 간에도 원수 대하듯 할 테니 세상의 어지러움
이 어찌 그치겠는가. 따라서 도학은 하루라도 세상에 밝혀지지 않으면 안
되니 어찌 태만히 하고 소홀히 하겠는가.[25]

도학은 인사와 물질뿐만 아니라 본원을 탐구한다. 본원이란 인간의
본성과 천지자연의 이치다. 하늘의 이치에 어긋나지 않는 인간의 삶,
즉 천도와 인도의 합일을 지향한다. 바로 여기서 도학은 과학과 차별화
된다. 도학이 사라진 세상에는 모든 인류가 수단과 방법을 가리지 않고
오직 공리功利만을 좇아 세상이 어지럽게 되리라는 박은식의 우려는 불
행히도 현실이 되었다.

---

[25] 謙谷 朴殷植, 「東洋의 道學源流」, 『서북학회월보』 제16호, 1909.10.1, 56~57쪽.

4. 흔들리는 개념들

'상등사회'가 주도했던 유교의 도는 영향력을 잃어 갔다. 교화의 대
상이었던 근대적 대중이 일상세계의 주체로 등장하기 시작하면서 언
어·문자에 대한 일상적 감각도 변하였다. 강전은 한문의 폐해를 논하
면서 옛적의 도(한학자의 도학)로 지금의 속俗을 되돌릴 수 없고 한학으로
인지를 개발하고 국권을 신장할 수 없다고 비판한다.[26] 한학이 소수에
게 한정되어 지식의 특권을 부여했다면 국문(한글)은 그 편리함으로 인
해 근대 계몽적 지식을 대중에게 광범위하게 보급할 것으로 기대되었
다. 한학은 구시대의 학문으로 도학을 재현하는 기제였지만 시대적 변
화를 정향할 능력을 상실해갔다. 비속과 비루함을 함께 지녀 '이풍역속
移風易俗'으로 회자되고, 지배와 피지배의 역학이 전제되었던 '속'이 사
회·역사적 흐름을 가리키는 용어가 되었다.

장응진은 유교의 도학, 심학, 이학을 제쳐두고 서양 근대 철학을 가
져다 인간의 도덕과 행동을 분석하였다. 그의 「양심론」은 서양의 경험
론을 수용하여 양심이 선천적으로 존재함을 인정하지 않고, 다만 인류
에게는 그 싹이 있고 외계와의 접촉 등 경험을 통해 양심이 발달한다고
보았다. 이는 공맹과 정주를 도통으로 하는 조선 성리학과 다를 뿐만
아니라 유교구신을 주장했던 박은식의 양명학과도 다르다. 장응진은
일본 유학 시절 수용한 스펜서류의 사회진화론과 경험론에 의지하여
시대와 처한 환경에 따라, 그리고 교육과 지식과 정신 발달의 정도에
따라 양심의 작용이 다르게 나타난다고 본 것이다. 또한 문명인과 미개

---

26 姜荃, 「國文便利 及 漢文弊害의 說 (前號續)」, 『태극학보』 제7호, 1907.2.24, 19~20쪽.

인의 양심은 가치상 차등이 없지만, 양심이 현실에 드러나는 방식에는 차이가 있다고 보았다. 나아가 이러한 차이를 모르고 오로지 도덕의 쇠퇴만을 한탄하는 도학자류를 비판한다.[27]

> 금일 이른바 도학선생 등이 세도世道가 무너지고 인심이 점차 악해져 상고성대聖代의 순미한 풍화風化를 이 세상에 다시 볼 수 없다고 탄식하는데, 이는 피상적 관찰일 뿐이다. 상고시대에는 인종이 희소하고 인지人智가 미개하며 사상이 단순하여 금일과 같이 생존에 격렬한 경쟁의 추세가 없고 이 때문에 그 사이에 발군의 위인이 나오면 이들을 지도하고 감화하기가 용이했다. 금일에 비하면 다소간 순량질박의 풍속이 없진 않았겠지만, 금일 추상追想하는 바처럼 어찌 인인군자人人君子에 가가도덕家家道德으로 완전무결한 사회가 있었겠는가. 이는 다만 옛적을 높이고 신시대를 꺼리는尚古諱新 곡학자曲學者의 미몽에 불과하다. 금일 '세도인심이 비록 미약하고 위태로우나' 악이 사라지고 선이 이김은 정해진 이치의 추세니 우리가 어떤 방면으로 어떤 활동을 시도하더라도 자기 양심의 지휘만 경청해 따르면 이것이 설령 일반사회의 공공선에 부합하지 못할지라도 거의 벗어나지 않을 것이다.[28]

'도덕의 쇠퇴', '인심의 위태로움'은 유교의 우환의식과 연결된다. 『상서·대우모』에 나오는 "인심유위人心惟危, 도심유미道心惟微, 유정유일惟精惟一, 윤집궐중允執厥中"은 성현이 도통을 전수한 요체로써 인심과 도심

---

27 도학의 무기력함에 대한 성토가 이어지는 한편에서는 오히려 도학정신에 의거하여 국내외에서 의병항쟁을 벌이거나 간재와 같이 후진양성에 주력한 사례도 있지만 여기서는 다루지 않았다. 이들이 보여준 도학의 의미는 세세한 차이에도 불구하고 조선 성리학의 연장선에 있다고 판단했기 때문이다.

28 白岳 張膺震, 「良心論」, 『태극학보』 제12호, 1907.7.24, 3~8쪽.

의 합일 및 그 방법을 담고 있다. 장응진은 이러한 도학자류의 우환의식과 회고적 역사인식을 피상적 관찰과 미몽에 불과한 것으로 비판한다. 비록 도덕적으로 완전무결했던 시대가 역사상 존재하지 않았지만, 선이 항상 악에 대해 승리한다거나 자기 자신 양심의 지휘에 따르라는 것은 인간의 도덕적 가치판단에 대한 낙관적 인식을 담고 있다. 지난 시대의 우환의식이 낙관론으로 바뀌고, 우주 자연의 섭리로부터 도출된 인간의 당위 규범이 근대적 자연관에 의해 해체되면서 자기 행동의 정당성을 스스로 담보하고 통제하는 주체로 대체되는 것이다.

대동학회[29] 초대회장 신기선은 『대동학회월보』 창간호부터 3회에 걸쳐 「도학원류」라는 제하의 글을 연재하였는데, 도학을 "사람이 세상에 나서 일용동정日用動靜하는 사이에 마땅히 행해야 할 법칙이 있으니 마치 행인이 반드시 길을 따라가는 것과 같다. 그러므로 도라고 한다. 지금의 속어로는 의무에 가깝다"[30]라고 정의했다. 전통적인 용법으로 도학을 해석 하면서 굳이 '의무'라는 용어를 부기한 이유는 무얼까. '도학'의 의미는 의무와 등치될 수 없다. 그런데 의무로 재해석한 이유는 도학 개념이 점차 일상 언어에서 멀어지고 있기 때문으로 판단된다. 유교의 쇠락은 '도학'을 포함한 여러 전통 개념과 용어의 소멸을 가져왔다. 새로운 의미로 대체되지 않으면 사라지고 말 '흔들리는 개념'[31]이

---

29 儒道를 體로 삼고 신학문을 用으로 삼아 신구사상을 통합한다는 목적으로 1907년 설립된 대동학회는 1908년 2월 大東專門學校를 설립하고 이어 『大東學會月報』를 발행하였다. 여기에는 金允植, 呂圭亨, 申箕善, 閔丙奭, 徐正淳, 李載崑, 南廷哲, 金嘉鎭, 趙重應, 兪吉濬, 兪承兼, 金大熙, 金澤榮, 鄭萬朝 등이 필진으로 참여하였다. 창간취지에서 밝힌 바와 같이 구사상(유교)의 관점에서 신사상을 소개하는 계몽적이고 학술적인 글들이 『대동학회월보』에 주로 실렸다.

30 申箕善, 「道學源流」, 『대동학회월보』 제1호, 1908.2.25 34쪽. "道學者, 何物也. 人生斯世日用動息之間, 莫不皆有當行之則, 如行者之必由路也, 故謂之道也. 以今之俗語喩之, 則所謂義務者, 近之矣."

되어버린 것이다.

총 3회 연재에서 중국의 도학을 설명한 글은 창간호에서 마무리되고, 2호부터는 단군과 기자 동래 이후의 '우리나라我國'에 대한 설명이 이어진다. 또한 그는 중국 송대 정주계열의 선비들의 공을 '계왕성개래학繼往聖開來學'으로까지 칭송하지만 결국 도학이 실전되었다고 본다. 그러면서 단군과 기자의 교화가 은주의 교화를 방불하는 것이었다고 평가한다.[32] 이처럼 도학을 논하면서도 중국보다 우리 도학의 연원에 더 많은 지면을 할애하고 단군과 기자를 기원으로 연결하는 것은 도학이 비록 중국에서 기원했지만 우리 학문의 대강을 이루는 중요한 문화적 자산으로 인식하고 있음을 보여준다.

의미 전달력을 상실한 언어들은 담론을 주도하는 개념이 될 수 없다. '도학'이 담고 있는 의미를 다른 기표로 실어 나르려는 시도가 계속된다. 「도학의론道學擬論」에서는 "도덕은 아직 밖으로 표출되지 않은 도학이고 도학은 이미 밖으로 드러난 도덕이다. 드러나고 드러나지 않음이 같지 않으나 실제로 도덕과 도학에 어찌 작은 차이라도 있겠는가"[33]라고 하였다. 내재해 있는 도덕이 밖으로 드러나는 것을 도학으로 설명하는 방식이 새로운데, 당위규범으로서의 도와 실현 가능태로서의 덕이 합쳐져 '도덕'이라는 하나의 용어로 사용되고 있음을 알 수 있다. 이역시 도학을 도덕이라는 별도의 용어를 빌어 그 의미를 부연 한다는 점에서 신기선의 '의무' 비유와 유사하다. 조선 도학 연원의 계보화는 중

---

31 이 말은 임형택 외,『흔들리는 언어들』(성균관대 대동문화연구원, 2008)에서 일부 빌린 것이다.

32 申箕善, 「道學源流」, 『대동학회월보』 제1호 1908.2.25; 제2호 1908.3.25.

33 蘹山居士, 「道學擬論」, 『대동학회월보』 제2호, 1908.3.25, "道德是未發之道學, 道學是已發之道德也. 未發與已發不同, 而其實道德道學豈容有小異哉."

화 중심의 세계관에서 한민족을 단위로 하는 근대적 국가 관념으로의
이행과 연관되며, '의무'와 '도덕'으로 '도학'을 규정하는 상황은 도학
의 의미 균열을 보여주는 것이다.

5. 문명과 유교의 도적

　1897년 8월 21일자 『독립신문』 잡보에 실린 최병헌의 개화론은 교
육을 통한 인재 배양이 개화의 관건이며, 도학이 교육의 근본이라고 주
장한다. 8월 26일자 잡보에서는 '도학'을 모든 국가의 교육과 정치의 근
본으로 제시하였는데, 그 근거가 흥미롭다. 영국의 부강과 문명이 성경
말씀을 근본으로 삼았기 때문이라는 것이다. 그러면서 어떤 나라든지
'도학'이 성한 후에야 정치가 밝을 수 있다고 한다. 이처럼 『독립신
문』에서 사용한 '도학' 개념은 동양의 도학에 국한되지 않고, 때로는 기
독교를 가리키는 것으로도 사용되었다.[34] 이는 서재필1864~1851, 윤치호,
아펜젤러Appenzeller, H.G, 엠벌리Emberly, H. 등 신문 발행을 주도한 편집진의
종교적 성향에 기인한다. 비록 기독교의 종지宗旨를 의미하는 용어로 '도
학' 개념을 빌리기는 했지만, 동양 도학이나 도학 개념의 확장은 아니었
다. 왜냐하면 "문명한 나라의 교회를 이단으로 여기고 단지 태서 문명의
이기만을 취하여 쓰는 것은 근본은 버리고 말단만 취하는 것"이라는 이
들의 논조는 동양 도학을 기독교로 대체하려는 것이었기 때문이다.

---

34 「나라의 근본」, 『독립신문』, 1899.9.12.

비록 일제의 침탈로 외교권이 박탈되고 언론과 종교에 대한 탄압과 회유가 확대되었지만, 각종 사회단체의 조직과 신문과 잡지의 발행 보급은 근대로의 전환을 가속하였다. 특히 발행자가 영국인이었던 『대한매일신보』는 일제의 검열에서 상대적으로 자유로울 수 있었다.[35] 국권 피탈 이후 총독부의 기관지로 전락하기 전까지 『대한매일신보』는 근대 공론장에서 계몽적 지식을 소개하고 민족의 각성을 촉구하는 역할을 담당했다.

『대동학회월보』가 국한문혼용이나 아예 순한문을 사용한 것과는 다르게 『대한매일신보』는 한문 독해가 어려운 사람들을 위해 국문판을 별도로 발행하였다. 「국한문의 경중」이라는 논설에서는 자국의 언어로 자국의 문자를 만들고 그 문자로 자국의 역사와 지지地誌를 가르쳐 국가의 정신을 보전하고 애국심을 분발하게 해야 한다고 주장한다. 국문을 한문의 부속품쯤으로 여기고, 오직 한문을 읽는 자라야 세상의 사업을 할 수 있다고 주장하는 부류는 '한국인'으로 부를 수 없다고도 하였다. 타국의 역사와 문화는 평생 읽고 말하면서 자국의 역사와 문화는 모르는 자들은 국민의 자격이 없다는 말이다.[36]

그러나 사회 깊숙이 뿌리박힌 문화는 하루아침에 일소하거나 바꿀 수 있는 게 분명 아니었다. 조선이 대한제국으로 바뀌었어도 근대 국가를 밑받침할 새로운 인민新民의 역량은 부족하였고, 문명의 담지자로 자처하였던 유교적 지식인들은 세대를 이어 체화한 문화를 쉽게 바꿀 수 없었다. 유교 진영 내부에서 진행된 혁신의 움직임은 유교를 쇠퇴시킨

---

35 1904년 7월 영국인 배설裵說, E.T, Bethell이 발행한 『대한매일신보』는 梁起鐸이 총무를, 朴殷植이 주필을 맡았고, 申采浩, 崔益, 張達善 등이 필진으로 참여하였다.
36 「국한문의 경중」, 『대한매일신보』, 1908.3.22; 1908.3.24.

원인이 무엇인지에 대한 숙고에서부터 논란이 시작되었다.

신기선의 「도학원류」가 『대동학회월보』에 발표되자, 이를 비판하는 「도학원류변道學源流辨」이 『황성신문』에 게재되었다. 이 글의 핵심은 나라를 그르친 잘못을 반성하기는커녕 오히려 자신들을 변호하기 위해 병자년 이후 수백 년 동안의 선배 유림들에게 그 죄를 돌리고 있음을 꼬집는다. 설령 과거 선배 유림에게 잘못이 있다할지라도 지금 사람이 그 과오를 바로 잡는다면 국가가 이런 지경에까지 이르지 않았으리라는 것이다.[37] 이들은 대동학회에 권고하는 논설에서 대동학회가 비록 '정학正學'을 천명하고, 새로운 지식을 개발'한다는 취지를 내세웠지만, 그들의 행태는 문장가의 잔재주로 대중大衆에게 호소하고, 명리를 쫓던 습관으로 도리를 지껄이며, 한문 기량이나 뽐내고 국문을 배척하니 정학을 천명한다는 취지에 맞지 않는다고 말한다.[38] 특히 『황성신문』이 국한문을 혼용하여 신구세대를 동시에 배려한데 비해, 『대동학회월보』는 오직 한문만을 고집하였기에 일반국민보다는 귀족집단만의 향연이라는 비판에서 벗어날 수 없었다. 도학가들에게 문장이란 도를 재현하려는 방편일 뿐 결코 문장 자체가 목적이 아니다. 그러므로 도학을 국민에게 전파하고 실천할 수 있다면 국한문을 가릴 이유가 없으며 오히려 국문을 적극적으로 활용해야 한다고 주장한다.

이처럼 상등사회를 고집하며 국민과 분리된 채 송대 유학자들의 찌꺼기를 묵수하고 변통할 줄 모르는 유림의 도학공부란 시국에 무용하고, 국가를 강하게 하고 국민의 지식과 능력을 증진하기 위해서는 국민의 사상과 종교를 개량해야 한다는 비판이 뒤이었다. 도덕적 가치는 비

---

37 「道學源流辨」, 『皇城新聞』, 1908.4.4.
38 「勸告大東學會」, 『皇城新聞』, 1908.8.22.

록 만고불변이나 그 방법과 제도는 시대에 맞게 변역變易해야 한다는 주장에는 서양이 종교개혁을 거쳐 문명을 발전시켰다는 인식도 밑받침했다.[39] 박은식은 일본과 중국에서 송유의 학을 대신해서 최근 명유의 학 즉 양명학이 발달한 사정을 들어 유교의 개량을 역설하였고,[40] 왕양명은 도학과 문장뿐만 아니라 군사전략도 겸비한 정치가로 소개되었으며, 그러한 자질을 지닌 인물이 나타나 정치를 발전시켜야 한다는 주장도 제기되었다.[41]

대동학회는 유림을 친일화 할 요량으로 일제가 지원한 단체였다. 비록 대동학회가 유교 확장을 주장했지만, 그들은 국가사회와 문명과 유교의 적으로 지목되었다. 그 논거로 첫째, 매국노는 돈과 벼슬을 탐하니 국가의 역적이요 유교의 도적이고 둘째, 중국을 높이는 주의와 완고한 사상을 굳게 지키면 문명의 역적이요 유교의 도적이며 셋째, 외국에 붙어 다른 교를 박멸하고 동포를 유인하면 사회의 난적이요 유교의 도적이라고 했다. 이에 박은식은 양명학을 통한 유교의 혁신과 대동사상을 주장하며 1909년 9월 11일 대동교를 창건하였다. 유교를 확장하려면 진리를 확장하고, 실상학문에 힘쓰며, 대동의 즐거운 것을 힘써서 유교의 영광을 천하에 드러내야 한다는 것이다.[42] 그는 유교개혁을 위

---

39 「舊學改良이是 第一着手處」, 『皇城新聞』, 1909.2.13. 이외에도, "我韓學派는 以獨善自重으로 爲一副法門학고 偃臥山林학야 坐致束帛으로 爲畢生事業학니 彼其經世의 志가 無혼 故로 經世의 學이 無학고 經世의 學이 無혼 즉 엇지 救時의 功이 有학리오 其所謂 學問은 性心理氣와 禮說疑問而已오 其所謂 實習은 鄕飮 鄕射而已라 古今政治史와 天下大勢와 當時 要務에는 夢想도 不及학얏스니 엇지 通達時務학는 知識이 有학며 엇지 救濟民國홀 力量이 有학리오"(「存乎其人」, 『皇城新聞』, 1909.4.24)와 같이 조선성리학의 폐단을 지적한 기사를 확인할 수 있다.
40 「警告儒林諸君」, 『皇城新聞』, 1909.6.16.
41 「國家의 政治機關」, 『皇城新聞』, 1910.7.13.
42 「유교를 확장하는데 대한 의론」, 『대한매일신보』, 1909.6.16.

해 공자의 대동사상과 맹자의 민본주의를 되살려 제왕에게 기울어진 유교를 고쳐 인민 사회에 보급하고 학도를 찾아 나서서 천하에 전파해야 하며, 주자학 대신 양명학이 현재에 적합하다고 하였다. 그리고 과거 19세기와 현재 20세기는 서양문명이 발달한 시기지만 장래 21세기는 동양문명이 크게 발달할 것으로 내다보았다.[43]

『대한매일신보』는 1908년 1월 15일과 1월 16일 양일에 걸쳐 「유교동포에게 경고함」이라는 제하의 논설을 실었는데, 그 핵심을 간추리면 다음과 같다. ① 도학을 숭상하는 자는 자기만 돌보고, 공명을 숭상하는 자는 벼슬을 다투는데 세월을 허송한다. ② 오활한 선비들은 신학문을 알지 못하면서 무조건 반대한다. ③ 공자의 가르침과 행적을 본받지 않고 초야에 숨어 산다. ④ 유교의 말류지폐에도 불구하고 선비가 난 후에야 문명한 학문도 발달할 텐데, 참 선비는 나오지 않으며 혹 나올지라도 거짓 선비뿐이다. ⑤ 오늘날 일진회원은 일전 지방에서 권세나 부리던 자들이고 대동학회 회원은 의기를 버리고 일본에 의지하는 자들이다. ⑥ 선비 제공이 시세와 시무를 깨닫지 못하면 마침내 나라가 망하고 인종이 멸하게 될 것이다. ⑦ 이 지경에 이르면 종교(유교)를 보전할 수도 없을 것이니, 국가, 동포, 자손, 종교를 위해 돌아보라. ①, ②, ③, ④에서는 국망의 위기를 도외시하는 유림의 자세를 문제 삼았는데, 여기에서 보이는 유림의 태도 대부분은 유교 경전에 기반을 둔 것이다. 유교의 본지와 이념이 국가의 경계를 초월하는 것이긴 해도 공자가 주유천하하던 시기의 중국 내 상황은 일제에 의해 국권이 침탈되는 20세기 초반과 절대 같지 않다. 결국 이들은 문자에만 집착해 현실

---

43 「유교구신론」, 『서북학회월보』 제10호, 1909.3.

에 제대로 대응하지 못했다는 비판에서 벗어날 수 없다. ⑤, ⑥에서는 일진회와 대동학회의 친일적 행태를 비판하였고, ⑦에서는 유교를 보전하기 위해서라도 국가를 구해내야 한다고 하였다.

『대한매일신보』 진영은 대동학회와 그 후신인 공자교를 일진회에 버금가는 친일 부역 단체로 비판하였다. 문명과 민족의 이름으로 친일 유림을 질타하고 국권 회복을 위한 동포의 결집을 호소했다. 이는 근대 전환기 유교가 사회·정치의 주요 담론이었음을 보여준다. 대동학회의 친일적 행태에 대한 비판은 논설뿐만 아니라 잡보에서도 계속되었고, 신기선과 일진회에 대한 비판도 이어졌다.[44] 여기서 대동학회는 '늙은 완고배'로서 전국 유림을 협박하고 우리나라 혼을 잃어버리고 외국인에게 아첨하는 불쌍한 존재들, 노예 말투로 이토 히로부미를 추어올리는 아첨꾼으로 묘사된다. 특히 대동학회가 신구사상의 통합을 취지로 내건 점에 대해, 반은 완고요 반은 개화라고 야유하였다. 『대한매일신보』는 대동학회의 친일적 행태를 '둘째 일진회'로 지목하였으며, 그들이 자임한 신구학 통합에 대해서도 단지 유교라는 명목만 내세웠을 뿐이라고 질책하였다. 특히 일본에 충성하는 노예로 송병준, 조중응, 신기선 셋을 지목하고, 신기선의 죄는 "이토 히로부미한테 일만 환의 돈을 빌려 대동학회를 확장하여 유교를 부지한다 위명하고 포고문 일장으로 국내 유림을 위협하여 일본 권력 내에 복종케 하고자 한 것"[45]이라고 성토하였다.

일본의 식민지 침탈과 인종담론의 허구성을 비판하는 편지도 눈여

---

44 「잡보」, 『대한매일신보』, 1908.1.19; 「잡보」, 『대한매일신보』, 1908.1.21; 「잡보」, 『대한매일신보』, 1908.2.13; 「잡보」, 『대한매일신보』, 1908.2.16; 「잡보」, 『대한매일신보』, 1908.2.18; 「잡보」, 『대한매일신보』, 1908.3.5; 「잡보」, 『대한매일신보』, 1908.3.6.
45 「일본의 큰 충노 세 사람」, 『대한매일신보』, 1908.4.8.

겨볼 만하다.[46] '동양'의 단결을 말하는 이면에 감춰진 일본의 제국주의 야욕은 단군과 일본의 시조 소잔이 한 집안이며 조상도 같으므로 신궁에 받들어 모셔야 한다는 역사 왜곡으로도 나타났다.[47] 이처럼 비판이 거세지자 대동학회는 1909년 10월 학회 명칭을 공자교회로 바꾸었다. 『대한매일신보』는 이를 두고, 유교에 속하는 한국 상등사회의 사람을 모두 부일당으로 만들려는 획책이며, 국가의 흥망과 유교의 성쇠는 물론 군부의 안위를 무시하는 자들이 공자를 높이려는 생각도 없으며, 오직 일본과 통감만을 알뿐이라고 비판하였다.[48]

6. 역사적 전환과 개념 운동

조선을 포함하여 전근대 동아시아 유교문화권에서 중요한 전통적 가치를 내함했던 도학 개념은 바야흐로 근대 문명과의 조우 과정에서 쇠락과 구폐의 상징으로 표상되고, 한편으로는 제국주의 열강과 그들의 행태를 비판하는 기제가 되기도 했지만 종래 그 위상을 회복하지 못하고 형식만 남았다. 조선의 학술·문화와 사회·정치의 근간이었던

---

46 1908년 4월 21일 자 『대한매일신보』, 「별보」에 실렸는데, "저들이 또 말하되 지금 시대는 인종끼리 서로 전쟁하는 시대라 황인종이 성한즉 백인종이 쇠하고 백인종이 흥한즉 황인종이 망한다 하니. 우리들이 일본과 한국은 같은 황인종이라 불가불 사소한 혐의는 잊어버리고 동양제국이 서로 단결하여 저 가장 강한 일본을 맹주로 추천하고 한·청 양국이 차례로 진보해야 가히 서로 보전하리라 하니. (…중략…) 목전의 사생은 묻지도 않고 후일의 환난만 생각하면 어찌 우매한 사람이 아니리오. 지금 저들의 황인 백인의 전쟁을 걱정함이 또한 이와 다를 것이 없으니"라고 적었다.
47 「기서」, 『대한매일신보』, 1909.7.6.
48 「논설」, 『대한매일신보』, 1909.10.8.

유교는 근대로의 급격한 전환 과정에서 본래의 지위를 탈각한 채 기독교뿐만 아니라 새롭게 생겨나는 신종교의 틈바구니에서 경쟁해야 했다. 이 시기 유교적 지식인들은 문명의 개화와 진보를 역사적 책임으로 자임하면서 동도서기와 신구학 논쟁을 진행하였으나, 한편에서는 국망의 원인으로 유교를 지목하여 폐기와 전면적 개혁의 요청에 휩싸였다. 일제의 식민지 책략이 본격화되자 논의의 초점은 민족의 자주독립을 위한 유교의 역할로 확대되었다. 동아시아 문명의 계승자로 자부했던 의식은 고유성과 독창성을 발명하려는 '민족'의 정념 속에서 퇴색할 수밖에 없었고, 유교를 민족의 문화적 자산으로 새롭게 해석하기도 하였으나 지반을 넓히지 못했다.

야만적 경쟁과 자연적 도태를 인간사회로 끌어들임으로써 전통적인 정신문화는 무용의 논란에 휘말렸고, 무력으로 위계화된 세계에서 과학기술만이 생존을 보장하리라는 몽상을 갖게 했다. 우주의 섭리로부터 인간 사회의 도리를 발견하고, 그 도리의 항상성과 정당성을 추인했던 전통 지식체계는 인간의 편익을 위해 자연을 지배 대상으로 삼은 서양 근대 문명 앞에 좌절할 수밖에 없었다. 근대의 야만성은 소수자를 배제한 다수의 행복과 진보와 발전이라는 신화로 위장한 채 몸집을 불려왔다. 유교는 이렇게 근대 문명과 지난한 길항을 하게 되었고, 도학의 실천적 가치가 왜곡 부정되는 와중에 형해화한 의례만 남게 되었다.

'도학'은 서구에서 유입된 새로운 개념은 아니었지만, 미래가치를 담아내기 위해서 고투했다. 이처럼 전통 개념의 역사의미론은 오히려 기성의 개념이 어떠한 방식으로 의미의 균열과 변용을 겪게 되고 종래에는 우리의 일상 언어감각에서 사라지게 되는가를 문제 삼는다. '기본개념'이 전근대 사회를 근대로 추동했다면 '전통개념'은 근대적 변환의 속도와 방향을 문제 삼으면서 사회 변동의 하나의 요소로 기능했다고 할 수 있다. 이는 동아시아 근대화 과정에서 역사의 빈 공간과 시간으로 사라져 버린 개념들을 재성찰하는 데 도움을 줄 것이다.

1. 비동일성의 동일화

1894년 갑오개혁으로 교육제도의 근대적 재편이 가속화되었다. 세계정세와 같은 시사 상식과 실업 부흥을 위한 실용 지식이 전통의 수양 중심 교육을 대체해 나갔다. 실용이 학문의 중요한 잣대로 등장한 것은 문명개화의 소용돌이에 휩싸인 1백여 년 전이다. 서양이 새로운 문명의 표상으로 부상하면서 동아시아 역내 질서도 재편되었다. 청일전쟁에서 승리한 일본의 부상은 유교문화에 기반을 둔 중화 질서의 해체를 촉진하면서 정치 · 사회뿐만 아니라 학문의 영역에도 변화를 일으켰다.

1894년 선포한 홍범14조의 제1조는 조선이 청으로부터 자주독립국임을 선언하였고, 1895년 학부에서 편찬한 『국민소학독본』 첫 장에서는 중국과 우리나라가 아시아 대륙에 자리한 하나의 국가임을 명시하였다. 중국과 한국의 역사적 관계를 재설정하는 이런 언명들은 천하관과 중화주의의 해체를 의미했다. 한자문화권으로서 공유하던 문화적 상징과 관습을 거부하고, 순수한 문화의 회복과 유지를 위한 민족 정체성 찾기가 이어졌다.[1] 단군을 기원으로 하는 '민족' 탐색은 중화 질서에서 만

---

1 앙드레 슈미드, 정여울 역, 『제국 그 사이의 한국 1895~1919』, 휴머니스트, 2007, 156~157쪽 참조.

국공법으로의 전환과 대등한 국제 관계에 대한 기대를 담고 있었다.

지식인들의 바람과 달리 독립국가, 주권국가의 장래는 밝지 않았다. 『윤리학교과서』에서도 국제공법이 일국가의 법률과 달라서 정의롭지 못한 전쟁을 꾸짖고 벌할 힘이 없고 단지 각국의 덕의심에 의존할 뿐이라고 기술했다. 국제법과 국제정치의 괴리에 대한 인식은 "만국공법이 대포 한 자루만 못하다"는 언급에서 광범위하게 유포되어 있었음을 확인할 수 있다. 공법체제를 향한 기대 한편으로 그 한계를 확인한 지식인들은 자강만이 약육강식의 세계에서 생존할 수 있는 유일한 방안이라고 생각했다.[2] 1906년 4월 설립된 대한자강회는 이런 위기의식의 소산이다. 박은식은 창간호에서 당시를 '생존경쟁'·'우승열패'의 시대로 인식하고, '교육으로 지식을 개발하고', '식산으로 세력을 증진'한 개명 국가의 민족처럼 우리도 교육과 식산으로 자강적 사상과 실력을 양성하여 4천 년 조국을 세계에서 완전한 독립국으로 만들자고 역설했다.[3] 농업 중심의 국가를 산업화를 이룬 서양처럼 부강하게 만들기도 난망한 일이었지만, 교육의 변화는 전통과 근대 사이의 질적인 단절을 예고했다.

서양의 과학기술을 수용하더라도 동양의 윤리강상은 보존해야 한다는 동도서기의 이념도 사회진화론과 문명개화를 역사의 공리로 받아들인 위기의식의 발로였다. 서양 학술을 두고 벌어진 신구학新舊學논쟁은 첨예하게 대립하는 양극단을 제외하면 대체로 신학문과 구학문의 절충을 위한 논의가 중심을 이룬다.[4] 그러나 교육이 덕성이 아닌 지식을, 식

2   「유지각흔 사름의 말」, 『독립신문』, 1896.4.7.
3   겸곡 박은식, 「대한정신」, 『대한자강회월보』 제1호, 1906.7.31, 57~58쪽.
4   전통과 근대의 이분법은 전통을 일방적으로 찬양하는 '전통론자'가 아니라 오히려 전통을 일방적으로 부정하는 '서구화론자'의 몫이었다. 서구화론자들은 전통을 박물관

산이 생활의 윤택이 아닌 제국을 추구하는 국면에서 독립자강에 가려진 패러다임의 전환을 감지해야 한다.

1895년 1월 국정 개혁의 대강을 제시한 홍범 14조 가운데 제11조는 나라 안의 총명하고 뛰어난 자제를 널리 외국에 파견하여 학술과 기예를 습득하게 할 것을 당면 과제로 삼았다. 이어 2월에 반포한 「교육에 관한 조칙」에서는 과학적 지식과 실용을 추구하는 신교육의 중요성을 강조하고, 덕양·체양·지양을 교육의 3대 강령으로 하여 학교를 광설하고 인재를 교육하는 것이 곧 민족중흥과 국가 보전에 직결되는 일이라 했다.[5] 이는 수양을 위주로 했던 유교의 교육 체계를 과학과 실용 위주의 근대 학문 체계로 전환한다는 국가 차원의 공식 선언이었다. 일본의 「교육칙어」를 모방하면서 교육은 부국강병의 도구가 되었고, 교육의 3대 요소로 지덕체智德體를 언급하기는 했으나 덕성 교육은 지식 교육에 밀려나기 시작했다. 전통 윤리는 전제군주제를 옹호하는 충군애국과 신민臣民 양성의 수단이 되었다.

한국을 근대의 문턱으로 이끈 개념 대부분은 일본과 중국을 경유한 번역어이다. moral이나 ethics 같은 용어가 도덕·윤리로 번역되면서 동양에서 오랜 세월 축적되어 온 본래 의미를 약화시켰다. 1900년대 편찬된 수신·윤리 교과서에 나타나는 도덕·윤리 담론은 덕성 함양을 중시하던 유학의 연쇄와 변용을 보여 준다. 특히 수신과 윤리의 의미장

의 전시물 정도로 생각하거나 근대화를 저해하는 과거의 잔재로 여겼다. 근대화는 우리의 주체적 필요에 따라 이루어진 것이 아니었고, 전통을 기반으로 추진된 것도 아니었다. 이러한 단절은 전통을 일방적으로 부정하는 인식에 그치지 않는 동시에 근대의 문제를 해결할 수 없는 무능에 빠지게 했다(박균섭, 「근대와 근대 교육사」, 이계학·조정호 외, 『근대와 교육 사이의 파열음』, 아이필드, 2004, 111쪽).

5 이계학, 「근현대 교육의 건강성과 취약성」, 이계학·조정호 외, 『근대와 교육 사이의 파열음』, 아이필드, 2004, 22~23쪽.

변화는, 갑오개혁 이후 속도를 더한 '비틀린 경험공간'과 '기대지평의 동일화 전략'을 반영한다.[6] 당시 학부나 사립학교에서 발행한 교과서는 근대 국가 건설과 국민 만들기의 주요 자원이었다. 대한제국은 일본의 강제합병으로 근대국가로 나가지는 못했지만, 수신·윤리 교과서의 세부 항목과 서술 기조는 근대적 개인 도덕·윤리는 물론이고 근대국가 건설에 필요한 사회·국가 윤리를 포함했다.

눈에 띄는 변화 가운데 하나는 공자, 예수, 석가, 소크라테스를 만세의 귀감으로 칭송하는 등 동서양을 제한하지 않고 위인들을 도덕 교육에 활용한 점이다.[7] 동서고금을 막론하고 윤리학이 학문의 근본이라고 했지만, 윤리학의 효시로 소크라테스를 꼽고 희랍철학을 서양 문명의 원동력으로 소개하는 가운데 수신과 동양의 윤리가 설 자리는 점차 축소되었다.[8] 특히 서양문명 수용에 앞장선 독립협회는 서양의 새로운 법·학문·도덕 등으로 동몽을 교육하여 새사람을 만들어야 한다고 주장하며, 동양보다 서양의 도덕이 우수하다고 주장했다.[9]

1900년대 발행된 수신 및 윤리 교과서 가운데 각급 학교의 학제에 사용된 박정동의 『초등 수신』(1909), 윤용구의 『중등 수신교과서』(1907), 휘문의숙편집부가 편찬한 『고등 소학수신서』(1906)와 신해영이 편술한 『윤리학교과서』(1908)는 도덕 개념의 의미 변화를 고찰하는데 요긴하

---

6 '비틀린 공간'은 개념의 공간적 이동과 수신자 경험공간의 위상 변화를 가리키고, '기대지평의 동일화 전략'은 역사적 맥락이 다름에도 불구하고 미래에 대한 긴장과 전망을 개념에 담아 공시적으로 공유함을 의미한다.
7 신해영 편, 「수신하는 도리」, '수학', 『윤리학교과서』 권1, 1906, 83쪽.
8 강매, 「서양 윤리학 요의」, 『대한학회월보』 제8호, 1908.10.25. 외에 서양 윤리학을 소개한 기사로 이해조, 「윤리학」, 『기호흥학회월보』 제5호, 1908.12.5; 「윤리총화」, 『서북학회월보』 제11·12호, 1909.4.1·1909.5.1등이 있다.
9 「대한에 극귀흔 물건」, 『독립신문』, 1896.4.7; 「광학회 스긔」, 1896.4.7.

다.[10] 교과서는 발행 주체, 발행 목적, 전달 대상이 분명하다. 발간 주체와 교육자는 발신자가 되며, 학습자는 수신자가 된다. '수신'의 전통적 의미가 변용되는 양상을 도덕·윤리 개념을 중심으로 교과서의 관련 기술을 검토하면 1900년대 도덕 개념의 의미장이 드러날 것이다.[11]

---

10 한국학문헌연구소 편,『한국개화기 교과서총서 9·10—수신·윤리』I·II(아세아문화사, 2005)를 저본으로 하고,『근대수신교과서』1~3(2011, 소명출판)을 참조하였다. 후자는 이화여자대학교 소장본을 해제·번역한 것으로 전자와 판본에 다소 차이가 있다.

11 수신교과서 및 근대교육의 변화에 대해서는 다수의 선행연구가 있다. 수신교과서 연구로 김순전·서기재·민지영,『수신하는 제국—명치·대정기『심상소학수신서』연구』(제이앤씨, 2004), 김순전 외,『제국의 식민지수신—조선총독부 편찬 修身書 연구』(제이앤씨, 2009)를 들 수 있다. 다만 1910년 이전의 한국의 수신교육은 제한적으로 기술되어 있다. 근대학교 설립 및 수신교과 운영 등에 대해서는 신용하,『한국 개화사상과 개화운동의 지성사』(지식산업사, 2010), 이해명,『개화기교육개혁연구』(을유문화사, 1991), 윤건차, 심성보 역,『한국근대교육의 사상과 운동』(청사, 1987), 우용제,『조선 후기 교육개혁론 연구』(교육과학사, 1999), 후루카와 아키라吉川 昭, 이성옥 역,『구한말 근대학교의 형성』(경인문화사, 2006)이 참고할 만하다. 이계학·조정호 외,『근대와 교육 사이의 파열음』(아이필드, 2004)은 근대교육과 전통 교육을 비교하고, 전통 교육의 장점과 현대적 의의를 고찰한 점이 특징이다.

2. 도덕의 기원과 수신의 의미장

도덕이라는 말은 『주역』「설괘전」에 보인다.[12] 여기에서 도덕은 옛 성인이 역을 지은 취지의 하나로써, 인간과 자연의 조화를 도모하여 명에 이르는 방법으로 제시되었다.[13] 인간의 덕성을 발양하여 천도를 실현한다는 관념은 『중용』과 『대학』에서도 살펴볼 수 있다. 『중용』 제1장은 '천명天命' · '솔성率性' · '수도修道'를 각각 '성性' · '도道' · '교敎'에 연결하였고, 『대학』 경1장은 '명덕明德'을 선험적 도덕으로 인식하여 이를 밝히는 것을 '친민親民' · '지어지선止於至善'과 함께 3강령의 첫째로 제시하였다. 수신은 도덕을 수양하는 실천적 행위로서, 격물 · 치지 · 성의 · 정심 · 제가 · 치국 · 평천하와 함께 『대학』의 8조목을 이룬다. 대학은 초학자가 덕에 들어가는 문이라고 했거니와 여기에서 수신은 천자로부터 일반 서민에 이르기까지 모두가 근본으로 삼는 것이다.[14] 대학의 8조목을 압축한 수기치인修己治人이나 수기안민修己安民이 표방하는 유교의 학문과 정치사상의 기초인 수기가 바로 수신에 해당한다. 안으로 성인과 같은 덕을 기르고 밖으로 발현하여 정치를 실행한다는 내성외왕內聖外王의 유교적 이상도 수신을 출발점으로 한다. 『중용』에서도 천하 국가를 다스리는 아홉 가지 방도 가운데 첫째로 수신을 꼽았다.[15] 통치자들에게는 공손한 모습 · 순리에 맞는 말 · 밝게 봄 · 밝게 들음 ·

---

12 『周易』, 「說卦傳」: "昔者聖人之作易也, 幽贊於神明而生蓍, 參天兩地而倚數, 觀變於陰陽而立卦, 發揮於剛柔而生爻, 和順於道德而理於義, 窮理盡性而至於命."
13 오종일, 「도덕개념의 형성과 발전」, 『동서철학연구』 30, 2003, 228쪽.
14 『大學』: "自天子以至於庶人, 壹是皆以脩身爲本."
15 『中庸』: "凡爲天下國家有九經. 曰, 修身也, 尊賢也, 親親也, 敬大臣也, 體羣臣也, 子庶民也, 來百工也, 柔遠人也, 懷諸侯也."

깊이 생각함 등의 다섯 가지 수신 조목이 요구되었고,[16] 군자의 처세를 아홉 가지로 제시한 '구용九容'[17]도 기본적인 몸가짐을 수신의 방법으로 제시한 것이다.

1906년 발행된『고등 소학수신서』에 보이는 '소학'은 본래 동양 고전으로, 아동들에게 유학을 가르치기 위해 만든 수신서의 일종이다. 송대 주희의 지시로 제자인 유자징劉子澄이 편찬한『소학』은 명청대에 수많은 주석서가 만들어졌고, 여 말에 전래하여 조선시대에 동몽수신서로 널리 활용되었다. 조선의 교육기관은 고등교육을 담당했다고 볼 수 있는 성균관이 서울에 있었으며, 중등교육은 서울의 사학과 지방의 향교가 담당하고 초등교육은 주로 서당이 맡았다.[18] 서당 교육에서는 '물 뿌리고 청소하고 응대하고 나아가고 물러나는 예법灑掃應對進退之節'을 익히는 『소학』공부가 우선시되었다. 음식과 의복, 거처와 동정 등 일상에서 자신의 덕을 닦고 몸으로 실천하는 소학의 가르침이 바로 수신에 해당한다.『소학』을 중시한 가장 큰 이유는 학동들에게 인륜에 관한 가장 안정된 가르침을 줄 수 있다고 믿었기 때문이다. 세종 대에는 경연에서도 『소학』을 강학했다.[19] 입교, 명륜, 경신, 계고의 내편과 가언, 선행의 외편으로 구성된『소학』은 일상생활에서 지켜야 할 행동 규범들을 소상하게 제시하고 있다. 일상의 공부를 통해 마침내 도의 세계로 들어간다는 '하학이상달下學而上達'의 공부 방법으로서『소학』은 하학, 즉 도의 세계에

---

16 『書經』,「洪範」: "五事, 一曰貌, 二曰言, 三曰視, 四曰聽, 五曰思. 貌曰恭, 言曰從, 視曰明, 聽曰聰, 思曰睿."

17 『禮記』,「玉藻」: "君子之容舒遲, 見所尊者齊遬:足容重, 手容恭, 目容端, 口容止, 聲容靜, 頭容直, 氣容肅, 立容德, 色容莊, 坐如屍, 燕居告溫溫."

18 조정호,「한국 근대 교육의 식민성」, 이계학·조정호 외,『근대와 교육 사이의 파열음』, 아이필드, 2004, 63쪽.

19 『조선왕조실록』세종 권64-3장 계축조.

들어가기 위한 첫 계단으로 여겨졌다.[20] 이 밖에도 조선시대에는 『동몽선습』·『격몽요결』·『동몽수지』·『명심보감』 등 각종 동몽서와 교화서를 국가적 차원에서 보급하였고, 사대부들이 편찬한 다양한 수신서 및 가훈서가 민간에 퍼져 활용되었다.[21]

수신은 일용동정에서 몸과 마음을 도야하고 덕성을 함양하는 것이다. 따라서 수신은 육체와 정신을 이원화하지 않고 양자를 포괄한다. 인간의 몸과 마음을 분리해서 사유하는 경향은 근대의 기계론적 인간관의 영향이다. 그런데 수신교과서에는 "사람의 몸은 귀, 눈, 입, 코와 팔다리 및 온갖 부분의 각종 기계로 조직되니 기계는 자주 움직이고 돌려야 병이 없다"면서[22] 강건한 신체를 교육의 요체로 제시한다. 건강한 신체 유지는 수신의 기본 덕목이 되고 청결과 위생, 체조와 운동은 그 방법이 된다. 수신교과서의 교육체계가 유교와 다른 인간관 위에 세워졌음을 알 수 있다.

1905년 대한자강회 고문으로 있던 일본인 오가키 다케오大垣丈夫의 '교육의 효과'라는 연설을 들어 보자. 그는 교육의 효과가, 사물의 이치를 알고 사람이 지켜야 할 의무와 권리를 깨달아 자주와 향상의 사고를 양성하며, 건전한 국민으로서 국가사회의 일원이 되는 데 있다고 하였다. '향상'이란 당시 유행하던 '진보' 개념과 상통한다. 주목할 점은 역사서와 경서에 의지하고 국가에 대한 예의도덕을 위주로 하는 과거 한국의 교육으로는 격물치지의 본의를 발휘하여 교육의 효과를 거두기 어

---

20 정순우, 『서당의 사회사─서당으로 읽는 조선 교육의 흐름』, 태학사, 2013, 325~328쪽 참조.
21 조선시대의 수신서 보급 현황은 김언순, 「조선시대 교화의 성격과 사대부의 수신서 보급」, 『한국문화연구』 13, 2007 참조.
22 『초등 수신』, 「제1장 신체」·「제18장 운동」.

렵다고 본 것이다.23 그런데 오가키 다케오가 말한 '격물치지의 본의'
는 송대 신유학으로 이어지는 전통적인 의미로부터 벗어나 있다. 당시
science의 번역어로 격물학格物學·격치학格致學·이학理學 등이 사용되면
서 수신 관련 의미장에도 변화가 일어났고, 이처럼 개념의 균열이 동시
다발하면서 전통적 사유의 해체와 파편화는 그 속도를 더해 갔다.

  본래 격물치지는 유교적 수신의 첫 단계에 해당하는 수양 방법으로,
성리학에서는 사물의 이치 탐구보다는 인간의 심성 수양에 초점을 두
며, 이때 '격물'의 구체적인 실천은 독서와 강학이다. 일반적으로 성리
학에서는 지식을 '덕성지德性知'와 '견문지見聞知'로 구분한다. 전자는 선
험적 도덕에 관한 지식을 후자는 후천적 경험을 통해 형성된 지식을 말
한다. 덕성지는 명덕明德 혹은 양지良知라고도 하며 인간 본성의 자아인
식에 관련된 것으로, 격물치지로 획득되는 지식이 여기에 해당한다. 견
문지는 '학문지'라고도 하며, 경험적 사실에 대한 인식을 말한다. 이것
은 자연계에서 획득한 물리적 지식과 일상의 인간 사회에서 획득된 윤
리적 지식을 포괄한다. 유학은 자연보다 인간에 관심을 두었고, 자연히
윤리 문제에 치중하였다. 견문지와 덕성지는 '하학'과 '상달', '박문博文'
과 '약례約禮', '도문학道問學'과 '존덕성尊德性' 등과 같은 실천적 개념들과
연결되는데, 대체로 전자는 형이하의 지식에 속하고 후자는 형이상의
도덕과 관련된다.24 이처럼 유학은 도덕적 지식을 앎의 핵심으로 삼는
다. 수신은 이러한 앎의 실천 또한 포괄한다. 따라서 지식을 키우는 학
문과 덕을 기르는 수양이 별개가 아니라 견고한 관계를 맺고 있다. 수

---

23 윤효정, 「본회회보」, 『대한자강회월보』 제1호, 1906.7.31, 47쪽.
24 蒙培元, 홍원식·황지원·이기훈·이상호 역, 『성리학의 개념들』, 예문서원, 2008,
     759~760쪽.

신이나 수양은 천부의 덕성을 함양하고 실천궁행하는 것이다. 인간은 태어날 때 이미 인의의 성품을 갖고 태어나지만 모두가 그 성품을 온전하게 발양할 수 있는 건 아니므로 수신과 수양이 필요하다. 그런데 오가키 다케오는 바로 이 지점이 격물치지의 '본의'에 어긋난다고 보았다. 그가 가리킨 격물치지의 본의란, 심성 수련이 아니라 물리적 세계의 이치를 탐구하는 것이었기 때문이다.[25]

동아시아 근대에 발간된 수신·윤리교과서에서도 전통적 의미의 변화를 감지할 수 있다. 일본에서는 '교화'·'문화'·'교육'·'경작' 등을 의미하는 영어 culture의 의미가 수양에 혼합되었고, '교화'·'문화'·'개화'·'발전'·'개량'·'형성' 등의 의미를 지닌 독일어 Bildung도 영향을 미쳤다. 메이지 시기 일본의 수신이나 수양 개념은 서구에서 유입된 개념들과 교호하면서 의미가 확대되었다. 메이지 정권의 수신서 중시 정책으로 수신은 단순히 도덕 교육의 영역에만 머물지 않고 지식인의 교양과 문화로 받아들여졌다. 수신은 일본의 '근대'를 떠받치는 역할을 하면서 학습자의 정신을 지배하는 자율적 장치로 변환되었다.[26] 이러한 수신 개념의 변화는 1900년대 한국에서 발간된 수신·윤리교과서에도 반영되었다.

---

25 동아시아 근대 전환기 유교의 '격치'에 대한 비판은 서양 신학문 수용을 주장한 한중일 삼국의 지식인에게서 공통으로 발견된다. 일본의 후쿠자와 유키치도 『학문의 권장』에서 유사한 논리를 폈으며, 청말 譚嗣同(1866~1898)도 유교의 격치가 정밀하지 않다고 보고 서양 자연과학을 그 대안으로 생각했다(『仁學』, 「仁學界說」: "格致即不精, 而不可不知天文地興全體心靈四學, 蓋羣學羣教之門徑在是矣"). 한국도 신학수용론자나 개신유학파에서 이와 같은 견해를 쉽게 발견할 수 있다. 다음의 수신·윤리교과서 분석에서도 수신과 격치의 의미 변용과 단절 양상이 드러날 것이다.

26 김순전 외, 앞의 책, 2004, 5쪽 참조.

3. 도덕교육의 위상과 수신의 의미장 변화

대한제국은 1895년 4월 학무아문을 학부로 개칭하고 한성사범학교 관제를 시작으로 각종 학교 법령을 제정하였다. 당시 학부에서 발간한 『국민소학독본』(1895), 『심상소학』(1896)은 일본의 『심상소학독본』과 『고등소학독본』의 상당 부분을 번역한 것이었다. 신문에서는 이를 시사 관련 도서에 포함하여 각급 학교에서 교육하라고 권했다.[27] 1895년 7월 19일 「소학교령」과 8월 15일 「소학교교칙대강」(『관보』 제138호학부령 제3호)은 소학교를 심상과와 고등과로 나누고 수업 연한을 5년으로 정했다. 제1조는 아동 교육의 취지를 '덕성을 함양하고 인도를 실천하는 데 힘쓰고', '지식과 기능을 확실確實하여 실용에 나아감'이라고 밝혔다. 제2조부터는 각 교과의 교수법을 제시하는데, 첫 번째로 수신에 대해 설명했다.

교육에 관한 조칙에 기반하고 아동의 양심을 계도하여 그 덕성을 함양하며 인도를 실천하는 방법을 가르치는 것을 요지로 하며, 심상과에는 효제孝悌, 우애友愛, 예경禮敬, 인자仁慈, 신실信實, 의용義勇, 공검恭儉 등을 실천하는 방

---

27 「논설」, 『황성신문』, 1899.1.14. 갑오개혁 이후 학부 편찬 도서는 김소영, 「갑오개혁기(1894~1895) 교과서 속의 '국민'」, 『한국사학보』 제29호, 2007, 193쪽 참조. 1906년 통감부는 조선의 교육정책에 본격적으로 관여하기 시작하여 다와라 마고이치俵孫一를 통감부 서기관으로 임명하여 교육 확장 사무를 촉탁하는 한편, 학부고문관이었던 시데하라 다이라幣原坦의 후임으로 동경고등사범학교 교수 미쓰치 주조三土忠造를 교과서 편찬전담관으로 임명하여 교과서 편찬을 주관하게 하였다(김소영, 「한말 계몽운동기 교과서 속의 "국민" 인식」, 『대동문화연구』 제63집, 2008, 267쪽). 또한 미쓰치 주조의 주도하에 1907년 7월 수신서, 국어독본, 한문독본, 일어독본 등을 발행하였다(후루카와 아키라(2006), 앞의 책, 134~136쪽 참조).

학부에서 소학교용 교과서로 편찬한 『국민소학독본』은 총 41과로 구성하여 인문, 사회, 지리, 역사를 망라하였다. 제1과 대조선국은, "우리 대조선국은 아세아주 가운데 하나의 왕국이다"로 시작한다.

법을 가르치고 특별히 존왕애국하는 사기 양성에 힘쓰고 또 신민으로서 국가에 대한 책무의 대요를 지시하고 염치의 소중함을 알게 하고 아동을 이끌어 도와서 풍속과 품위의 순정純正에 나아가게 한다.

구체적인 수신 교과 교수법으로는, "가르칠 때에는 쉽고 가까운 속담俚諺, 가언嘉言, 선행 등을 예증하여 권계勸戒를 보이고,[28] 교원이 몸소 아동의 모범이 되어 아동이 침윤훈염浸潤薰染하게 할 것"을 제시하였다. 1899년 4월 4일 반포된 「중학교관제」는 중학교를 '실업에 취就코자 하는 인민에게 정덕·이용·후생하는 중등교육을 보통으로 교수하는 곳'으로 규정하고, 수업 연한은 7년으로 했다. 1900년 9월 7일 학부령 12호의 중학교 교과목을 보면 심상과에는 윤리가 있지만, 고등과에는 도덕 관련 교과가 없다.

이러한 교과목 편성은 수신을 학문의 근본으로 삼았던 기존 교육체제의 해체와 재편을 보여 준다. 과학기술과 실용 학문이 교육 대부분을

---

28 조선시대 수신서가 주로 중국의 성경현전과 위인을 인용했다면 1900년대에 편찬된 수신·윤리교과서는 동서양의 가언과 선행을 두루 인용한다. 『초등 수신』은 한국의 위인들을 예시하였는데, 제4장에서는 효-이이, 경애-이황, 지신持身-조광조, 공부工夫-강희맹을 예로 들었으며, 「제5장 선행」에서도 천교踐敎-귀신, 학교-안향, 청렴-최석, 침정沈靜-정몽주, 격물-서경덕, 천약踐約-조식, 공직公直-이순신, 의용-곽재우, 겸공兼公-이후백, 자성自省-황종해, 시혜-이지함, 치가治家-유정모, 도량-하진 등을 예로 들었다.

교육과정		교과목
소학교	심상과 (3년)	修身·讀書·作文·習字·算術·體操·裁縫·本國地理·本國歷史·圖畵· 外國語
	고등과 (2년)	修身·讀書·作文·習字·算術·本國地理·本國歷史·外國地理·外國歷史· 理科·圖畵·體操·裁縫·外國語
중학교	심상과 (4년)	倫理·讀書·作文·歷史·地誌·筭術·經濟·博物·物理·化學·圖畵·外國 語·體操
	고등과 (3년)	讀書·筭術·經濟·博物·物理·化學·外國語·法律·政治·工業·農業·商 業·醫學·測量·體操

차지하면서 도덕 관련 교과는 겨우 명맥만 유지할 뿐, 예전과 같은 위
상을 갖지 못했다. 교육체계 전반이 지식과 실용을 중시하는 형태로 바
뀌면서 수신교과의 구성과 내용에도 질적인 변화가 일어났다. 수신·
소학 등 고전적인 학술 용어를 교과서 표제로 사용했으나, 실제 기술
내용은 동양 윤리보다 서양 근대윤리가 주를 이루었다. 『중등 수신교
과서』 권1 「제15과 용심」에는 "사람은 날 때부터 하늘이 준 양능이 본
래 있기에 만물 가운데 가장 영명하다"는 구절이 있다. '양능良能'은 『맹
자』에 나오는 선천적인 도덕적 실천 능력으로서, 도덕적 자각 능력인
'양지'와 짝을 이루는 개념인데, 벤저민 프랭클린을 관련 사례로 들었
다. 이처럼 유학의 개념과 문명사회 표상이 연결되는 기술은 도덕 의미
장의 외연을 확장하는 동시에 개념의 내포에도 변화를 가져왔다. 기존
의 도덕, 윤리, 수신 개념에 서양 윤리학과 이론이 뒤섞이면서 개념의
재정립이 필요했다. 결론부터 말하자면, 유교적 수신은 과학적인 근대
학문과 같은 자리에 서기가 점차 어려워졌다. 1900년대 수신·윤리교
과서에 나타나는 기의의 불연속과 기표의 경쟁은 수신의 불확실한 미
래를 예고하는 것이었다.

『중등 수신교과서』 서문에서는 학문이란 사람이 되는 방법을 배우

는 것이며 도덕을 근간으로 해야 한다고 하면서, 학문과 사업 등 제반 활동에 앞서 인격의 도야를 강조하였다. 그런데 이 책을 편찬한 취지 중 하나는 어린 학생들이 성경현전聖經賢傳을 익히기에 너무 오랜 시간이 소 모되므로 현시대에 맞는 수신서가 필요하다는 판단에서였다.[29] 자연히 교과의 체제와 내용도 이런 목적에 부합하도록 바뀌었다.

그렇다면 도덕에 대한 규정은 어떠했을까? 『고등 소학수신서』 제120 과 총론에서는 도덕을 '사람이 세상에 태어나서 마땅히 행해야 할 의무' 라고 정의하고, 도덕교육이 수신의 첫걸음이라고 했다. 교과의 내용은 형제, 부부, 장유, 붕우에 대한 도리와 사회국가에 대한 의무로 채워졌 는데, 특히 충효를 가장 큰 인륜이자 한국의 두드러진 강령으로 제시하 였다. 『윤리학교과서』 권1 총론에서 내린 도덕의 정의도 별로 다르지 않다. 그런데 도덕은 '우연히 실행하다가 마음에 얻어지는躬行心得' 것이 아니라 '느끼고 깨닫고 이해하는感覺悟解' 데에서 얻어지는 것이며, 그 방 법을 알려 주는 학문이 윤리학이라고 했다.[30] 바로 이 지점에서 '윤리학' 은 도덕 의미장을 요동시키는 진앙이 된다. 덕성의 선험적 내재와 실천 궁행을 축으로 하는 도덕의 발현과 달리 서양의 '윤리학'이 도덕을 실행 하는 중요한 나침반으로 등장한 것이다. 여기서 윤리학은 ethics의 번 역어로 '윤리' 또한 동양 고래의 윤리가 아니었다.

수신이나 윤리 모두 동양 고전에서 오래된 용어였지만, 서양 학문인 ethics가 번역 수용되면서 의미가 혼용되었다. 서양의 철학 용어를 번 역한 『철학자휘』는 초판(1881)부터 ethics의 번역어로 윤리학倫理學만을 단독으로 제시했다.[31] 그런데 이노우에 엔료井上円了, 1858~1919에 따르면

---

29 「제1과 본분」, 『중등 수신교과서』.
30 『윤리학교과서』 권1, 『수신하는 도』, 「제1장 총론」.

당시 ethics의 번역어로는 윤리학倫理學 외에 '도덕학道德學', '도의학道義學', '수신학修身學' 등이 있었다고 한다. 자신은 윤리학倫理學의 사용을 고집했는데, 그 이유는 "윤리학은 선악의 표준과 도덕의 규칙을 논정論定하여 사람들의 행위와 거동을 명령하는 학문"인 반면, 옛날부터 세간에 전래해 온 수신학은 "가정과 억상臆想"에서 비롯한 것으로 보았기 때문이다. 가령 공맹의 수신학은 인의예양仁義禮讓을 인도人道라고 하지만, 어째서 그런지는 규명하지 않고 자연적으로 정해졌다고 가정한다는 것이다.[32] 윤리학은 과학이고 수신학은 억측이라는 이노우에의 단정은 수신의 학문 전통을 폄훼하고 과학의 이름으로 윤리를 탈구축하는 것이다. 유교문화권의 주변부에 위치해 있던 일본은 상대적으로 서양 신문물에 대한 저항이 미약했고, 불교에 심취했던 이노우에는 유학으로는 서양과 같은 문명을 이루기 어렵다고 판단했다. 문명화를 위해서는 새로운 지식이 필요했고, 서양에서 수입해온 학문은 주체를 둘러싼 문화 저변에 변화를 가져왔다. 새로운 경험은 확장된 공간 인식에 기초해 자신이 딛고 선 자리를 시대에 뒤떨어진 과거로 내몰았다. 견결하게 여겨졌던 역사·문화에 일기 시작한 균열은 자신을 낯설게 만들었다. 주체는 근대적 과학과 학문 체계에 따라 자신의 역사와 문화를 재해석함으로써 문명의 대열로 이동할 수 있었다. 서양 학문 수용과 전통 지식의 탈구축이 동시다발 하면서 기존의 관념을 지탱하던 의미장은 요동할 수밖에 없었다.

---

31 『철학자휘』는 윤리학의 전거로, 『예기』 「악기」 제19의 "凡音者, 生於人心者也. 樂者, 通倫理者也"와 『근사록』 제6권, 「家道」의 "正倫理, 篤恩義, 家人之道也"를 들었다. 1884년 『철학자휘』 증보판에도 전거를 밝히지만, 1912년 『철학자휘』(東京 丸善株式會社)에는 나오지 않는다.
32 井上円了, 『倫理通論』, 普及舍, 1887, 3~4쪽.

옌푸嚴復는 개개인의 덕성을 강조하는 유교가 국가에 필요한 공공의 정신을 창출하는 데에 부적합하다고 보았다. "중국은 삼강을 가장 중히 여기지만, 서구인은 평등을 우선한다. 중국은 친척을 아끼지만, 서구인은 가치 있는 물건을 중히 여긴다. 중국은 효를 통해 영토를 다스리지만, 서구인은 불편부당으로 다스린다. 중국은 군주를 받들지만, 서구인은 인민을 존중한다. 중국은 하나의 도를 귀하게 여기지만, 서구인은 다양성을 선호한다. (…중략…) 배움에서 중국인은 폭넓은 지혜를 칭찬하지만, 서구인은 인간의 힘에 의존한다."[33] 그러나 일본을 통해 서양 윤리학을 받아들인 중국 지식인들이 자국의 유학을 마냥 부정하진 않았다. 량치차오도 유학과 윤리학을 각기 실천과 이론으로 구별했지만, 애국심을 감발하는 유학의 사회적 역할을 기대했다.[34] 이러한 구별은 차이위안페이蔡元培의 『중국윤리학사』(1910)에도 나타난다.

수신서는 사람이 실행할 도덕의 규범을 보여 주는 것이다. 민족의 도덕은 그 특유의 성질과 고유한 규범에 바탕하여 습관으로 된 것이다. 때로 신학新學이나 다른 습속에 변이되더라도 정교와 풍속 담당자의 승인이나 다수인의 신용을 얻지 못하면 수신서에는 들어가지 못하니, 이것이 수신서의 범위다. 윤리학은 그렇지 않아서 학리 연구를 목적으로 하고, 각 민족의 특성과 규범을 모두 연구 자료로 삼아 참고하고 관통해서 최고 관념에 도달하며, 이

---

33 판카지 미슈라, 이재만 역, 『제국의 폐허에서:저항과 재건의 아시아 근대사(From the Ruins of Empire : The Revolt Against the West and the Remaking of Asia)』, 책과함께, 2013, 210쪽.
34 중국의 윤리학 수용은 이혜경, 「유학과 문명, '윤리'를 둘러싸고 주도권을 다투다」, 이경구·박노자·허수·박명규·이행훈, 『개념의 번역과 창조』, 돌베개, 2012, 238~275쪽), 일본은 고야스 노부쿠니, 송석원 역, 『일본의 내셔널리즘 해부』, 그린비, 2011, 137~164쪽이 자세하다.

로부터 다시 풀어내어 각종 조목으로 삼는다. 한때의 이해나 다수인의 향배는 모두 돌아볼 필요가 없다. 윤리학은 지식의 첩경이고 수신서는 행위의 표준이다. 수신서의 견해로 윤리학을 한다면 항상 학식의 진보에 장애가 되므로 양자를 구별해야만 한다.[35]

여기서 유의할 점은, 첫째 민족의 도덕이 그 자신의 특유한 성질과 고유한 규범에 관계한다는 것, 둘째 수신서의 내용은 정교와 풍속 담당자의 승인이나 다수의 믿음에 따라 정한다는 점, 셋째 윤리학은 개별 민족의 도덕을 관통하는 보편적 관념을 추출하고 학리를 연구한다는 것이다. 차이위안페이는 수신서가 중국 민족의 도덕을 담아 실천을 위한 지침을 제공하지만, 윤리학은 학리 연구를 목적으로 각 민족의 특성과 규범을 귀납적으로 연구하고 그로부터 연역하여 보편적인 규범을 제시한다는 점에서 차이가 있다고 보았다. 결국 수신은 근대적 학문의 위상을 갖지 못하고 도덕적 실천 규범 또는 조목 정도로 취급되기 시작한 것이다.

윤리학은 지식・학리이고, 수신은 실천에 해당한다는 이러한 구별은 『윤리학교과서』와 별로 다르지 않다. 유학은 본래 위기지학爲己之學으로 자신의 본질을 계발하는 것이다. 그런데 수신서에서는 도덕을 입신하는 길로 치부한다. 각종 학문과 기술은 도덕을 근본으로 하고 먼저 그 근본을 수양해야 한다지만,[36] 본말론의 형식적 차용에 불과하다. 지향점이 이미 다르기 때문이다. 수신의 목표는 '지식'을 습득하고 시세에 필요한 학문을 닦아[37] 문명사회의 상등의 사람이 되는 데 있었다.[38]

35 蔡元培, 「緖論」 '倫理學與修身書之別', 『中國倫理學史』, 商務印書館出版, 1998, 1쪽.
36 「제22과 수양」, 『중등 수신교과서』 권2.

이처럼 자강의 양대 축 가운데 하나인 교육은 실업과 결착되어 있었다.

『기호흥학회월보』에「윤리학」을 8회에 걸쳐 연재한 이해조는 윤리학을 "논리의 학이 아니라 곧 실천의 학"이라고 규정했다.[39] 수신과 윤리를 비교하면 윤리학이 이론에 가깝지만, 근대학문의 자장에서 보면 여타 학문에 비해 상대적으로 도덕적 실천을 목표로 하는 특징이 부각되기 때문이다. 장응진은 윤리학을 정치학, 미학, 논리학과 함께 '규범적 과학'으로 꼽았다. 그 세부 덕목으로 제시한 효도, 애국, 인류애 그리고 선악 구별에 이르기까지 결국 가족, 국가와 사회의 일원으로서 마땅한 규범을 연구하는 학문으로 정의하였다.[40]

교과서의 체제와 목차를 보면 개인, 가족, 사회, 국가, 인류에 이르기까지 지켜야 할 도리와 의무가 내용 대부분을 차지한다. 여기에 제시된 규범들은 전통적 덕목보다는 서양 근대 시민사회의 가치가 주를 이룬다. 무엇보다 제시된 규범과 덕목들이 인격 도야와 사회적 실천 자체가 아니라 주체의 행위에 따른 사회적 공과에 초점을 두었다는 점에 큰 차이가 있다. 수신의 사회적 효용에 대한 집착은 '문명화'라는 국가적 목표와 '경쟁 시대'라는 세계정세 인식에 기인한다.

---

37 「제3장 잡저」·「제10 지식」,『초등 수신』.
38 「제3장 잡저」·「제16 궁리」,『초등 수신』.
39 이해조,「윤리학」,『기호흥학회월보』 제5호, 1908. 12.5. 이는 일본의 모토라 유지로 元良勇次郎가 중등교육용으로 낸『倫理講話』를 축약하여 1903년에 편찬한『中等教育 元良氏倫理書』 상권을 번역하고 거기에 내용을 덧붙인 것이다. 이해조는 총 28장 가운데「1장 윤리학의 범위와 정의」에서「2~5장 자기의 관념」,「6장 덕성 함양의 필요」,「7~9장 가족 윤리」,「10장 사회 윤리」의 첫 부분까지 번역했다(송민호,「이해조의 근대적인 교육관과 초기 소설의 윤리학적 사상화의 배경」,『한국현대문학연구』 33, 2011, 81쪽; 유봉희,「「윤리학」을 통해 본 동아시아 전통 사상과 이해조의 사회진화론 수용」,『현대소설연구』 52, 2013, 366쪽 참조).
40 장응진,「과학론」,『태극학보』 제5호, 1906.12.24, 10쪽.

격물과 궁리 개념의 의미 변화도 이러한 사정과 무관하지 않다. 신학문수용론자들의 유학 비판 논조 중 하나는 '격물'이 실제 사물의 이치를 탐구하지 않아서 학문의 쇠퇴를 가져왔다는 것이다. 『초등 수신』의 '격물' 항목은 서경덕이 새의 나는 모습을 관찰한 사례를 소개하였다. 궁리도 사물의 이치를 연구하여 이로운 쓰임새를 발견하는 것으로 규정되고, 자연의 동식물과 광물 · 기계의 작동 원리가 궁리의 대상이 되었다.[41] 『고등 소학수신서』에서도 궁리를 별도 항목으로 기술했는데, 문명사회의 방편인 기차 · 기선 · 우편 · 전신의 원리 등이 궁리의 대상이었고, 만물의 성질을 궁구하고 그 효용을 밝혀서 사람들의 생활을 윤택하게 하면 인격도 향상된다고 하였다.[42] 유학의 격물과 궁리가 근대 학문체계에 들어와서 의미의 변용이 이루어진 것이다. 궁리의 문자적 의미가 사물의 이치를 깊이 연구하는 것이기는 하나, 성리학의 수양 방법인 궁리는 흔히 '거경居敬'과 함께 쓰여 인격 도야를 목적으로 한다. 따라서 자연과 과학기술 탐구에 가까운 교과서의 문법은 격물과 궁리의 의미 변용을 보여준다.

자강을 명분으로 내건 담론은 인격의 완성을 학문의 목표로 삼았던 사유체계 전반에 연쇄와 변용을 가져왔다. 실용을 준거로 하는 근대적 합리성 앞에 도덕이 학문의 기초라는 수신 · 윤리교과서의 명제는 선언에 불과했다. 이제 지식은 인간사의 기초이고 학문은 지식을 계발하는 핵심으로 지목되었고, "문명의 진보와 한 나라의 부강은 오로지 학문의 실력에서 기인한다"거나 "문명국의 경쟁은 무력의 경쟁이 아니요 실로 지력의 경쟁"이라는 언급에서 알 수 있듯이, 학문과 지력은 문명사회로

---

41 「제3장 잡저」 · 「제16 궁리」, 『초등 수신』.
42 「93과 궁리」, 『고등 소학수신서』.

나가는 계단이 되었다.[43] 여기에서 도덕은 사회와 국가의 안녕과 번창을 통해 개인의 행복을 증진하는 실용적 목적에 부합하는 것이어야 했다.[44] 문명화, 근대화에 급박했던 동아시아의 전환기에 사회적 효용을 통해서 호명되는 '도덕'은 1900년대 수신·윤리교과서의 이데올로기였다.

4. 지나간 수신과 도덕의 미래

수신·윤리 교과서에는 근대적 가치와 유교적 가치가 종종 교차한다. 자연을 인간의 삶을 위해 이용해야 할 대상으로 보면서도 동시에 인류가 우주의 한 부분이라는 점을 지적한다. 인류의 도덕이 진보될수록 자연물이 인간의 힘을 통해서 발달되니, 이것이 이른바 '천지의 화육을 돕는다'는 것이라는 언급은[45] 서양 근대 기계론적 자연관을 『중용』의 경구로 재해석한 것이다. 그러나 전통 윤리 대부분은 서양 윤리에 밀려나고 충효관념만 남았다. 일본의 근대교육에서 수신이 초등 교과과정에 배치된 사정도 메이지 정부가 국민을 규율하고 통제하려는 수단으로 유교 윤리의 효용성을 인정해서이다. 『심상 소학수신서』가 국민국가를 위한 '근대인' 육성에 내용 대부분을 할애하고 있다는 점에서도 분명히 드러난다. 수신 과목은 유교 윤리를 가르치는 전통 교육의

---

43 「제6장 修學」, 『윤리학교과서』 권1.
44 「제1장 가족의 의무」, 『윤리학교과서』 권2.
45 「제30과 천연물」, 『중등 수신교과서』 권3.

일환이 아니라 일본적 정신, 즉 '일본주의'를 바탕으로 서구 근대를 수용한다는 이른바 화혼양재 실천의 대표적인 사례였다.[46]

한편 동아시아 사회가 요동하는 동안에도 수신·윤리교과서의 남존여비 관념은 여전했다. '아버지는 하늘', '어머니는 땅'이라는 비유가 유지되었고, 똑같은 자식이라도 여자는 시집을 가면 부모와 형제로부터 멀어진다는 이유로 차별했다.[47] 부부를 상호 보완적인 관계로 보면서도, 남편은 한 가정의 '주권'이고 아내는 '보좌'에 불과한 것으로 위계를 나누었다. 남녀평등 관념의 유행에 대해서도, "여자도 남자와 같은 사람이라서 남편과 아내는 같은 등급의 지위에서 같은 등급의 직권을 행하는 것이 옳다지만, 이는 매우 이치에 맞지 않다"고 부정하며, 남녀가 본래 동일한 사

近代的 도덕 교과의 전형인 『초등수신교과서』 본문에는 유교적 가치관과 서양 윤리관이 곳곳에서 교차한다. 더불어 지선을 지향했던 수신의 이상은 황실과 국가에 충성하는 국민으로 바뀐다.

람이나 자질이 서로 다르므로 타고난 능력에 따라 적합한 일을 하는 것이 남녀평등의 진정한 의미라고 하였다.[48] 이는 남성을 중시했던 과거 농경사회의 전통에서 크게 벗어나지 못한 것이다. 반면 부모 봉양은 자식의 의무지만 부모는 자식에게 의지하지 말고, 신분 고하를 막론하고

---

46 김순전·서기재·민지영, 「근대교육과 '전통'」, 앞의 책, 2004, 28쪽.
47 「제2장 윤리 '제1 부모'·'제3 자매'」, 『초등 수신』.
48 「제4장 부부의 의무」, 『윤리학교과서』 권2.

몸이 감당하는 한 서양처럼 일하라고 주문했다.[49] 국가의 존망을 결정하는 경쟁의 시대에 일하지 않는 풍조가 국가에 손실이라 보았기 때문이지만 서양 문화는 어느새 본받아야할 미풍양속이 되었다.

근대적 가치관의 수용은 가정보다는 사회 관련 항목 기술에서 두드러진다. 재산의 신성함은 생명이나 명예나 자유보다 못하지 않다고 가르치고, 공산주의를 앞장서 외치면서 재산의 사유를 공격하고 논박하는 자, 또 부의 불평등을 비난하는 자들의 주장은 모두 잘못된 견해와 망상에서 나온 것이라고 비판하면서 사유재산 제도와 자본주의를 옹호하였다.[50] 『윤리학교과서』가 공산주의를 반대하고 사유재산권을 중요한 권리로 인정한 것은 분명하다. 그러나 1900년대 대한제국 시기에 '공산주의' 운운은 일본 수신 교과서의 서술을 그대로 옮겨 왔기 때문이다.

당시 교과서는 개인보다 사회관계에 더 많은 지면을 할애하였다. 타인의 명예를 침해하지 않는 소극적 도리뿐만 아니라 타인의 인격에 대한 존중을 권면하였고, 타인에 대한 도리가 대등한 권리를 가진 사람들이 서로 수행해야 할 소극적 임무라면, '애정'은 적극적 임무라고 보고 친애·동정·자선을 세부 덕목으로 삼았다.[51] '자유'는 인간의 고유한 권리지만, 임의대로 한다는 의미가 아니라 타인을 방해하지 않는 범위 내에서 행동하며, 언론과 종교·신앙·직업 선택의 자유를 갖는다고 하였다.[52] freedom과 liberty의 번역어 '자유'는 근대 유럽에서 폭발

---

49 「제3장 부모의 의무」, 『윤리학교과서』 권2.
50 「제2절 재산에 관한 의무」, 『윤리학교과서』 권3.
51 「제27과 애정」, 『중등 수신서』 권3.
52 『고등 소학수신서』에서는 이를 '정당한 자유'로 규정하기도 한다. 수신교과서는 편제나 기술에서 서로 중복되는 내용이 적지 않다.

적으로 등장하면서 정치화·대중화·이데올로기화한 개념이다. 그런 역사적 경험이 없는 일본에서는 개념 수용 초기에 방종을 합리화하는 수단으로 악용된다는 이유를 들어 '자유'가 번역어로 적당하지 않다고 생각했다.[53] 그러나 문명과 진보와 함께 자유는 근대를 선도하는 개념 가운데 하나로 위상을 확보해 나갔다. 신문에서는 동양의 전제정과 구분되는 서양문화의 특성으로서 학술의 발달과 도덕의 진보를 이끄는 가치로 표상되었으며,[54] 사회의 진보에 따라 개인의 자유도 점점 발달한다고 보았다. 타인의 자유를 침해하는 행위는 용인하지 않았고, 그중 타국을 속박하는 행위를 가장 성토했으며, 타국에 속박된 국민은 노예라고 했다.[55] 같은 인류에게 감당하지 못할 고뇌를 주는 행위라는 비판에서도 수신교과서 편찬자들이 국가의 자유 침해를 위중하게 여겼음을 알 수 있다.

수신교과서가 공통으로 서양을 문명사회로 묘사하고 성취해야 할 목표로 삼은 것은 도덕교육의 향방을 짐작하게 한다. 세계는 문명으로 나아가면서 서로 경주하는 시대니 한 걸음이라도 전진하고 한 걸음이라도 후퇴해서는 안 된다[56]는 위기의식이 근저에 있었으며, 경쟁을 사회의 자연스러운 상태로 보는[57] 사회진화론의 흔적이 곳곳에서 발견된다. 교과서는 끊임없이 '경쟁'과 '진보'의 수사를 반복적으로 동원하면

---

53 야나부 아키라, 김옥희 역, 『번역어의 성립』, 마음산책, 2011, 175~189쪽 참조.
54 「문화와 무력」, 『대한매일신보』, 1910.2.19; "저 西歐列强을 보라. 學術의 發達이 저 같으며 道德의 進步가 저 같되 그 나라가 융흥하여 날로 강성해 가니 이는 그 文化가 東洋 古代의 人民을 몰아서 전제하에 굴복하게 하던 文化가 아니라 自由를 구가하며 冒險을 崇尙하는 文化인 까닭이니 韓國의 有志君子여! 自國 固有의 長點을 保存하며 外來 文明의 精華를 採取해서 一種 新國民을 養成할 만한 文化를 振興할지어다."
55 「제17과 타인의 자유에 대한 의무」, 『중등 수신서』 권3.
56 「제1장 신체 '제16 행보'」, 『초등 수신』.
57 「81과 경쟁」, 『고등 소학수신서』.

서 진보하지 못하면 경쟁 세계에서 도태될 수밖에 없다는 위기감을 수신의 동기로 제공했다. 위기를 타개하고 미래로 나아가는 데 장애가 되고 경쟁 세계에서 열패자로 만드는 각종 구습과 천성들을 개혁하고, 문명사회의 일원이 되려면 명예·협력·약속·신용·예법·공공심 등을 갖추어야 한다고 했다.

사회의 진보를 위해서는 반대 의견과 어려움에 굴하지 않는 용기를 지닌 도덕가, 애국자, 사상가, 사업가가 필요하다고 보았다. 도덕가는 권문세가와 귀족에 대항하여 스스로 믿는 바를 변치 않는 자이고, 애국자는 총애 받는 이에 대하여 머리를 굽히지 않는 자이며, 사상가는 도에서 벗어난 학문을 닦아 세상에 아부하지 않는 자이며, 사업가는 사욕을 버리고 공익에 진력하는 자로서, 소크라테스·브루노·갈릴레오 등을 그 예로 들었다. 이처럼 기득권과 특권에 대항하며 신념을 견지하고 공익을 도모하는 용기는 무엇보다 자기의 힘으로 살고 조금도 다른 사람에게 의지하지 않는 자립심과 독립 정신에서 가능하다고 보았다.[58]

상고주의적 태도도 구습의 하나로서 개혁의 대상이었다. 국가를 강성하게 하려면 문명을 향해 진보하는 '진취'적인 국민이 필요한데, 우리나라 국민은 상고의 마음이 있어서 진취적인 태도를 막고, 꾸미지 않고 비루한 것을 질박하고 실속이 있다고 여긴다는 것이다. 이처럼 역사 인식은 물론이고 문화 정감마저 진취적이어야 한다는 강박된 주체에게 '경쟁'과 '진보'의 이면을 성찰할 여유는 없었다. "세상의 일은 날로 그릇되고 옛 풍속은 회복할 수 없다"는 유교의 우환 의식은 먼 태곳적 이야기로 폄하된다. 지금이 예전보다 낫고 옛것을 버리고 새로운 것을 따

---

58 「제5장 용감」, 『고등 소학수신서』.

르는 것이 옳으며, 이를 방해하는 자는 문명의 적으로 간주한다. 급기야는 황인종의 강성함을 어찌 백인종에게 양보하겠는가 라며 인종주의적 대결 구도를 조장하기까지 한다.[59] 이렇게 보면 수신교과서에서 주문하는 사회적 단결과 협력은 국가 경계 밖으로 확장하기 어렵다.

『초등 수신』은 사회를 인민의 한 '단체'라 하고 『중등 수신교과서』는 '인간은 사회적 동물'로서 생활을 보존하며 정신적인 만족을 얻기 위해서 모인 단체라고 했다.[60] 사회에서 제일 중요한 것이 공동의 힘共同力이라는 주장은[61] 『중등 수신교과서』에 기술된 '협력' 항목과 유사하다. 『중등 수신교과서』는 문명시대를 야만의 고립된 상태를 벗어나 공동의 힘과 사회적 협력을 필수 덕목으로 하는 사회로 구분했다. 타인의 명예를 자신의 명예처럼 소중하게 여겨서 공생의 의리를 훼손하지 않아야 문명사회라는 것이다.[62] 공생의 의리를 실천하는 구체적인 방편은 직업이다. 직업은 개인의 이익과 사회의 공익, 국가의 번영에 관계하며, 사회의 개량과 진보를 위해서는 사익보다 공익을 앞세워야 한다고 가르쳤다.[63] 아울러 직업이 다르더라도 그 인격에는 존비의 구별이 없으니 직업의 고하로 신분의 존비를 구별하는 관념은 옛날의 구습이라고 비판하였다.[64]

---

59 「제119과 진취」, 『고등 소학수신서』.
60 「제7과 단체」, 『중등 수신교과서』 권3.
61 「제3장 잡저 '제4 사회'」, 『초등 수신』.
62 「제3장 잡저 '제6 타인의 명예'」, 『초등 수신』.
63 「제2과 창업」, 『중등 수신교과서』 권2.
64 「제1과 업무」, 『중등 수신교과서』 권2.

5. 불완전한 국가와 국민의 기로

대한제국은 국민주권국가가 아니라 군주 전제를 정체로 하는 군주 주권국가였다. 수신교과서에는 '국민'보다는 '인민'·'신민'을 주로 썼으며, '동포'는 단일 민족을 내세우거나 인류를 지칭할 때 사용했다.[65] 국민의 의무를 다양하게 제시했지만, 권리에는 소홀했다. 이 한 몸이 국가와 사회와 조상을 위해 존재한다고 할 정도로 개인은 국가에 결박되어 있었다. 특히 조상 관념으로 개개인을 혈연관계로 묶음으로써 국가를 가족의 확대된 형태로 상상하게 하였다.[66] 『윤리학교과서』에서 '가족이란 사상'은 우리나라 사람들이 선천적으로 지닌 것으로 국가적 미풍이며 국민의 도덕심을 일으키는 힘이라고 하였다. 또한 가족에 대해 의무를 지는 것은 가족 관념이 희박한 구미 제국과 달리 국민이 한 가족인 우리 국가체제와 함께 대한제국 특유의 미풍이라고 강변하였다. 나아가 대한제국의 황실은 국민의 대종가이며, 황실을 존숭하고 국체를 옹호하는 일이 국민의 책임이자 의무이고, 주권은 군주에게 있으며 국민에게 있지 않음을 분명히 했다.[67]

1896년 7월 설립된 독립협회는 이미 국민 주권론을 펴고 국민 참정권을 요구한 바 있다. 따라서 입헌 정체의 세계적 흐름을 인식했던 교과서 편찬자는 대한제국의 국체가 지니는 특수성을 강조함으로써 여기에 대항하고자 했다. 어떤 나라든지 각각 특수한 국체가 있으며, 건국의 유래와 풍토와 인민의 성질 등에 따라 국체를 달리 한다는 것이다.[68]

---

65 「제3장 잡저 '제8애인'」, 『초등수신』.
66 「제1과 자기」, 『중등수신교과서』 권3.
67 「제19과 충군」, 『중등수신교과서』 권2.

더욱이 대한제국은 국가와 황실과 신민이 모두 일체이므로 가장을 섬기는 효와 임금을 섬기는 충의 윤리가 동일하다고 하였다. 이러한 국체론에서 국가는 '대가족'이 되고, 황실과 조종을 섬기는 것이 국민의 의무가 되었다.

황실과 국가를 동일시하는 수신교과서의 논리는 일본의 「교육칙어」와 수신 교과에 내장된 국체론과 국가주의를 수용한 결과다. 1890년 발표된 일본의 「교육칙어」는 내용상 크게 세 부분으로 구성된다. 첫째는 건국의 유래와 역사에 나타난 국체의 아름다움을 교육의 근원으로 선언하고, 둘째는 개인·가족 도덕에서 사회·국가 도덕에 이르는 국민이 지켜야 할 덕목을 들고 국가 발전에 대한 신뢰와 신민의 헌신을 요구하며, 셋째는 이것들이 보편적인 진리임을 강조하고 국민 도덕으로서 모두 함께 노력하여 인격을 연마하자는 형태로 끝맺는다. 특히 천황에 대한 충효를 강조하고, 이를 '국체의 정화'라고까지 강조했다.[69] 천황절대주의에 기초한 일본 「교육칙어」의 목표는 교육의 염원을 국체의 정화에서 찾으면서 나아가 국민사상의 통일을 꾀하는 데 있었다. 여기에서 교육의 목표는 진리의 추구, 개성의 계발이 아니라 천황의 충량한 신민을 육성하는 것이었다.[70]

대한제국 국체의 특수성을 강조한 『윤리학교과서』의 '국민의 의무'는, 국가와 신민의 관계를 다음과 같이 설명했다.

우리나라 왕실은 국토와 백성의 근원이니, 외국에서와 같이 다수의 다른

---

68 「제18과 국체」, 『중등수신교과서』 권2.
69 김순전·서기재·민지영, 앞의 책, 31~34쪽, 2004, 64쪽 참조.
70 김동기·김갑수, 「동아시아의 서양 철학사상 및 윤리관 수용 양상 비교」, 『시대와 철학』 19-2, 2008, 208쪽 참조.

인종이 군집하여 계약 혹은 강제로 핍박당하여 임금과 신하의 관계를 정하고 이로써 국가를 건설한 것과 함께 논할 바가 아니다. 따라서 우리의 신하와 백성된 자는 국가에 대하여 절대의 복종과 충성 및 용기의 정신으로써 그 의무를 수행해야 한다. 우리는 구미의 여러 나라와 같이 자기 고유의 권력을 국가에 양도하여 일정한 조건하에 복종할 계약을 이룬 것이 아니니, 그 복종은 합의로 나온 것이 아니요 오랫동안에 바뀌지 않는 우리 국가체제가 그렇게 하도록 시킨 것이다. 따라서 신하와 백성이 국가에 대하는 것이 자못 한 가족의 자녀가 그 가장에게 대하는 것과 같은 것이다.[71]

독립국으로서의 위상이 점차 쇠퇴하는 가운데 근대 국민국가를 향한 도정도 요원해져 갔다. 자강과 독립을 위해 문명화와 진보를 국가 전체의 과제로 제시했으나 황실(황통)과 국체는 여기에서 배제하였다. 교과서에서 군주권과 전제군주제를 긍정했던 이유 중 하나는, 군주권을 부정하거나 제한하려는 논의가 일본의 침략 의도에 부응하는 결과를 낳을 수 있었기 때문이다.[72] 더불어 애국심을 발양하기 위해서는 힘없는 국가 대신 오랜 역사와 전통을 부각할 필요가 있었다. "우리나라는 개국 이래로 국운이 창성하여 거룩한 자손들의 황통이 면면히 이어져서 내국內國의 위엄을 세우고 문명한 교화를 열었다"고 찬양한 후, "우리 조상이 충군애국 하는 정신으로 좌우에서 보필한 공로"[73]라고 추켜세움으로써 이러한 조상의 명예를 후세에 전하는 것이 국민의 의무라고 가르쳤다.

---

71 이러한 논리는 일본의 천황주의와 국수주의자들의 주장과 거의 일치한다. 일본의 신민론과 국체론의 영향은 김소영이 자세하게 밝힌 바 있다(「한말 계몽운동기 교과서 속의 "국민" 인식」, 『대동문화연구』 63, 2008 참조).
72 김소영, 「한말 계몽운동기 교과서 속의 "국민" 인식」, 『대동문화연구』 63, 2008, 280쪽.
73 「제29과 조상 및 가계」, 『중등 수신교과서』 권1.

군주전제정을 옹호하기 위해『윤리학교과서』와『고등 소학수신서』모두 국가 항목에 많은 지면을 할애했다. 군주정은 공화정에 비해 안정적이고, 문명국들도 입헌정체를 통해 군주정을 보완한다면서, 대한제국의 군주전제정을 높이 평가했다.[74] 1900년대 수신교과서는 대한제국의 군주전제 정체를 옹호하는 것이 국민의 도리이자 의무라고 규정했다. 참정권과 자유를 폭넓게 보장하라는 독립협회의 요구도 있었지만, 루소의 '민약론'과 같은 서양의 학술사상에 미혹되어서는 안 된다는 상반된 주장을 펼쳤다.[75]

'국가에 대한 도리'에서는 일반 사회와 달리 국가는 일정한 구역과 공고한 조직과 특수한 기관을 갖는다고 구분했다. 국가는 일정한 국토와 거기에 거주하는 인민 그리고 주권자 및 정부가 있어야 비로소 성립하며 타인의 주권에 복종하는 경우에는 국가라고 할 수 없다고 하였다.[76] 특히 국토는 애국심을 낳는 기원으로 조상이 태어나 묻힌 곳, 충

---

74 「제1장 국가 총론」,『윤리학교과서』권4.

75 민약론을 위시한 서양 학술에 대한 경계는 다음에서도 확인된다. "지금부터는 서국에서 온 풍기가 점점 성함에 저 몇 개 뜻이 썩은 학자 외에는 옛적 성현의 노예가 되기를 달게 여기는 자가 없거니와, 우리의 두려워하는 바는 당일에 부패하고 비루하던 성질이 장래에 새 학자에게 전염이 되어, 장차 주자와 퇴계, 우암을 두려워하던 바를 옮겨다가 서양의 소위 철인을 두려워하며, 옛 성인의 경전과 현인의 주석을 혹신하는 마음을 옮겨다가 민약설 같은 서양 사람이 지은 글을 혹신하며, 지나를 숭배하던 마음을 가지고 서양을 숭배하기 쉬우니, 이것이 가히 두렵고 경계할 바로다"(「논설」,『대한매일신보』, 1909.8.4).

76 『고등 소학수신서』,「제106과 국가에 대한 본무」, "국가라는 것은 무엇을 말하는 것인가. 일정한 토지를 점유하고 일정한 독립주권에 복종하는 다수 인민의 단체를 말하는 것이다. (…중략…) 주권은 국가의 중심이고 생명이며 더할 수 없이 높은 위력이다";『윤리학교과서』권4,「제5장 국제관계의 의무」, "국가의 심성은 주권이니 이것이 곧 한 명의 사람과 같은 것이요, 국가의 의지는 법률이니 이것이 곧 한 명의 사람과 같은 것이요, 국가의 목적은 행복이며 국가의 생명은 독립 자유이니 이것이 곧 한 명의 사람과 같은 것이다." 이처럼 국가를 생명 유기체에 비유하는 것은 블룬칠리의 영향이다 (강중기,「량치차오,「정치학 대가 블룬칠리의 학설」」,『개념과 소통』제8호, 2011,

신・의사가 나고 죽은 곳, 우리의 사상・감정・풍속・관습 등을 이룬 모든 역사의 시작과 마지막인 곳, 역사의 무덤墳墓으로 표상하였다. 덧붙여 국가를 위하여 몸을 희생하며 왕실을 위하고 후세 자손을 위하여 한 생명을 버리는 것은 진정한 '제국 남자'의 가장 명예로운 일이라고 하였다. 이와 같은 내셔널리즘은 국가를 인민의 헌신성이 최종적으로 집약되고 최고의 가치 있는 조직적 통합체로 간주한다. 여기에서 국가는 와쓰지 데쓰로和辻哲郎가 말한 최고의 인륜적 조직이며, '국가를 위해서 죽는 것'은 내셔널리즘의 극단적 테제다.[77]

『중등 수신교과서』는 인류 사회와 국가에 대한 관념이 자아에 대한 관념에 비해 미약하다는 점을 문제로 지적한다. 그러나 경쟁과 우승열패의 사회진화론을 한 축에 놓고 인류에 대한 동류의식과 박애정신, 평화를 주장하는 것 자체가 모순이다.[78] 그토록 염원하는 '문명한 사회'는 식민지를 원료 공급지와 시장으로 하는 약탈제국주의에 기반을 두며, 약육강식의 논리대로라면 조선이 문명한 제국의 식민지가 되는 것 또한 자연의 공리다. 내부적으로는 경쟁과 우승열패의 위기의식을 고양하되 밖으로는 인류애를 강조할 수밖에 없는 것이 약소한 대한제국의 형편이었다. 따라서 우리 민족은 러시아에 점령당한 폴란드, 영국의 식민지가 된 인도 등을 거울삼아 독립의 정신을 날로 배양해야 한다고 주장한다.[79] 자주와 독립의 정신은 일본의 계몽사상가인 후쿠자와 유키치가 특히 강조한 국민의 덕성이다. 수신교과서에도 국가의 독립은

251~286쪽 참조).

77 고야스 노부쿠니, 앞의 책, 2011, 9쪽.

78 일본 제국주의 초기 국가적 도덕과 세계적 도덕 담론을 도덕의 진보라는 문제로 접근한 연구로 권석영의 「일본의 초기 제국주의론과 도덕 담론—국가적 도덕과 세계적 도덕, 또는 국민적 입장과 인류적 입장」(『사림』 제45호, 2013)을 참조할 수 있다.

79 「제116과 독립」, 『고등 소학수신서』.

인민의 자립에서 나오므로, 우리 국민[80]은 이를 통찰하여 개개인이 의뢰심과 요행심을 버리고 자립하는 정신을 배양하여 우리 4천 년 고국의 독립 기초를 공고하게 할 것을 요구한다.[81] 독립에 중요한 세 가지는, 첫째, 스스로 살아가는 것. 둘째, 스스로를 믿는 것. 셋째, 스스로 결정하는 것이다.[82] 개인의 자립은 자율적 근대 주체가 아니라 국가 조직의 일원으로서 요청되었다.

군주전제정을 옹호하는 수신·윤리 교과의 방점은 국민 윤리 특히 국민의 의무에 있었고, 애국심을 유난히 강조했다. 국민은 납세·병역·교육의 의무를 지며[83] 동일 인종으로서 언어, 풍속, 역사를 공유한다. 여기서 공동의 역사는 국민의 정신을 투철하게 하며, 애국심을 불러일으키는 첫 번째 요소가 된다.[84] 애국심은 고향에 대한 애정이 진보한 것으로서 자타를 구별하지 않는 인류애와 달리 자국이 타국보다 우월해지기를 바란다는 점에 차이가 있다고 보았다.[85]

'국가 간의 도의' 항목에서는 과거 외국인을 '이적'으로 부르며 천시하던 폐단이 있었지만, 문명이 진보하고 국제교류가 확대됨으로써 국가 간의 도덕 또한 발달하였다고 설명한다. 화이론 대신 사해동포의 전통적 관념 위에 모든 나라가 자국의 번영을 위해 경쟁하는 국제 관계의 현실을 수용하려 했다. 그러나 상호 계약에 의해 유지되는 세계 평화는 서

---

80 아세아문화사 영인본은 융희 2년(1908) 6월 1일에 재판·발행한 것이다. 이 과정에서 일부 내용이 삭제되었고, '자립' 항목의 '국민'이 '청년'으로 바뀌었다. 학부 검정을 거치면서 첨삭된 것으로 보인다.
81 「제13과 자립」, 『중등수신교과서』 권2.
82 「제5장 용감」, 『고등소학수신서』.
83 이들 국민의 의무는 모두 애국심에서 나온다(『고등소학수신서』, 「제110과 국토」).
84 「제17과 국민」, 「제18과 국민(계속)」, 『중등수신교과서』 권3.
85 「제19과 애국」, 『중등수신교과서』 권3.

로의 이해가 상충하면 무력 충돌로 비화하므로 군사적 대비를 강조하는 한편 국가 경제를 피폐하게 하는 제국의 침탈에 대해서도 경계했다.[86]

6. 도덕 개념의 연속과 단절

대한제국이 쇠퇴 일로를 걷고 있는 가운데 수신·윤리교과서는 근대 국가의 국민이 지녀야 할 소양과 자질을 가르쳤다. 불완전한 국가는 국민에게 황실과 인민이 일체임을 강조했고, 화려했던 역사를 집단의 기억으로 공유하기를 바랐다. 또한 개인의 자유와 권리보다 국민으로서 담당해야 할 의무를 중시할 수밖에 없었던 시대 사정이 반영되어 있다.

1894년 갑오개혁 이후 교육에 대한 의지는 날로 확대되어 1908년까지 5천여 개나 되는 사립학교가 설립되었지만, 일제는 조선의 교육을 장악하기 위해 1905년 「학교 취체에 관한 규정」, 1908년 「사립학교령」, 1911년 「조선교육령」과 「사립학교규칙」, 1915년 「개정 사립학교규칙」, 1918년 「서당에 관한 취체령」 등을 주도면밀하게 제정해 가며 우리의 자생적 근대교육을 뿌리 뽑았다.[87] 교과서 검정도 강화되어 『초등 수신』을 제외하고 『중등 수신교과서』, 『고등 소학수신서』, 『윤리학교과서』 모두를 1909년 12월 일제가 만든 교과서 검정 기준에 따

---

86 『고등 소학수신서』, 「제11과 국치」에서도 나라의 수치로 전쟁에서 패하는 것보다 국권을 잃는 것이 더욱 크다고 하고, 그 예로 철도건설권, 전신·우편 업무, 광산, 어업, 벌채권, 산림, 항만 조계 등을 들었다. 특히 이러한 수치를 씻어 내는 방법으로 일반 국민이 자강의 마음을 내어 나아가기를 그치지 말아야 한다고 강조한다.
87 조정호, 「한국 근대 교육의 식민성」, 이계학·조정호 외, 『근대와 교육 사이의 파열음』, 아이필드, 2004, 65쪽.

라 몰수하고 일반인에게 발매를 금지하였다. 통감부 시기 학부는 교과서 검정 기준으로 "편협한 우국심을 고취"하거나 "배일사상을 고취하거나 한국인이 일본인, 기타 외국인에 대하는 나쁜 감정을 기르게 하는 기사 또는 어조"가 있거나 "기타, 말과 논설이 시사를 논평"하는 것 등을 제시하면서, 조선인이 저술·발행하는 대부분의 수신교과서를 일본 제국주의자들의 구미에 맞게 수정하거나 발간 자체를 불허하였다.[88]

　1900년대 도덕교육은 선천적인 본성의 발현을 넘어 사회와 국가의 공익과 연결되어야만 했다. 도덕은 지식으로서 교육되었고, 다시 사회와 국가의 공익에 보탬이 될 때 그 의미를 획득할 수 있었다. 인격 위주의 교육에서 지식 위주의 교육으로 뒤바뀐 교육체계의 개편이 도덕교육의 근간을 흔들었다. 특히 ethics의 동아시아 수용은 도덕 개념을 둘러싼 의미장의 변화를 촉진했다. ethics의 번역어인 윤리(학)은 전통적인 수신을 실천의 영역에 가두는 데 그치지 않고, 근대학문의 과학주의를 준거로 하여 수신을 학문의 영역에서 배제했다. 수신이 교과서의 표제로 사용되었지만, 전통 학문의 중심에 있었던 수신은 아니었다. 개개인의 수신을 위한 전통적 도덕 함양은 문명사회와 독립국가 실현을 위한 의무로 대체되었다. 근대지식체계와 학문에서 밀려난 수신은 동양 고전의 향수를 자극하는 기호 또는 교양으로 부침하였고 점차 일상의 영역에서 사라졌다. 수신 개념은 그 개념을 중심 가치로 했던 유교의 쇠퇴와 함께 역사 속으로 침잠해 들어갔다. 근대 전환기 도덕 개념은 한자어 윤리를 에식스의 의미로 새롭게 전유하면서 인민을 국가에 귀착시키는 국민 도덕으로의 재편을 이끌었다.

88　고대혁, 「도덕교육의 정체성과 역사적 연속성 탐색의 가교 ─ 이화여대 한국문화연구원, 『근대 수신교과서』 1~3(소명, 2011)」, 『한국문화연구』 제21권, 307쪽.

문명론 수용과 종교 담론의 대두

1. 계몽과 구원의 빛

대한제국은 중화질서의 종말과 함께 성립했다. 서양에 무릎 꿇은 중화 문명에 대한 날 선 비판은 유교를 과녁으로 삼았다. 서양 신학문으로 문명개화하자는 주장이 사회적 담론으로 부상하면서 유교와의 충돌이 점증했다. 이런 시대상을 반영한 고종의 교육조서가 발표되었다. 그러나 '부강'과 '실용'의 기치 아래 놓인 전통적 가치는 본래의 광휘를 발현하기 어려웠다. 유교의 폐단에 대한 비판이 유교적 가치 전반에 대한 회의로 확대되었고 중화의 위상을 서양 문명이 대체해 나갔다. 유교적 가치 체계의 해체는 근대식 학제 도입과 함께 더욱 가속화되었다. 부강이 문명과 동일시되고 '식산'과 '교육'이 개화와 자강의 시대적 과제가 되면서 도덕과 윤리를 중시했던 교육도 농·공·상을 강조하는 실용 학문 뒤로 밀려났다. 서구 열강처럼 기독교를 국교로 하여 문명개화 하자는 주장도 제기 되었다.

한국의 근대화 과정에서 기독교 수용은 중요한 의미가 있다.[1] 개신교 선교사들은 서양 근대 학문의 전파뿐만 아니라 구미에 한국을 알리는 가교였다. 기독교가 빠른 속도로 토착화할 수 있었던 데는 신자들의

---

1   여기서는 천주교와 특별히 구분이 필요한 사항을 제외하고는 대체로 기독교로 칭한다.

역할도 중요했다. 신도들은 선교사들의 초기 성서번역 작업에 참여하기도 했고, 권서勸書가 되어 기독교 교리를 확산하는 데에 일조하기도 했다.[2] 서양 문명의 열매가 과학기술이라면 그 뿌리는 종교라는 논리가 개화의 한 방편으로 제기되기 시작했다. 서양 국가들처럼 문명하고 부강하기 위해서는 기술만 배워서는 안 되고 정치·사회 제도와 더불어 그들의 종교도 알아야 한다는 것이다. 문명국가의 종교로 기독교가 소개되었고, 서양 중심의 문명론은 기독교를 '세계 종교', '보편 종교'로 하는 지배 담론 형성에 일조했다. 기독교를 정점으로 하는 '종교' 개념과 문명 담론이 상호의존하면서 식민주의와 공모하였다. 생물진화론을 기반으로 하는 사회진화론과 창조론에 입각한 기독교 세계관의 기묘한 결합 속에서 공고화된 문명론은 비서구 지역의 재래 종교를 저급한 것으로 폄하하여 재래종교에 대한 부정적 인식을 확산했다.[3]

1880년대 후반부터 시작된 개신교 선교사들의 교육 및 의료사업은 기독교 현지화의 촉매였다. 한국 감리교회의 3번째 목사이며, 최초의 신학자로 평가받는 탁사 최병헌濯斯 崔炳憲, 1858~1927은 본래 어려서부터 한학을 익힌 유교적 지식인이었다. 다수의 한 시를 남겼고, 선조의 글을 모아 『낙남집洛南集』을 간행할 때는 직접 발문을 썼으며,[4] 『성산명경聖山明鏡』(1909), 『만종일련萬宗一臠』(1922), 『한철집요漢哲輯要』(1922) 등 3대

2　이광린은 기독교가 빠르게 토착화할 수 있었던 데는 최병헌과 같은 유교적 지식인의 역할이 컸다고 지적했다(「濯斯 崔炳憲(1859~1927)」, 『開化期의 人物』, 연세대 출판부, 1993).

3　선교사들은 문명을 야만-미개화-반개화-문명의 4등급으로 구분했고, 조선은 청이나 인도와 함께 반개화한 나라로 인식했다. 개화의 등급을 인종론과 연결하여 피부색이 밝을수록 상위 문명에 속한다는 비과학적 주장을 서슴지 않았다(「인종과 기화의 등급」, 『그리스도신문』, 1901.9.12).

4　'洛南'은 조선 후기 문신이었던 崔山輝(1585~1637)의 호다. 최병헌은 그의 9대손으로 편집을 맡았고, 崔炳年이 1927년에 文集을 간행하였다.

저작은 전통 학문과 재래 종교에 대한 이해가 상당했음을 증명한다. 그가 기독교를 처음 접한 것은 1880년에 친구가 상해에서 가져 온 『영환지략瀛環志略』을 통해서였다. 윤치호의 소개로 1889년 미국 선교사 존스 George Heber Jones, 趙元時, 1867~1919[5]에게 한문과 한국어를 가르치게 되면서 기독교로 개종할 것을 권유 받았지만, 기독교는 부모와 임금을 모르는 종교요, 선교사와는 삼강오륜을 논할 수 없다고 했다.[6] 이렇게 기독교를 불온한 사상으로 여겨 개종을 거부했던 그가 결국 회심에 이르게 된 계기는 무엇일까. 종교적 갈등으로 잠조차 제대로 못 이루다가 개종에 이르게 된 것은 아펜젤러로부터 얻은 한문성경을 경학처럼 연구하고,[7] 『만국통감萬國通鑑』, 『태서신사泰西新史』, 『서정총서西政叢書』, 『지리약해地理略解』, 『격물탐원格物探源』, 『천도소원天道溯原』, 『심령학心靈學』, 『자서조동自西徂東』 등을 통해 확인한 서양 문명의 발달상이 신학문에 대한 의욕을 고취하였으며, 기독교의 가치를 인정하게 되었기 때문이다.[8]

5 　존스 목사는 미국 북감리회의 개척 선교사 중 한명으로 1888년 5월에 내한하여 20년간 서울과 인천과 강화 지역에서 활동했다(G. H. 존스, 옥성득 역, 『한국교회형성사』, 홍성사, 2013, 11쪽).

6 　노블 부인 편, 『승리의 생활』, 조선기독교 창문사, 1927, 15쪽.

7 　한문 성경의 전래는 귀츨라프(1832)와 토머스(1866) 선교사에 의해서였다. 성경의 번역은 역관 최창현의 『성경직해광익』(1784)가 최초이다. 이 책은 천주교 조선교구에서 『성경직해』(1897)라는 이름으로 발행되었는데 성경 1/3 가량만 발췌 번역한 것이었다. 1882년에 만주에서 스코틀랜드 선교사 존 로스와 매킨타이어에게서 한문 성경을 전수한 서상륜, 백홍준 등이 번역한 『예수셩교누가복음젼셔』, 1885년에는 일본에서 기독교로 개종한 이수정을 중심으로 번역한 『마가의 전복음셔언해』가 나왔다. 한글로 완역한 최초의 성경은 1911년 출간된 『셩경젼셔』이다.

8 　최병헌의 일화 중에서 개종의 동기를 찾는 선행 연구도 있다. 첫째, 버려진 환자를 제중원의 서양 의사가 데려다 치료해 고쳤다는 소식을 듣고 선교사에 대한 의식이 바뀌었고, 둘째는 정치적 사건에 연루되었을 때 정동의 선교사 집으로 피신해 보호를 받은 것, 셋째는 1892년 다시 과거에 응시했다가 실패하면서 종교철학 연구에 전념했다는 것이다(이덕주, 『한국 토착교회 형성사 연구』, 한국기독교역사연구소, 2001, 211쪽).

그는 1893년 2월 35세 때 기독교에 입교하였고,[9] 9월에는 감리교회 전도사가 되어 정동교회에서 목회활동을 시작했으며, 1902년 5월 목사 안수 후 아펜젤러의 뒤를 이어 정동교회 담임목사로 12년간 봉직했다.[10] 회갑을 맞아서는 "일찍이 유교의 명목만을 취하여 꿈결을 헤매다가, 늦게야 천리를 쫓아 참 진리를 괴었네早盜儒名多醉夢, 晚從天理愛眞光"[11]라고 소회를 밝혔다. 최병헌의 기독교 수용은 재래 종교 특히 형해화된 유교적 가치와 임계에 다다른 유교 문명 너머에 대한 사유에서 촉발되었다. 그 중심에 있던 기독교는 서양 문명의 근원으로서 계몽과 구원의 빛이었다.

최병헌에 관한 선행연구는 한국 교회사나 기독교 연구에서 주로 이루어졌으며,[12] 한국 문학 분야에서는 대화체·몽유록 소설로서 『성산명경』에 주목했다.[13] 이밖에 최병헌의 종교 인식을 성취설과 보유론적 종

---

9 이승만, 이상재, 안국선 등 독립협회 회원과 정부 고관들이 옥중에서 개신교를 받아들인 1904년이 한국 교회에 본격적으로 지식인들이 입교한 시기라고 할 때, 최병헌의 입교와 세례는 10년 이상 앞섰다(최익제, 「한말·일제강점기 탁사 최병헌의 생애와 사상」, 한국교원대 박사논문, 2009, 23쪽 참조).

10 목회 활동 외에도 교육 및 대중 계몽에 힘썼는데, 1895년 배재학당 안에 독립협회 전신인 協成會 조직에 참여했고, 아펜젤러와 『조선회보』를 간행했으며, 순한글 『제국신문』을 창간하고(1897), 1898년 성서번역에 참여하여 1900년 최초의 한글 신약성서 발간에 공헌했다. 1902년에는 존스 박사와 『신학월보』를 창간하였고, 『황성신문』 기자로도 활동하였다. 국민교육회 정동교회 지부인 懿法會 회장을 맡았고, 進明義塾을 직접 운영하여 15세 이상 30세 이하를 대상으로 한문, 일어, 산술 등을 가르쳤으며, 1906년에는 관립 외국어학교에서 한학을 교수했다.

11 「濯斯 崔炳憲先生의 壽筵」, 『반도시론』 제2권 4호, 1918.4.10, 48~53쪽.

12 최병헌 관련 최초 연구는 박종홍의 「西歐思想의 導入 批判과 攝取」(『아세아연구』, 1969)로 추정된다. 여기서는 『만종일련』의 마지막 장인 기독교 도리의 요소에서 기독교의 관점에서 천주교를 비판한 내용을 소개하였고, 柳東植의 「濯斯 崔炳憲과 그의 思想」(『동방학지』, 1978) 이후 송길섭, 『日帝下 監理敎會 三大星座』, 성광문화사, 1982; 沈一燮, 『韓國 土着化神學 形成史 論究』, 국학자료원, 1995; 이덕주, 『한국 토착교회 형성사 연구』, 한국기독교역사연구소, 2001 등의 연구가 있다.

13 김인섭, 「개화기소설 「성산명경聖山明鏡」에 나타난 기독교 변증적 대화와 문학적 수

교다원주의 그리고 종교변증론으로 요약하고,[14] 선교사의 활동과 관점에서 기독교 전파를 다루기보다는 서구 문명을 수용하려고 했던 당대의 개화적 지식인들의 역사적 경험과 입장에 주목할 필요도 제기되었다.[15]

사실 유교적 지식이었던 최병헌의 개종과 기독교 수용은 문명론과 접합함으로써 가능했다. 정치와 종교의 상관성에 대한 이해나 의병선유의 시세론도 문명론에 근거한다. 기독교 변증과정에도 문명론이 작동한다. 유·불·도와 기독교의 대화로 이뤄진 『성산명경』은 전도를 목적으로 집필되었으나, 개종을 감행한 자신의 회심과정을 담고 있다. 이는 전통 학문에 박학했던 지식인의 개종이 성령에 의한 종교적 체험이 아니라 학문적 차원에서 이뤄졌음을 보여준다. 『성산명경』에서 재래 종교가 기독교로 귀의하여 진리를 성취한다는 서사는 문명론과 종교 담론의 접합에서 비롯된다. 이런 경향은 1920년대 들어서면서 다소 약화한다. 제1차 세계대전 이후 유럽 중심 문명론의 파열이 시작됐고, 기독교의 토착화가 진척됨에 따라 기독교 성취론은 '만종일련'의 종교관으로 변모했기 때문이다. 1909년 출판된 『성산명경』과 이를 전후하여 발표된 글에서 문명론과 종교 담론의 접합을 발견하기란 어렵지 않다. 이는 근대 전환기 유교적 지식인이 타자를 내면화함으로써 주체를 재구성한 하나의 전형으로써 기독교 수용에 따른 종교 개념의 균열과 유교의 위상 변화를 확인하는 데도 참고가 될 것이다.

사修辭」, 『배달말』 42, 2008; 양진오, 「근대성으로서의 기독교와 기독교담론의 소설화—「성산명경」과 「경세종」을 중심으로」, 『어문학』 92집, 2006; 이동하, 「한국 현대소설에 나타난 기독교의 수용양상 연구—구한말·일제초의 작품 『聖山明鏡』을 중심으로」, 『국어국문학』 103, 1990 등이 있다.

14 최익제, 「한말·일제강점기 탁사 최병헌의 생애와 사상」, 한국교원대 박사논문, 2009.
15 류대영, 『한국 근현대사와 기독교』, 푸른역사, 2009, 17쪽.

2. 역사인식과 문명론

앞선 천주교와 달리 개신교의 전래는 중화질서의 해체와 서양 문명론의 확산 속에서 반발과 저항을 줄일 수 있었다. 20세기 전후 동아시아 사회에서 사회진화론은 자연의 공리처럼 받아들여졌다. 진화론은 식민지 주체의 역사와 문화를 전복하여 자존감을 상실하게 하는 데 그치지 않고, 윤치호처럼 일부 지식인들은 문명한 강국에 지배당하는 편이 낫다는 데까지 나아갔다. 동도서기적 사고는 정신과 물질을 이원화하는 방식으로 도의 보편성과 우월성을 내세웠지만, 서양 문명에 대한 두려움과 선망은 동양을 뒤떨어지고 정체된 것으로 인식하게 하는 데 충분했다. 태서신서를 통해 서양 근대의 성취를 간접 체험했던 최병헌은 1898년 일본 방문에서 그 실상을 직접 목도하고, 정치 개혁과 실용학문의 필요성을 절감하였다.[16] 실업교육을 결여한 채 문화적 교육만으로는 자강과 개화의 실효를 거두기 어렵다는 판단에 따라 실업교육으로 실력을 키우고 나서 정치, 법률, 경제, 리학, 문학 등으로 확장할 것을 주장했다. 경전이 빈한한 선비에게 옷을 제공하지 못한다거나, '철학'이 고명한 선비의 굶주림을 채워주지는 못한다는 등 구학문의 비실용성이 도마에 올랐다.[17]

위기의식에서 촉발된 서양 문명 수용은 한편으로 타자의 내면화를 수반했다. 동양과 서양이라는 문명의 두 흐름은 기독교를 만나는 지점에서 합류한다. 세계는 유신학술을 통해 우승열패하며 경쟁과 생존이

---

16 일본 방문 기록은 「일본을 열람한 일」이라는 제목으로 『대한그리스도인회보』 제2권 21호, 1898.5.25부터 제2권 30호, 1898.7.27까지 총 10회에 걸쳐 연재되었다.

17 「中央學會發起」, 『황성신문』, 1908.9.17.

천연의 공례公例임을 강제하는 상황이고, 만국인민들이 이익과 권리를 날로 다투어 서로 경쟁하며, 세계 모든 곳에서 문명개화와 진보를 위하여 교육에 힘쓰는 때라는 시대 인식은[18] 개화를 주창한 동시대 지식인과 마찬가지로 사회진화론의 수용을 보여준다. 동시에 꺼져가는 등불 뒤로 태양이 솟아오르고, 거짓 도는 사라지고 진리대도가 흥왕하며 천국이 가까이 다가와 영생의 문이 열린 때[19]라는 시대 인식은 기독교 세계관의 반영이다.

문명론과 기독교를 접합 할 수 있었던 근인은 한학과 유교적 소양 때문이다. 실용학문이 현실적 위기를 해결하는 방책이긴 하나, 학문의 근본은 아니라는 인식이 그 저변에 깔려 있었다. 사람의 성품을 물에 비유하면서 '충효의 도리'와 '신의의 행실'을 가르쳐야 한다거나,[20] '도학'을 교육의 근본으로 제시한[21] 유교사상적 기반은 실용학문을 넘어서 기독교를 학문의 대상으로 바라보게 했으며, 문명의 실체로 인식할 수 있었던 요인이었다.

사회진화론적 발전사관과 기독교적 역사인식의 결합은 상고, 중고, 현금, 장래로 시대를 구분하고 각각을 야매野昧, 문명, 지혜, 성결聖潔로 규정한 데서도 확인할 수 있다. 현금 시대는 우승열패의 경쟁으로 각국이 각축하지만 장래는 온 인류가 기독교 진리에 귀의하는 성결한 황금 시대가 되리라는 낙관적 전망도 양자의 결합을 보여준다.[22] 그는 동양

---

18 「永昌學校趣旨書」, 『황성신문』, 1907.2.23.
19 최병헌, 「공부를 부지러니 할 때」, 『신학월보』 10권 4호, 1904.
20 「사룸의 셩품이 물의 셩품과 굿하」, 『협성회회보』, 1898.1.22.
21 개화를 말하는 사람마다 인재 배양을 역설하지만, 교육의 근본이 도학임을 모르고 가르친다고 비판하였다(「빅지 학당 학원 젼 쥬스 최병헌씨가 기화론을 지여」, 『독립신문』 1897.08.21).
22 이주익 역편 『몽양원』, 탁사, 1999, 23~30쪽.

과 서양의 학술이 각각의 특징을 갖고 발전해 왔지만 현재 문명의 형세를 고정된 실체로 보지 않았다. 동서양의 역사가 다름에도 불구하고 문명 발전을 인류 전체의 역사 변동으로 인식했기 때문이다. 가령 '천원지방'과 '천동지정'의 설은 한대 이후 격치학의 쇠퇴와 서양의 과학기술에 뒤처진 대표적인 사례로 흔히 지적되었는데, 최병헌은 서양 고대의 우주관도 동양처럼 매우 허망한 것이었음을 예증하였다. 동서양을 막론하고 상고인의 소견은 대개가 억설로서 황탄한 것이었고 지금 세상 사람들이 논하는 것은 실체를 측량하고 진리를 연구한 것이니 신학문에 힘써야 한다고 주장했다.[23] '구본신참', '신구절충', '신구참작' 등에서 신구가 상징하는 공간적 이항 대립을 고금의 시간으로 재배열함으로써 지식의 축적에 따른 문명 발전을 상정할 수 있었다.

이를 토대로 동양과 서양, 정신과 물질을 이원화하는 동도서기 주장에 반대하면서 기독교 수용 논리를 전개했다.

> 서양의 기계만을 취하고 종교는 높일만한 것이 못 된다고 하는데 이는 (종교를) 이단으로 여겨서 참 진리를 모르기 때문이다. 나라의 형세를 개탄하는 자들이 매양 서양 기계의 이로움을 말하면서 교도(종교)가 미풍이 아니라고 배척하며, 외국이 강하다고만 하고 부유하고 풍요롭게 된 근원은 살피지 않으니 참으로 한탄할 일이다. 대개 대도大導는 방국에 국한되지 않고 진리는 중외에 통용 가능한 것이다. 서양의 하늘이 곧 동양의 하늘이고, 천하(세계)로 보면 모두가 일가一家이며, 사해가 형제라 할 수 있다. 상제를 공경하고 인민을 아낀 점에 이른다면 어느 누가 마땅한 '윤리'라고 하지 않겠는가.[24]

---

23 서양 고대에는 해와 달을 부부나 형제와 자매로 상상했음을 예로 들었다(崔炳憲, 「學有新舊辨其虛實」, 『畿湖興學會月報』 제1권 4호, 1908.11.25, 12~14쪽).

국가의 경계를 넘어 세계에 통용되는 참된 진리와 서양 문명의 근원으로 꼽은 '종교'는 모두 기독교를 가리킨다. '서천 즉 동천'이고, '천하일가', '사해 형제'라는 확대된 인식 지평으로 동도서기를 반박하였는데, '서천동천일야론'은 중국 기독교와 한문 전도문서 『천도소원天道溯原』, 『덕혜입문德惠入文』, 『자서조동自西徂東』 등에서 주장되던 변증론으로서, '동도'인 유교나 불교가 가진 기독교와의 연속성을 '복음에의 준비'로 수용하면서, 기독교로써 '동도'의 부족함을 완성·성취하려는 포괄적인 문명·종교 논리였다.[25] 동양 고대의 인격천 관념을 담고 있는 '상제'도 여기서는 기독교의 하느님을 지칭한다. 동일한 기표지만 발화자에 따라 지시 대상이 다를 수 있다. 동시대 신종교에서도 찾아볼 수 있는 종교 지평의 확대와 자기 종교가 보편 종교라는 주장과 유사한 논리지만 실제는 서도서기를 지향한다는 점에 주의해야 한다.[26] 아울러 기독교 복음주의에 기초한 문명론이 결국 기독교를 정점으로 하는 새로운 문명론적 위계화라는 비판을 불러올 수도 있다. 그러나 기독교 개종주의를 표명하지 않고 성취론적 관점에서 재래 종교를 포괄한다는 점에서 급진적 개화론자들의 문명론과 구분해야 한다. 최병헌의 문명 개화론은 물질문명과 정신문명을 교육과 정치 중심의 보편적 담론의 틀로부터 기독교 중심의 종교적 담론의 틀로 재구성한 것이고,[27] 동서의 구분을 넘어서 보편적 진리를 추구했다는 점에서 서도서기와 구별해야 한다.

---

24 崔炳憲, 「奇書」, 『황성신문』, 1903.12.22.
25 옥성득, 「'한일합병' 전후 최병헌 목사의 시대 인식―계축년(1913) 설교를 중심으로」, 『한국기독교와 역사』 13, 2000, 46쪽.
26 「격물학의 근원」에서는 "구세주의 도학"이 "격치 학문"을 깨닫게 한다고 하여, 서양 문명이 발달한 원인도 기독교 때문이라고 주장한다(『그리스도인회보』 1898.4.20).
27 최익제, 「한말·일제강점기 탁사 최병헌의 생애와 사상」, 한국교원대 박사논문, 2009, 38쪽.

최병헌은 「고금시대의 진화」[28]에서 동양의 물질문명은 상고시대 이후 부진했지만 정신문명의 성취는 서양문명 이상으로 평가했다. 정신문명의 발달을 동양의 특성으로 내세워 서양의 충격을 상쇄하려는 시도는 1920년대 물질과 정신을 이원화하는 문명론과 '문화' 개념의 부상과 긴밀한 관계가 있다. 신문명, 현대문명 등은 물질문명으로 한정짓고 문명을 낳는 원천으로서 정신적 문명을 강조하는 문화 개념이 위세를 떨치기 시작한 것이다. 부강이 여전히 문명의 필요조건이었으나 충분조건은 아니었다. 이에 따라 물질문명에 상응하는 종교와 도덕, 정치와 사회제도 등이 요구되었다.[29] 서구 근대 발명품 가운데 '혁명'과 '계급타파'에 주목한 이유가 여기에 있다. '혁명'이 가져온 새로운 정체, 상하 계급 타파를 통한 평등 실현을 문명의 중요한 표상으로 인식한 것이다. 그러나 한편으로 귀함과 천함의 구별을 자연스러운 사회 현상으로 보면서, '데모크라시'의 민권 자유 주장과 공산주의의 재산 공유, 남녀의 정조 타파, 부자의 윤리를 멸시하는 행위를 나열하면서 이런 '자유'는 필요 없다고 주장했다. 비판의 근거로 유교 윤리와 기독교 교리를 함께 제시한데에서도 최병헌의 기독교 수용에 유교가 사상적 토대로 작용하였음을 확인할 수 있다.[30] 정교분리의 원칙을 고수했던 선교사들과 달리 정치와 종교의 상호 보완을 중시했던 태도도 이와 같은 관점에서 이해할 수 있다.

---

28 1925년 『神學世界』 제10권 2호부터 5호까지 총 4회에 걸쳐 연재.
29 최병헌의 기독교적 문명론은 문명한 선진이 후진에 행할 직분으로 도덕, 공업, 말삼 세 가지를 제시한 것에서도 확인할 수 있다. 여기서 '말삼'은 복음 즉 기독교를 지칭한다(「선진이 후진에 행할 직분」, 『신학월보』 2권 7호, 1902.7).
30 「平等의 好多」, 『神學世界』 제8권 5호, 1923.

3. 정치와 종교의 관계

1880년 일본에 수신사로 파견되었던 예조참의 김홍집은 주일 참사관 황쭌셴의『조선책략』을 가져와 고종에게 보고했다. 이 글의 핵심은 러시아의 남하정책에 대비해 '중국과 친하고, 일본과 맺고, 미국과 연결하여' 자강을 도모해야 한다는 것이다. 중국이나 일본은 지리적으로 가까울 뿐만 아니라 오랜 역사적 교류가 있다. 그러나 미국은 당시 조선에는 멀고 낯선 나라였다. 황쭌셴은 미국과의 연대를 강조하면서 그들의 종교가 천주교가 아니라 예수교이며 종교가 정치에 관여하지 않는다는 점을 들어 선교에 대한 우려를 불식하고자 하였다.

1881년 영남만인소 등 유림의 반항을 일으키기도 했으나 개화정책을 앞당기는 데 영향을 준『조선책략』은 '공법', '균세', '공화', '민주' 같은 새로운 개념을 살펴볼 수 있는 비교적 초기 사례로서 주목에 값한다.

미국에서 유행하는 것도 곧 야소교인데 천주교와 근원은 같지만 종파가 각기 달라서 마치 우리 유교에 주자학과 육학이 있는 것과 같다. 야소교의 종지는 정사에 간여하지 않는 것이며, 그 교인들도 순박하고 선량한 자가 많다. 중국이 통상한 이래로 선교사를 살해한 사건이 여러 번

있었으나 그중에 한 사람의 야소교인도 없었다는 점도 우려할만한 게 아님을 입증하는 것이다. 그 교의 교의는 사람을 착해지도록 권하는 데 있으니, 우리 중국의 주공과 공자의 도보다 몇 만 배 낫지 않겠는가. 조선은 우리 유교를 따르고 익혀 이미 깊은 경지에 이르렀으니, 불초한 무리가 이를 따르더라도 교목에서 내려와 유곡으로 들어가는 지경에는 이르지 않을 것이다. 그렇다면 저들의 전교를 내버려 둔다 한들 무엇이 해롭겠는가.[31]

천주교는 정교일치이므로 폐해가 많고, 개신교는 정교분리를 원칙으로 하니 받아들여도 해될 게 없다는 인식이 이로부터 확산되었다. 불과 2년 후 1882년 한미수호조약이 체결되었고, 1883년 여름에는 보빙대사로 민영익을 미국에 파견했다. 개신교 선교사의 최초 입국은 일본에 있던 감리교 신교사 메클레이R. S. Maclay에 의해 1884년 6월 24일 이루어졌다. 메클레이 목사는 서울에 도착하여 김옥균과 함께 고종을 알현하였고, 교육과 의료사업을 윤허 받았다. 이후 1885년 언더우드, 아펜젤러, 스크랜톤 그리고 베레드, 게일 등이 선교를 목적으로 들어왔다. 한국에 개신교를 전파한 선교사들의 견해는 교회의 비정치화, 비사회화였다. 그들은 유교의 현실 참여적 특성을 경계하였는데, 이 점에서는 식민지 지배권력도 마찬가지였다. 그들에게 "유교를 종교에서 배제해야 한다는 사실은 이미 예정된 것이었다. 그것은 유교의 정치적 역할 때문이었다. 유교가 이른바 '종교'가 들어오던 시대에도 여전히 동아시아 사회의 지배적인 믿음 혹은 이데올로기 역할을 수행하고 있었기 때문이다."[32]

---

31 황쭌셴, 조일문 역주, 『조선책략』, 건국대 출판부, 1988, 115쪽.
32 윤해동·이소마에 준이치 엮음, 『종교와 식민지 근대』, 책과함께, 2013, 5쪽.

일본에서는 1877년 이후 국민 통합에 적합한 종교란 어떤 것인가를 둘러싼 논쟁이 일어나면서 '일본식 정교분리'가 진행되었다. 이와 함께 과학과 종교의 대립(메이지 10년대 후반), 국가와 종교의 대립(메이지 20년대 초기)에 관한 논쟁을 거치면서 '공적인 도덕과 사적인 종교의 분리= 정교분리'라는 인식이 형성되어갔다. 이노우에 데쓰지로井上哲次郎가 도덕·철학이 종교보다 우위를 점한다는 인식을 바탕으로 국민도덕론을 주창한 것은 이 시기의 전형적인 담론이라고 할 수 있는데, 이에 호응하여 종교계에서도 윤리화·합리화가 진행되었고 정부 측에서는 신사신도 비종교론=도덕론이 제시되었다. 이에 따라 종교의 범주에 속하는 것은 '교(불교, 기독교 등)', 도덕의 범주에 속하는 것은 '도', '학(신도, 유학, 황도)'의 개념으로 자리 잡게 되었다.[33] 윤치호의 일기에는 후쿠자와, 김옥균, 박영효가 나눈 종교에 관한 대화가 실려 있다. 후쿠자와가 종교란 결국 가난하고 무지한 사람들로 하여금 자족하며 살게 하는 방법 가운데 하나일 뿐이라고 하자, 김옥균과 박영효가 동의했다. 특히 박영효는 종교는 정치의 수단이며 그 이상도 이하도 아니라고 맞받았다.[34] 종교를 국가 운영의 수단에 불과한 것으로 인식했던 대화에서, 이들이 상상한 종교가 동일했는지는 의문이다.

정치와 종교를 상호 보완 관계로 본 최병헌은 종교를 사적 영역에 국한하거나 정치의 수단으로 인식하지 않았다. 정치와 종교가 서로 보완적인 관계에 있지만, 종교는 만물의 조종이고 천지의 주재이며, '국

---

33 가쓰라지마 노부히로, 「종교 개념과 국가신도론―'제국=식민지'를 중심으로」, 윤해동·이소마에 준이치 엮음, 『종교와 식민지 근대』, 책과함께, 2013, 155~156쪽.
34 Oct. 31, 1893, YunD; 류대영, 『개화기 조선과 미국 선교사―제국주의 침략, 개화자강, 그리고 미국 선교사』, 한국기독교역사연구소, 2004, 379~380쪽 참조.

가의 명맥', '입국의 근본', '진화의 근원', '정치의 근기'로 표상했다. 자연히 종교는 근본이고 정치는 말단이며, 종교가 쇠퇴하면 정치가 어지러워질 수밖에 없다고 보았다. 최병헌의 정교관을 담고 있는 「정치와 종교의 관계」[35]는 ① 교리와 정체의 본원 ② 정령과 교회의 발용 ③ 교도의 침미와 정령의 괴란 ④ 종교와 정치는 표리 등으로 구성되어 있다. 각각의 내용을 간략히 요약하면, ①은 종교가 정치의 본원이라는 점을 전제하고, 종교는 다신교에서 유일신교로, 정체는 군주정체, 입헌정체, 민주정체로 발전해왔다고 하고, ②는 종교가 복음과 진리로써 백성을 교화하여 성역에 들어가게 한다면, 정치는 위로 군주를 보좌하고 아래로는 창생을 구제하여 함께 문명에 나아가게 하며, ③은 뿌리인 종교가 쇠퇴하면 줄기와 열매인 정치가 어지러울 수밖에 없음을 전제하면서, '공맹의 죄인!'으로 매관매직, 현실도피, 무책임, 배타성을 들고, 국내의 모든 이권이 외국인에게 양도되는 현실을 비판했다. ④는 정치와 종교는 표리관계임을 차륜車輪과 순치脣齒가 서로 돕고 의지하는 것에 비유하고, 인애와 덕화로 백성을 감복시키고, 정령과 형법으로는 악한 백성들을 징치하여 서로 보완한다고 했다. 그 사례로 도적이 감화를 받고 선인이 된 일화를 소개하면서 정치가 못하는 것을 종교가 해낼 수 있다고 주장했다. 종교教道는 '몸을 닦는 근본修身之本'이고, 정치政體는 '나라를 다스리는 도구治國之用'라는 게 그의 결론이다.

종교를 '교도教道'와 같이 사용하거나 종교와 정치를 체용·본말·표리관계로 보고 마차와 수레바퀴, 입술과 치아에 비유하는 것은 유교적 지식인에게서 발견할 수 있는 전형적인 논리이다. 『대학』의 8조목인

---

35 皇城基督敎靑年會에서 1906년 9월 27일 행한 연설로서 강연 내용은『황성신문』10. 4~6,『대한매일신보』10.5~9일자에 수록되어 있다. 여기서는『황성신문』의 기사를 토대로 분석하였다.

격물-치지-성의-정심-수신-제가-치국-평천하가 시간적 선후를 가리키지 않지만 근본을 강조한 까닭은 근본이 제대로 서지 않은 상태에서 발현된 양태가 온전할 수 없기 때문이다. 정치와 기예만 익히고 종교에 힘쓰지 않으면 결코 문명에 이를 수 없다는 논리로 기독교 수용을 반대하고 서양의 이기만을 취하려는 동도서기는 근본에 힘쓰지 않고 말단만 취하는 것이라 비판했다. 최병헌은 종교와 정치가 불가분의 관계에서 서로를 보완하지만 종교가 정치의 근본이라는 점을 분명히 한다. 학문의 근본으로 도학을 거론하고, 법률에 의한 정치보다 교화에 의한 정치를 높이 평가한 점도 유교의 영향으로 볼 수 있다. 그러나 요순공맹의 본의를 실천하지 않아서 정치가 쇠퇴했다고 보고, 국가의 혼란을 가져온 유교 대신 구미 열강의 문명화를 가져온 기독교를 수용해야 한다고 주장한다.

4. 의병선유와 정교관

국망이 현실화되어 감에 따라 각지에서 일어난 의병봉기는 국가 차원의 문제로 비화하였다. 정부에서 기독교인을 선유사宣諭使로 임명한 것은 1907년 8월 정미의병운동 때였다. 동년 12월 25일 선유사를 일부 교체했는데, 이때 정동교회 최병헌 목사와 송기용이 충청남도와 충청북도 선유위원으로 각각 임명되었다. 최병헌은 송기용과 함께 1908년 1월 20일 서울 정동교회 교인들이 베푼 환송회에 참석한 후 교회 일을 현순 목사에게 위임하고 2월 6일 서울에서 출발했다.[36] 당시 다수의 신문은 선유활동에 관심을 보이며 이들의 행적과 정부 보고 내용을 신속히 게재했다. 여기에 나타난 최병헌의 선유활동은 정교분리와 정교 불가분의 원칙이 충돌하는 상황을 보여준다.

선유위원으로 임명된 서상륜은 정미 7적을 향해 매국 행위 10조목을 들어 내각 사퇴를 촉구하고, 기독교 교인들의 선유활동에 대해서도 비판했다.[37] 또한 정부에 선유위원 사면을 청원하면서 폭동의 원인으로 내각을 지목하고 내각에서 물러나 지방 각지의 의병 앞에 잘못을 인정하고 목숨을 맡기라고 했다.[38] 선유위원에 대한 사회적 비판 여론이 점점 비등하자[39] 최병헌은 「통곡할 네 가지痛哭者四」라는 제목의 반박 기사를 『황성신문』에 실었다.

---

36 「委員餞別」, 『대한매일신보』, 1908.12.1; 「傳道委托」, 『대한매일신보』, 1908.2.9; 1908.2.11.

37 「內閣諸氏退去矣」, 『대한매일신보』, 1908.1.22. "第一 太皇帝陛下의 禪位호심을 請홈이오 第二 一切行政에 日本統監의 同意룰 要홈이오 第三 政府椅子에 外賓을 迎入홈이오 第四 不多軍隊도 何石章碼룰 因홈인지 一朝에 解散을 行홈이오 第五 一進會룰 奬勵호야 勢力을 擴張케 홈이오 第六 人民의 惡憾을 惹起호야 義兵을 蜂起케 홈이오 第七 義兵이 起호민 日兵이 義兵을 勦平호다 호고 良民을 多數誤殺호야도 緘口不言호고 袖手樂觀홈이오 第八 皇太子殿下의셔 日本에 遊學케 홈이오 第九 自衛團을 組織호야 地方人民의게 侵虐을 橫加호야도 其橫暴룰 放任홈이오 第十 司法權 警察權等을 一切日人의게 讓渡홈이오"

38 徐相崙, 「上內閣大臣書」, 『대한매일신보』, 1908.01.23.

39 『대한매일신보』와 『황성신문』도 선유 관련 사항을 지속해서 보도했는데, 특히 『공립신보』의 기사는 선유활동에 대해 비판 논조를 이어갔다. 1908년에는 최병헌과 송기용을 직접 지목해 선유활동의 부당함을 역설했다(「파병선유」, 1907.9.27; 「宣諭使改差」, 1907.10.4; 「관동선유사의 사보」, 1907.12.6; 「선유사ㄱ 아니라 토벌사」, 1907.12.6; 「선유사의 약뎜」, 1907.12.6; 「선교사 선유」, 1908.2.5; 당긔찬, 「선유위원 최송 량 목사의게 통고홈」, 1908.2.19; 「선유쇼환」, 1908.3.18; 「선유위원 불기마자」, 1908.5.13).

첫째, 정부의 정치가 잘못되어 국가가 위태로워지고 백성의 도탄이 극도
에 달함.

둘째, 의를 외치는 자들이 시의에 밝지 못하고 망동하여 동포를 해치고
마을을 불살라 시름이 가득함.

셋째, 종교사상이 정치를 배태하여 전체 혁명의 원동력이 되어 온 세계
역사와 우주 대세를 깨닫지 못하고 좁은 소견으로 교인들을 위협함.

넷째, 동포를 죽음에서 구하기 위한 일신의 희생이 자선과 신앙의 실천임
을 모름.[40]

첫째에서 든 정부의 실책은 1907년 8월 1일 강제 군대해산으로, 한
일신협약(정미7조약)에 격앙하여 경향 각지에서 일어난 의병봉기를 확
산시켰다는 것이다. 둘째에서 시의에 어둡다고 한 근거는 정부를 일본
의 기관이라 하고 관리들은 누구랄 것 없이 원수로 보며 일진회를 일본
의 귀신으로 부른 것이고, 자유권을 되찾는다고 일어났으나 도리어 조
국에 해를 입히니 망동이라는 것이다. 또한 선유활동이 교인을 이용하
여 일인에게 아첨하는 것이니, 진실한 신도들이 호응할리 없으며, 매국
적인 사냥개일 뿐 교인은 정치와 무관하다는 비판에 대해서 일일이 반
론을 제기했다. 그는 신하된 자로서 왕명에 응함이 마땅하고, 그 목적
은 오직 도탄에 빠진 백성을 구제하는 일이라는 점을 들어 선유활동을
정당화했다. 특히 종교와 정치가 무관하다는 주장에 대해서는 '불통',
'고루'로 폄하하면서, 구미 역사의 사례를 들어 종교가 정치를 배태하
며 혁명의 원동력임을 강조했다. 또한 자신의 선유활동을 인애와 자비

---

40 崔炳憲, 「奇書 痛哭者四」, 『황성신문』, 1908.1.26.

로 동포의 사망을 구제하기 위한 희생이며 신자된 도리로 규정하고, 여타 교인들도 대한의 신민으로서 조국의 위급함을 염려하고 인민이 사망에 이르는 일을 구휼해야 한다고 역설했다.

반론 기사에서 최병헌은 의병운동의 폐해를 열거하면서도 호칭만큼은 '의도義徒'를 고수했지만, 실제 선유활동 시 정부에 제출한 선유활동 보고와 민인을 대상으로 한 효유문에서는 이들을 '비도匪徒', '폭도暴徒'로 불렀다. 일제에 의해 고종이 퇴위되고 친일 내각을 만들어 국정을 농단한 상황을 감안할 때, 정부정책에 호응할 수밖에 없다는 신민의 도리와 동족 살육과 국가 혼란을 어떻게든 수습해야 한다는 신자의 의무는 본래 의도와 무관하게 친일행위가 될 수밖에 없었다고 판단된다. 선유활동 기간 지은 두 종의 「효유문」과 한글 가사 형태의 「권유문」에서는 의병운동의 원인으로 정부의 무능과 탐관오리의 악행을 지목했다. 그러나 교회와 거리에서 행한 집회에서는 의병운동이 절대적인 열세와 약탈 행위로 주민의 지지를 얻지 못하므로 실패할 수밖에 없다고 하고, 민지 계발과 실력 양성이 국권 회복과 민족 자강의 기초임을 강조했다. 최병헌의 선유활동은 교인들을 상대로 한 설교나 계몽강연 위주였고,[41] 나중에는 동행했던 일본 경찰이 역으로 그를 감시 통제하는 상황이 벌어졌다.[42]

---

41 당시 선유사들이 의병과 직접 대면한 사례는 극히 드물다. 이들의 활동은 대체로 대민 안무에 치중했던 것으로 파악된다. 이덕주는 선유활동을 첫째, 군수·관찰사 등 지방 관리들로부터 의병 상황 청취, 둘째, 지방 행정 조직을 통한 조직 및 효유문 배포, 셋째, 면장·이장 등 지방 하급 관리들을 상대로 한 선유활동, 넷째, 일반 주민을 상대로 한 선유활동으로 구분했다(『한국 토착교회 형성사 연구』, 한국기독교역사연구소, 2001, 184~190쪽).

42 「효유문」, 1908.1, 「충청남도선유문안」, 1908; 「충남효유」, 『황성신문』, 1908.2.14, 「권유문」, 1908.2, 「충청남도선유문안」, 1908; 이덕주, 『한국 토착교회 형성사 연구』, 한국

자신을 기독교 신자이자 국민의 일분자라고 밝힌 『공립신보』의 기사에서는 선유활동을 국민된 도리, 기독교 신자의 본분에 어긋나는 행위로 규정하고, 국가와 민족이 멸망에 이른 이때 의병운동을 독려하지 못할망정 시세, 능력, 형편을 들어 해산을 권유하는 행위는 왜적의 앞잡이요 벼슬을 바라는 노예근성의 발로라고 비판했다.[43] 특히 「선유낭패」라는 제하의 기사는 선유활동에 반대하는 의병 한 사람의 편지가 미국 장로교 목사 게일과 감리교 존스 목사에게 전달되어 적지 않은 정치적 파문을 일으켰음을 보도했다. 선유위원으로 참여한 교인들을 소환하여 선유활동을 멈추게 하지 않으면 교인과 선교사들에게 위해를 가하겠다는 협박으로 인해 선교사들은 미국, 영국 공사관에 연락하고 통감부와 교섭하여 최병헌에게 귀환을 명령하였다.[44] 실제로 1905년 을사조약 이후 선교사들은 정교분리에서 오히려 정교유착으로 전환했다. 존스는 '한국인에게 지금 필요한 것은 잘 정의된 법의식과 합법적으로 확립된 권위에 대한 존경'이라고 하여 정교분리 내지 정치적 중립보다 정교유착으로 선회했다.[45]

선유활동에 대한 비판이 선유사에게 직접 전달된 사례는 발견되지 않는다. 그러나 이 기사를 통해 기독교 목사들의 선유활동 참여를 제어할 방안으로 선교본부를 지목한 것은 분명하다. 이에 최병헌은 선유활동을 일시 중단하고 평양으로 이동하여 존스를 만나 그 편지는 호사자의 일시적인 악취미일 뿐 염두에 둘 일이 아니라고 설득하고, 2월 18일

기독교역사연구소, 2001, 184~190쪽 참조.

43 당긔찬, 「션유위원 최송 량 목사의게 퉁고홈」, 『공립신보』, 1908.2.19.
44 「션유랑패」, 『대한매일신보』, 1908.2.18.
45 최익제, 「한말·일제강점기 탁사 최병헌의 생애와 사상」, 한국교원대 박사논문, 2009, 75쪽.

서울에서 게일을 만나 선유의 이해를 논한 후 19일에 조치원으로 귀환하여 선유활동 재개하였다. 최병헌은 1908년 3월 26일 병세를 이유로 선유를 마치고 인장 등을 반납했으며, 동년 4월 8일 선유위원에서 해촉됐다.

서구화를 지향하는 계몽주의 지식인 및 일제 식민주의 관료는 종교의 사사화를 주장하였으며, 개신교 선교사들도 종교의 탈정치화를 강력하게 주장하였다. 반면 일제에 저항하는 지식인과 개신교 평신도들은 종교를 국권 회복을 위한 수단으로 이용하고자 애썼고, 개인의 내면에 묶어두려고 하지 않았다.[46] 정교분리 원칙이나 종교의 탈정치화 주장 또한 당시에는 지극히 정치적 논리였음을 알 수 있다. 기독교를 자강의 방책으로 삼은 논설에서는, 문명진화론을 유형의 자강으로, 종교를 무형의 자강으로 구분하여 국권회복과 자주독립의 기반으로 기독교를 제시하기도 했다.[47]

민족주의 관점에서 선유활동은 용납할 수 없는 친일행위로 평가할 수 있을 것이다. 서양에서 들어온 근대적 '종교' 개념은 정교분리를 추구하는 것이었지만, 최병헌은 그들의 주장처럼 종교를 인간 내면의 사적 영역에 국한할 수 없었다. 그에게 종교는 공적인 역할을 담당해야할 책무가 있었고, 이는 기독교도로서의 신념이었다. 그가 지은 「독립가」[48]나 정포은의 충의를 애국심과 연결한 사례, 또 정동교회 의법회회장을 맡고 있을 때 일진회로부터 일본의 지도와 보호를 요청한 선언

---

46 장석만, 「일제시대 종교 개념의 편성 ─ 종교 개념의 제도화와 내면화」, 윤해동·이소마에 준이치 엮음, 『종교와 식민지 근대』, 책과함께, 2013, 75쪽.
47 「信教自强」, 『대한매일신보』, 1905.12.1.
48 농상 공부 쥬ᄉ 최병헌, 「독립가」, 『독립신문』, 1896.10.31.

서가 날아들 때, 지도 아래에는 국권이 없으며, 보호 아래에는 독립이 없다[49]고 회신한 사례들은 그를 친일부역자로 매도할 수만은 없게 한다. 비록 국권회복을 위한 현실 참여는 부족했지만 1913년 행한 일련의 설교에서 기독교 진리로 일본에 승리할 수 있다는 종교적 신념을 피력하기도 했다.[50]

5. 『성산명경』의 종교 변증

『성산명경』은 최병헌의 초기 신학사상의 결정체로서, 한국 최초의 신학잡지인 『신학월보』에 1907년 제5권 1호부터 제5권 4・5호까지 총4회에 걸쳐 연재한 「성산유람기」를 증보하여 1909년 단행본으로 출판한 것이다.[51] 『성산명경』이 처음 출판되었을 때 신문 광고는, 종교의 진리와 인격의 요소와 물체의 원인을 반복연구하고 설명하여 독자들이 일대 심경을 이루게 한다고 소개하였다.[52] 이 책은 유교를 대변하는 진도眞道, 불교를 대변하는 원각圓覺, 도교를 대변하는 백운白雲, 기독교를 대변하는 신천옹信天翁이 성산의 영대에 모여 사흘간 벌인 토론을 통해 개종에 이르는

---

49 「懿會函一會」, 『황성신문』, 1905.11.15. "貴宣言書中 有依其指導據其保護之說 殊甚滋惑 指導之下 焉有國權 保護之下 豈有獨立 此一大欸恐是僉尊之誤筭也"
50 옥성득, 「'한일합병' 전후 최병헌 목사의 시대 인식―계축년(1913) 설교를 중심으로」, 『한국기독교와 역사』 13호, 2000, 61~62쪽.
51 『성산명경』의 초판은 1909년 3월 20일 貞洞皇華書齋에서 발행하였고, 재판은 1911년 8월 3일 東洋書院에서 발행하였으며, 3판은 1912년 朝鮮耶蘇敎書會에서 출판하였다.
52 『聖山明鏡』은 『황성신문』 1909년 4월 8일자부터 동년 5월 22일자까지 총 31회에 걸쳐 판매 광고가 게재되었다.

과정을 보여준다. 우주만물의 발생과 인간에 대한 이해를 주제로 한 대화는 기독교의 가치를 승인하는 것으로 귀결된다. 이 책의 집필목적은 "유교의 존심양성하는 윤상지리와 석가의 명심견성하는 공공한 법과 선가의 수심연성하는 현현한 술법을 심형으로 저울질"하다가 기독교인이 된 뒤, 신약성경을 읽으면서 "성신의 능력을 얻어 유도와 선도와 불도 중 고명한 선비들에게 전도하여 믿는 무리를 많이 얻을까 생각하다가" 꿈속에서 성산의 영대에 이르러 네 사람이 토론하는 모습을 기록했다는 최병헌 자신의 후기에서 확인할 수 있다. 존스는 이 책을 번역^{John Bunyan}의 『천로역정』[53]에 비견하면서, 한국인에 의한 한국어 종교변증서로서 한국의 종교 발전을 선도한 최병헌 목사가 기독교 신앙이 동양의 여러 타종교보다 탁월함을 밝혔고, 자국 민족이 일통 기독교인이 될 것을 예언했다고 높이 평가했다.[54]

『성산명경』은 당시 개화기 문학으로 유행했던 토론체소설의 양식과 몽유록의 특성을 활용했다. 토론 양식이 종교간 비교와 변증을 위한 체계와 논리를 갖추기 위한 통로였다면, 몽유록적 형식은 일반적으로 이해하기 어려운 종교 교리의 형이상학적 내용을 감성적으로 수용하도록 신비적 연출을 하는 데 일조했다.[55] 이와 같은 대화체 토론은 앞서 발표한 「삼인문답」에서도 활용되었다. 북촌 양반집에서 처음 만난 세 사람의 대화는 비록 미완으로 끝났지만, 기독교를 외래종교로 배척하던 세태에 대한 대응 논리가 담겨 있다. 타국에서 유래한 유불선 삼교는 우리

---

53 존 버니언, 제임스 게일 역, 『텬로력뎡天路歷程』, 배재학당 삼문출판사, 1895. 당시 풍속화가 箕山 金俊根이 그린 총 42장의 삽화가 포함되어 있다.

54 옥성득, 「'한일합병' 전후 최병헌 목사의 시대 인식—계축년(1913) 설교를 중심으로」, 『한국기독교와 역사』 13호, 2000, 51쪽 참조.

55 『성산명경』, 한국고등신학연구원, 2010, 104쪽.

『성산명경』은 기독교와 유교, 불교, 도교의 대표가 성산에서 만나 대화를 나누는 대화체, 몽유록 소설 형식을 취함으로써 한국 기독교 토착화에 중대한 역할을 했다.

종교라고 하면서, 대한과 같은 주에서 발원한 기독교만 유독 외국종교로 배척하고 거부하느냐는 것이다.[56] 이는 기독교를 유불선과 마찬가지로 동양의 종교 범주에 포함함으로써 문화적 이질감을 줄이려는 시도라고 할 수 있다. 아울러 "천하만민 간에 문명교화가 여러 길로 나뉘어 있음은 각기 역사적 근원이 있다. 그 여러 근원들을 상고해 본즉 다 종교에서 생겨난 것이다"라는 종교 다원주의적 사고에 대해서는 "구세주 예수께서는 공맹이나 노자, 석가와 같은 성현이 아니라 곧 하느님이시니 (…중략…) 범상한 성인과 비교해서 말할 수 없다"는 기독교 절대주의로 반박하였다.[57] 이처럼 '기독교 외래종교론'과 종교다원주의에 입각한 '종교 등가론'은 최병헌을 비롯한 초기 기독교인들이 극복해야 할 장벽이었다.[58] 「삼인문답」을 발전시킨 『성산명경』은 기독교가 지닌 외래성을 불식시키고 한국인이 기독교를 보편적 진리를 지닌 종교로 인식하게 하는 지성적 기반을 제공하였으며, 종교적 배타성과 개종주의를 극복하고 종교간 대화를 통해 종교인식의 변화 가능성을 추구한 구체적 결실로 평가된다.[59]

---

56 「삼인문답」, 『대한그리스도인회보』, 1900.3.21.
57 「사교고략」, 『신학월보』, 1909.
58 이덕주, 『한국 토착교회 형성사 연구』, 한국기독교역사연구소, 2001, 215~216쪽.

20세기 초 서구식 문명개화를 주장했던 지식인들은 대체로 기독교에 대해 호의적이었으나 개화의 방책으로 보는가 아니면 신앙에 이르는가는 차이가 있었다. 이승만은 기독교 국가론을 제시한 바 있고,[60] 김대희는 종교의 사회적 역할을 강조하면서 국민 통합을 위해서, 유교, 천도교, 기독교 가운데 하나를 선택하면 좋겠다고 했다. 김대희와 「대한 금일의 선후책」을 논한 안국선은, 동양의 유교는 인륜만 말할 뿐, 사람과 천주의 관계(천륜), 사람과 물의 관계(물륜)은 밝히지 못했고, 종교가 아니라 철학이라고 단언하면서 기독교로 개종할 것을 주장하기도 했다.[61] 유교를 비종교로 치부한 것은 서양 종교 개념의 영향 때문이다. 『성산명경』의 종교 변증에 나타난 유교와 기독교의 대화를 통해 이를 살펴보자.

최병헌이 『성산명경』에서 진행한 종교 변증 가운데 가장 많은 공을 들인 대상은 바로 유교다. 최병헌 자신이 개종 이전에 유교적 소양을 갖추고 있었기 때문에 양자의 변증은 불교나 도교보다 더 상세하다. 무엇보다 기독교의 토착화를 위해서는 당시 사회 문화의 주류를 형성했던 유교의 장벽을 넘어야 했다. 「병자회개」에서 기독교 진리를 거부하는 유교와 불교 지식인을 눈 있는 소경과 귀 밝은 농자로 규정하기도 했고,[62] 「고집불통」에서 "공자 말씀하시길, 내가 뭇사람을 쫓겠다 하셨으니, 만일 대한 온 나라가 다 예수도를 믿는다면 나도 믿겠노라"[63]라

---

59 최익제, 「한말·일제강점기 탁사 최병헌의 생애와 사상」, 한국교원대 박사논문, 2009, 78~79쪽.
60 이승만, 「예수교가 대한의 장래」, 『신학월보』, 1903.8.
61 김대희, 『二十世紀朝鮮論』, 일신사, 1907.
62 「병자회개」, 『신학월보』 2권 6호, 1902.6.
63 「고집불통」, 『대한그리스도인회보』, 1899.3.8.

제3장 문명론 수용과 종교 담론의 대두   337

고 한 대목은 유교적 지식인에게 기독교 전도가 어려웠음을 잘 보여준다. 따라서 최병헌은 충효사상과 같은 동양사상의 여러 개념과 동양 고전의 예화를 활용하여 기독교와의 이질성을 최소화하면서 종교간 대화를 시도하였다.[64] 동양 고전과 유교적 소양을 적극적으로 활용한 기독교 전도는 실제로 상당한 성과를 거두어, 최병헌이 담임했던 교회 신도 가운데 양반 비율은 여타 교회보다 높았다.

『성산명경』은 각각의 종교가 지닌 특색을 드러내어 서로 비교하는 방식을 취했다. 백운은 육체와 영혼의 이원적 구조와 영혼불멸설을 통해 도교의 불로장생설과 신선불사설의 허망함을 깨닫고 개종을 결심하고, 원각은 인간의 윤리를 저버리는 점, 윤회와 업보의 논리가 지닌 문제점, 창조설의 부재, 출가로 인한 반사회성 등의 비판을 듣고 개종한다. 유교를 대표하는 진도는 마지막까지 개종을 거부하다가 종교적 교리에 설복하는 게 아니라 일등문명국의 종교적 기반으로서 기독교의 가치가 치국평천하의 도리와 정치학술 면에서 유교보다 우월함을 인정함으로써 개종하게 된다.

유교와 기독교의 변증은 크게 천지의 생성, 인성론, 윤리론, 내세론 순으로 진행된다. 첫 번째 변증은 세계의 생성에 관한 문제다. 진도는 만물의 생성과 변화를 유교적 관점에서 제시하였다.

『주역』에 가로되 '대재라 건원이여, 만물을 비롯하며, 지재라 곤원이여, 만물을 생한다' 하였으니 건도는 양이 되고 곤도는 음이 되어 음양의 이기로 만물이 생생하는 것이다. 주부자朱夫子가 말씀하시기를, '하늘은 아버지

---

64 「효자행적」, 『대한그리스도인회보』, 1901.6.20.

요, 땅은 어머니시니, 사람이 그 가운데 생하여 다 천지의 자식이 된다' 하시고, 주렴계는 '무극이 태극이며, 조화의 추기樞機를 이루니, 태극의 이치로 양의와 사상이 생하고 오행의 기운으로 만물이 생성한다' 하였다.[65]

이에 대해 기독교를 대변하는 신천옹은, '태극', '음양', '오행'으로 만물이 화생한다는 유교의 생성론을 비판하면서 주희의 『격치서』를 대표 사례로 든다. 태극은 이치일 뿐이고 정의, 계교, 조작이 없으므로 지혜와 신령도 없는 것이니 어떻게 허령지각을 지닌 사람과 만물을 생성할 수 있느냐고 회의하면서, 건곤이기와 음양오행은 당초 어디서 생겨난 것이냐고 반문한다. 태극과 리를 기독교의 창조론으로 비판한 유래는 일찍이 16세기 중국에서 선교활동을 펼친 쿠플레柏應理, Philippe Couplet, 1623~1693가 편찬한 『중국철학가공자中國哲學家孔子』에서 확인할 수 있다. 여기서도 공자의 상제관과 천관은 긍정하는 반면, 태극과 리에 대해서는 부정한다. 이러한 해석은 이언어·이문화권 간의 번역이 자신의 선이해에 의지한다는 점을 상기시킨다. 기독교의 견지에서 선진유교의 상제를 천주와 동일시하고 송대 신유학의 태극론과 이기론을 창조주의 관점에서 부정한 것은 이렇게 보면 자연스러운 일이 된다. 신Deus의 이미지를 상제에서 찾은 예수회 선교사들이 '태극'과 '리' 개념을 들어 주희를 무신론자라고 비판한 것은 오독이 아니라 대타성의 산물이다. 예수회의 유교 경전 번역도 일종의 격의格義의 과정으로 보아야 한다. 여기서 발생하는 일종의 왜곡은 번역상의 '오류'나 '불완전함'이라기보다는 선이해에 따른 의미의 전유로 봐야 한다. 『성산명경』이 보유론에

---

65 『성산명경』, 동양서원, 1911, 10쪽.

입각한 적응주의적 선교 논리를 계승하고 있음은 분명하지만, 유교지식인의 기독교 교리와 신앙에 대한 이해라는 점에서 차이가 있다. 유교를 포함한 제반 종교가 긍정적 측면과 부정적 측면을 동시에 지닌다는 양가적 평가는 기독교 외에 여타 종교를 비종교 영역에 가두지 않고, 기독교로 나아갈 가능성을 지닌 것으로 보았기 때문이다.

최병헌은 신천옹의 입을 빌려 기독교의 창조론에 따라 만물은 전지전능한 하느님의 창조로 생성한 것이라고 주장한다.

> 전지전능하신 하나님의 조화로 천지만물이 창조되었다. 음양오행은 천지일월과 금목수화토를 가리킨 것이지만, (…중략…) 음양은 물건이 있은 후에 이름 지어 말할 수 있는 것이다. 만일 천지일월과 주야, 한서, 남녀 자웅이 없다면, 음양이기라는 것을 어디에 붙여 말하겠는가. 그러므로 물건이 생긴 연후에 있는 음양이 물건을 낼 수는 없는 것이다. 또한 '금목수화토' 오행이 한 물질이니 사람이 날로 쓰고 먹고 마시는 물건이다. (…중략…) 반드시 사람의 손에 의지하여 내왕도 하고 그릇도 이루는 것이니 이러한 물질이 어떻게 만물을 내겠는가.[66]

음양은 만물이 생성된 후에야 겨우 명명할 수 있는 것이므로 스스로 만물을 생성할 수는 없다. 음양의 조화란 결국 만물의 생성에 대한 인간의 해석이라는 것이다. 만물의 생성은 오직 창조주의 몫인데, 사물과 영혼 두 가지로 대변된다. 사물은 오행 같은 것으로 일용할 물건이 되고, 영혼은 허령 감각과 양지양능이 있어서 만들고 추측하며 배양하는

---

66 『성산명경』, 동양서원, 11~12쪽.

역할을 담당한다. 허령한 지각을 지닌 인간은 사물과 자연을 활용하고 양지양능은 도덕적 판단과 실천을 가능하게 하는 것으로서 여타 생물과 사람을 구별하는 기준이 된다. 성서 번역위원으로도 활동하였던 최병헌의 기독교 이해는 유교를 비롯한 전통 학술 개념에 의지하고 있음을 알 수 있다.

최병헌은 다시 유교의 천 개념에는 주재천과 자연천의 의미가 모두 있는데, 이를 엄밀히 구별하지 않고 사용하여 혼돈을 초래했다고 비판한다. 선진유교에 보이는 상제와 기독교의 상제를 동일한 것으로 보는 관점은 적응주의 보유론을 견지했던 중국의 마테오 리치 등 앞선 선교사들의 연장이다. 이러한 인식은 "우리 교에 상주라 상제라 대주재라 하나님이라 함은 유가서에서 상제라 함과 음성은 비록 다르나 뜻은 다름이 없다"[67]는 기독교 계열 잡지에서도 확인된다.

두 번째 변증은 사람의 성품 문제다. 신천옹이 『중용』 천명지위성장을 인용하면서 사람의 성품에 관해 묻자, 진도는 『논어』의 '성품은 서로 가까우나 익히는 것이 서로 멀다'와 『맹자』 「고자」 상편의 '사람 성품의 선한 것이 물이 아래로 가는 것 같아서 사람은 선하지 않은 이가 없다'고 답했다. 신천옹은 요순 같은 성현의 자식들이 불초함과 세상에 악행을 일삼는 자들이 많음을 들어 반박한다. 진도는 재차 상지와 하우를 예로 들면서 본성의 선함을 옹호하고 악행을 물욕에 가려진 것으로 설명했다. 그러나 신천옹은 상지와 하우, 성인과 악인이 태어날 때부터 정해진 것이라면 교육도 소용없고, 문명 진보도 불가능하다면서 사람의 천성은 하느님께 받은 것으로 지우현불초를 막론하고 모두 같으며

---

67 「동방 성인들도 하나님을 공경하였소」, 『대한그리스도인회보』, 1899.

등급의 우열이 없다는 주장을 펼쳤다. 지혜와 어리석음은 기질청탁과 심재유무에 달린 것이지 성품 때문이 아니며, 성현과 완악한 자의 나뉨은 그 사람이 천명을 쫓아가는데 달려 있다는 주장이다.

세 번째 변증은 윤리론과 관련된다. 여기서는 공자의 행적 네 가지에 대해 비판하였는데, 첫째, 권도를 쓰는 것 둘째, 간계를 쓰는 자에게 또한 간계를 행한 것 셋째, 부모의 도가 그를지라도 삼 년을 고치지 못하는 것 넷째, 공자가 인도만 말하고 천도에 대해서는 말하지 않은 것이다. 본의에 어긋난 앞의 세 변론과 달리 네 번째 변증은 기독교 내세론에 의거한 것이다. 천당과 지옥의 존재에 대해 진도는 끝끝내 의구심을 버리지 않았는데, 신천옹은 후세 사람들이 옛 성현의 글과 행적을 보고 그 성현이 실재했음을 믿는 것처럼 반드시 눈으로 직접 봐야만 믿을 수 있는 건 아니라는 논리를 폈다.

이상의 논의에도 불구하고 진도는 자신의 유교적 신념을 굽히지 않는다. 결국, 유교도의 기독교 귀의는 기독교의 교리나 신앙에 의해서가 아니라 서양 국가의 문명함이 예수교의 덕화 때문이라는 점을 승인함으로써 가능했다. 기독교의 교리나 신앙을 강제하기보다는 현 세계 문명의 흐름과 세계 판도의 변환을 이끈 기독교의 현실적 유용성을 강조한 것이다. 이처럼 기독교 교리 체계와 신앙을 인정하지 않고 마무리되는 유교와의 대화는 기독교를 완상히 거부하는 당대 유교 지식인들을 위한 안배로 볼 수 있다.

『성산명경』의 종교 변증을 종교학이나 유교철학의 관점에서 볼 때 적법한 논의라고 하긴 어려울 것이다. 기독교와 비교되는 개별 종교들의 교리체계를 그 핵심에서부터 변증하기보다는 기독교를 중심으로 일치와 불일치 점을 찾고, 일치하지 않는 부분을 모자라고 미개한 것으로 인식하였기 때문이다. 그렇다고 다른 종교가 지니고 있는 긍정적 측면을 무시하고 개신교의 절대성을 배타적으로 옹호한 것은 아니었다. 다만 다른 종교에 부분적으로 들어 있는 긍정적 측면이 개신교 안에 모두들어 있음을 강변하는 방식으로 논지를 펴나갔다. 이런 관점을 취하면 개신교와 타종교가 극단적인 적대관계를 맺을 필요는 없어진다.[68] 최병헌은 모든 종교를 신이 창조한 세계 안에서의 문화현상으로 파악하고 그 가운데 기독교가 모든 종교의 도달점이자 완성점이라는 논리를 제시했다.[69] 그러나 기독교 외 타종교의 가치를 인정했다고 해서 종교다원주의자라고 할 수 없다. 모든 종교가 기독교를 완성하고 하나님의 역사를 수행하는 도구라는 점에서 즉 성취론적 관점에서 여타 종교를 인정한 것이다.[70]

---

68 역사비평 편집위원회, 『논쟁으로 읽는 한국사2. 근현대』, 역사비평사, 2009, 52쪽.
69 최익제, 「한말·일제강점기 탁사 최병헌의 생애와 사상」, 한국교원대 박사논문, 2009, 2쪽.
70 존스는 1910년 6월 에든버러에서 개최된 세계선교대회에 참석하여 제4위원회인 "비기독교 종교와 관련한 서교 메시지" 토론에 참여했다. 이 위원회 보고서에 천명된 성취론은 마태복음 5장 17절에 기초하여 타종교에도 계시의 흔적이 있으므로 타종교를 일방적으로 파괴하고 기독교로 대체할 것이 아니라, 기독교와 타종교 간의 접촉점을 찾아서 타종교의 예언, 염원, 갈망, 의식 등을 더 우월한 종교인 기독교로 완성해야 한다고 주장했다. 존스는 성취론 관점에서 한국 종교와 기독교 간의 접촉점을 다섯 가지로 정리하고 있다. 곧 신론에서 하나님, 유교와 불교가 가르치는 인간의 도덕적 책임, 제사와 굿 등의 종교의식에서 드러나는 신 공경과 숭배, 보편적인 기도, 그리고 영혼불멸설과 제사 등의 접촉점을 통해 타종교가 기독교를 통해 더 완전하게 될 수 있다고 전도했기 때문에 한국에서 선교가 성공했다고 본다(G. H. 존스, 옥성득 역, 『한국교회형성사』, 홍성사, 2013, 15~16쪽).

6. 타자의 내면화와 주체의 재구성

중국 중심의 역내 질서 해체는 새로운 문명 강자에 대한 두려움과 선망을 불러일으켰다. 급박한 세계정세의 전변 속에 만국공법체제에 걸었던 기대는 무너졌고 자강만이 살길이라는 위기의식이 고양되었다. 제국을 향한 굴절된 선망은 적자생존의 사회진화를 세계 대세이자 자연법칙으로 각인한 주체에게 자연스러운 일이었다. 자강을 실행할 주체는 교육을 통해서 새롭게 각성해야 했다. 위기를 초래한 전통 학문을 실용 학문으로 대체하고, 기독교가 서양 문명의 원천이라는 인식이 확산되었다. 신채호도 기독교가 신국민의 종교가 될 만하다고 평가했다.[71] 20세기를 전후한 개신교 수용의 토대는 이렇게 마련되었다. 최병헌의 종교 담론은 문명론과 기독교적 세계관이 만나는 지점에서 형성되었다.

최병헌의 삶은 당대 유교적 지식인의 기독교 경험과 실천을 보여주는 하나의 사례이다. 그는 기독교로 개종했지만 서구주의자의 길을 가지 않았고, 기독교 진리의 절대성을 확신했지만 전통적인 사상의 의의를 부정하지도 않았으며, 친일적 성향의 개신교 선교사들과 함께 목회 활동을 했지만 제국주의에 대한 날카로운 비판도 잊지 않았다. 제자 최상현은 탁사 1주기를 추모하면서, "선생은 한학자이면서도 동양문화만 고집하지 않으셨고 개국론자의 거두이시면서도 서양문명에 중독되지는 않으셨다. 오로지 대의를 주창하여 동서문화의 장점을 취하신 것이 선생의 위대한 지개라 할 것이다"[72]라고 스승의 업적을 기록했다.

---

71 신채호, 「이십세기 새국민」, 『대한매일신보』, 1910.3.3.

유교가 종교인가에 따라 그를 개종자로 명명할 수도 있겠으나, 한학에 기반을 둔 전통적 사유체계 위에 새겨진 복음주의는 3대 종교 관념으로 제시한 유신론, 내세론, 신앙론에서 유신론과 내세론보다는 신앙론에 무게를 두게 한다. 이렇게 보면 참된 진리를 향해 가는 길에 놓인 서로 다른 문명, 인종, 종교의 차이는 큰 걸림돌이 아니게 된다. 진리의 보편성은 서양의 하늘과 동양의 하늘이 다르지 않다는 지평 확장으로 나아간다. 기독교와 문명론이 합류하면서 동양과 서양의 이항대립을 소거한다. 그의 신학사상은 종교가 정치의 근원이라는 점을 분명히 하면서 양자의 상호 보완을 통한 사회개혁론을 개진한다.

그의 신앙체계는 철저하게 현실의 정체와 결부되고, 자신이 배우고 익힌 재래의 철학, 윤리, 문화는 그 뿌리와 줄기를 형성한다. 다만 이때의 전통 지식체계는 성경헌전에 근거하면서도 새로운 해석의 가능성을 예비한다. 『성산명경』의 종교 간 대화는 기독교 토착화 과정이 전통 지식체계의 재편과 맞물려 있음을 보여주는 사례다. 서양 중심 문명론의 타자성을 주체성으로 환기하는 데 기독교가 중요한 고리가 되었음이 틀림없다. 최병헌은 기독교 진리의 보편성과 완전성을 신앙하였지만 다른 종교의 존재를 부정하거나 배제하지 않았다. 기독교의 목적론적 역사관 속에서 문명의 다변성과 종교의 다층성을 인정 할 수 있었던 까닭은 동서양의 역사와 문화에 대한 나름의 성찰 때문이다.

한국 근대 전환기는 주체와 타자의 욕망이 뒤엉킨 혼돈의 시기였다. 최병헌의 문명론과 종교 변증은 타자의 내면화와 주체의 재구성 과정으로 읽을 수 있다. 서로 다른 주체를 인정할 때 양자의 교호는 새로운

---

72 최상현, 「추억탁사선생」, 『긔독신보』 제648호, 1928.5.9.

주체로 나아갈 수 있을 것이다. 그렇지만 최병헌이 타자의 내면화를 넘어서 주체를 재구성하는 데 성공했는가는 속단하기 어렵다. 우리의 인식 틀은 여전히 근대성의 그물에서 자유롭지 못하다. 타자의 모방과 내면화는 자칫 주체의 상실과 타자화로 이어지기 쉽고, 제국과 식민이 상호 의존하며 근대 세계를 구축했다는 상식화된 역사 이해에서 식민성의 문제는 간과되기 쉽다.[73]

최병헌의 회심과 기독교 수용은 전통과 현대의 절합이자 근현대 한국 사상사의 불연속한 연속을 보여준다. 주체와 타자의 소통은 국가나 민족의 정념과 선악의 기준만으로 포착되지 않는 다종의 경로를 만들어냈다. '사물'을 주체의 규준에 따라 측정하고 주체의 필요에 맞도록 지배할 수 있는 '대상'으로 만드는 활동을 '표상'이라고 할 때,[74] 종교나 철학의 영역은 쉽게 가시화되지 않고 주체를 무한한 사유의 바다로 이끈다. 지류 장강이 흘러 바다에 이르면 서로를 가르던 구분도 사라진다. 근대의 다기한 기대지평 속에 감춰졌던 서로 다른 주체에 대한 속박을 걷어내고 광대하고 심원한 바다를 유영하는 복류가 되면 좋지 않을까.

---

73 이소마에 준이치는 트랜스내셔널 히스트리로서 제국사는 국민국가나 민족의 순수성이란 관념을 전제로 한 역사서술을 배격하며, 지배자와 식민지민이 공모하고 또 상극하는, 그리고 동화 자체가 그대로 저항 행위가 될 수 있는 장으로서 이해한다. 제국과 식민지 교섭사 연구는 민족 / 친일의 이분법으로 포착되지 않는 면을 드러낼 수 있다는 장점이 있지만, 동화 자체가 저항이 될 수 있다는 점에 대한 논증은 부족하다. 가령 윤치호의 서구주의를 제국과 식민지의 교호 내지 세계대세, 문명론의 내면화로 읽을 수는 있지만 동시에 그 결과가 과연 저항이 될 수 있는지는 의문이다(이소마에 준이치, 「제국사로 종교를 논하다: 제국사적 관점에서」, 윤해동·이소마에 준이치 엮음, 『종교와 식민지 근대』, 책과함께, 2013, 14~15쪽).
74 서동욱, 『차이와 타자』, 문학과 지성, 2000; 강영안, 「비표상적 사유 가능성을 탐색한 현대 유럽철학 연구서」 참조.

제4장

최병헌의 '종교' 개념 수용과 유교 인식

1. 종교 개념과 기독교 수용

근대 전환기 재래 종교의 위상변화는 서양을 문명의 중심으로, 기독교를 문명한 국가의 종교로 여기는 문명론의 확산과 함께 촉진되었다. 유교는 물론이고 신앙과 생활세계에 적잖은 영향을 미쳤던 불교나 도교 또는 무속 등 재래 종교 지형은 서양 근대 '종교' 개념 수용에 따라 변화가 불가피했다. 사실 유교, 불교, 도교를 '종교'로 이해하는 인식틀 자체가 근대의 산물이다. 전통적인 '종' 또는 '교'와 구별되는 서양 'religion' 개념의 수용은 일찍이 16세기 예수회 선교사로부터 비롯되었지만 '종교宗教'가 릴리전의 번역어로 정착된 것은 19세기에 들어서다.[1] 이른바 '언어 횡단적 수행'과 '문화의 상호 전유' 양상은 동아시아 근대 개념의 정착과 소통 과정을 이해하는 데 간과할 수 없는 요소이다.

---

1 『성산명경』이나 『만종일련』은 모두 기독교변증을 목적으로 한 저술이다. 기독교변증론의 비교종교학적 의의는 신광철의 「濯斯 崔炳憲의 비교종교론적 기독교변증론」, (『한국 기독교와 역사』, 7, 1997)이 대표적이다. 유교와 기독교의 소통 가능성과 보유론적 유교 이해의 한계를 제시한 이정배의 「마태오 릿치와 탁사 최병헌의 보유론적 기독교 이해의 차이와 한계」(『神學思想』 122, 2003)도 좋은 참고가 된다. 근대 종교 지평의 구축을 '종교' 개념에 초점을 두고 연구한 장석만의 「'종교'를 묻는 까닭과 그 질문의 역사—그들의 물음은 우리에게 어떤 문제를 던지는가?」(『종교문화비평』 22), 「開港期 韓國社會의 "宗教" 槪念 形成에 관한 研究」(서울대 박사논문, 1992) 등은 한국 근대 '종교' 개념의 역사의미론을 탐색하는 데에 중요한 시사점을 제공한다.

특히 전파자인 선교사, 수용자인 교회사라는 이분법과 선이해로부터 조금 떨어져서 종교 지형의 변화를 관찰하게 한다는 데에 장점이 있다.[2]

동아시아 특히 한국 근대 종교 개념의 형성 과정은 기독교와 재래 학술사상의 상호 소통을 이해하는 데 중요한 관건이다. 20세기 전후 기독교 토착화 과정은 기독교 중심의 종교 개념을 강화하는 한편 '종', '교'로 일컬어졌던 재래 지식체계를 '종교'의 의미장에 포괄하거나 배제하면서 진행되었기 때문이다. 선진 문명 전파와 기독교 신앙으로 비문명 세계를 구원한다는 선교사들의 소명의식은 선교방식과 교리 및 의례 문제를 놓고 종교적 갈등을 불러일으키기도 했다. 이들에게서 발견되는 일종의 오리엔탈리즘을 경계해야 하고, 민족, 국가 거대 담론과 결부되어 종종 개별 수용 주체의 면모를 드러내지 못하는 교회사도 극복해야 한다.

여기서는 종교 개념의 수용과 전통 지식체계의 변용이라는 관점에서 최병헌의 신학세계에 접근해보려 한다. 본래 유교적 지식인이었던 그의 개종은 기독교 토착화 과정과 유교 지형의 변화를 추적하는 데 유용한 단서를 제공하기 때문이다. 1893년 35세에 기독교에 입교할 당시 그는 주위의 반대에 부딪혔고 결국 이전부터 유지해오던 교유관계의 단절을 겪었다.[3] 친구들의 만류에도 불구하고 개종을 감행한 이유는

---

2   조현범은 종교와 근대성 관련 선행 연구들을 종교적 개념 변화를 다루는 연구, 종교문화를 둘러싼 주변 환경의 변화를 다루는 연구, 개항 이후 한국의 개별 종교 내부에서 발생한 변화를 다루는 연구, '근대적 종교문화'의 형성이라고 할 만한 현상을 다루는 연구로 구분했다(「'종교와 근대성' 연구의 성과와 과제」, 『근대 한국 종교문화의 재구성』, 한국학중앙연구원 종교문화연구소, 2006, 25쪽). 한국 근대 전환기 종교 개념의 수용과 종교 지형의 변화를 '근대성'의 관점으로 접근하는 것은 그 유용성에도 불구하고 서양 근대를 일반화하는 근대주의의 혐의를 받을 수 있다.
3   존스의 회고에 따르면, 최병헌이 세례 전 친구들을 방문해 기독교 교회에 입교할 것을

서양 문명의 힘과 그 근원으로서 기독교 진리에 대한 믿음 때문이었다. 문명개화를 시대적 과제로 자임한 당대 지식인들이 대한제국의 멸망과 일제 식민지화 이후 보여준 행태는 일정치 않다. 국내에 들어와 활동하던 다수의 선교사는 일제의 식민통치를 선교 확대의 전환점으로 여겼다. 반면 기독교 교리의 측면에서 약육강식의 식민통치를 비판한 최병헌은 1918년 한국 종교계의 변화를 회고하면서 지난 십 년 기독교의 외적 성장은 주춤했지만 오히려 내적 성장을 이뤘다고 평가했다.[4]

최병헌은 『만종일련萬宗一臠』 서문에서 어려서 효경을 읽었고 제자서를 탐독하였으며 30년에 걸쳐 경을 연구하였다고 밝혔다. 동양의 고전에 대한 해박한 지식은 『만종일련』과 같은 해에 출판한 『한철집요』로 집대성하였다.[5] 재래 종교와 기독교가 대화를 통해 유불도가 기독교에 귀의한다는 『성산명경』(1912)의 종교 변증은 기독교 전도의 효과적인 장치로써 기독교 토착화의 중요한 전기를 마련한 것으로 평가할 수 있다. 『성산명경』의 성취론적 종교관은 10년의 세월이 지나 『만종일련』[6]에서 세계종교를 망라하여 각각의 세계관과 교리체계를 개괄하는 비교

알리고 이해를 구하자, 비판과 조롱을 받았으며 조상에게 제사를 지내지 않는다는 이유로 배척당했다고 한다(G. H. 존스, 옥성득 역, 『한국교회형성사』, 홍성사, 2013, 167쪽).

4 초기 입교자들 가운데에 외세를 망령되이 시기하는 자, 사회개량을 원하는 자, 자국정신을 주창하는 자 등이 있었으나, 을사·정미 조약과 합방에 즈음하여 준동하던 자들이 천황폐하의 성덕과 정치 유신 이후 대거 떠나갔다고 술회하였다. 그는 초기 한국교회 입교자들 가운데에는 기독교 신앙에 의해서가 아니라 사회·정치적 이유로 귀의한 경우가 많았고, 합방 이후 이들이 떨어져 나간 지금의 교회가 오히려 내적 성장을 이루었다고 보았다(최병헌, 「十霜에 宗教觀」, 『반도시론』 1권 7호, 69~71쪽).

5 『漢哲輯要』는 1922년 11월 10일 京城 博文書館에서 총3권으로 발행하였고, 1998년 정동삼문 출판사에서 이를 영인하였다. 『만종일련』과 함께 협성신학교에서 강의교재로 사용했다.

6 崔炳憲, 『萬宗一臠』, 朝鮮耶蘇教書會, 1922.

종교학적 방식으로 발전했다. 양자 모두 기독교의 가치를 증명한다는 동일한 목표를 상정했지만, 전자가 소설형식을 빌어 대중적 전도에 초점을 맞추었다면 후자는 종교학적 관점에서 접근한 학술적 글쓰기라고 할 수 있다.

현재 그가 남긴 저술은 기사를 포함하여 110여 건에 달한다. 선행연구는 기독교 토착화의 선구자, 비교종교론자 혹은 종교다원주의자로 조명해왔다. 최병헌의 생애와 삶 전반에 대해서는 최익제의 박사논문이 참고가 된다.[7] 이정배는 마테오리치의 적응주의와 최병헌의 개종주의적 변증론을 비교했고,[8] 심광섭은 최병헌의 정교상합적 관점을 통합적·전일적인 유교적 세계관의 영향으로 파악했으며, 선교 초기 신앙인들이 사회문제, 민족문제에 관여한 것은 그들의 유교적 세계관에서 기인한 것으로 분석했다.[9] 최병헌의 기독교 개종에 직접적인 영향을 준 존스 목사의 『한국교회형성사』가 번역·소개되어 양자의 영향 관계를 이해하기 수월해졌다.[10]

먼저 서양의 '릴리젼religion'의 번역과 '종교' 개념 수용 양상을 개념의 유통과 운동이라는 관점에서 탐색할 필요가 있다. 개념 수용의 영향을 확인하기 위해서는 종교의 전통적인 용법과 의미를 살펴보고, 다음으로 '종교' 개념 수용에 따른 의미의 충돌·대립양상을 탐색함으로로써 단절과 연속의 흐름을 규명할 수 있을 것이다. 최병헌은 유일신과 내세

---

7   최익제, 「한말·일제강점기 탁사 최병헌의 생애와 사상」, 한국교원대 박사논문, 2009.
8   이정배, 「마테오 리치와 탁사 최병헌의 보유론적 기독교 이해의 차이와 한계」, 『신학사상』 가을호, 2003.
9   심광섭, 「탁사 최병헌의 유교적 기독교 신학」, 『세계의 신학』, 겨울호, 2003.
10   G. H. 존스, 옥성득 역, 『한국교회형성사』, 홍성사, 2013.

론, 구원론의 삼대 관념을 기조로 재래종교의 변증을 시도했고,『성산명경』과『만종일련』을 거쳐 기독교를 보편종교와 세계종교로 추인하는 종교철학사상을 정립했다.[11] 여기서는『만종일련』[12]의 유교 관련 기술을 중점 고찰할 것이다. 최병헌이 범례에서 밝혔듯이『만종일련』의 성리론은 중국에서 선교사로 활동했던 화지안의『성해연원性海淵原』을 상당 부분 차용한 것이다. 선행연구에서는 이에 주목하지 않았지만,『만종일련』의 유교 관련 기술은 근대전환기 기독교 관점에서 해석된 유학의 수용과 기독교와 유교 세계관의 접점을 보여준다는 점에서 중요하다.

2. '종교' 개념의 역사적 의미론

자연과학기술과 달리 초자연적 영역을 포괄하는 '종교' 개념은 그 수용과 정착에 적지 않은 혼란이 발생할 수밖에 없다. 개념의 번역 자체가 일대일의 등가교환의 형식으로 이루어지지 않을뿐더러 '종교'라는 문자가 이미 오랜 역사적 경험을 응축하고 있으므로 의미의 중첩으

---

11 최병헌의 종교철학사상을 담고 있는 주요 저술은 다음과 같다. 「삼인문답(1), (2)」,『대한크리스도인회보』제4권 12호, 1900.3.21; 제4권 13호, 1900.3.28; 「죄도리(1), (2)」,『신학월보』제1권 8호, 1901.7; 제1권 11호, 1901.9; 「셩산유람긔(1)~(4)」,『신학월보』제5권 1호, 1907~제5권 4호, 1907; 「四教考略 (1)~(3)」,『신학월보』제7권 2.3호, 1909~제7권 6호, 1909;『聖山明鏡』, 東洋書院, 1911; 「宗教辨證說(1)~(13)」,『神學世界』제1권 2호, 1916~제5권 1호, 1920; 「問題心」,『神學世界』제5권 4호, 1920; 「不謀而同」,『神學世界』제6권 4호, 1921;『萬宗一臠』, 朝鮮耶蘇教書會, 1922;『漢哲輯要』, 京城: 博文書館, 1922(大正11).

12 崔炳憲,『萬宗一臠』, 朝鮮耶蘇教書會, 1922.

로 인한 문제가 해소되기까지 상당한 시간이 필요하다. 'religion'의 번역어로서 '종교'라는 개념의 수용과 정착 과정은 근대전환의 특색을 이해하는 데 매우 중요한 시사점을 제공한다. 전통적으로 종교가 지녔던 의미 구조가 서양의 종교 개념 수용에 따라 점차 해체·변용되었기 때문이다. 종교 개념은 학문과 사상, 정치와 문화, 개인과 공동체, 도덕과 윤리 등 일상으로부터 사회 국가 영역 전반에서 변화를 촉진했다. 가쓰라지마 노부히로는 어떤 역사적 사실을 그 개념을 통해 파악한다는 식의 어물쩍한 이해를 경계하면서, '개념이 성립함으로써 어떤 사실이 그렇게 파악된다는 것'은 다른 한편에서 억압과 통제의 기제들이 일상적인 차이화와 차별화의 규율로 작동했다는 점에 주의할 것을 강조했다.[13] 개념의 성립 과정에 선택과 배제가 동반됨은 당연하다. 개념은 하나의 기표로 표상 가능한 여러 의미를 포괄하는 동시에 특정한 의미들을 배제함으로써 개념의 지위를 갖는다. 이러한 성립 사정은 오히려 개념사의 주요 연구 주제가 된다. 개념사는 개념의 역사 그 자체가 아니라 개념이 발화되는 양식을 탐구 대상으로 하기 때문이다. 개념의 발화 주체는 어떠한 목적과 의도로 개념을 사용하는가, 개념이 지칭하는 대상은 무엇인가, 개념의 상위와 하위 그리고 병렬과 대립 관계에 있는 의미군은 무엇인가, 통시적인 의미변화에서 연속과 단절의 계기는 무엇인가, 공시적인 개념운동과 사회변동의 상관성은 무엇인가, 개념사는 우리에게 어떠한 역사 성찰의 가능성을 제공하는가 등에 이르기까지 적지 않은 요소를 고려해야 한다.

'종교'라는 새로운 개념은 종과 교에 포괄되어 있던 전통적 의미군

---

13 가쓰라지마 노부히로, 「종교 개념과 국가신도론―'제국=식민지'를 중심으로」, 윤해동·이소마에 준이치 엮음, 『종교와 식민지 근대』, 책과함께, 2013, 159쪽 참조.

들을 재편성하면서 성립되었다. 이는 '종교'가 한국 근대 개념 수용의 특징을 고스란히 담고 있음을 보여준다. 개념 수용 초기에 전통적인 기표와 혼용되다가 종교로 수렴되는 과정은 사회적 현실의 반영이자 기존의 인식틀을 변화시켜 다시 현실을 구축하는 개념의 운동이라고 할 수 있다. 그렇다면 근대 들어 성립된 '종교' 개념이 개념 수용 이전과 이후로 나뉘는 차이와 기준은 무엇인가. 최병헌의 기독교 수용과 유교 인식의 변화는 이를 살펴볼 수 있는 적절한 사례다. 그 예비적 고찰로써 '종교' 개념의 역사적 의미를 개괄하고자 한다. 근대 종교 개념이 때때로 여타 재래 종교의 억압과 통제의 기제로 작용했다는 점은 분명하다. 그런데 최병헌은 기독교의 절대적 가치를 주장하면서도 제종교가 복음에 이르는 과정에 도움을 줄 수 있는 것으로 파악한다. 이는 전통적인 '교'와 '학' 관념의 연장선상에서 '종교' 개념을 이해하고 있기 때문으로 판단된다.

종교의 기원과 발생과정을 통해 종교 개념을 이해하려면 그 원형이라고 할 수 있는 고대의 신비주의적 관념과 샤머니즘 등에 대한 분석도 필요할 것이다. 그러나 여기서는 시공간을 초월한 보편적인 '종교' 개념이 아니라 '종교'라는 근대적 개념이 기성의 관념을 해체하거나 재구축하는 지점을 발견하는 데에 목적이 있다. 따라서 역사의미론은 유용한 접근 방법이다. 특히 한국 개념사 연구에서는 종과 교가 담고 있던 의미체계가 릴리전의 번역어 '종교'로 고스란히 이행하지 않고 축소, 왜곡, 변형, 충돌한다는 점이 중요한 탐구 대상이 된다.

한자문화권에서 '종'은 종묘宗廟, 선조先祖, 종족宗族·동족同族, 종주宗主, 수령首領, 적장자嫡長子, 종파宗派, 존중尊重, 근본根本, 본지本旨 등을 의미했고, 이밖에도 불교 교의敎義의 진체眞諦, 제후가 천자를 알현하는 행위,

제사, 관직명, 성 등으로도 쓰였다. '교'는 교육敎育, 교도敎導, 교련敎練 등으로 사용되었고, 특히 유교에서는 정교政敎와 교화敎化의 용례가 주를 이룬다.[14] 장석만은 '종교'라는 근대적 틀에는 이전의 교敎와 도道가 지니고 있던 광범위한 포괄성이 존재하지 않는다고 분석했다. 이러한 '종교'의 범위를 기준으로 종교와 종교가 아닌 것, 종교가 될 수 없는 것, 종교가 되어서는 안 되는 것이 분명하게 구분되면서, 삶의 전체 영역을 관장했던 교와 도의 성격은 사라지고 제한된 의미의 교만이 통용되기 시작했다고 한다.[15] 이진구는 개신교 중심의 종교 개념을 비판하면서 오늘날 종교 개념을 서구 근대의 발명품으로 규정했다. 렐리기오를 보편 범주로 성립시킨 근대 계몽주의는 그리스도교를 종교의 모델로 구축함으로써 이상적 종교는 만물의 창조주로서 초월적 신, 뚜렷한 내세관, 경전 및 신학과 같은 요소를 구비해야만 했다. 가령 유일신 및 내세 관념이 뚜렷하지 않다는 이유로 유교를 '종교'라기보다는 '철학'으로 분류하는 경향도 여기서 기인한다는 것이다.[16]

한국에 들어온 개신교 선교사들이 유교를 바라보는 관점도 기독교 절대주의에서 크게 벗어나지 않았다. 특히 개항 초기 한국인들은 종교를 갖고 있지 않다는 부정적 견해가 많았는데, 종교시설이나 관습을 확인하고도 한국에 종교가 없다는 주장이 이어졌다. 이는 한국에 종교적 사상이나 전통이 없다기보다는 과거의 종교들이 모두 퇴락해서 사실상 종교가 없는 것이나 마찬가지라는 것이었다.[17] 한편 게일은 국가가 공

---

14 『漢語大詞典』'宗', '敎' 항목, 上海: 漢語詞典出版社, 2001.
15 장석만, 「일제시대 종교 개념의 편성: 종교 개념의 제도화와 내면화」, 윤해동・이소마에 준이치 엮음, 『종교와 식민지 근대』, 책과함께, 2013, 72쪽.
16 이진구, 「종교 개념의 보편성과 특수성에 대한 이해―종교학의 자리에서」, 『신학전망』 155, 2006, 80~81쪽 참조.

인한 공식적인 종교제도(교단) 그리고 체계화된 내적 교리를 갖춘 신념 체계를 지녔으며 민족 / 국민의 생활에 깊은 영향을 주는 그들의 개신 교와 대등한 종교가 당시 한국에는 존재하지 않는 것으로 보았다. 그에 게 있어 개신교에 대한 불완전한 한국의 종교는 "불교, 도교, 영혼숭배, 신성神聖, 풍수지리, 점성술, 물신숭배 등이 복합된 '조상숭배'라는 이상 한 종교"였다.[18] 그런데 최병헌의 개종에 직접적인 영향을 미친 미국 감리교 선교사 존스는 한국에 기독교와는 다르지만 종교가 있으며 한 국인들이 종교적 성향을 갖고 있다고 보았다. 선교의 관점에서 한국인 들의 종교적 성향은 기독교로 이끄는 데 장애가 될 수 있었지만, 존스 는 이를 부정하기보다는 더 문명한 종교에 나아갈 수 있는 계단으로 이 해했다.[19] 이러한 종교 이해는 기독교만을 종교로 보는 편협한 배타주

---

17 G. H. 존스, 옥성득 역, 『한국교회형성사』, 홍성사, 2013, 151쪽.

18 황호덕·이상현, 『개념과 역사, 근대 한국의 이중어사전』 1, 박문사, 2013, 345쪽.

19 존스는 "한국인들은 나름대로의 도덕 가치 체계와 지적 기준이 있다. 그들의 3,000년 역사는 그들에게 문화와 문명의 유산을 남겼으며, 지금 그것의 가치 평가가 어떠하든 교회나 선교사는 그것을 무시할 수 없다"는 주장을 견지하였다. 특히 한국의 종교생활 에서, "종교가 민족생활의 한 국면이라는 점에서, 그리고 많은 사람들이 그 교리를 수 용하고 의식을 지킨다는 점에서, 한국 민족은 태고 시대부터 비록 형식적이지만 철저 히 종교적이었다. 한국인은 수세기 동안 세 개의 주요 종교, 곧 유교, 불교, 무교를 추종 했다. 한국인은 세 가지 전부를 수용하면서도 전혀 부조화를 느끼지 않았다"고 진술했 다(G. H. 존스, 앞의 책, 46, 62~63쪽). 존스는 다음과 같은 이유를 들면서 한국인도 종교적 감각이 있으며 종교 제도를 가지고 있다고 주장했다. 첫째, 한국인들은 자기들 보다 위에 있고 월등한 무엇에 대한 의존심을 가지고 있다. 둘째, 한국인들은 인간과 신적 존재the divine가 상호교통하고 관계를 맺을 수 있는 어떤 장plane이 있다고 믿 는다. 셋째, 고통으로부터 해방되기를 바라는 영혼의 간구를 한국인들 가운데 어디서 나 발견할 수 있다(George Heber Jones, "The Spirit Worship of the Koreans," Transations of the Korea Branch Royal Asiatic Society 2 / 1(1901), 38). 이 견해 는 근본적으로 종교를 신과의 관계라는 맥락에서 파악하는 서구적 관점을 반영하면서 도 그 신적 존재를 유일신적으로 이해하지는 않았다. 다른 곳에서 그는 신령과 사후세 계에 대한 믿음, 그리고 도덕적 가치를 가지고 있음을 들어 한국인도 무신론자가 아니 며 매우 종교적이라고 말했다(George Heber Jones, "The Native Religion," Korea

의나 개종주의와 다르다. 장로교의 선교 관점과 구분되는 이러한 특징은 웨슬리신학과 에큐메니컬리즘에 기반을 둔 기독교 성취론에서 기인한 것으로 볼 수 있다.[20]

1890년 언더우드의 영한사전은 religion을 도, 교, 성교로, 1891년 스콧은 교, 종교, 교파, 종파 등으로 번역하였고, 한영사전에서 道와 敎가 표제어로 나온 것은 비슷한 시기이며 대응어에 religion이 포함되어 있다. '종교'를 표제어로 한 번역은 1911년 게일의 'The national religion'으로 도와 교에 비해 다소 늦다.[21] 번역어 종교는 언더우드의 1925년 개정판에서도 전통적인 용어인 '도'와 '교'와 함께 제시되었다. '교'가 religion의 번역이나 ○○교와 같은 형식으로 특정 종교를 지칭하는 말로 사용된데 반해 '도'는 현재 거의 사용되지 않고 있다. '도'의 소멸은 종교 개념 수용에 따른 의미장의 재편과 지식체계의 변화를 보여주는 하나의 사례라고 할 수 있다.

일제가 끝내 종교로 승인하지 않았던 천도교도 '학'에서 종교로 변신을 시도 했다. 예를 들면, 강인택은 당시 종교 지형을 진단하면서, '종교적 정신', '종교적 사상', '종교적 신앙'이 개인의 인격완성과 근대국가를 담임할 수 있는 인민의 자격을 갖추게 하고, 문명 증진의 시대에 부응하는 종교가 바로 천도교라고 주장했다.[22] 여기서 '미신'은 배제해야할 대상이고 '철학'은 포괄하고 싶은 대상이다. 이때 '철학'은 근

Mission Field (Jan, 1908), 11),(G. H. 존스, 앞의 책 152쪽).
20 웨슬리 신학사상과 에큐메니컬리즘이 한국 감리교회와 최병헌의 신학에 미친 영향에 대해서는 최익제, 「한말 일제강점기 탁사 최병헌의 생애와 사상」(한국교원대 박사논문, 2009)을 참조할 것.
21 황호덕・이상현, 『개념과 역사, 근대 한국의 이중어사전』 1, 박문사, 2013, 378~382쪽.
22 姜仁澤, 「宗敎的 精神을 培養」, 『天道敎會月報』 제8호, 天道敎會月報社, 1918.1

356 제3부 '도학'・'도덕'・'종교'의 굴절과 지식체계의 (불)연속

대적 합리성을 갖춘 학문 즉 사이언스에 다름 아니다. 미신과 과학(철학)을 가르는 배타적 기준들이 '종교' 개념과 접합하면서 전통적인 '도'와 '교'와 '학'이 만들었던 지식체계가 재편되고 있음을 알 수 있다. 개념이 충돌하는 가운데 유교는 종교가 아니라는 주장도 돌출하였다.

> 가령 우리나라로 말하면 무엇이 종교가 되겠는가 하면 흔히 말하기를 공맹지도孔孟之道가 종교가 된다 하되, 공맹지도는 그 성질이 종교에 가깝지 않고, 곧 정치를 논란한 것이 많은즉, 곧 정치학이라고 말함이 가하도다. 대저 종교란 것은 사람마다 추향趣向하여 은연중 존봉하는 사람이 많은 것을 일컬음이니, 우리나라의 이전 일로 말하면 곧 불교가 종교라 하겠더니, 근년에 이르러서는 예수를 신봉하는 사람이 날로 늘어나서 예수교가 종교가 되는 모양이더니, 지금에 또 천도교를 신앙하는 자가 여러 십만 명이라고 하니, 그 역시 종교가 되고, 기타 정토 종교, 신리교라고 하는 허다한 종교가 날로 늘어나고 번성하여 어느 것이 종장이 될지 알 수 없다.[23]

조선조 국교의 지위에 있었던 유교는 근대 종교 개념의 자장 속에서 여러 종교 가운데 하나로 전락하였다. 일제는 성균관을 경학원으로 개편하고 향교도 교육시설로 취급하면서 유교의 종교성을 부정하는데 앞장섰다. 1900년대 대동교, 공자교, 태극교 등 유교의 종교화 운동에도 불구하고 일제는 유교를 종교로 승인하지 않았다. 유교의 비종교화와 더불어 비정치화는 식민정책의 중요한 사안이었다.[24] 수기안인, 내성

---

23 「각 종교의 관계」, 『제국신문』, 1906.2.7.
24 조선총독부는 유교도 종교로 인정하지 않았지만, 비공인종교 내지 유사종교는 비밀결사라는 인식이 있었고, 근대 종교로서의 요건을 갖추지 못한 전근대적 '미신단체', 언

외왕을 추구하는 유교의 가치체계를 해체하여 국가에 이바지하는 신민의 도덕으로 변질시켰다. 일제가 승인한 종교는 불교와 신교 그리고 기독교였고 이외 나머지는 비종교로 치부했다.[25] 정치와 종교 분리 원칙은 한국에 들어온 개신교 선교사들의 기본적 태도였고, 일제의 종교정책과도 부합했다. 반면 최병헌은 종교가 정치의 근원이며 양자는 상보적 관계를 갖는다고 보았다. 유교가 점차 사회적 기능을 다 하지 못하게 되자, 서양 문명국가의 종교로 표상되었던 기독교에 새로운 희망과 기대를 걸었다. 유교의 종교적 기능에 대한 이러한 인식은 최병헌과 교류했던 존스 목사에게서도 확인할 수 있다.

유교는 가정과 국가를 중심에 둔다. 유교는 국가를 받치는 기초였다. 과거에 왕은 국가의 유교의식의 수장이었다. (…중략…) 역사 기록과 문학에서 유교는 위엄의 왕좌를 차지하며, 항상 경의와 사랑을 받았다. 유교가 한 귀중한 사역, 곧 한국인의 원시적인 생활에 법과 질서를 소개한 것은 반드시 인정해야 할 것이다. 유교의 결정적인 약점은 새로 형성된 도시와 근대 산업주의의 복잡한 문제와 같은 근대 생활에서 만들어진 상황 속에서 인간을 위한 효과적인 윤리적인 메시지가 없다는 사실이다. (…중략…) 과거에 대한 과장된 존숭은 진보를 방해했고, 국가적인 정체를 초래했다. 유교는 한국인을 2,000년이나 시대에 뒤떨어지게 만들었다.[26]

제 분란을 일으킬지 모르는 '비밀단체'라는 시각이 있었다(南山太郎, 「祕密結社解剖 (一)」, 『朝鮮公論』112호, 1922; 윤해동 · 이소마에 준이치 엮음, 『종교와 식민지 근대』, 책과함께, 2013에서 재인용).

25 조선통감부, 「종교의 선포에 관한 규칙」, 1906.12.1.

26 G. H. 존스, 옥성득 역, 『한국교회형성사』, 홍성사, 2013, 65쪽~66쪽.

유교의 현실적 쇠퇴에 대해 양자가 유사한 인식을 공유하는 반면 종교의 사회적 기능에 대해서는 다소 차이를 보인다. 최병헌은 「정치와 종교의 관계」라는 글에서는 '교도敎道'를 종교와 같은 의미로 사용했다. 1906년 9월 27일 황성기독교청년회에서 행한 상기 주제의 연설은 『황성신문』 10월 4일자부터 6일자까지 3회에 걸쳐 연재되었다. 그는 교도가 쇠퇴하면 정치가 혼란해진다고 하여 정치와 종교를 불가분의 관계로 인식했고, 종교는 수신과 입국立國의 근본으로 정치는 그 작용으로 규정했다.[27]

3. 『만종일련』의 비교종교학적 체계

최병헌의 『만종일련』은 1909년부터 『신학월보』에 연재한 「사고교략四敎考略」과 1916년 창간된 『신학세계』에 5년 동안 연재한 「종교변증설宗敎辨證說」을 묶어 1922년 단행본으로 출판한 것이다.[28] 서문에서, "나는 7, 8세부터 효경孝經의 장구章句를 읽으면서 종교라는 말을 들었으나

---

27 「皇城基督靑年會演說(續) 論敎政關係」, 『황성신문』 1906.10.6, "敎道가 實爲立國之本이요, 進化之原이라. 惟我大韓이 儒敎의 寢靡함을 奮興치도 아니하고, 耶蘇敎理는 目下西學而不取하고 但取西人之兵器與器械하야 設電話與語學이니 此는 不務其本而取其末이라. 豈可成就明哉아. (…中略…) 僉君子 以敎道로 爲修身之本하고 以政體로 爲治國之用을 千萬幸甚幸甚."

28 『萬宗一臠』은 1922년 6월 27일 朝鮮耶蘇敎書會에서 발행하였다. 班禹巨으로 표기된 발행인은 영국인 선교사 제임스 게일(James S. Gale)이다. 여기서 저본으로 삼은 국립중앙도서관 소장본은 초판 발행 5년 후인 1927년(소화 2년 4월 25일)에 재판 발행한 것으로 초판 94쪽 보다 늘어나 총 126쪽 분량이다.

『만종일련』은 세계 종교를 망라하여 기독교의 우수성을 주장하지만 성취론의 관점에서 유불도를 비롯한 여타 종교의 가치 또한 인정했다.

20세가 되어 제자諸子의 글을 보고 비로소 종교에 대한 의심이 생기기 시작했으며", "제가의 설이 난무하여 진리를 찾기 어려우므로 이 글을 저술하게 되었다"고 하였다. 그는 종교를 하나의 명사로 풀이하지 않고, "종宗이란 조종朝宗으로써 이치를 근본으로 삼아 봉행하는 것이고 교敎란 수도修道로써 백성을 가르쳐 감화시키는 것이다"라고 종과 교를 나누어 풀이하였다. 이는 '종교' 개념에 익숙하지 않았다기보다는 전통적으로 '종'과 '교'가 내함한 의미체계를 여전히 유효한 것으로 인식했기 때문으로 판단된다.[29] 서문에서 예로 든 '원시존재', '만물지모', '무극지도', '진여지원' 등의 종교는 '으뜸이 되는 가르침'을 일컫는다. 다시 말해 '종교'를 단지 religion의 번역어로 한정할 때 발생하는 의미의 충돌을 피하고 종교 일반이 갖는 특성을 말한 것으로 이해할 수 있다. "일련一臠이란 한 덩어리의 고기로 솥 전체의 맛을 알 수 있다는 것이다"라는 구절은 『여씨춘추』「찰금」과 『회남자』「설림훈」에서 따온 것으로 부분으로 전체를 알 수 있다는 것이다.[30] '만

---

29 "도를 닦는 것을 교라고 말한다修道之謂敎"는 『중용』 1장도 '수도'를 '교'라고 했다. 그러나 『중용』과 『만종일련』의 '도'가 지시하는 대상은 동일하지 않다. 이전에는 없었던 새로운 개념 수용은 수용자가 지닌 사유 틀을 매개로 한다. 유의할 점은 이언어 간의 번역에서 도착어는 출발어의 본래 의미를 축소·왜곡 하지만 동시에 기성의 사유와 관념을 재구축하는 데로 나아간다는 것이다.

30 『呂氏春秋』「察今」, "嘗一脟肉而知一鑊之味, 一鼎之調";『淮南子』,「說林訓」, "嘗一臠肉而知一鑊之味."

종일련'이란 각 종교의 약사와 교리를 간추려 독자들이 보고 탐구할 수 있도록 안배하였다는 말이다.

『만종일련』의 표제는 두 가지로 해석할 수 있다. 첫째는 제반 종교의 핵심을 개괄한 종교학개론과 같은 의미이고, 둘째는 기독교를 일련으로 삼아 제반 종교의 특성을 분별한다로 해석할 수 있다. 『만종일련』의 전체 기술체계나 유교와 불교에 할애한 지면의 상당함, 기독교적 시각에서 제반 종교를 해석하지만 배타적이지 않은 점 등으로 미루어 첫째의 의미가 더 근사하지 않나 싶다. 실제로 서문에서 여러 자료를 참고하여 그 핵심이 되는 내용을 간추렸다는 언급은 추론에 신빙성을 더한다. 비록 기독교적 관점에서 집필한 것이지만 동서고금의 여러 종교를 한데 모아 나름 일목요연하게 정리한 『만종일련』은 한국사상사에서 일찍이 시도되지 않았던 작업이다.

『만종일련』의 기술체계는 각 종교의 근본정신과 세계관, 교조의 사상, 역사, 한국의 수용사, 기독교적 관점의 비평으로 구성되어 있다. 범례에서는 각 종교서적을 수집하되 원본 그대로 인용하고, 개인적 의견을 첨부하지 않았고, 제자백가의 논의도 본래 그대로 증거를 취했으며, 성리설 논변은 독일 화지안花之安 선생의 성해편性海篇에서 중요한 것을 발췌하고,[31] 각 종교서적 외에 역사와 잡지와 견문을 참고해서 집성했음을 밝혔다. 이밖에 '안按'자 아래에 외람되이 사견을 부기한 것은 독자의 이상적 재단을 간절히 바란다고 하였고, 한자와 한글을 병용하여 동포들이 두루 읽는 데 편리하도록 하였으며, 끝으로 첨부한 흑백의 등

---

[31] 화지안은 독일 선교사로서 1865년 중국에 들어가 35년간 전교하였다. 국내에도 소개되었던 대표작 『자서조동』은 1879년부터 1883년까지 『만국공보』에 연재한 것을 1884년 단행본으로 출판한 것이다. 이외에도 『덕국학교논략』, 『명심도』, 『교화의』, 『성해연원』 등이 있다. 『성해연원』에서 인용한 성리설에 대해서는 다음 절에서 상론한다.

근 점은 도를 닦음에 높은 데 오르려면 낮은 곳에서부터, 범인에서 성인으로 들어감을 표시한 것이라고 했다.

『만종일련』의 총론은 "종교가의 도리에 한하여 간략히 논하자면 선비와 학자들이 종교를 반드시 일컫는다"라는 말로 시작한다. 여기서 '종교'는 religion이 아니다. 동서양을 막론하고 누구나가 자신이 신봉하는 교리를 '제일종교第一宗敎'로 여긴다는 얘기다. '종교가의 도리'와 '제일종교'를 대응 관계로 보면, '제일종교'는 첫째로 손꼽을 만한 종지를 지닌 가르침이나 교파를 의미한다. 유교를 예로 들면, 공자와 맹자를 높이 받드는 자들로서 세계의 윤상倫常을 밝히는 데 가치 있는 도는 우리 유교가 천하에 제일 종교라는 식이다.

> 공자와 맹자를 높이고 받드는 사람들은 존심과 양성과 인의와 예지로 윤리의 원소의 체를 삼고 삼강과 오상과 수신제가와 치국평천하로 덕을 세우고 언행을 다듬는 용으로 삼는다. 대학의 도는 덕을 밝히고 백성을 새롭게 하며 지극한 선에 머물라 하였으며, 중용의 도는 편벽되이 기울지 말며 의지하지 아니하여 하늘이 명령한 성품을 따라 심과 기와 형의 조화로 천지의 중화를 이룬다 하며, 기강을 세우고 명분을 바로 해서 세계의 윤리와 강상을 밝히는데 가치가 있는 도는 오직 우리 유교가 천하에서 제일의 종교가 된다고 하며.[32]

위에 인용한 유교의 사례와 마찬가지로, 붓다를 숭배하는 자, 선술을 쫓는 자, 바라문교를 쫓는 자, 회회교를 쫓는 자, 유태교를 믿어 따

---

32 『만종일련』, 「총론」.

르는 자와 천주교, 희랍교, 종고교, 예수교 등 범 기독교 교파와 당시 한국의 신종교에 이르기까지 모두가 자신이 믿는 바를 제일의 종교로 치부한다. 그런데 종교를 말하는 자들이 수많은 말을 하지만 종교의 종지에는 미치지 못하여 옥석을 구분하기 어려운 상황이라고 진단한다. 기독교는 물론이고 그밖에 제반 종교들이 자신이 가장 우수하다고 주장하는 이러한 다종교 상황에서 진정한 진리가 무엇인지를 판단해야 할 필요성을 제기하는 것이다. 따라서 여기서 '종교'는 종교 일반을 가리키는 것이지 특정한 교리나 조직, 신앙체계 등을 지목하는 것은 아니다. 그러므로 만종의 일련이 기독교를 가리키는 게 아니며, '종교' 개념 또한 기독교를 보편종교로 표상하지 않는다. 특히 "천주교(서로마교)와 희랍교(동로마교)와 종고교宗古敎와 예수교(장로감리회조합회 · 복음전도회)는 동일한 교파로 구주 예수 기독께서 인간을 대신하여 속죄하심을 신앙하고 천지 모든 것의 대주재이신 여호와를 숭배하며, 원리의 종지를 말하자면, 주님도 같고, 성신도 같고, 믿음도 같고, 세례도 같고, 소망도 같거늘, 문호를 각기 세워 서로 합하지 아니함은 실로 탄식할 일"이라는 대목도 기독교에 대해 역사적으로 접근하고 있음을 보여준다.

전통적인 종교 개념의 연속과 더불어 비연속적인 측면도 발견된다. 최병헌은 총론 말미에서 종교는 유신론, 내세론, 신앙 등의 3대 관념을 갖춰야 하고 어떤 교든 하나라도 결여되면 완전한 도리라고 할 수 없다고 규정했다.

종교의 이치는 삼대 관념이 있으니, 하나는 유신론의 관념이요, 둘째는 내세론의 관념이요, 셋째는 신앙적인 관념이라. 어느 교를 막론하고 이 삼대관념에 하나라도 결여하면 완전한 도리가 되지 못할 것이다.[33]

3대 관념 가운데 하나라도 충분하지 못하면 종교로 인정하지 않는 게 아니라, 다만 그 종교의 도리가 완전하지 못하다고 본다. 3대 관념은『만종일련』에 소개된 20여 개 종교를 가늠하는 척도지만, 그 가운데 일부가 없더라도 그 종교 자체를 부정하진 않는다. 따라서 기독교 절대주의가 아니라 포용적, 단계적 성취론에 입각한 종교변증이라고 할 수 있다.『만종일련』은 기독교 내의 여러 교파를 포함하여 제반 종교의 약사와 핵심 교리를 소개하고 상호 비교할 수 있도록 안배하여 자연히 기독교의 우수함을 깨닫기를 바랄 뿐 특정 종교에 대한 배타성과 공격성을 보이지 않는다. 이는 여타 전도서나 복음서와 달리 학술적 차원에서 세계종교를 망라하고 비교하는『만종일련』의 특징이다. 기독교로 개종한 최병헌의 '종교' 개념이 동양의 전통적인 교도, 종, 교 등의 의미장에 연결되어 있는 것도 기독교 절대주의를 주창하지 않은 종교관에 기인한다.

본문은 제1장 유교도리의 요소, 제2장 불교도리의 요소, 제3장 선교도리의 요소, 제4장 회교도리의 요소, 제5장 파교도리婆敎道理의 요소, 제6장 기타 각 교 도리의 요소, 제7장 기독교 도리의 요소로 총 7장으로 구성하였다. 유교와 불교가 전체 분량의 절반을 차지할 만큼 기술에 많은 공을 들였다. 특히 제6장에서 태극교, 대종교, 천도교, 대종교, 태을교, 경천교, 청립교, 제우교 등 한국의 신흥종교를 대거 망라했다는 점도 주목에 값한다. 기독교는 마지막 장에서 다루었는데, 본래 동일한 교파가 천주교, 희랍교, 종고교, 예수교로 나뉘어 서로 화합하지 못한다는 문제를 거듭 제기하고 천주교를 비판한다.

---

33 『만종일련』,「총론」.

최병헌이 이렇게 다수의 종교를 나름 객관적으로 소개할 수 있었던 것은 세계 모든 종교가 그 나름의 지고한 가치와 진리를 수반한 체계임을 인정했기 때문이다. 재래 종교와 외래 종교의 대립은 원천적으로 해소하였지만, 성서에 나타난 복음이 궁극적인 진리이자 귀착점이라는 기본 신념은 변함없었다.[34] 비록 『만종일련』이 종교학개론 내지 세계종교론의 형식을 띠고 있지만 실제 저술 목적은 기독교의 우위를 증명하는 데 있었다. 다만 비교종교학적 관점에서 여타 종교의 교리가 기독교보다 불완전함을 드러내는 우회적 방식을 취한다는 점에서 기독교 절대주의와 구별된다. 그는 그리스도의 복음이 출현하기까지 세계의 모든 종교는 그 역사적인 사명과 의미를 지녔다고 긍정함과 동시에 동양의 성현들이 구하던 진리가 모두 그리스도 안에서 성취되었다고 확신한다. 이러한 관점은 종교적 상대주의와도 구별되며, 기독교가 다른 종교에 대해 배타주의로 나아가는 길을 차단한다. 여타종교는 모두 그리스도에게로 이끄는 몽학선생(인도자)이자, 모든 종교는 하나님이 창조한 세계 안에 있는 귀한 문화현상이라는 것이다.[35]

---

34 최익제는 『만종일련』을 만국의 종교를 모두 다루고 있는 세계종교사 내지 비교종교학의 결정판이요, 여기서 제시한 유신론, 내세론, 신앙론은 종교변증의 분석틀이자 기독교 중심의 성취론을 설명하는 도구라고 보았다(최익제, 「한말·일제강점기 탁사 최병헌의 생애와 사상」, 한국교원대 박사논문, 2009, 85~86쪽).

35 최익제, 앞의 글.

4. 『성해연원』의 영향과 『만종일련』의 유교 인식

최병헌은 『만종일련』의 첫 장에 '유교'를 배치하고, '유교 도리의 요소'라는 제목을 달았다. '교리' 대신 '도리'를 사용한 점도 도와 교의 혼용 사례이다. 본문은 '유세계도서儒世界圖書'와 '유교조儒敎祖의 약사' 둘로 나눴다. 유세계도서는 역易에 제시된 세계 생성 과정을 인용하고, 태극도, 하도와 낙서, 복희팔괘방위 등의 그림을 더해 이해를 도왔다. 장재張載의 서명西銘으로 유교 윤리의 기본 체계를 밝히고 정이천의 이일분수, 역 계사전, 서경 홍범 등을 이끌어 만물의 생성과 인륜의 상관성을 설명하였다. 최병헌은 다음과 같이 유가의 세계관과 윤리관을 요약한다.

주역의 음양과 서전의 오행이 서로 낳고 서로 도와서 만물을 낳는 근원이 된다. 태극이 처음 판가름될 때에 음과 양이 비로소 나누어지고, 하늘이 백성을 낳음에 물이 있으면 법칙이 있다. 그러므로 성제명왕聖帝明王은 하늘을 헤아려 도를 펴니 삼강오상의 이치와 인의예지의 성으로 교육의 체계를 세우고 윤리를 밝히며 몸을 삼가도록 가르치며, 명덕·신민·지선을 실행하고 성의·정심으로 수제·치평에 이른다 하니, 이것이 유가 윤상의 이치와 만물의 근원을 주장한 의론이라고 하겠다.[36]

유교조의 약사 아래에는 공자의 탄생, 공자의 출세, 공자의 찬일, 천인의 관계, 경외상제, 심성이론 등 6절을 두었다. 공자의 탄생과 출세에서는 가계와 제후국을 돌며 유세했던 사정을 소개했다. 공자 찬일에

---

36 최병헌, 『만종일련』, 8쪽.

서는 자사, 재아, 유약, 자공, 안연, 자공 등 제자들이 공자를 높인 것과
원나라 성종 11년에 내린 '대성지성문성왕大成至聖文宣王' 시호를 소개했
다. 천인의 관계 이하는 유교사상에 관한 것으로 별도의 장으로 구분하
는 게 나아 보이지만 모두 한데 묶었다. 특히 경외상제까지는 공자 중
심 서술이지만 심성이론은 공자로부터 고염무에 이르기까지 중국의 유
교 관련 인물 22명의 심성론을 다루었고, 정몽주, 이황, 이이, 이재, 이
간, 한원진, 윤봉구 등 7명의 한국 유교 인물도 포함했다.[37]

천인의 관계에서는 유가 경전의 '천' 관련 구절들을 인용하고, '천'
이란 푸르거나 검은 하늘을 말하는 게 아니고, 무극태극이나 리기도 아
니며 하늘에 있는 전능한 주재자를 일컫는다고 했다. 유가에서 상천의
주재를 다만 '천'자로 대체함으로써 자연천과 주재천의 혼돈이 일어났
다고 보았다. 비유하자면 천지는 가옥이고 상제는 가옥을 관장하는 주
인이므로 혼돈해서는 안 된다는 것이다. 유가의 천관에는 자연천, 이법
천, 주재천 등의 요소가 있는데 최병헌은 기독교의 관점에서 주재천만
을 인정한다. 이는 천에 대한 결정적 인식차를 보여주는 대목이다. 이
어 자신의 해석을 뒷받침하는 근거로, 정명도의 "그 형체를 가지고 천
이라 말하며 그 주재함을 가지고 제라고 한다", "하늘에 상제가 있음이
사람 몸에 마음의 주인이 있는 것과 같다", 주희의 "사람은 천과 같고
마음은 제와 같다"는 구절을 들어 유학에서 이미 천과 인의 관계를 엄
하게 밝혔으니 부언할 필요가 없다고 했다.

---

37 심성론과 관련하여 기술한 유교 인물을 열거하면, 공부자 맹자, 자사, 고자, 순자, 회남
   자, 동자, 양자, 반고, 무능자, 주자, 장자, 정자, 주자, 진북계, 오자징, 허자, 왕자, 담약
   수, 왕응교, 정요전, 고염무, 정포은, 이율곡, 이퇴계, 이도암, 이외암, 한남당, 윤병계
   등이다.

경외상제에서는 상제의 권능을 칭송한 유교 경전의 여러 구절을 인용하면서 상제를 존칭한 사례가 『서전』에는 49곳, 『시전』에는 39곳으로 예로부터 하늘의 주재를 경외한 점은 유가나 기독교나 동일하다고 주장한다.

유가 성현들이 상제를 공경하고 두려워하며 숭배하지 않은 분이 없으며, 또 유가에서 공경하고 두려워한 상제는 도가에서 높이고 숭상하는 옥황상제나 현천상제나 원시천존이 아니요, 천지를 관리하시는 조화의 주재를 일컫는 것이니, 예수교회의 한 분밖에 없는 전지전능하신 여호와 하나님과 똑같으며, 요순우탕과 주나라 문왕 무왕은 상주上ᆃ를 공경하고 두려워함이 유태의 다윗왕 솔로몬과 대략 같고, 공맹정주는 유태의 선지자와 희랍의 철학자와 같이 이상이 많은지라. 『시서』와 『논맹』의 글을 연구해보면, 인과 신의 관계가 공경하고 두려워하고 숭배하고 제사하는 데 지나지 않으나, 상주의 친애하시는 은전恩典과 허락의 약속이 없으며, 천국의 신민과 영생의 이치가 없으니, 이것은 내 주 예수의 대신 속죄하여 생명을 구원한 이치를 알지도 듣지도 못했기 때문이다.[38]

즉 3대 관념 비춰보면 유교에는 유신론적 요소는 있어도 천국의 내세론과 영생의 구원론은 없다는 것이다. 다음의 심성이론은, 독일 선교사 화지안Faber Ernst[39]의 『성해연원』(1898)을 참고해서 기술한 것이다.[40]

---

38 『만종일련』, 13~14쪽.
39 화지안(花之安 Ernst Faber, 1839~1899)은 독일 코부르크(Coburg) 출생으로 1858년 바르멘(Barmen) 신학교를 졸업하였고, 1865년 4월 26일 중국 홍콩에 선교사로 파견되었다. 화지안의 선교방식은 기본적으로 마테오 리치를 계승하여 공자와 기독교의 합치점을 부각하는 것이었다. 즉 전통적으로 중국의 주류 문화인 유교에 대한 적응주의적 관점을 이

이는 기독교의 유교 인식의 흐름을 살펴볼 수 있는 중요한 단서이다. 동아시아 근대 개념의 유통과정에서 일본이라는 매개는 배제불가능한 상수이고, 특히 한국의 식민지 경험은 근대 개념의 수용을 제국사의 관점으로 접근할 것을 요청하기도 한다.[41] 그런데 최병헌의 『만종일련』은 일제에 의해 재구축된 전통 지식체계와 함께 중국을 경유한 서양 지식이 국내에 미친 영향을 돌아보게 한다. 서양인 동양학자가 재해석한 유교를 『만종일련』이 수용했다는 점은 기독교 토착화라는 교회사의 범위를 뛰어넘어 근대 전환기 유교 지식의 재편성과 위상 변화에 주목하게 한다.

화지안은 『성해연원』 집필을 위해 20여 년에 걸쳐 중국 고전을 탐독했고, 최병헌은 30년을 연구하고 5년의 세월을 거쳐 『만종일련』을 완성했다고 밝혔다. 화지안은 자서에서 상제가 범사를 주재하는 근본임을 깨닫게 하려고 이 글을 썼다고 했다. 아울러, "중외 경서와 저서들이 같지 않고 언어가 각기 다르니 사람들을 도우려면 반드시 사람들이 우리의 뜻에 통할 수 있도록 이끌어 가르친 후에 가능하다. 그러므로 중국에 복음을 전할 때 반드시 중국 성현의 서적을 뽑아서 이끌어 깨우

어받아 기독교 신앙이 "補儒·合儒·超儒"의 목적을 달성할 때, 비로소 중국 지식인들의 이해를 얻을 수 있고 나아가 대중에게도 영향을 줄 수 있다고 생각했다. 그는 중국 유가경전을 연구하고 아울러 유학의 관점으로 기독교 교리를 해석했다. 기독교의 '사랑'과 유가의 '인'의 함의를 동일한 것으로 인식하는 등 기독교와 공맹의 도가 근본 의미에서 서로 통한다고 보았다(〈華人基督敎史人物辭典 Biographical Dictionary of CHINESE Christianity〉: http://www.bdcconline.net/zh-hans/stories/by-person/h/hua-zhian.php (2015.5.2) 참조).

40　'性海'란 佛敎에서 '眞如'의 '理性'이 바다와 같이 깊고 넓음을 비유한 용어인데, 유교 심성론의 다기다양한 이론을 가리키는 말로 썼다. 영문 제목은 '중국의 인간본성론 Chinese Theories of Human Nature'이다.

41　윤해동·이소마에 준이치 엮음, 『종교와 식민지 근대』, 책과함께, 2013.

치고 설을 펼쳐 곡진히 증명하고 두루 통달하게 해야 한다"고 하여 적응주의 노선을 취했다.

화지안이 복음 전파의 방편으로 유가 심성론을 분석한 이유는 무엇일까. 그는 먼저 문호가 뒤섞여 이해하기 어려운 여러 고전적들을 체계적으로 정리할 필요를 절감했다. 그 과정에서 유교 명현들의 심성론이 매우 다양한데 단지 한 사람만 인정하고 다른 의논은 돌아보지 않는 것이, 마치 커다란 창고에서 곡식 한 톨을 얻는 데 그치는 것 같다고 비유하기도 했다. 그가 대표적인 사례로 주자학에 대한 무조건적 존숭을 든 까닭은 주자 성리학이 특히 기독교의 교리와 충돌하기 때문이다.『성해연원』은 20여 년에 걸쳐 중국 고대로부터 청대에 이르는 여러 유자의 성리설을 정리하고, 기독교의 입장에서 평가한 작업의 결과이다. 목적은 독자들이 진리가 근본적으로 상제에게서 유래함을 깨닫게 하는데 있었다.

그런데 최병헌은 어려서부터 길러 온 유교적 소양과 제자백가에 대한 지식에도 불구하고 어째서 중국에서 활동하던 독일 선교사의 유교 이해를 전적으로 수용했을까. 기독교가 조선에 전래한 지 오래되었지만 배척하는 이론에 비해 기독교 교리를 체계적으로 정리하거나 연구한 서적은 찾아보기 어려웠다. 반면『성해연원』은 예수회의 중국 고전 번역과 보유론적 기독교 교리해설서 발간의 축적된 경험 속에서 정련되었다. 이 책은 화지안의 주석을 제외하더라도 기독교의 관점에서 중국 유가 심성론을 체계적으로 정리했다는 점에서 비교사상적으로 조망할 가치를 지닌다. 최병헌은 중국에 복음을 전도할 의도로 편찬된『성해연원』의 유교 적응주의 노선이 대체로 기독교에 대해 부정적인 한국 유교계 인사들을 설득하는 데에도 도움을 줄 수 있다고 판단했을 것이다.

최병헌이 『성해연원』을 입수한 경위는 분명하지 않지만 당시 국내에 화지안의 여러 저서가 유통되고 있었던 것은 확인된다. 화지안은 당시 국내에서도 유명하였는데, 그에 대한 평가는 개화에 대한 시각에 따라 극명하게 갈린다. 가령 이용관李鎔灌은 "임낙지任洛志, 졸리앙, 쉠폴리옹, 빌헴 등과 함께 동양사람보다 동양문화를 더 열성으로 연구하는 대학자"[42]로 묘사하였는데 반해, 전우는 「자서조동변自西徂東辨」을 지어 기독교 교리를 유교의 대의명분론에 입각하여 비판하였다. 이 글은 「양씨집설변梁氏集說辨」과 함께 그의 척사론의 이론적 기반을 이룬 것으로 평가된다.[43] 그는 이 글의 집필 동기를 다음과 같이 설명하였다. "나는 젊어서 이

화지안의 『성해연원』은 마테오 리치의 『천주실의』를 이어 서양 선교사의 유교 독법을 확인할 수 있는 자료로서 최병헌은 『만종일련』에서 화지안이 정리한 중국 유학의 성리설 대부분을 차용했다.

미 서교의 음사함을 듣고 있었으나 미처 그 책을 구해보지 못하였으므로 일찍이 그 학설을 비판하는 글을 쓰지 못하였다. (…중략…) 그런데 약재約齋 송형宋炳華, 1852~1916이 근래 '자서조동'·'마가강의馬哥講議'를 보내왔다. 이 책들은 독일사람 화지안이 그 습염지성習染之性에다가 해박한

42 「東洋學界의 名星, 金重世氏」, 『개벽』 제46호, 1924.4.1.
43 1901년에 지은 「自西徂東辨」은 독일의 선교사 花之安(Ernst Faber, 1839~1899)이 중국에 기독교를 전파할 목적으로 지은 「自西徂東」을 읽고 변파한 글이고, 「梁集諸說辨」은 梁啓超의 「飮氷室全集」을 읽고 비판한 글이다. 이하 간재의 양비판서는 성대경의 「保守儒生의 '自靖論'과 外勢對應樣式－艮齋 田愚의 思想과 行動을 중심으로」(『국사관논총』 제15집, 1990, 33~54쪽) 참조.

학식과 세련된 문장을 덧붙여 유교의 경전과 제자백가 및 역사서 중에서 근사한 어구를 인용하여 자신의 망령된 술책을 분식紛飾한 것이다. (…중략…) 나의 이 글은 정도正道를 보위하고 사악한 학설을 배척하는 것이니 생민을 위하여 표준을 세운 것이다."[44] 전우는 「자서조동변」외에도 「관화지안인물성설觀花之安人物性說」과 「지감識感」에서 화지안을 언급하였다. 화지안의 인물성론에 대한 관견은 기독교의 창조론을 망탄설로 비판하고, 성리 인식의 문제점을 지적한 것이다. 그는 『자서조동』제48장 「자학탐원子學探原」에서 화지안이 리와 성리를 나누어 두 가지로 여긴 것을 근본적인 문제로 보고, '사람의 영혼이 실상 상제의 진기眞氣이다'라는 언급에 대해서는 인성을 심령과 진기에 불과한 것으로 이해했다고 비판했다. 요컨대 화지안의 심성론의 오류는 심령을 성리로 인식한데서 비롯하며, 성을 심기와 구별 없이 논하고 심을 성리에 비유했다는 것이다.[45]

『성해연원』은 유가 관련 총 30명의 성리론을 시대순으로 정리하였다. 전체 순서는 경서류편經書類篇, 공자류편孔子類篇, 자사자편子思子篇, 맹자류편孟子類篇, 고자원편告子原篇, 순자원편荀子原篇, 회남자류편淮南子類篇, 동자원편董子原篇, 양자류편揚子類篇, 반고원편班固原篇, 왕충류편王充類篇, 한문공원편韓文公原篇, 피일휴皮日休, 무능자無能子, 주자어록周子語錄, 소자어록邵子語錄, 이자어록李子語錄, 장자류편張子類篇, 정자류편程子類篇, 주자성리록朱子性理錄, 유자류편劉子類篇, 진자류편陳子類篇, 오자류편吳子類篇, 옥산강의玉山講義, 허자어록許子

44 「自西徂東辨」,『別集』권3, 1901, 19쪽.
45 『艮齋先生文集』前編 續 卷4 雜著「觀花之安人物性說」, "余謂彼以理與性理, 分而二之, 固已誤矣. 況其下文又曰, 人之靈魂, 實上帝之眞氣."; 「識感」, "余故一言以斷之曰, 彼認心靈爲性理也. 夫論性而以心氣淸之, 則非惟人物不同, 聖庸亦不得不異矣. 言心而以性理擬之, 則非惟聖狂無分, 儒釋亦不得不同矣."

語錄, 왕자어록王子語錄, 담자류편湛子類篇, 왕자류편王子類篇, 정요전程瑤田, 고염무顧炎武, 부석교논성附釋敎論性, 총론總論으로 구성하였다. 말미의 부석교논성은 불교의 성론을 간략히 소개한 것이고, 총론은『성해연원』전편에서 언급한 기독교와 유교의 논쟁점을 26개 항으로 요약 정리한 것이다. 최병헌은『만종일련』심성이론에서『성해연원』의 왕충류편, 한문공원편, 피일휴, 소자어록, 이자어록, 유자류편, 옥산강의 등 7개 항목을 제외한 나머지 항목을 모두 소개하였다. 서술 방식은『성해연원』과 달리 각각의 인물별이 아니라, 두세 명의 심성론을 한 차례 개괄한 후, '안按'자 이하에 평가를 부기했다. 이러한 평가와 주석 역시 대개『성해연원』에 실린 화지안의 언급을 차용한 것이고, 최병헌 자신의 독자적인 견해는 극히 일부다. 퇴계와 율곡의 사단칠정론과 호론과 낙론의 인물성동이론 등 한국 유교 심성론을 추가한 점이 확연한 차이이다.

심성론의 첫 번째 논점은『논어』에서 말한 '타고난 본성은 서로 가까운데 습관에 따라 서로 멀어진다'는 것과 '하등의 어리석은 이는 노력해도 바꿀 수 없다'는 구절이 서로 모순된다는 것이다. 타고난 본성은 모두 같은데 어째서 상지上智와 하우下愚의 차이가 발생하며, 노력해도 이런 차이를 바꿀 수 없다면 본성이 동일하다는 주장과 모순이라는 것이다. 이에 대해 상지와 하우의 구분은 한유의 성상품설과 유사한 것으로 보고, 이처럼 타고난 본성에 등급이 있다면 인간의 본성이 동일하다는 말과 어긋나며, 상지와 하우의 차이는 타고난 성품이 아니라 후천적인 습관에 의해 결정된다고 주장한다. 결국 인간의 본성은 성인이든 범인이든 모두 같다는 얘기다.

맹자와 고자와 순자의 인성론을 비교 검토하면서, 인성의 선함은 물이 아래로 흐르듯이 자연적인 것이고, 현실의 악행은 마지못해 발생하는 것으로 보았다. 선을 행하기는 어렵고 악을 행하기는 쉬운데, 맹자는 형이상의 본연의 성품만 말하고 형이하의 정을 분별하지 않았다고 비판한다. 선과 악을 구별하지 않고 지도하면 된다는 고자의 주장에 대해서는 고수의 아들 순의 선행과 그의 아들 상균의 악행을 해명할 수 없게 된다고 반박하였다. 순자의 성악설은 형이하만을 말하고 천명원리의 본래 면목을 무시한 주장으로써, 자비로운 상주께서 태초에 인류를 창조하실 때 자기 모습과 닮도록 했으니 사람의 성품이 악할 리 없다고 한다.

회남자는 천지의 주재에 대한 숭배 관념이 없고 성신의 도움 없이 자신의 힘으로 성역에 오른다는 말을 결점으로 보았다. 동중서는 상주께서 성인을 세상에 명하여 백성을 교화하게 하였으니 그 본원인 상주를 존경해야 마땅하다 하고, 양자가 사람의 성품에 선악이 섞여 있다고 한 것은 근원을 추구한 의론이 아니라고 하였다. 이 대목에서 최병헌은 원조 아담이 상주의 명령을 지키지 않아 부패한 심성이 후손에게 유전된 것은 애석한 일이지만 사람의 본성이 본래 악하다는 주장은 잘못이라는 견해를 덧붙였다.

반고의 성정론은 동중서를 본 따 성정을 음양의 동정의 이치에 연결하였으므로 성품의 본원을 모르는 것이라고 했지만, 무능자가 성性은 신神이고 형形은 신神의 용기用器라고 한 것은 높이 평가하면서 그가 주님이 속죄한 이치를 믿었더라면 영생을 얻었을 것이라고 했다. 화지안은 무능자가 말한 신을 다시 천신天神으로, 기는 형질形質로 해석하고 질이 신의 바른 이치를 따르면 착하고, 반대로 신이 형해의 욕심을 따라서 가리면 악하게 된다고 보았다. 성=신=천신의 연결은 인간의 본성에 성령이 깃들어 있으며 성령을 온전하게 발휘해야 한다는 기독교적 해석이다.

주렴계의 태극설은 유교의 종지가 아니라고 보았고, 소강절의 음양 동정론 또한 상제가 주재한다는 진리에 위반됨을 지적했다. 정명도는 성을 기로 보았고 정이천은 성을 리로 보았는데, 최병헌은 조화주가 천지만물을 창조할 때에 하나의 기가 있으면 하나의 리가 있어서 리가 같은 것은 기가 반드시 같고 기가 같은 것은 리도 반드시 같다고 주장하였다. 주희가 말한 성품은 이기 두 글자를 넘지 않았다고 하고, 기가 음양으로서 만물을 화생한다지만 알 수 없고, 기의 다름은 인정하면서도 리의 다름을 인정하지 않은 것을 결점으로 보았다. 최병헌은 이 세상에 천륜, 인륜, 물륜의 세 가지 대륜이 있으니, 인륜과 물륜의 이치가 같을 수 없다고 했다. 주희의 결함은 그 윤리가 서로 다름을 인정하지 않고 의리의 성품과 기질의 성품으로 나누어 기질에만 잘못을 돌렸다는 것이다. 이렇게 되면 기질이 악한 자는 흐린 기를 맑게 할 방법이 원천적으로 제한된다. 아울러 탁류가 스스로 정화할 능력이 없듯이 사람도 성신의 권능을 힘입어야 하며 구세주의 은혜로 본래의 맑고 깨끗한 성품을 회복할 수 있다고 주장하였다.

최병헌은 한국 유가 심성론을 다음과 같이 개괄하였다. "고려 말기 비로소 중국에서 정주의 학문이 들어와서 포은 정몽주선생이 강의하고 연구하며, 성리의 오묘함을 모두 궁구하여 동방이학의 시조가 되었다. (…중략…) 조정암, 이퇴계, 이율곡에 이르러서 리를 궁구하고 성을 기르는 학문이 극도로 개발되었다. (…중략…) 퇴계는 심성에 있는 인의와 예지의 사단은 이가 발함을 기가 따르는 것이요, 기쁨과 노여움과 슬픔과 즐거움과 사랑과 미움과 욕심의 일곱 가지 정은 기가 발함을 리가 함께 하는 것이라고 하였다. 율곡은 그 주장을 반대하여, 사단과 칠정을 발하게 하는 것은 기요 발하도록 하는 것은 리라고 하였다." 퇴율의 사칠이기 논변에 대해서는 해석상의 차이로 보아 특별한 의미를 부여하지 않았고, 인물성동이론에 대해서는, 상주께서 만물을 창조하실 때 사람과 물건의 성품을 같지 않게 한 것은 조화주의 명령이니 다만 리는 통하고 기는 한정된다는 주장으로 쉽게 판단하는 것은 원리에 부합하지 않는다고 보았다.

최병헌은 유교의 상제관에 대해 상제를 경외한다고는 하나 자비로운 성부로 신앙하지 않으니 유신의 관념이 미약하고, 성인을 하늘처럼 숭배하지만 성인은 하늘이 아니고 하늘도 주재함이 없으며, 천도는 복선화음 하여[46] 그 재앙이 자손에게까지 미친다고 말하지만 내세의 관념이 없다고 하였다. 결국 유교는 순전 무결한 종교라고 할 수 없다는 것이다.

5. '종교' 개념 수용의 의의와 한계

최병헌의 기독교 수용은 교회사의 영역을 넘어 동아시아 근대 종교 개념 수용의 일단을 보여주는 사례이다. 기독교 수용은 유학을 중심으로 했던 전통 지식체계에 변형을 일으켰다. 최병헌은 적응주의적 선교 방식에서 탈피하여 서구 문명과 기독교의 관점에서 동양사상을 해석하는 데 주저하지 않았다. 그에게 기독교는 문명의 표상이었고 복음은 종

---

46 주자는 천도의 복선화음을 상리로 인식한다. 천도 자연의 항상된 법칙처럼 인간 사회의 원리 또한 여기서 벗어나지 않는다는 것이다. 그런데도 현실에선 상리에 벗어나는 상황이 발생한다. 주자는 자연계에도 발생하는 이런 상황을 우연적인 것이며 상리와 구별한다. 결국 주자는 이법적 차원에서 복선화음을 해석할 뿐 주재적·인격적 권능에 대한 고려는 조금도 찾아볼 수 없다(『朱子語類』, 「尚書二」, '湯誥').

교적 진리였다. 유교의 시대는 지나가고 기독교의 시대가 도래했다고 여겼다.

『만종일련』은 기독교를 보편종교로 하는 '종교' 개념 정착에 일조하였다. 동서고금의 다양한 종교를 망라하여 비교할 수 있도록 학술적으로 안배한 것은 기독교가 보편종교임을 증명하기 위한 기획의 하나였다. 특히 독일인 선교사 화지안의 『성해연원』을 수용하여 기독교 복음주의를 실현하고자 했다. 『만종일련』에 점철된 화지안의 영향은 근대적인 개념의 형성과 지식체계의 변화 과정에 중국이라는 경로가 1920년대에도 여전히 유효했음을 보여준다.

서구 문명과 기독교의 유입으로 유교의 위상은 더욱 약화되었다. '종'과 '교'가 담고 있던 종래의 다양한 가치와 의미는 '종교' 개념의 형성에 기여했으나, 종교 개념이 정착하면서 점차 밀려났다. 기독교를 보편 종교로 하는 종교 관념은 유교를 불완전한 종교로 만들었다. 현재에도 반복되는 '유교가 종교인가'라는 질문은 이처럼 새로운 개념의 격자에 끼워 맞출 것을 강요한 근대적 역사 경험에서 비롯한다.

근대 계몽기 서구 문명 수용과정에서 전통 학술 용어나 개념은 외래 학문을 번역 소개하는 데 광범위하게 사용됐다. 19세기 후반 이후 중국과 일본을 경유한 한자어 번역 개념들은 오랜 세월 공유해 온 동아시아 문화의 영향으로 의미 전달에 큰 어려움이 없었으나, 일제의 식민 통치로 인해 주체적인 번역의 기회를 갖지 못했던 것도 사실이다. 번역 어 '哲學'은 수용 초기 전통 학술용어에 의지해서만 의미를 전달할 수 있었고 서양철학에 대한 이해도 전통 사유방식 안에서 이루어졌다. 오늘날 철학을 문학, 사학과 함께 인문학의 3대 분야로 거론하지만, 근대 이전 우리의 지식체계에 '철학'이라는 개념은 존재하지 않았다. '철학' 이란 용어의 부재가 철학의 부재를 의미하지 않는다는 생각이 보편화 되기까지는 적잖은 시간이 필요했다. 이는 개념이 실재를 구성해 가는 과정에서 빚어지는 질곡의 일부이다. 1900년 이전 '철학'은 보편학이 라기보다는 서양의 특수한 학술 가운데 하나로 간주되었다. 한국에서 유교를 철학 즉 근대 분과학문의 하나이자 근대 지식체계의 일환으로 서 사유하기 시작한 것은 1910년을 전후해서이다. 서양철학 수용 초기 에는 대체로 유교의 사유지평에서 철학을 이해했지만 점차 서양철학의 개념과 형식으로 유교와 전통철학을 재해석하는 데로 나아갔다. '철학'

을 포함하여 한국 근대 학술용어의 대부분은 결국 동아시아에서 패권을 장악하여 서구 문명의 대리자를 자임한 일본에 의해 고착되었다. 한국 근대 '철학' 개념의 수용은 종래의 지식체계에 철학을 배치했을 뿐만 아니라, 전통 지식체계를 근대적 학문으로 재배치했다.

그 가운데 자본주의와 물질문명에 억압된 인간 내면의 본성을 발견하여 삶의 가치를 회복하려 했던 양건식의 칸트철학 소개와 불교운동, 근대 문명에 강박된 주체의 자기 부정과 몰각으로부터 각성을 촉구했던 강인택의 도덕을 중심으로 한 전통 지식체계의 계보화, 일제의 역사 왜곡에 맞서 조선의 고유성과 독창성을 문화사적으로 탐색했던 안확의 조선철학사상개관 등은 근대 한국의 지식 재편성 과정을 재인식할 수 있게 해 주는 의미 있는 자료이다. 그동안 학계에서는 우리 철학의 풍토에 대한 자성의 목소리도 많았지만 박물관 철학 수입상 철학이란 비판은 잦아들지 않고 있다. 근 백 년에 걸쳐 각인되고 고정된 우리의 시선을 바꾸는 일이 쉽지 않은 탓이다. 전통철학과 현대철학, 동양철학과 서양철학 등의 길항을 추적하고 한국 근대 철학의 형성과정을 탐색해야 하는 이유가 여기에 있다. 발신자의 시각에서 수신자의 시각으로 관점을 전환하면 일종의 격의나 왜곡으로 비쳤던 근대 전환기 학술사상의 또 다른 가능성에 새롭게 다가갈 수 있을 것이다.

조선의 학술·문화와 사회·정치의 근간이었던 유교는 근대로의 급격한 전환 과정에서 본래의 지위를 탈각한 채 기독교뿐만 아니라 신종교의 틈바구니에서 경쟁해야 했다. 도학 같은 전통 개념의 역사의미론은 기성의 개념이 어떠한 방식으로 의미의 균열과 변용을 겪게 되고 종래에는 우리의 일상 언어감각에서 사라지게 되는가에 주목하게 한다. '서양에서 유래한 개념들'이 전근대 사회를 근대로 추동했다면 '전통개넘'은 근대적 변환의 속도와 방향을 문제 삼는 사회 변동의 요소로 기능했다. '수신'의 사례도 흥미롭다. 1900년대 전후 도덕, 윤리 담론은 덕성의 함양을 중시하던 전통 지식체계의 변용을 보여준다. 학제에 포함된 도덕 교육은 선천적인 본성의 발현을 중시했던 유교 자장에서 벗어나 사회와 국가의 공익과 연결되었다. 인격 중시 교육에서 지식 중시 교육체계로의 개편이 도덕교육의 근간을 뒤흔들었다. 특히 ethics의 동아시아 수용은 도덕 개념을 둘러싼 의미장의 변화를 촉진했다. 에식스^{ethics}의 번역어인 윤리(학)은 전통적인 '수신'을 실천의 영역에 가두는 데 그치지 않고, 근대 학문의 과학주의에 의거하여 학문의 영역에서 '수신'을 배제해갔다. 근대 지식체계와 학문에서 밀려난 '수신'은 동양 고전의 향수를 자극하는 기호 또는 교양으로 부침하였고 점차 일상의 영역에서 사라졌다. 전통 개념은 그 개념을 중심 가치로 했던 지식체계의 쇠퇴와 함께 역사 속으로 침잠했다. 한편 서양 근대 '종교' 개념 수용은 전통 지식체계의 위상 변화를 가속했고, '종', '교'로 일컬어지던 재래 지식체계는 기독교를 보편 종교로 하는 근대 '종교' 개념의 의미장에 포섭되거나 배제되었다. 유신론, 내세론, 신앙과 구원의 관념에 기반을 둔 기독교의 '종교' 개념은 재래 종교를 무언가 결핍되고 불완전한 체계로 만들었다. '종'과 '교'가 포괄했던 종래의 다양한 의미들은 점차 축소되었다.

일제강점기에 진행된 서구 학문 수용과 전통 지식체계의 탈구축은 한국 근대 학문의 출발인 동시에 질곡이었다. 사회·정치적 변화 속에서 전통과 근대, 동양과 서양의 충돌과 착종으로 인한 개념의 혼란, 각종 담론의 출현과 경쟁은 사유의 완결성을 저해하였고 체계적인 사상의 출현을 어렵게 하였다. 그 결과 한편에선 전통 학문의 격절을 이유로 이 시기를 사상의 공백기로 보았고, 다른 한편에선 서구 학술의 수

동적 유입과 근대 학문의 미발달을 이유로 관심 밖에 두었다. 그러나 이 시기는 개념의 혼란 속에서 의미를 선취하려는 세력들 간의 경쟁이 가쁘게 진행되었고, 각종 담론이 출현하여 주변으로 밀려난 전통의 자리를 놓고 각축하였다.

한국 근대는 민족과 국가의 위기로 이성과 자율의 근대적 가치를 온전히 발아하지 못했다. 사람다움의 실천을 학문의 본령을 삼는다는 말은 선언에 머물렀고, 실용과 효율만이 경쟁이 공리가 되어버린 세상을 지배했다. 근대 이전 동아시아 유교문화권의 지식체계와 학문은 인간과 자연을 통일체적으로 사유하는 가운데 인간의 본성을 실현하고 사회적 실천을 도모하는 것이었다. 이러한 철학체계 내에서 인간학과 자연학은 통합되어 있었다. 그러나 인간 본성의 자각과 도덕 실천의 이상은 문명개화와 근대 국가 설립의 제한적 수단으로만 논의될 뿐 다시는 학문의 본령으로서 위상을 갖지 못했다. 서구 근대의 광휘는 전근대 동아시아 사회를 규준했던 학문의 내용과 방법은 물론 목적까지 변화시켰다. 이제 가치와 사실의 분리, 인간학과 자연학의 분리, 학문의 분과화를 진행해 온 근대 학문은 또 하나의 전통이 되었다. 이 연구가 이 같은 새로운 전통의 발명 과정에서 우리가 잃어버린 것이 무엇인지를 성찰하고 새로운 가능성들을 사고하는 데 조그만 도움이 될 수 있다면 다행이다.

참고문헌

1. 자료

1) 경전 및 제자서
『道德經』『呂氏春秋』『禮記』『四書』『尙書』『莊子』『周易』『淮南子』

2) 관찬사료
『續陰晴史』『承政院日記』『日省錄』『朝鮮王朝實錄』

3) 신문 및 잡지
『開闢』『公立新報』『그리스도신문』『그리스도인회보』『畿湖興學會月報』
『大東學會月報』『大朝鮮獨立協會會報』『대한그리스도인회보』
『大韓每日新聞』『大韓每日申報』『大韓留學生會學報』『大韓自强會月報』
『大韓學會月報』『大韓協會會報』『大韓興學報』『獨立新聞』『東光』
『東亞日報』『每日新聞』『半島時論』『別乾坤』『佛教振興會月報』『佛教』
『三千里』『西北學會月報』『西友』『少年韓半島』『時代日報』『新民』『新天地』
『神學世界』『神學月報』『新韓民報』『朝鮮中央日報』『朝鮮中央日報』
『天道教會月報』『青春』『太極學報』『學知光』『漢城旬報』『漢城週報』
『協成會會報』『湖南學報』『皇城新聞』

4) 개인 문집 및 저작
권오성·이태진·최원식 외, 『自山安廓國學論著集』 1~6, 여강출판사, 1994.
金允植, 『雲養集』, 한국고전번역원, 2013.
金澤榮, 『韶濩堂集』, 한국고전번역원, 2013.
남윤수·박재연·김영복 편, 『양백화 문집』 1·2·3, 강원대 출판부, 1995.
李圭景, 『五洲衍文長箋散稿』, 민문고, 1989.
朴殷植, 『白巖朴殷植全集』, 동방미디어, 2002.
박종홍, 『박종홍전집』, 형설출판사, 1982.
宋時烈, 『宋子大全』, 민문고, 1988.
실시학사고전문학연구회, 『변영만 전집』 상·중·하, 성균관대 출판부, 2006.

安宗洙, 『農政新編』, 한국인문과학원, 1990.

王陽明, 『傳習錄』, 明文堂, 1998.

兪吉濬, 『西遊見聞』, 경인문화사, 1969.

李炳憲, 韓國學文獻研究所 編, 『李炳憲全集』, 1989.

李寅梓, 韓國學文獻研究所 編, 『省窩集』, 1978.

張顯光, 『旅軒先生文集』, 한국고전번역원, 2013.

田愚, 『艮齋先生文集』, 한국고전번역원, 2013.

崔南善, 『六堂崔南善全集』, 현암사, 1973.

崔炳憲, 『萬宗一臠』, 朝鮮耶蘇教書會, 1922.

_____, 『聖山明鏡』, 東洋書院, 1911.

_____, 『漢哲輯要』, 博文書館, 1922.

_____, 『增補明南樓叢書』, 성균관대 대동문화연구원, 2002.

玄采, 『幼年必讀釋義』, 日韓圖書印刷株式會社, 1907.

洪大容, 『湛軒書』, 민문고, 1989.

華西學會·勉菴學會 共編, 『勉菴集』, 청양군, 2006.

久保得二, 『東洋倫理史要』, 育成會, 1904.

芳賀高重 編, 『道學讀書要覽』, 1887.

西周, 『百一新論』, 山本覺馬藏版, 1874.

西村茂樹, 『西國道學纂論』 上, 출판사·출판년 미상.

梁啓超, 全恒基 譯, 언해본『自由書』, 塔印社, 1908.

梁啓超, 『飮氷室文集』, 中華書局, 2008.

_____, 『飮氷室自由書』, 塔印社, 1908.

严绍璗, 『日本中国学史』, 江西人民出版社, 1991.

李國俊 編, 『梁啓超著述系年』, 復旦大學出版社, 1986.

梓潼 謝无量, 『中國哲學史』, 中華書局, 1916.

井上円了, 『倫理通論』, 普及舍, 1887.

井上哲次郎, 元良勇次郎·中島力造, 『哲學字彙』, 丸善株式會社, 1912.

井上哲次郎, 『哲學字彙』, 東京大學三學部印行, 1881.

_____, 『哲學字彙』, 東洋館, 1884.

中江篤介 譯, 『理學沿革史』, 文部省編輯局, 1886.

中江兆民, 『中江兆民全集』, 岩波書店, 2000.

蔡元培, 『中國倫理學史』, 商務印書館出版, 1998.

花之安, 『性海淵源』, 美華書館, 1893.

_____, 『自西徂東』, 小書會眞寶堂, 1884.

朱熹, 『近事錄』, 中華書局, 1985.

鄭觀應, 이경구·이행훈·이병기 역, 『易言, 19세기 중국, 개혁을 묻다』, 푸른역사, 2010.

黎靖德 編, 허탁·이요성 역, 『朱子語類』, 청계, 1998.

黃遵憲, 조일문 역, 『朝鮮策略』, 건국대 출판부, 1988.

2. 논문

강영안·최진덕, 「수양으로서의 학문과 체계로서의 학문」, 『철학연구』 47, 철학연구회, 1999.

高建鎬, 「韓末 新宗敎의 文明論―東學·天道敎를 中心으로」, 서울대 박사논문, 2002.

고재석, 「白華 梁建植 文學硏究(Ⅰ)―3·1운동 이전까지의 生涯를 중심으로」, 『韓國文學硏究』 12, 동국대 한국문학연구소, 1989.

고지현, 「일상 개념 연구―이론 및 방법론의 정립을 위한 소론」, 『개념과 소통』 5, 한림대 한림과학원, 2001.

국성하, 「일제강점기 고적조사보존사업의 식민성 연구」, 『미래교육학연구』, 연세대 교육연구소, 18-2, 2005.

권석영, 「일본의 초기 제국주의론과 도덕 담론―국가적 도덕과 세계적 도덕, 또는 국민적 입장과 인류적 입장」, 『史林』 45, 수선사학회, 2013.

권인호, 「타카하시 토오루(高橋亨)의 皇道儒學―李滉, 高橋亨, 朴鍾鴻의 朱子性理學과 중앙집권·국가주의 비판」, 『大同哲學』 55, 대동철학회, 2011.

김남두, 「근백년 한국철학의 교육과 제도」, 『철학사상』 8, 서울대 철학사상연구소, 1998.

김도형, 「대한제국 초기 문명개화론의 발전」, 『한국사연구』 121, 한국사연구회, 2003.

김동기, 「일본근대철학의 형성과 번역」, 『시대와 철학』 16-1, 한국철학사상연구회, 2005.

_____, 「일본의 근대와 번역」, 『시대와 철학』, 14-2, 한국철학사상연구회, 2003.

김동기·김갑수, 「동아시아의 서양 철학사상 및 윤리관 수용 양상 비교」, 『시대와 철학』 19-2, 한국철학사상연구회, 2008.

김만산, 「卦爻易學의 時間觀」, 『동양철학연구』 15, 동양철학연구회, 1995.

김성근, 「니시 아마네(西周)에 있어서 '理' 관념의 전회와 그 인간학적 취약성」, 『대동문화연구』 73, 성균관대 대동문화연구원, 2011.

_____, 「메이지 일본에서 '철학'이라는 용어의 탄생과 정착―니시 아마네(西周)의 '유학'과 'philosopy'를 중심으로」, 『동서철학연구』 59, 한국동서철학회, 2011.

김성환, 「道學・道家・道敎, 그 화해 가능성의 재조명」, 『도교학연구』 16, 한국도교학회, 2000.

김소영, 「갑오개혁기(1894~1895) 교과서 속의 국민」, 『한국사학보』 29, 고려사학회, 2007.

_____, 「한말 계몽운동기 敎科書 속의 "國民" 인식」, 『대동문화연구』 63, 성균관대 대동문화연구원, 2008.

김언순, 「조선시대 교화의 성격과 사대부의 수신서 보급」, 『한국문화연구』 13, 이화여대 한국문화연구원, 2007.

김영진, 「량치차오의 칸트철학 수용과 불교론」, 『한국불교학』 55, 한국불교학회, 2009.

김용헌, 「도학의 형성, 점필재 김종직과 그의 문생들의 도학사상」, 『한국학논집』 45, 계명대 한국학연구소, 2011.

김윤성, 「개념사의 비교종교학적 유용성－'순교' 개념의 분석사례를 중심으로」, 『종교와 문화』 9, 서울대 종교문제연구소, 2003.

김윤희, 「1909년 대한제국 사회의 '동양' 개념과 그 기원」, 『개념과 소통』 4, 한림대 한림과학원, 2009.

김인식, 「1920년대와 1930년대 초 '조선학' 개념의 형성－최남선・정인보・문일평・김태준・신남철의 예」, 『숭실사학』 33, 숭실대 사학회, 2014.

김재현, 「철학 원전 번역을 통해 본 우리의 근현대」, 『시대와 철학』 15-2, 한국철학사상연구회, 2004.

김제란, 「양계초 사상에 나타난 서학 수용의 일단면」, 『한국사상과 문화』 46, 한국사상문화학회, 2009.

김주일, 「개화기부터 1953년 이전까지 한국의 서양고대철학에 대한 연구와 번역 현황 연구」, 『시대와 철학』 14-2, 한국철학사상연구회, 2003.

김지영, 「풍속・문화론적(문학) 연구와 개념사의 접속, 일상개념 연구를 위한 試論」, 『대동문화연구』 70, 성균관대 대동문화연구원, 2010.

金鎭浩, 「故灌斯崔炳憲先生略歷」, 『神學世界』 12-2, 감리회 협성신학교, 1927.

김현우, 「1910년대 『매일신보』에 비친 유교의 모습」, 『儒敎文化硏究』 20, 성균관대 유교문화연구소, 2012.

김현주, 「근대 개념어 연구의 동향과 성과－언어의 역사성과 실재성에 주목하라!」, 『상허학보』 19, 상허학회, 2007.

나인호, 「독일 개념사와 새로운 역사학」, 『역사학보』 174, 역사학회, 2002.

_____, 「레이먼드 윌리엄스(Raymond Williams)의 "Keyword" 연구와 개념사」, 『역사학연구』 29, 호남사학회, 2007.

_____, 「코젤렉의 개념사 연구」, 『내일을 여는 역사』 41, 민족문제연구소, 2010.

나카무라 슌사쿠, 「근대 일본의 學知와 유교의 재편−근대 '知'로서의 '哲學史' 성립」, 『사림』 32, 수선사학회, 2009.

남명진, 「동서철학에 있어서의 시간의 문제」, 『동서철학연구』 48, 한국동서철학회, 2008.

류시현, 「1910∼1920년대 전반기 안확의 '개조론'과 조선 문화 연구」, 『역사문제연구』 21, 역사문제연구소, 2003.

류준필, 「'문명'・'문화' 관념의 형성과 '국문학'의 발생−국문학이라는 이데올로기 서설」, 『민족문학사연구』 18-1, 민족문학사연구소, 2001.

_____, 「식민지 아카데미즘의 '조선문학사' 인식과 그 지정학적 함의−자국(문)학 형성의 맥락에서」, 『한국학연구』 32, 인하대 한국학연구소, 2014.

박규태, 「한일 양국의 근대와 기독교−최병헌, 나카무라 마사나오, 우치무라 간조를 중심으로」, 『종교문화비평』 10, 한국종교문화연구소, 2006.

박명규, 「네이션과 민족−개념사로 본 의미의 간격」, 『동방학지』 147, 연세대 국학연구원, 2009.

_____, 「한말 '사회' 개념의 수용과 그 의미체계」, 『사회와 역사』 51, 한국사회사학회, 2001.

박상섭, 「한국 개념사 연구의 향방−한국 개념사 연구의 과제와 문제점」, 『개념과 소통』 4, 한림대 한림과학원, 2009.

박영미, 「일본의 조선고전총서 간행에 대한 시론」, 『근역한문학회』 37, 근역한문학회, 2013.

박종홍, 「西歐思想의 導入 批判과 攝取」, 『아세아연구』 12-3, 고려대 아세아문제연구소, 1969.

박홍식, 「박은식과 안확의 철학사상 대비−전통계승론과 혁신론의 이중성 문제를 중심으로」, 『동양철학연구』 23, 동양철학연구회, 2000.

_____, 「일제강점기 『신천지』에 발표된 안확의 「조선철학사상개관」에 대한 고찰」, 『동북아문화연구』 16, 동북아시아문화학회, 2008.

_____, 「自山 安廓 哲學思想의 韓國 哲學史的 意義」, 『동양철학연구』 33, 동양철학연구회, 2003.

방 인, 「佛敎의 時間論」, 『철학』 49, 한국철학회, 1996.

白永瑞, 「韓國人의 歷史的 經驗 속의 '東洋'−20世紀 前半」, 『동방학지』 106, 연세대 국학연구원, 1999.

백종현, 「한국철학계의 칸트 연구 100년(1905∼2004)」, 『칸트연구』 15, 한국칸트학회, 2005.

변선환, 「탁사 최병헌과 동양사상」, 『신학과 세계』 6, 감리교신학대, 1980.

서규환, 「라인하르트 코젤렉의 역사이론에 대하여」, 『서양사론』 91, 한국서양사학회, 2006.

서정민, 「한국기독교사 자료연구−『聖山明鏡』『萬宗一臠』」, 『한국기독교사연구회소식』 13, 한국기독교역사학회, 1987.

성대경, 「保守儒生의 '自靖論'과 外勢對應樣式−艮齋 田愚의 思想과 行動을 중심으로」, 『국사관논총』 15, 국사편찬위원회, 1990.

성주현, 「천도교청년당(1923~1939) 연구」, 한양대 박사논문, 2009.

송길섭, 「한국신학 형성의 선구자 탁사 최병헌과 그의 시대」, 『신학과 세계』 6, 감리교신학대, 1980.

송민호, 「이해조의 근대적인 교육관과 초기 소설의 윤리학적 사상화의 배경」, 『한국현대문학연구』 33, 한국현대문학회, 2011.

송승철, 「미래를 향한 소통-한국 개념사 방법론을 다시 생각한다」, 『개념과 소통』 4, 한림대 한림과학원, 2009.

신광철, 「灌斯 崔炳憲의 비교종교론적 기독교변증론」, 『한국기독교와 역사』 7, 한국기독교역사연구소, 1997.

심광섭, 「탁사 최병헌의 유교적 기독교 신학」, 『세계의 신학』 겨울호, 한국기독교연구소, 2003.

심일섭, 「한국신학형성의 선구」, 『신학사상』 봄호, 한국신학연구소, 1984.

양일모, 「근대 중국의 서양학문 수용과 번역」, 『시대와 철학』 15-2, 한국철학사상연구회, 2004.

오종일, 「도덕개념의 형성과 발전」, 『동서철학연구』 30, 한국동서철학회, 2003.

옥성득, 「'한일합병' 전후 최병헌 목사의 시대 인식-계축년(1913) 설교를 중심으로」, 『한국기독교와 역사』 13, 한국기독교역사연구소, 2000.

우기동, 「'독일근현대철학'에 관한 연구사와 번역의 문제-일제하에서 1950년대 초까지」, 『시대와 철학』 14-2, 한국철학사상연구회, 2003.

유봉희, 「『윤리학』을 통해 본 동아시아 전통 사상과 이해조의 사회진화론 수용」, 『현대소설연구』 52, 한국현대소설학회, 2013.

이광린, 「舊韓末 新學과 舊學과의 論爭」, 『동방학지』 제23・24집, 연세대 국학연구원, 1980.

李明洙, 「儒家哲學의 時間과 空間에 관한 倫理學的 접근」, 『동양철학연구』 42, 동양철학연구회, 2005.

李明洙, 「중국문화에 있어 시간, 공간 그리고 로컬리티의 문제-로컬리티의 인문학을 위한 시공간 의미의 시론적 접근」, 『동양철학연구』 55, 동양철학연구회, 2008.

이미순, 「安顧의 『朝鮮文學史』에 나타난 大倧教의 영향」, 『관악어문연구』 16, 서울대 국문학과, 1991.

이병수, 「1930년대 서양철학 수용에 나타난 철학 1세대의 철학함의 특징과 이론적 영향」, 『시대와 철학』 17-2, 한국철학사상연구회, 2006.

이상신, 「槪念史의 理論과 硏究實際」, 『역사학보』 110, 역사학회, 1986.

이숙인, 「개화기(1894~1910) 유학자들의 활동과 시대인식」, 『동양철학연구』 37, 동양철학연구회, 2007.

이정배, 「마태오 릿치와 탁사 최병헌의 보유론적 기독교 이해의 차이와 한계」, 『神學思想』 122,

한국신학연구소, 2003.

이진구, 「종교 개념의 보편성과 특수성에 대한 이해―종교학의 자리에서」, 『신학전망』 155, 광주 가톨릭대 신학연구소, 2006.

이행훈, 「崔漢綺의 氣化的 文明觀」, 『韓國思想史學』 22, 한국사상사학회, 2004.

_____, 「崔漢綺의 運化論的 人間觀」, 『한국철학논집』 17, 한국철학사연구회, 2005.

이현구, 「한문서학서와 근대적 학술용어 형성의 문제」, 『시대와 철학』 14-2, 한국철학사상연구회, 2003.

_____, 「한문서학서와 근대적 학술 용어 형성의 문제(2)」, 『시대와 철학』 16-4, 한국철학사상연구회, 2005.

이혜경, 「근대 중국 '倫理' 개념의 번역과 변용―유학과의 관계를 중심으로」, 『철학사상』 37, 서울대 철학사상연구소, 2010.

장석만, 「'종교'를 묻는 까닭과 그 질문의 역사―그들의 물음은 우리에게 어떤 문제를 던지는가?」, 『종교문화비평』 22, 한국종교문화연구소, 2012.

_____, 「開港期 韓國社會의 "宗敎" 槪念 形成에 관한 硏究」, 서울대 박사논문, 1992.

장원석, 「周易의 時間과 宇宙論―비교철학적 관점에서」, 『동양철학연구』 24, 동양철학연구회, 2001.

정용화, 「한국인의 근대적 자아 형성과 오리엔탈리즘」, 『정치사상연구』 10-1, 한국정치사상학회, 2004.

정준영, 「근대 한국 사회에서 서양 중세 철학의 수용과 번역의 문제」, 『시대와 철학』 14-2, 한국철학사상연구회, 2003.

정해광, 「일제 시기 '번역'에 의한 '동양'관의 성립에 관한 연구」, 『시대와 철학』 15-1, 한국철학사상연구회, 2004.

최익제, 「한말·일제강점기 탁사 최병헌의 생애와 사상」, 한국교원대 박사논문, 2009.

최일범, 「『東儒學案』의 學派 分類에 관한 考察」, 『유교사상연구』 21, 한국유교학회, 2004.

최혜주, 「일제강점기 고전의 형성에 대한 일고찰」, 『한국문화』 64, 서울대 규장각한국학연구원, 2013.

_____, 「일제강점기 조선연구회의 활동과 조선인식」, 『한국민족운동사연구』 42, 한국민족운동사학회, 2005.

_____, 「한말 일제하 재조일본인의 조선고서 간행사업」, 『대동문화연구』 66, 성균관대 대동문화연구원, 2009.

하영선, 「변화하는 세계와 개념사」, 『세계정치』 25-2, 서울대 국제문제연구소, 2004.

한단석, 「근대일본에 있어서의 서구사상의 수용과 그 토착화에 관한 연구―계몽철학을 중심으로」,

『인문논총』 12, 전북대 인문학연구소, 1983.

_____, 「日本近代化에 있어서 西歐思想의 受容과 그 土着化에 관하여－칸트哲學思想을 중심으로」, 『일본학보』 25, 한국일본학회, 1990.

허 수, 「1920년대 전반 이돈화의 改造思想 수용과 '사람性주의'」, 『동방학지』 125, 연세대 국학연구원, 2004.

許祐盛, 「니시다와 서양철학－시간관을 중심으로」, 『東洋學』 26, 단국대 동양학연구원, 1996.

호이트 틸만, 「도통에 대한 소고－학경의 북송 유학자에 대한 견지」, 『대동문화연구』 52, 성균관대 대동문화연구원, 2005.

홍영두, 「마르크스주의 철학사상 원전 번역사와 우리의 근대성」, 『시대와 철학』 14-2, 한국철학사상연구회, 2002.

홍원식, 「포은 정몽주와 '洛中' 포은 학맥의 도학사상」, 『포은학연구』 5, 포은학회, 2010.

황종연, 「문학이라는 譯語－'문학이란 何오' 혹은 한국 근대 문학론의 성립에 관한 고찰」, 『동악어문논집』 32, 한국어문연구학회, 1997.

황필홍・이병수, 「50년대까지 영미철학의 수용과 용어의 번역」, 『시대와 철학』 14-2, 한국철학사상연구회, 2003.

佛雛, 「跋王國維佚文『哲學辨惑』」, 揚州師院學報(社會科學版), 1991.

黃克武, 「梁啓超與康德」, 『中央研究院近代史研究所集刊』 第30期, 1998.

3. 단행본

강돈구 외, 『근대 한국 종교문화의 재구성』, 한국학중앙연구원 출판부, 2006.

강영안, 『우리에게 철학은 무엇인가』, 궁리, 2002.

강재언, 『조선의 西學史』, 민음사, 1990.

김대희, 『二十世紀朝鮮論』, 일신사, 1907.

김도형 외, 『일제하 한국사회의 전통과 근대인식』, 혜안, 2009.

김병구 외, 『'조선적인 것'의 형성과 근대문화담론』, 소명출판, 2007.

김복순, 『1910년대 한국문학과 근대성』, 소명출판, 1999.

_____, 『슬픈 모순(외)』, 범우비평판한국문학 5-1, 범우, 2004.

김순전 외, 『수신하는 제국－명치・대정기『심상소학수신서』연구』, 제이앤씨, 2004.

김순전 외, 『제국의 식민지수신－조선총독부편찬〈修身書〉연구』, 제이앤씨, 2009.

김영식, 『과학, 인문학 그리고 대학』, 생각의 나무, 2007.

김영진, 『중국 근대사상과 불교』, 그린비, 2007.

김용구,『만국공법』, 소화, 2008.

_____,『세계관 충돌의 국제 정치학—동양 禮와 서양 公法』, 나남출판, 1997.

김정인,『천도교 근대 민족운동 연구』, 한울아카데미, 2009.

김종서,『서양인의 한국종교연구』, 서울대 출판부, 2006.

김효전,『헌법』, 소화, 2009.

나인호,『개념사란 무엇인가』, 역사비평사, 2011.

노대환,『문명』, 소화, 2011.

단국대동양학연구소,『개화기 한국과 세계의 상호 이해』, 국학자료원, 2003.

류대영,『개화기 조선과 미국 선교사』, 한국기독교역사연구소, 2004.

_____,『한국 근현대사와 기독교』, 푸른역사, 2009.

문일평, 이한수 역,『문일평 1934년 식민지 시대 한 지식인의 일기』, 살림, 2008.

민족문학사연구소 편역,『근대계몽기의 학술·문예사상』, 소명출판, 2000.

박근갑 외,『개념사의 지평과 전망』, 소화, 2009.

박노자,『우리가 몰랐던 동아시아』, 한겨레출판사, 2007.

박명규 외,『지식 변동의 사회사』, 문학과지성사, 2003.

박명규,『국민·인민·시민—개념사로 본 한국의 정치주체』, 소화, 2009.

박상섭,『국가·주권』, 소화, 2008.

박성규,『대학』, 서울대 철학사상연구소,『철학사상』별책 제3-1호, 관악, 2004.

박찬승,『민족·민족주의』, 소화, 2010.

_____,『한국 근대 정치사상사 연구』, 역사비평사, 2003.

김남두 외,『현대학문의 성격—전통의 재편과 새로운 영역의 출현』, 민음사, 2000.

백종현,『독일철학과 20세기 한국의 철학』, 철학과현실사, 1998.

서동욱,『차이와 타자』, 문학과 지성, 2000.

송규진·김명구·박상수·표세만,『동아시아 근대 '네이션' 개념의 수용과 변용—한·중·일 3
　　　국의 비교연구』, 고구려연구재단, 2005.

송길섭,『日帝下 監理教會 三大星座』, 성광문화사, 1982.

송호근,『인민의 탄생—공론장의 구조 변동』, 민음사, 2011.

신용하,『한국 개화사상과 개화운동의 지성사』, 지식산업사, 2010.

안　확, 정숭교 역,『자산 안확의 자각론·개조론』, 한국국학진흥원, 2004.

역사비평편집위원회,『역사용어 바로쓰기』, 역사비평사, 2006.

오석원,『한국 도학파의 의리사상』, 성균관대 출판부, 2005.

우림걸,『한국 개화기문학과 양계초』, 박이정, 2002.

우용제,『조선후기 교육개혁론 연구』, 교육과학사, 1999.

유근호,『조선조 대외사상의 흐름—중화적 세계관의 형성과 붕괴』, 성신여대 출판부, 2004.

유동식,『韓國神學의 鑛脈』, 전망사, 1982.

윤사순 · 이광래,『우리 사상 100년』, 현암사, 2002.

윤해동 · 이소마에 준이치 엮음,『종교와 식민지 근대』, 책과함께, 2013.

이계학 외,『근대와 교육사이의 파열음—그것을 보는 시선들』, 아이필드, 2004.

이광린,『開化期의 人物』, 연세대 출판부, 1993.

이기상,『서양철학의 수용과 한국철학의 모색』, 지식산업사, 2002.

이덕주,『한국 토착교회 형성사 연구』, 한국기독교역사연구소, 2001.

이만열,『한국 기독교 수용사 연구』, 두레시대, 1998.

＿＿＿,『한국기독교와 민족의식—한국기독교사연구논고』, 지식산업사, 1991.

이선이 외,『근대 한국인의 탄생, 근대 한 · 중 · 일 조선민족성 담론의 실제』, 소명출판, 2011.

이영호,『역사, 철학적으로 어떻게 볼 것인가』, 책세상, 2004.

이주익 역편『몽양원』, 탁사, 1999.

이진경 외,『현대사회론 강의 모더니티의 지층들』, 그린비, 2007.

이해명,『開化期敎育改革研究』, 을유문화사, 1991.

이혜경,『량차차오[梁啓超]—문명과 유학에 얽힌 애증의 서사』, 태학사, 2007.

이혜순,『조선조 후기 여성 지성사』, 이화여대 출판부, 2007.

이화여대 한국문화연구원 편,『근대계몽기 지식 개념의 수용과 그 변용』, 소명출판, 2005.

이화여대 한국문화연구원,『근대수신교과서』1, 2, 3, 소명출판, 2011.

임지현,『민족주의는 반역이다—신화와 허무의 민족주의 담론을 넘어서』, 소나무, 1999.

임형택 · 한기형 · 류준필 · 이혜령 엮음,『흔들리는 언어들—언어의 근대와 국민국가』, 성균관대
　　　출판부, 2008.

자산 안확, 최원식 · 정해렴 편역,『安自山 國學論選集』, 현대실학사, 1996.

전병훈, 윤창대 역,『정신철학통편』, 우리출판사, 2004.

정선태,『근대의 어둠을 응시하는 고양이의 시선』, 소명출판, 2006.

정순우,『서당의 사회사—서당으로 읽는 조선 교육의 흐름』, 태학사, 2013.

조규태,『천도교의 문화운동론과 문화운동』, 국학자료원, 2006.

철학연구회 편,『현대철학의 정체성과 한국철학의 정립』, 철학과현실사, 2002.

최병헌, 박혜선 역,『만종일련』, 성광문화사, 1984.

최수일,『『개벽』 연구』, 소명출판, 2008.

沈一燮,『韓國 土着化神學 形成史 論究』, 국학자료원, 1995.

하승우,『세계를 뒤흔든 상호부조론』, 그린비, 2006.

하영선 외,『근대 한국의 사회과학 개념 형성사』, 창비, 2009.

한국사상사연구회,『조선유학의 개념들』, 예문서원, 2002.

한국사회사학회 엮음,『지식 변동의 사회사』, 문학과지성사, 2003.

한국철학회 편,『한국철학사』, 1987.

한국학문헌연구소 편,『韓國開化期 敎科書叢書 (v.9 · 10) : 修身.倫理』Ⅰ · Ⅱ, 亞細亞文化社, 2005.

한림과학원 편,『동아시아 개념연구 기초문헌 해제』, 선인, 2010.

_____,『한국 근대 신어사전』, 선인, 2010.

한용운,『조선불교유신론』, 운주사, 1992.

한용진,『근대 이후 일본의 교육』, 문, 2011.

韓徹永,『韓國의 人物』, 文化春秋社, 1953.

허　수,『이돈화 연구』, 역사비평사, 2011.

황호덕 · 이상현 저,『개념과 역사, 근대 한국의 이중어사전』1, 박문사, 2012.

G.H. 존스, 옥성득 역,『한국 교회 형성사』, 홍성사, 2013.

고사카 시로, 야규 마코토 · 최재목 · 이광래 역,『근대라는 아포리아』, 이학사, 2007.

고야스 노부쿠니, 송석원 역,『일본의 내셔널리즘 해부』, 그린비, 2011.

吉川昭, 李成鈺 역,『구한말 근대학교의 형성』, 경인문화사, 2006.

노르베르트 엘리아스, 박미애 역,『문명화과정』, 한길사, 1999.

노블 부인 편,『승리의 생활』, 조선기독교 창문사, 1927.

다카시 후지타니, 한석정 역,『화려한 군주−근대일본의 권력과 국가의례』, 이산, 2003.

들뢰즈 · 가타리, 최명관 역,『앙띠−오이디푸스』, 민음사, 1994.

라인하르트 코젤렉, 한철 역,『지나간 미래』, 문학동네, 1998.

레이먼드 윌리엄스, 김성기 역,『키워드』, 민음사, 2010.

리디아 리우, 민정기 역,『언어 횡단적 실천』, 소명출판, 2005.

마루야마 마사오 · 가토 슈이치, 임성모 역,『번역과 일본의 근대』, 이산, 2000.

멜빈 릭터, 송승철 · 김용수 역,『정치 · 사회적 개념의 역사』, 소화, 2010.

蒙培元, 홍원식 · 황지원 · 이기훈 · 이상호 역,『성리학의 개념들』, 예문서원, 2008.

福澤諭吉, 정명환 역,『文明論의 槪略』, 광일문화사, 1989.

샤오메이 천, 정진배 · 김정아 역,『옥시덴탈리즘(Occidentalism)』, 강, 2001.

스테판 다나카, 박영재 역,『일본 동양학의 구조』, 문학과 지성사, 2004.

안토니오 네그리・마이클 하트, 윤수종 역, 『제국(*Empire*)』, 이학사, 2007.

앙드레 슈미드, 정여울 역, 『제국 그 사이의 한국, *Korean between Empires* 1895~1919』, 휴머니스트, 2007.

야나부 아키라, 박양신 역, 『한 단어 사전, 문화』, 푸른역사, 2012.

야나부 아키라, 서혜영 역, 『번역어 성립사정』, 일빛, 2003.

에드워드 쉴즈, 김병서・신현순 역, 『전통─변하는 것과 변하지 않는 것』, 민음사, 1992.

에릭 홉스봄 외, 박지향・장문석 역, 『만들어진 전통(*The Invention of Tradition*)』, 휴머니스트, 2004.

오토 브루너・베르너 콘체・라인하르트 코젤렉 엮음, 『코젤렉의 개념사 사전』 1~5, 푸른역사, 2010.

尹健次, 沈聖輔 역, 『한국근대교육의 사상과 운동』, 靑史, 1987.

이매뉴얼 월러스틴, 성백용 역, 『사회과학으로부터 탈피』, 창비, 1994.

이소마에 준이치, 나리타 류이치 외, 연구공간 수유+너머 '일본 근대와 젠더 세미나팀' 역 『근대 知의 성립』, 소명출판, 2011.

진관타오・류칭펑, 양일모・송인재・한지은・강중기・이상돈 역, 『관념사란 무엇인가』 1・2, 2010.

테사 모리스-스즈키, 김경원 역, 『우리 안의 과거─과거는 미디어를 통해 어떻게 기억되고 역사화되는가? *media, memory, history*』, 휴머니스트, 2006.

테사 모리스-스즈키, 임성모 역, 『아이누와 식민주의 변경에서 바라 본 근대』, 산처럼, 2002.

판카지 미슈라, 이재만 역, 『제국의 폐허에서─저항과 재건의 아시아 근대사』, 책과함께, 2013.

프라센지트 두아라, 문명기・손승희 역, 『민족으로부터 역사를 구출하기─근대 중국의 새로운 해석』, 삼인, 2004.

Francesco Sambiasi, 김철범・신창석 역, 『靈言蠡勺』, 일조각, 2007.

피트르 알렉세이비치 크로포트킨, 구자옥・김휘천 역, 『상호부조진화론』, 한국학술정보(주), 2008.

황쭌셴, 조일문 역, 『조선책략』, 건국대 출판부, 1988.

후쿠자와 유키치, 남상영・사사가와 고이치 역, 『학문의 권장』, 소화, 2003.

4. 수록글 최초 발표지면

「근대이행기 타자 이해와 소통구조」, 『개념과 소통』 3, 한림대 한림과학원, 2009.

「學問 개념의 근대적 변환─'格致', '窮理' 개념을 중심으로」, 『동양고전연구』 37, 동양고전학회,

2009.

「'과거의 현재'와 '현재의 과거'의 매혹적 만남ー한국 개념사 연구의 현재와 미래」, 『개념과 소통』 7, 한림대 한림과학원, 2011.

「新舊 관념의 교차와 전통 지식체계의 변용」, 『한국철학논집』 42, 한국철학사연구회, 2011.

「양건식의 칸트철학 번역과 선택적 전유」, 『동양철학연구』 66, 동양철학연구회, 2011.

"The Historical Semantics of the Modern Korean Concept of Philosophy", *KOREA JOURNAL* vol.55 no.4, Korean National Commission for UNESCO, 2011.

「동양 지식체계의 계보화ー姜春山의 「東洋道學의 體系如何」」, 『동양고전연구』 46, 동양고전학회, 2012.

「근대 전환기 유교 담론과 도학 개념의 역사적 의미론」, 『개념과 소통』 10, 한림대 한림과학원, 2012.

「번역된 '철학' 개념의 수용과 전유」, 『동양철학연구』 74, 동양철학연구회, 2013.

「1900년대 전후 도덕 개념의 의미장ー수신·윤리교과서를 중심으로」, 『개념과 소통』 12, 한림대 한림과학원, 2013.

「문명론의 접합으로 본 최병헌의 종교 담론」, 『한국철학논집』 45, 한국철학사연구회, 2015.

「최병헌의 '종교' 개념 수용과 유교 인식ー만종일련을 중심으로」, 『한국철학논집』 46, 한국철학사연구회, 2015.

「안확의 '조선' 인식과 '조선철학'」, 『한국철학논집』 50, 한국철학사연구회, 2016.

5. DB

국립중앙도서관 전자도서관, http://www.dlibrary.go.kr

국사편찬위원회 한국사데이터베이스, http://db.history.go.kr

한국고전번역원 한국고전종합DB, http://db.itkc.or.kr

독립기념관 한국독립운동사 정보시스템, https://search.i815.or.kr

한국언론재단 Big Kinds pro, http://www.bigkinds.or.kr

諸子百家 Chinese Text Project, http://ctext.org/

華人基督敎史人物辭典 Biographical Dictionary of CHINESE Christianity, http://www.bdcconline.net

찾아보기